전문가가 알려주는
NPL 투자
세금 절세 비법

저자 오수근 경력

- NPL랭킹업 투자비법(2014년)
- NPL바이러스 투자법(2015년)
- 위험한 NPL함정 탈출하기(2015년)
- NPL투자혁명(2015년)
- 변호사, 의사, 법무사 등 전문가를 대상으로 NPL강의
- 매일경제신문사 NPL강사
- 오성메듀(Medical & Education) NPL강사
- 전북대학교 법대 졸업
- 대한민국 1호 NPL Designer & Director
- NPL랭킹업 대위변제 투자법 창시
- GPL유동화 순환투자법 창시
- NPL대위변제 질권대출 상품개발
- NPL투자상품 50개 이상 신규 Design
- NPL 매각Pool 구성 및 매각실행
- 부실채권 이론 및 실전 전문가
- NPL · 경매 Design Forum 회장
- 25년 이상 소송, 경매, 채권관리 실무경험
- 소가 1,500억원 오토론 사건 소송수행
- 서울중앙지법 소송 1,000건이상 소송대리
- 국내 최대 사망보험금 50억원 사건 소송수행

전문가가 알려주는
NPL 투자 세금 절세 비법

초 판 1쇄 2020년 2월 10일

지은이 | 오 수 근
펴낸곳 | (주)채움과 사람들

판매처 | (주)채움과 사람들 Chaeum and People, Inc.

출판등록 | 2016년 8월 8일 (제 2016-000170호)
주　　소 | 서울시 서초구 사평대로 52길 1, 3층(서초동)
전화번호 | 02-534-4112~3
팩스번호 | 02-534-4117

이 책의 저작권은 저자와 출판사에 있습니다.
서면에 의한 저자와 출판사의 허락없이
책의 전부 또는 일부 내용을 사용할 수 없습니다.

ISBN : 979-11-88541-18-8

저자와 협의에 의해 인지는 붙이지 않습니다.
잘못 만들어진 책은 구입처나 본사에서 교환해 드립니다.

전문가가 알려주는
NPL 투자
세금 절세 비법

저자 | 오 수 근

채움과
사람들

들어가며

1. 출간 배경

지금까지 NPL수익의 세금에 대한 체계적인 매뉴얼이나 저서가 없어 NPL투자자들이 답답해하면서 세무서에서 관행적으로 부과하는 부당한 세금을 납부해 왔다. 이러한 NPL투자자들의 답답함을 해소하고 NPL투자 시 세금손실 방지 및 절세에 도움을 주기위해 이 책을 출간한다. 여러분의 NPL세금에 대한 고정관념을 180도로 바꿔줄 것이다. 잘못된 세무 상식 및 세금부과 관행을 깨뜨리는 계기가 될 것이다.

2. NPL세금에 대한 최초의 분석서다.

지금까지 NPL세금에 대해 전반적으로 분석한 서적은 없었다. 이 책이 NPL세금에 대한 최초의 분석서이고 해설서다. NPL배당수익을 원금, 이자, 지연손해금 부분으로 해부해서 심층적으로 분석한 NPL세금의 교과서다. 조세심판원의 행정심판 사례 및 법원의 판례에 입각해서 NPL세금을 실증적으로 해설했다. 절세방법도 실증적 근거를 제시해 설명했다. 이러한 실증적 근거 없이 아직도 NPL거래 시 발생하는 NPL매매차익에 대해 비과세된다고 홍보하거나 NPL을 할인 매입하여 고가낙찰 후 매각 시 양도세가 비과세 된다고 대대적으로 홍보하는 NPL 강좌가 많다. 이는 매우 위험하고 잘못된 정보라는 것을 이 책을 통해 깨닫게 될 것이다.

3. NPL투자자들이 몰라서 관행적으로 고율의 세금부담으로 손실을 입었다.

　개인이 NPL을 채권양도 또는 대위변제로 1건을 취득한 후 "이자 및 연체이자 배당수익"을 얻을 경우 세무서에서는 이를 관행적으로 "비영업대금 이자소득(= 배당금 − NPL원금)"으로 보아 부당하게 고율(27.5%)의 세금을 부과했다. 그럼에도 NPL투자자들은 NPL세금의 구조를 잘 몰라서 대부분 세무서에서 부과하는 대로 지금까지 고율의 세금을 납부하고 있다. 그러나 지연손해금(연체이자)의 배당수익은 기타소득으로서 질권대출 이자도 필요경비로 공제되고 세율도 27.5%가 아닌 22%가 적용되어야 타당하다.

4. NPL과세처분에 대해 억울하면 소송으로 구제받으라는 느낌을 많이 받았다.

　이 책을 쓰면서 저자는 세무서의 부당 과세처분 사례를 많이 접했다. 그런데 억울하면 소송해서 권리를 구제받으라는 느낌을 많이 받았다. NPL의 지연손해금이 기타소득임을 판시한 대법원 판례가 무수히 많고 이 책 말미에도 여러 사례를 수록했다. 그럼에도 아직 세무서에서는 대법원 판례에 반하여 개인이 얻은 NPL배당수익은 모두 비영업대금 이자소득으로 계속 과세처분하고 있다.

　세금 위에 잠자는 자는 보호받지 못한다. 앞으로는 NPL배당수익이 비영업대금 이자소득이 아닌 기타소득(지연손해금 배당수익)임을 적극적으로 주장해서 세금손실을 방어해야 할 것이다. NPL투자자들이 다투지 않으면 잘못된 관행은 세무서의 권리로 굳어질 것이다. 처음 NPL대위변제 투자를 할 때도 그랬듯이 잘못을 깨뜨리는 것은 행동하는 NPL투자자 여러분들의 몫이다. NPL투자자들이 국세심판 및 행정소송 등을 통해 적극적으로 다투어서 이를 반드시 시정시켜야 할 것이다.

이 책에 수록한 대법원 판결 및 조세심판원의 결정을 보면 개인 NPL투자자들이 몰라서 너무 많은 세금(비영업대금 이자소득 세율 27.5%)을 납부해 왔다는 충격적인 사실을 알게 될 것이다. NPL투자자들이 권리 위에 너무 오래 잠자고 있었다. 이제 잠에서 깨어나 적극적으로 다퉈서 부당 과세처분을 정상으로 돌려놓을 때가 되었다(대법원 94다3070 청구이의, 95누7406 종합소득세 부과처분 취소, 조세심판원 조심 2011서0866 종합소득 경정결정, 조심 2008중1140 종합소득 경정결정 참조).

5. NPL투자자는 종합소득세 경정청구를 통해 세금을 환급 청구하는 것도 좋다.

개인인 NPL투자자에게 세무서에서 연체이자가 기타소득임에도 불구하고 비영업대금 이자소득으로 소득세를 부과했다면 과세 경정청구 등을 통해 세금을 환급받을 수 있을 것이다. 이러한 환급 절차는 세무서가 소득세를 직접 부과하였는지, NPL투자자(대위변제 또는 채권양도)가 종합소득세를 수정신고 했는지 여부에 따라 다르다.

① 세무서가 소득세를 직접 부과한 경우

이때는 세무서에 이의신청, 조세심판원에 대한 심판청구 등 불복을 제기해야 한다. 그런데 불복제기 기간인 90일의 불복기간을 도과한 경우에는 불복을 제기할 수 없다. 나아가 행정심판 전치주의에 따라 심판청구 기간 90일 도과 시 행정심판 절차를 거칠 수 없어 후속 행정소송 제기는 원천적으로 불가능해진다. 결국 90일의 불복기간이 도과하면 법적으로 구제받을 방법은 없다.

② NPL투자자가 종합소득세를 수정 신고한 경우

이때는 애초의 신고기한으로부터 5년이 지나지 않았다면 경정청구를 통해 세금을 환급받을 수 있다. 수정신고란 NPL투자자가 연체이자에 대한 소득세 귀속 시

점에 다른 소득에 대한 종합소득세를 신고 후 연체이자를 반영하여 종합소득세를 수정하여 신고하는 것을 말한다.

위와 같이 과거에 연체이자를 비영업대금 이자소득으로 반영하여 종합소득세를 수정 신고한 NPL투자자가 있는 경우 아직 5년이 경과되지 않았고, 기타소득으로 경정 시 환급받을 세금이 있는 NPL투자자는 "NPL세무 전문강사인 이한우 세무사"의 자문을 거쳐 종합소득세 경정청구를 해서 세금의 환급청구를 추진하는 것도 좋다.

6. NPL배당수익에 대한 절세비법을 체계적으로 분석해서 서술했다.

① NPL대위변제로 수익을 얻을 경우 이자, 지연손해금 부분으로 세분해서 각각 다른 세율적용 및 절세방법을 기술했다.

개인은 금융기관 NPL과 개인 NPL 모두 대위변제로 취득할 수 있다. 그런데 할인 취득은 할 수 없다. 개인은 대위변제로 이자 또는 지연손해금(연체이자) 부분에서 배당수익을 얻는다. 이에 따라 ① 이자는 비영업대금 이자소득으로 분리하여 과세(27.5%)하고, ② 지연손해금(연체이자)은 기타소득의 세율(22%)을 적용해야 한다.

그럼에도 불구하고 세무서에서는 비영업대금 이자소득(세율 27.5%)으로 잘 못 과세처분을 하는 실정이다.

② 개인 간 NPL양도에 대한 절세방법에 관해서도 설명했다.

개인은 개인이 보유하는 채권은 양수가 가능하다. 이 경우 양수한 채권의 배당수익은 원금, 이자, 지연손해금 부분으로 구분해서 각각 다른 세율을 적용해야 함을 적극적으로 다투어서 절세할 수 있다.

1) 개인 채권 양수인이 얻은 NPL원금 할인차익은 비과세해야 한다.

2) 이자는 비영업대금 이자소득의 세율(27.5%)로 과세해야 한다.

3) 지연손해금(연체이자)은 기타소득의 세율(22%)을 적용해야 한다.

개인보유 NPL도 대부분 연체된 NPL을 양도하게 되므로 양수인은 지연손해금에 대한 배당수익만 기타소득세(22%)를 부담하게 될 것이다.

③ 제3자가 질권대출을 받을 경우 필요비 공제의 절세 방법도 설명했다.

제3자를 질권대출 차주로 할 경우 그 이자는 NPL투자자가 납부해야 배당수익에 대한 필요비로 인정받아 공제를 받을 수 있다. NPL취득 시 질권대출의 차주를 NPL취득자가 아닌 신용상태가 양호하거나 변제자력이 있는 가족 등 제3자를 대출의 차주로 하고 그 이자를 NPL취득자가 부담할 경우 추후 NPL배당차익에서 질권대출 이자를 필요비로 공제받아 절세할 수 있다.

④ 지연손해금의 배당수익과 필요비인 질권대출 이자의 귀속연도를 일치시켜 수익 극대화 및 절세를 할 수 있다.

부동산 임대업에 사용된 담보대출 차입금의 이자비용이 월세 상당의 임대수익에 대한 필요경비에 해당하듯이 NPL자산담보 질권대출 이자도 NPL 취득으로 지연손해금 등 배당수익을 얻는데 필요한 필요경비로 보아야 할 것이다.

한편 NPL투자자는 질권대출 이자도 지연손해금을 배당받는 연도에 귀속되도록 대출취급 시에 월납조건이 아닌 일괄 납부조건으로 정해서 배당 직전에 그 이자를 일괄 납부하는 조건으로 약정하는 것이 좋다. 이 경우 NPL 배당수익과 질권대출 이자비용 지급의 귀속연도가 일치되어 필요비를 최대한 공제할 수 있어 배당수익도 극대화된다.

⑤ 개인 대부업에 대한 절세방법에 관해서도 기술했다.

개인이 개인에게 대출 할 경우에도 비영업대금 이자소득의 세율(27.5%)과 지연손해금(연체이자)은 기타소득의 세율(22%)로 구분되어 적용되므로 개인 대출자에게 일괄적으로 비영업대금 이자소득세를 부과 시 이자와 지연손해금을 분리해 세율을 적용해야 함을 적극적으로 주장해서 절세 해야 할 것이다.

7. 채권계산서는 세금분쟁에 대비해 지연손해금을 분리 기재한 새로운 양식으로 제출하라!

NPL의 정상이자와 지연손해금을 분리 기재해서 채권계산서를 제출할 필요가 있다. NPL투자자가 채권계산서를 경매법원에 제출 시 추후 과세처분에 대한 행정심판 등에 대비해서 원금, 정상이자(약정이자, 약정이 없는 경우 법정이자), 지연손해금(연체이자로서 약정 지연손해금 및 소송촉진 등에 관한 특례법상 지연손해금의 합계액)을 분리 기재해서 제출해야 한다. 채권계산서에 지연배상금인 연체이자(법률적으로는 이자가 아님)까지 포함해서 그냥 이자 금액으로 기재함으로써 국세청은 지연손해금까지 이자로 간주해서 일괄적으로 비영업대금 이자수익의 세율인 27.5%를 적용하고 있다. 이러한 기재방식도 고율을 부과하는 하나의 빌미가 되고 있다.

8. 조세분쟁의 프레임(쟁점)을 채권 매매차익 비과세가 아닌 지연손해금은 기타소득임을 주장하는 쪽으로 바꿔야 한다.

개인으로부터 NPL을 양수하여 원금 100% 이상 회수 시 NPL 수익에 대한 세금을 다룰 경우에는 동 NPL의 "매매차익에 관한 비과세"를 주장하기보다는 이자부분과 지연손해금 부분을 분리해서 "비영업대금 이자수익(세율 27.5%)과 기타소득

(지연손해금으로서 질권대출 이자 공제 및 세율 22%)에 대응하는 세율을 분리해서 적용"해야 한다고 주장해야 한다. 행정심판 또는 조세 취소소송 시 분쟁의 프레임(쟁점)을 매매차익 비과세로 하면 지연손해금 부분은 묻히고 거의 패배하게 된다.

개인 NPL대위변제 투자자가 배당이익을 얻어 비영업대금 이자소득으로 과세처분이 내려질 때도 대위변제자는 정상이자 부분과 지연손해금 부분을 분리해서 다른 세율이 적용되어야 한다고 주장해야 한다.

9. NPL을 할인 취득하여 고가낙찰 후 매각 시 양도세 비과세 혜택이 아닌 양도세 폭탄을 맞을 수 있다.

다수의 NPL 강좌에서 위 방법으로 무조건 양도세 비과세 혜택을 받을 수 있다고 대대적으로 광고하고 있다. 그러나 이는 잘못된 것이다.

국세청의 유권해석에 따르면, 근저당권을 양수 후 경매에 참가하여 고가로 응찰한 해당 경매가액(8천 8백만 원)은 오로지 동일 과세기간의 다른 양도차익과 해당 부동산의 양도차손을 통산할 목적의 형식적인 경매가액에 불과하여 실지 취득가액으로 인정될 수 없으며, 해당 부동산의 취득에 든 실지거래액은 실질과세의 원칙상 갑이 실제로 부담한 근저당채권 인수가액(5백만 원)과 실질 경매대금(2백만 원)의 합계액인 7백만 원으로 인정했다(국세청 2015-법령해석, 재산-0019, 2015.06.18).

또한 법원의 판결에 따르면, NPL을 저가로 매입 후 법원 감정가의 3배 이상으로 낙찰가를 쓴 사례에서 이는 실질과세의 원칙에 반하여 부동산의 취득가로 인정할 수 없다고 판시했다. 대부분의 NPL 교육 시 NPL을 저가로 매입 후 고가로 유입낙찰을 받은 다음 낙찰가 상당 금액으로 재매각 시 무조건 양도세를 절감할 수 있다고 가르치고 있다.

그런데 이는 실질과세 원칙에 반하므로 고가로 유입낙찰을 받아도 실질적으로는 NPL의 취득가가 부동산의 취득가로 인정될 수 있다. 이에 고가의 낙찰가 수준으로 재매각 시 양도세 비과세가 아닌 폭탄을 맞을 수 있다(창원지방법원 2017구합50339 양도소득세경정 거부처분 취소).

NPL투자자가 NPL매입가 보다 통상적인 부동산의 등락 폭인 20%~30% 정도 높게 낙찰받은 다음 동 낙찰가격 수준으로 매각한다면 낙찰가를 적정 취득가격으로 볼 여지가 있고 이 경우 양도세는 비과세가 될 가능성이 크다. 그러나 위와 같이 NPL취득가격 보다 3배에서 10배 이상으로 낙찰가격을 쓸 경우 실질과세를 근거로 NPL취득가격에 실제 부담한 금액을 합산해서 부동산의 취득가로 인정하고 있다. 무엇이든 적당하게 해야 한다.

10. NPL개인투자가 법인을 설립해서 NPL을 투자하는 것보다 더 유리할 수도 있다.

개인이 NPL배당금으로 받은 지연손해금에서 필요비인 질권대출 이자를 차감한 잔액이 소득세법상 기타소득이고 여기에 기타소득세율 22%를 적용해야 옳다. 대부법인의 사무실 유지비 등을 감안 시 필요비가 공제되는 지연손해금 배당투자를 하는 개인 투자자가 더 유리할 수도 있다.

11. 행정심판 및 소송제기 등 구제절차도 설명했고, 8가지의 심판청구 서식도 수록했다.

부당한 과세처분에 대해 조세심판원에 대한 행정심판 청구 시 당해 처분이 있는 것을 안 날(처분의 통지를 받은 경우에는 받은 날)부터 90일 이내에 제기해야 하며, 이의신청을 거친 후 심판청구 시에는 이의신청에 관한 결정의 통지를 받은 날로부터 90일 이내에 제기해야 한다.

행정소송은 심사청구 또는 심판청구와 그에 관한 결정을 거치지 아니하면 제기할 수 없도록 하는 행정심판 전치주의를 채택하고 있다. 행정 소송은 심사청구 또는 심판청구에 관한 결정의 통지를 받은 날부터 90일 이내에 제기해야 한다. 분쟁제기 90일을 경과하여 심판청구 또는 행정소송 제기 시 모두 각하된다. 각하된 사례도 소개했다. 분쟁청구의 기간준수를 철저히 이행해야 부당한 과세처분에 대해 소송 등으로 다퉈볼 기회가 주어진다.

12. NPL세금에 대한 실증적인 분쟁사례 40건 이상을 수록했다.

하급심 및 대법원의 조세처분 취소소송 판례, 국세청의 유권해석(질의회신) 사례, 조세심판원의 행정심판 사례 등 40개 이상의 사례를 수록해서 NPL절세에 대해 충분히 이해하고 대응 및 손실을 예방하도록 했다.

13. 저자의 책이 NPL절세 및 구제에 대한 새로운 길잡이가 되기를 바란다.

대부업법 개정으로 개인은 여신 금융기관으로부터 채권양수가 금지되었다. 이에 많은 개인 NPL투자자들이 이제 NPL투자를 할 수 없다고 생각하고 NPL 시장을 떠났다. 이에 개인도 NPL투자를 합법적으로 할 수 있는 새로운 NPL투자법을 저자가 창시해서 책과 강의로 시장에 배포했다. 그것이 바로 NPL대위변제 투자법이고 이를 저자의 저서 "NPL랭킹업 투자비법"에서 처음으로 공개했다.

최근에는 공동담보 또는 지분의 소유권을 양수 후 개인이 NPL투자를 합법적으로 할 수 있는 새로운 유형의 NPL투자법을 저자가 개발해서 공개했다. 규제가 있어도 개인이 NPL을 합법적으로 투자할 수 있는 틈새는 많다. 연체 가산금리 3% 규제도 합법적으로 돌파할 방법이 있다. 그러므로 개인인 NPL투자자들이 계속 NPL투자를 진행해도 된다.

개인이 얻은 NPL지연손해금 배당수익은 비영업대금 이자수익이 아니고, 기타소득으로서 질권대출 이자비용이 필요비로 공제되고 세율도 27.5%가 아닌 22%가 적용되므로 개인이 NPL투자 시 투자수익성이 상당히 좋다.

NPL투자가 지금보다 더 활성화되기를 바란다. 패션처럼 변화무쌍한 NPL시장에서 저자는 새로운 먹거리의 NPL을 디자인해서 여러분들에게 계속 공급할 것이다. 규제도 통찰의 시각으로 보면 빈틈 및 돌파구도 많고 새로운 기회를 가져다준다.

책이 나오기까지

　책의 출간을 담당한 채움과 사람들의 김동희 대표님과 관계자 여러분, 오성에듀의 NPL세무 전문강사인 이한우 세무사님, 초안을 깔끔하게 교정해서 품질을 높여 준 김예슬님, 저자의 형제들, 그리고 자식을 위해 고생하신 하늘나라의 부모님께 감사드립니다.

　아울러 수강생 여러분께도 감사드린다. 지금까지 NPL강의 덕분에 강의교재가 6권이나 축적되었다. 이 중 두 권을 먼저 출간했다. "공동담보 지분 NPL투자의 비밀"은 2019년 12월에 출간했다. 그리고 이어서 "NPL투자 세금 절세 비법"을 출간하게 되었다.

　강의교재 6권 모두 일반에는 비공개하고 수강생에게만 공개했다. 모두 고퀄리티 및 고수익을 창출하는 새롭고 다양한 NPL투자법이 담겨 있다. 6권의 강의교재는 모두 수강생 덕분에 저절로 만들어지고 자료가 축적되면서 교재도 늘어났다. 수강생 여러분들의 질문 및 배당이의 사건 등을 접하면서 저자는 답변하고 사건의 해법을 찾기 위해서 열심히 공부하고 연구할 수밖에 없었다.

그 답변 및 연구의 산물이 강의교재가 되고 책이 되었다. 그리고 고수익을 창출하는 투자법이 발굴되고 생성되었다. 여러분들로부터 많은 영감과 에너지를 얻었다. 앞으로도 강의를 진행하면서 더 많은 자료가 축적될 것이다. 강의하는 저자와 수강생 간의 상호 선순환이 이루어진 결과다. NPL강의가 끝날 무렵에는 새로운 책이 한 권 더 만들어질 정도로 NPL전문가들이 수강을 많이 했다. 물론 실행력을 가지고 열정을 가진 초보자도 수강 후 지금은 수백억 원의 NPL투자 전문가도 된 분들도 많다. 초보자도 열정과 실행력만 있으면 충분히 따라갈 수 있도록 강의하고 있다. 또한 수강생이 강의종료 후 투자 시 저자와 관계를 지속하면서 저자가 애프터 서비스도 해주고 있다.

여러분의 수준 높은 질문으로 인하여 고급 투자법이 생산되었다. 지성이 여럿이 모이면 새로운 아이디어가 샘솟는다. 이를 집단지성이라고 한다. 강의를 진행하면서 수강생보다 저자가 더 많이 배우게 되었음을 느낀다. 참으로 보람차고 즐겁다. 지성이 충만한 수강생 여러분께 진심으로 감사드린다.

매일매일 새로운 NPL을 상상하며 2020년 새해 아침에….

오 수 근 올림

차 례

PART 01 NPL채권양도 개념

01 NPL이란? ... 32
02 NPL채권양도의 종류를 알아보자! ... 33
　◆ 개인채권 양도(민법 적용) ... 33
　◆ 대부채권 양도(대부업법 적용) ... 33
　◆ GPL(Good Performing Loan)이란? ... 33
03 채권양도 근거 법률 ... 34

PART 02 NPL대위변제 개론

01 대위변제 개요 ... 37
　◆ NPL 대위변제의 의미 ... 37
　◆ NPL 임의 대위변제의 의미 ... 37
　◆ NPL 법정 대위변제의 의미 ... 38
　◆ 임의 대위변제 또는 법정 대위변제 시 연체이자를 받을 권리가 달라질까? ... 39
　◆ 기존 담보대출 채권에 붙어 있는 권리로서 대위승계 되는 권리를 살펴보자! ... 39

02 구상권과 변제자 대위권은 원본, 변제기, 이자, 지연손해금의 유무 등에 있어서 내용이 다른 별개의 권리다   41

03 임의대위와 법정대위의 내용을 비교·분석해 보자!   42

04 대위변제자는 구상권의 범위 내에서 대위권을 취득한다   44

05 구상권과 대위권은 별개의 권리이고, 기존 채권은 동일성이 유지된 채 승계된다   46
  ◆ 기존 채권이 동일성을 유지한 채 대위변제자에게 승계된다   46
  ◆ 교통세 대위변제 사건은 '이자율약정 없는' 세금원금만 대위변제 했다   48
  ◆ 구상금의 약정 지연손해금은 대위권에는 적용되지 않는다   49
  ◆ 대위변제자가 대위한 세금원금 청구 시 법정이율인 5%를 적용해야 한다고 판시했다   49

06 변제자대위로 기존 약정 연체이자율 17.6%가 대위변제자에게 승계된다   51

07 서울북부지원의 확정판결도 기존 약정 지연손해금율 17%가 승계된다고 판시했다   53

08 구상권의 5%로 대위권 제한 시 기존 채권자는 부당이득을 얻게 된다   54

PART 03 구상 대위권에 대한 판례

01 구상권과 대위권은 지연손해금 등에서 내용이 다른 별개의 권리다   57
02 구상금의 지연손해금 약정은 변제자 대위권을 행사 시에는 적용되지 않는다   62
03 교통세의 원금채권이 동일성을 유지한 채 대위변제자에게 이전된다   68
04 대위변제자에게 기존 약정 지연손해금율 17.6% 승계한 판결 사례   81
05 대위변제자에게 약정 지연손해금율 17% 승계한 판결 사례   85

PART 04 NPL 채권양도와 NPL 대위변제의 차이점을 알아보자!

01 NPL 채권양도는 민법상 "계약에 따른 권리의 이전"을 의미한다 … 91
02 NPL 채권양도는 할인매각이 가능하다 … 91
03 NPL 대위변제는 일부 대위변제 또는 전액 대위변제만 인정된다 … 92

PART 05 NPL 배당수익에 대한 과세를 살펴보자!

01 개인이 NPL배당수익을 얻은 경우 … 94
　◆ 금융기관이 NPL을 양도하는 경우 … 94
　◆ 개인보유 NPL을 양도하는 경우 … 94
　◆ 개인이 대위변제로 NPL을 취득할 경우 … 95
02 개인사업자가 NPL배당수익을 얻은 경우 … 96
03 개인이 배당수익을 포함한 종합소득을 얻은 경우 … 96
04 법인이 NPL배당수익을 얻은 경우 … 98
05 NPL 배당차익과 수익별 세금부과 내역을 알아보자! … 98

PART 06 NPL의 매매차익에 대한 과세처분에 관해 살펴보자!

01 자산유동화회사로부터 부실채권(NPL)을 양수한 매수인은 매매차익에 대해 세금을 부담하지 않는다 … 100
02 회수 여부가 불투명한 유동화자산의 매매차익은 비과세된다 … 101
03 유동화자산의 지연손해금 매매차익 5억3천1백만 원에 대해 비과세 결정을 했다 … 115

04 회수 가능성이 매우 낮은 부실채권의 매매차익은 비과세된다   122

05 NPL 투자 시 업으로 하지 않은 NPL 원금할인 배당(매매)차익은 비과세된다   144

06 NPL 원금할인 차익 6억2천만 원에 대해 비과세를 인정했다   145

07 서울고등법원도 원금 할인차익 1억1천만 원에 대해 비과세된다고 판시했다   152

08 현재는 개인 또는 일반 법인이 금융기관으로부터 NPL을 할인양수 또는 할인 대위변제할 수 없다   160

09 NPL 투자 시 반복적으로 할인 매매차익을 업으로 얻을 경우 사업소득으로 본다   161

10 법원도 개인이 19건의 부실채권 매입에 따른 소득을 사업소득으로 판결했다   162

PART 07 NPL의 정상이자 배당수익 부분의 세금을 알아보자!

01 자산 유동화를 거치지 않은 NPL의 일반 승계인은 원금 이상의 배당차익을 얻을 경우 세금을 부담한다   171

02 NPL 투자가 정상이자를 업으로 하지 않고 얻을 경우 이는 "비영업대금 이자소득(이익)"으로 과세한다   172

03 회수금액이 원금 미달 시 실제 회수한 이자소득이 있더라도 이자소득세를 부과할 수 없다   173

04 반복거래 대여금의 비영업대금의 이자소득 과세는 개별 채권별로 판단해야 한다   177

05 구상권의 법정이자는 비영업대금의 이자가 아니고 이익금에 해당한다   184

06 대여금 원금 초과 배당금은 지연손해금 약정이 없어 비영업대금 이자로 보아야 한다   187

07 채권자가 경락으로 지급 받은 금액에 관한 이자약정이 없더라도 원금 초과한 배당액은 비영업대금 이자소득이다   192

08 배당금에 대한 이자소득의 수입 시기는 판결 확정일이 아니라 배당금을 받은 날이다   197

09 이자 채권의 회수 가능성이 전혀 없는 경우 이자소득세를 부과할 수 없다 201
10 비영업대금 이자소득은 세무서가 입증해야 한다 204
11 금전을 대여하고 원금을 초과하여 수령한 금액은 비영업대금의 이익에 해당한다 210
12 NPL 투자자가 "비영업대금 이자소득(이익)"을 업으로 얻을 경우 대금업이 되어 "사업소득"으로 과세한다 214
  ◈ 사업소득의 정의 214
  ◈ 근거 법률 214
  ◈ 사업소득인가의 여부는 금전대여 거래의 영리성, 계속성 등으로 판단한다 214

PART 08 NPL의 지연손해금 배당수익 부분의 세금을 알아보자!

01 NPL의 지연손해금은 기타소득이다 220
02 지연손해금이 기타소득이라는 대법원 판결사례 요약 221

PART 09 NPL 배당금의 내용별 과세부담을 분석해 보자!

01 NPL 할인매입 후 배당내역(예시) 229
02 NPL 배당금의 수익별 분석 229
03 NPL 배당 수익별 세금부과 분석 230
  ◈ 원금할인 차익 1백만 원(1억 원 – 매입금액 9천 9백만 원) 230
  ◈ 정상이자 2백만 원 : 업으로 하지 않을 경우 230
  ◈ 연체이자 3백만 원 : 개인에게 기타소득으로 과세한다! 230

PART 10 NPL 지연손해금을 비영업대금 이자수익으로 과세하는 부당사례를 살펴보자!

01 NPL 지연손해금까지 일괄 비영업대금 이자수익으로 과세처분한 부당사례를 살펴보자! 232

02 우선수익권의 "이자 및 지연손해금의 할인차익"을 "비영업대금 이자소득"으로 부당 과세한 사례를 살펴보자! 233

PART 11 NPL 할인매입 및 고가 유입 낙찰하여 매각 시 양도세 폭탄을 맞을 수 있다

01 고가로 유입낙찰을 받았음에도 낮은 NPL 취득가를 경락 부동산의 취득가로 판결했다 253

02 국세청도 낮은 NPL 취득가를 고가 경락 부동산의 취득가로 해석하고 있다 260

PART 12 NPL 기타소득(지연손해금 배당소득)을 구체적으로 분석해보자!

01 NPL 기타소득인 지연배상금의 범위를 살펴보자! 272

02 NPL 기타소득의 수입 시기를 살펴보자! 273

03 NPL 기타소득의 원천징수 방법을 살펴보자! 274

04 기타소득 원천징수에 대해 알아보자! 274
　◈ 원천징수액의 산정 274
　◈ 기타소득 원천징수 세율 275

05 기타소득 원천징수 영수증 교부　　275

06 개인 등의 소득별 원천징수 세율 내역표를 살펴보자!　　276
- ◈ 개인 NPL투자자의 비영업대금 이자소득 및 세율(27.5%)　　277
- ◈ 개인 NPL투자자의 지연손해금 상당의 기타소득 및 세율(22%)　　278
- ◈ 개인의 배당소득 및 세율(15.4%~27.5%)　　278
- ◈ 사업소득 원천징수 세율(3.3%) 및 징수방법　　279
- ◈ 종합소득세 신고 시 원천징수는 배제된다　　279

07 종합과세와 분리과세를 알아보자!　　280

08 기타소득 지급명세서 제출　　281

09 기타소득 금액 정보 제출　　282

PART 13 NPL 기타소득의 필요경비(질권대출 이자)를 알아보자!

01 기타소득 금액 계산방식을 배워보자!　　284

02 지연손해금(연체이자) 배당수익과 질권대출 이자(필요비)의 수익·비용 대응관계를 살펴보자!　　284
- ◈ NPL자산담보 질권대출 이자도 NPL취득으로 배당수익을 얻는데 필요한 필요경비로 보아야 할 것이다　　284
- ◈ 제3자를 질권대출 차주로 할 경우 그 이자는 NPL취득자가 납부해야 필요경비로 공제받을 수 있다　　285
- ◈ 전년도에 발생한 질권대출 연체이자는 전년도에 배당받은 지연손해금 수익에 대해 필요경비로 인정된다　　285
- ◈ NPL 지연손해금 배당수익과 질권대출 이자는 동일기간 동안 대응하는 수익·비용이라고 할 것이다　　286

03 부동산임대업에 사용된 차입금 채무의 이자비용은 필요경비에 해당한다　　288

04 타인 명의 차입금의 이자비용 필요경비 해당 여부　　　294

05 부동산 매매업자가 타인 명의 대출금으로 타 부동산취득 후 그 이자 부담 시 대출 이자는 필요경비로 공제해야 한다　　　297

06 전년도 발생 연체이자는 당해년도에 지급 시에도 당해년도 수입금의 필요경비로 볼 수 없다　　　307

07 수탁보증인의 대출금 이자는 총수입 금액에 대응하는 필요경비로 볼 수 없다　　　312

08 투자원금을 마련하기 위한 이자비용은 필요비로 수입금액에서 공제되어야 한다　　　318

09 제3자로부터 차입하여 대출 시 차입금의 이자 및 연체이자는 필요경비에 해당한다　　　324

10 채권자가 부담한 근저당설정 비용이 채무자의 기타소득에 해당하는지 여부　　　338

11 법인이 채권양도 시 발생하는 채권 양도차익은 법인세만 부담하고 부가가치세는 부담하지 않는다　　　339

PART 14　종합소득세 신고·납부방법을 알아보자!

01 종합소득세 신고·납부는 어떻게 하는가?　　　342

02 장부의 비치·기장을 한다　　　343

03 소득금액 계산은 어떻게 하는가?　　　345

04 신고하지 않을 경우의 불이익을 알아보자!　　　346

05 종합소득세 신고납부 기한 및 제출서류　　　347

06 종합소득세 세율(6%~42%) 및 적용방법을 알아보자!　　　348

07 종합소득세 세액계산 흐름도를 살펴보자!　　　349

08 종합소득세 가산세 요약표(2018년)　　　350

09 법인세율 내역표(2018년 이후)　　　353

PART 15 국세 불복청구 업무처리 절차를 알아보자!

01 국세 불복청구 처리절차도(이의신청, 심사청구, 심판청구, 행정소송)   355

02 세무서장에 대한 이의신청 업무 처리절차도(세무서분)   356

03 지방국세청장에 대한 이의신청 업무 처리절차도(지방국세청분)   357

04 국세청장에 대한 심사청구 업무 처리절차도   358

05 감사원장에 대한 심사청구 업무 처리절차도   359

06 불복청구 절차 근거법률을 살펴보자!   360

07 이의신청 및 심사청구에 대한 국세청 훈령의 주요내용을 알아보자!   364

PART 16 과세처분에 대한 심판청구 절차를 알아보자!

01 심판청구 제도란?   376

02 조세심판 청구절차를 살펴보자!   378
- 심판청구 절차 근거법률   378
- 심판청구 기간   380
- 심판청구서 제출   380
- 항변자료의 제출   380

03 정상이자와 지연손해금을 분리 기재해서 채권계산서를 제출하라   381

04 채권 매매차익 비과세가 아닌 이자 또는 지연손해금의 세율을 쟁점(프레임)으로 부각시켜라!   382
- 채권양수로 배당수익이 발생된 경우의 쟁점(프레임)   382
- NPL 대위변제로 배당수익이 발생된 경우의 쟁점(프레임)   383

05 조세심판 결정 과정을 알아보자! 383

06 조세심판관 회의를 살펴보자! 384

07 심판 결정을 알아보자! 385

08 심리는 불이익 변경 금지의 원칙이 적용된다 387
- 불고불리(不告不理)의 원칙 387
- 자유 심증주의(自由心證主義) 387

09 심판 결정의 종류를 살펴보자! 388
- 각하(却下) 결정 388
- 기각(棄却) 결정 388
- 인용(認容) 결정 389

10 심판청구 관련 안내 389

PART 17 과세처분에 대한 심판청구 이유서의 작성요령을 알아보자!

01 청구취지의 기재요령을 알아보자! 392

02 청구이유의 기재요령을 알아보자! 401
- 청구이유란? 401
- 청구이유의 기재순서 및 작성요령을 알아보자! 401
- 청구이유 작성 시 유의사항을 살펴보자! 412
- 증거자료의 제출 413
- 청구 변경 시 유의사항을 살펴보자! 414
- 그 밖의 참고사항을 살펴보자! 414

PART 18 조세심판 청구 서식

- 01 조세심판 청구서 ... 417
- 02 결정경정 신청서 ... 418
- 03 항변서 ... 419
- 04 의견진술 신청서 ... 420
- 05 심판청구사건 우선 처리 신청서 ... 421
- 06 증거 목록 ... 422
- 07 청구변경 신청 ... 423
- 08 「전화진술」신청서 ... 424

PART 19 조세 부과처분 취소 행정소송의 제기 절차를 알아보자!

- 01 행정심판 전치주의란? ... 426
- 02 행정심판 전치주의의 근거법률을 살펴보자! ... 426
- 03 심판청구 기간 또는 제소 기간 90일 도과로 각하된 사례를 살펴보자! ... 428
  - ◆ 납세고지서 수취 90일 경과 후 심판청구로 심판이 각하되었다 ... 428
  - ◆ 이의신청 결정 송달 90일 경과 후 제기된 심판청구를 각하하였다 ... 430
  - ◆ 행정심판 청구기간 도과로 심판청구 각하 후에는 행정소송 제기도 각하된다 ... 432
  - ◆ 조세심판 결정 수령 90일 경과 후에 소제기로 각하되었다 ... 434
  - ◆ 심사청구 또는 심판청구 등 전심 절차 없이 행정소송 제기 시 부적법하여 각하된다 ... 436

PART 20 NPL세금 부과처분에 대한 대법원 판례를 공부해 보자!

01 NPL 채권자가 경락 취득한 부동산의 이득은 이자소득으로 과세할 수 없다　441

02 퇴직금 지급채무의 이행지체로 인한 지연손해금도 기타소득이다　444

03 준소비대차 계약의 변제기 경과 후의 약정 지연손해금은 기타소득이다　448

04 금전채무의 이행지체로 인한 약정 지연손해금도 기타소득인 위약금 또는 배상금에 해당한다　452

05 부동산 매매대금의 약정 지연손해금도 기타소득이다　454

06 변제기 이후의 지연이자는 금전채무의 이행을 지체함으로 인한 손해배상금이지 이자가 아니다　462

07 금전채무의 이행지체로 인한 지연손해금은 손해배상금이다　464

08 구상권 행사 시 법정이자는 비영업대금의 이자가 아니며, 지연손해금은 기타소득이다　469

09 승소판결에 따라 수령한 법정 지연손해금(소송촉진 등에 관한 특례법)도 기타소득이다　474

10 기타소득인 변상금채무 지급 시 채무자는 기타소득세를 원천징수해야 한다　481

11 채무변제에 갈음한 양수채권으로 원래 채권의 원리금을 초과수령 시에 기타소득이 발생한다　485

12 소송상 화해의 의무위반 배상금은 '계약의 위약으로 인한 배상금'에 해당하지 않는다　490

13 금전 대여로 인한 소득이 비영업대금의 이익인지 사업소득 인지의 판단 기준　491

14 계약의 위약으로 인한 배상금이 현실 손해에 대한 전보범위 내인 경우 기타소득은 발생하지 않는다　493

15 대여금 채권의 회수불능으로 회수금액이 원금에 미달 시 기 수령 이자는 과세대상이 아니다　496

16 임의경매에 의한 부동산 소유권의 이전도 양도소득세 과세대상이다　502

PART 21 과세처분에 대한 조세심판원의 행정심판 결정 사례를 살펴보자!

01 배당금 중 변제기일까지의 약정이자는 이자소득으로, 그 이후 배당금은 지연손해금으로서 기타소득이다   506

02 의무 불이행을 이유로 매월 수령하는 금전은 지연손해금으로 기타소득에 해당한다   514

03 이자 지급기간 이후부터 받는 금액은 지연손해금으로 기타소득이다   529

04 배당금 중 지연손해금 해당 금액은 기타소득으로 과세한다   533

05 채권원금 회수가 불가능한 경우 지연손해금은 기타소득으로 볼 수 없다   543

06 손해배상금에 대한 판결상 법정 지연손해금은 기타소득이다   548

07 법원판결에 따른 소송촉진 등에 관한 특례법상 지연손해금 20%는 기타소득이다   552

08 계약의 위약 또는 해약으로 인하여 받는 돈을 기타소득이 아닌 비영업대금 이자로 잘못 인정한 사례   557

09 약정이자는 비영업대금 이자소득으로, 약정 지연손해금은 기타소득으로 과세해야 한다   559

10 약정 변제기일 이후부터 배당금 수령일까지의 지연손해금은 기타소득이다   566

11 배당표상 채권원금을 초과하는 약정금의 이자 상당 배당액은 비영업대금 이자소득이다   571

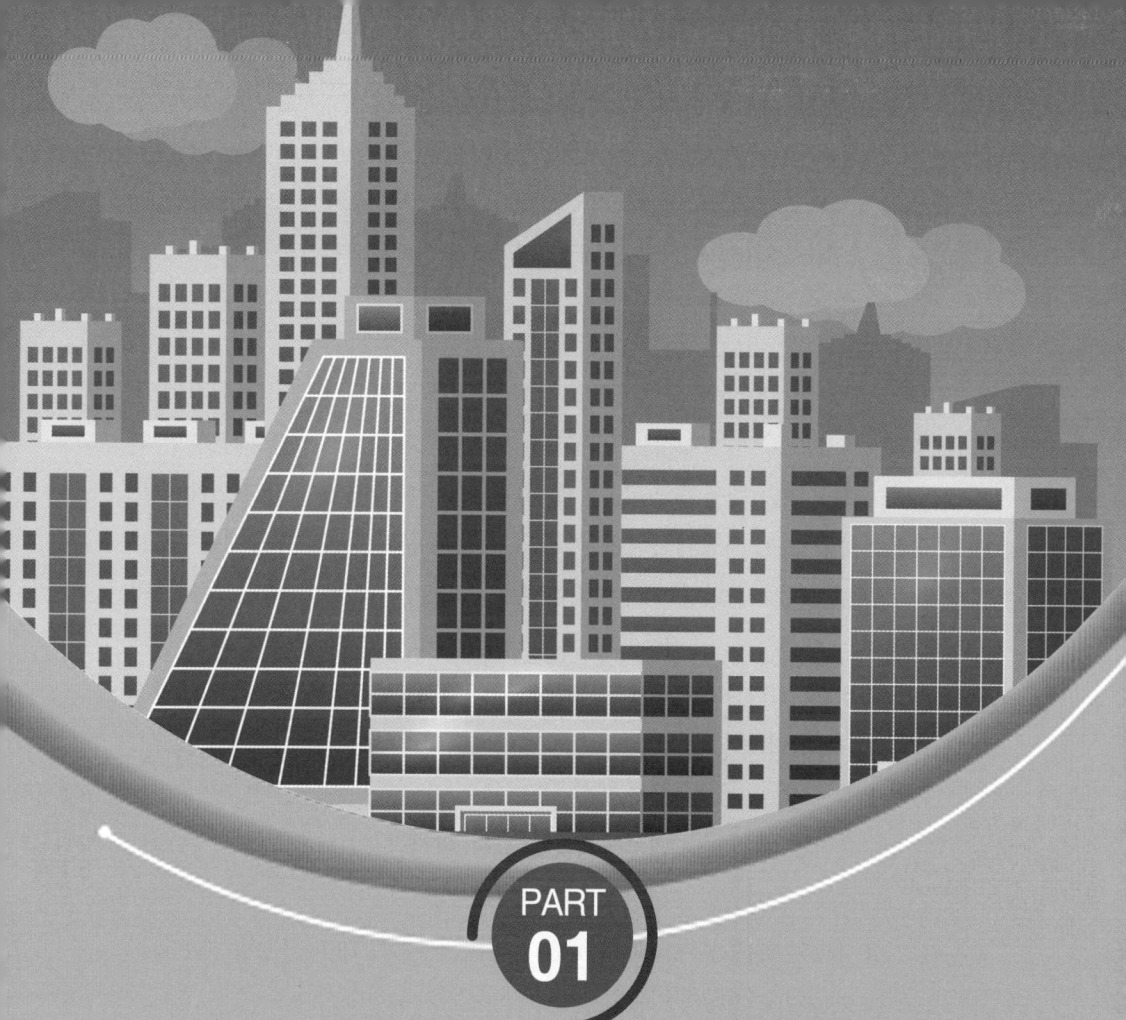

PART 01

NPL 채권양도 개념

01 NPL이란?

이는 Non Performing Loan으로 3개월 이상 이자가 납입되지 않거나 만기에 대출원금의 변제가 이루어지지 않는 연체대출 채권을 의미한다. 이를 세분하면 연체된 무담보 신용대출 채권이 있고, 연체 근저당권부 대출채권이 있다(연체 담보대출 채권). 이중 NPL 시장에서 주로 거래되는 것은 근저당권부 대출채권이므로 앞으로 "NPL은 연체 근저당권부 대출채권이다"라고 이해하면 된다. 우리나라 NPL의 시조는 사실상 Lone Star Funds로서 NPL이라는 용어는 론스타가 남겨주고 간 산물이다. NPL 투자는 부동산지식, 경매지식, 질권대출(금융), 근저당권(NPL) 지식을 융합한 부동산 투자에 대한 종합예술이다.

현재는 대부업법 개정으로 대부업체를 포함한 여신금융기관은 자본금 5억 원의 금융위 등록 대부법인을 포함한 여신금융기관에만 채권매각이 가능하다. 개인은 여신금융기관의 채권을 매입하지 못한다. 다만 개인은 개인 근저당 채권자로부터 민법상 채권양도의 방법으로 채권양수가 가능할 뿐이다.

02 NPL 채권양도의 종류를 알아보자!

◈ 개인채권 양도(민법 적용)

개인 근저당채권은 개인이 양수할 수 있다. 그러나 미등록 대부업자로부터 채권양수는 금지되어 있다.

◈ 대부채권 양도(대부업법 적용)

여신 금융기관은 금감원 등록 대부법인 등 여신 금융기관에만 채권을 매각 하도록 매각이 제한되어 있다. 이에 개인은 양수하지 못한다. 이 경우 개인은 대위변제 방법으로 NPL 채권을 승계 이전 받을 수 있다.

◈ GPL(Good Performing Loan)이란?

이는 Good Performing Loan으로서 말 그대로 정상대출을 말한다. 이자가 연체되지 않고 잘 납부되는 대출채권을 말한다. 이 개념은 오성근 교수와 저자가 NPL과 대비되는 개념으로 창시한 재테크 신조어다. 오성근 교수는 미국인에게는 한국어를, 한국인에게는 영어를 가르친 다재다능한 강사의 이력도 가지고 있다. 현재는 교육법인 오성메듀의 대표이며, 오성 한의원 원장이기도 하다.

03 채권양도 근거 법률

제449조(채권의 양도성)

① 채권은 양도할 수 있다. 그러나 채권의 성질이 양도를 허용하지 아니하는 때에는 그러하지 아니하다.

② 채권은 당사자가 반대의 의사를 표시한 경우에는 양도하지 못한다. 그러나 그 의사표시로써 선의의 제삼자에게 대항하지 못한다.

제450조(지명채권양도의 대항요건)

① 지명채권의 양도는 양도인이 채무자에게 통지하거나 채무자가 승낙하지 아니하면 채무자 기타 제삼자에게 대항하지 못한다.

② 전항의 통지나 승낙은 확정일자 있는 증서에 의하지 아니하면 채무자 이외의 제삼자에게 대항하지 못한다.

제451조(승낙, 통지의 효과)

① 채무자가 이의를 보류하지 아니하고 전조의 승낙을 한 때에는 양도인에게 대항할 수 있는 사유로써 양수인에게 대항하지 못한다. 그러나 채무자가 채무를 소멸하게 하기 위하여 양도인에게 급여한 것이 있으면 이를 회수할 수 있고 양도인에 대하여 부담한 채무가 있으면 그 성립되지 아니함을 주장할 수 있다.

② 양도인이 양도통지만을 한 때에는 채무자는 그 통지를 받은 때까지 양도인에 대하여 생긴 사유로써 양수인에게 대항할 수 있다.

제452조(양도통지와 금반언)

① 양도인이 채무자에게 채권양도를 통지한 때에는 아직 양도하지 아니하였거나 그 양도가 무효인 경우에도 선의인 채무자는 양수인에게 대항할 수 있는 사유로 양도인에게 대항할 수 있다.

② 전항의 통지는 양수인의 동의가 없으면 철회하지 못한다.

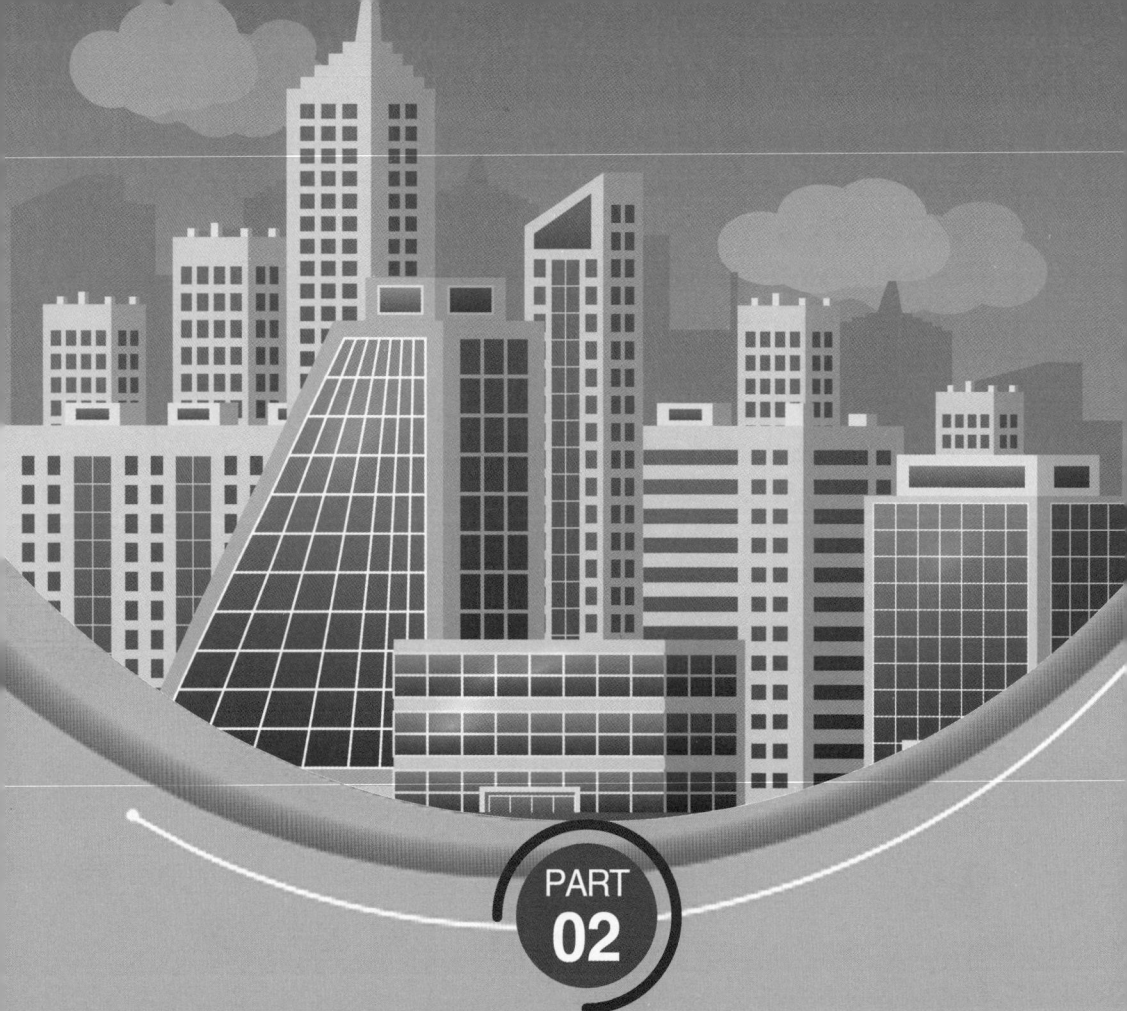

NPL
대위변제 개론

01 대위변제 개요

◆ NPL 대위변제의 의미

대위변제는 제3자가 대위변제를 통하여 금융기관의 근저당채권을 구상권의 범위 내에서 대위권으로 승계 취득한 다음 동 승계채권에 붙어 있는 연체이자율 15% 내지 24% 상당의 연체이자 배당이익을 얻는 방법이다. 대위변제자는 대위변제 이후부터 배당기일까지의 기간 동안 부과된 약정 연체이자 누적액을 배당받는 것이다. 여기에는 민법상 임의대위와 법정대위 두 가지의 대위변제 제도가 있다.

◆ NPL 임의 대위변제의 의미

이해관계 없는 제3자가 채권자(금융기관)에게 변제와 동시에 채권자의 대위승낙을 얻어 채권자의 지위를 승계 취득하는 것으로써 임의 대위라고 칭한다. 이 경우 채권자는 채무자에게 대위변제 통지를 하거나 채무자의 대위변제 승낙을 얻어야 한다. 대위변제 신청서의 하단에 채무자의 '대위변제 동의란'을 만들어 이곳에 채무자의 서명·날인을 받아 선순위 대위변제 대상 채권은행에 제출과 동시에 대위변제하면 선순위 근저당채권이 대위변제자에게 이전된다.

이것은 채권자나 채무자와 이해관계 없는 제3자가 채무자의 동의를 얻어 금융기관의 1순위 등 선순위 근저당 채권을 채무자 대신 변제하고 선순위 채권의 원금 및 연체이자 채권(15% 내지 24%)을 승계 취득하여 근저당권설정 최고액(120% 내지 130%)의 범위에서 대위변제자가 배당을 받는 것을 말한다.

> **민법 제480조(변제자의 임의대위)**
> ① 채무자를 위하여 변제 한 자는 변제와 동시에 채권자의 승낙을 얻어 채권자를 대위할 수 있다.
>
> ② 전항의 경우에 제450조 내지 제452조의 규정을 준용한다.
>
> **제469조(제삼자의 변제)**
> ① 채무의 변제는 제삼자도 할 수 있다. 그러나 채무의 성질 또는 당사자의 의사표시로 제삼자의 변제를 허용하지 아니하는 때에는 그러하지 아니하다.
>
> ② 이해관계 없는 제삼자는 채무자의 의사에 반하여 변제하지 못한다.

◆ NPL 법정 대위변제의 의미

이해관계인이나 후순위 채권자 또는 후순위 등기권리자 등이 금융기관의 1순위 등 선순위 근저당 채권을 채무자 대신 변제하고 1순위 등 선순위 채권의 원금 및 연체이자 채권(15% 내지 24%)을 승계 취득하여 근저당권설정 최고액(120% 내지 130%)내에서 배당을 받는 것이다. 법정 대위변제는 채무자와 채권자에게 대위변제 동의를 받을 필요가 없다.

민법 제481조는 변제할 정당한 이익이 있는 자는 변제로 당연히 채권자를 대위한다고 규정하고 있는바, 위 조항에서 말하는 '이해관계' 또는 '변제할 정당한 이익'이 있는 자는 변제를 하지 않으면 채권자로부터 집행을 받게 되거나 채무자에 대한 자기의 권리를 잃게 되는 지위에 있기 때문이다.

이들은 변제함으로써 당연히 대위의 보호를 받아야 할 법률상 이익을 가지는 자를 말하고, 단지 사실상의 이해관계가 있는 자는 제외된다(대법원 2009.5.28. 자 2008마109 결정).

법정 대위변제의 개념을 요약하면 다음과 같다.
① 법정 대위변제권자는 "이해관계 또는 변제할 정당한 이익"이 있어야 한다.
② 이는 변제하지 않으면 손해를 당할 지위에 있는 자를 의미한다.
③ 여기서 손해는 채권자로부터 강제집행을 받게 되거나 채무자에 대한 자기의 권리를 잃게 되는 지위에 있는 자를 의미한다.

> **민법 제481조(변제자의 법정대위)** 변제할 정당한 이익이 있는 자는 변제로 당연히 채권자를 대위한다.

◈ 임의 대위변제 또는 법정 대위변제 시 연체이자를 받을 권리가 달라질까?

대위변제를 하면 기존 채권자가 대위변제자로 교체된다. 즉 채권자 교체가 이루어진다. 채권자 교체만 이루어지고 채권의 내용은 동일성을 유지한 채 그대로 대위변제자에게 승계된다. 그러므로 기존 대출채권에 붙어 있는 모든 권리는 대위권에 따라 대위변제자에게 그대로 승계된다.

◈ 기존 담보대출 채권에 붙어 있는 권리로서 대위승계 되는 권리를 살펴보자!

대위변제자에게 승계되는 권리를 살펴보면,
- 원금반환 채권
- 정상이자율에 따른 정상이자 채권
- 연체이자율에 따른 연체이자 채권
- 주택담보 대출 시 화재보험금 청구 채권에 대한 질권
  (보험회사에 질권자 변경요청 필요)
- 근저당권
- 별도의 특약 존재 시 특약에 따른 채권 등이 대위변제자에게 그대로 승계된다.
- 토지담보로 근저당권을 설정하고 대출 시 채권보전을 위하여 지상권 설정 특약에 따라 지상권 설정등기를 하는데, 동 지상권 설정등기도 대위변제자에게 이전되어야 한다.

채권자 교체만 발생하기 때문에 대위변제를 하더라도 기한이익이 부활하지 않는다. 이에 따라 대위변제자는 기존의 채권자가 가지고 있던 연체이자율에 따른 연체이자 청구권을 승계받아 계속 행사할 수 있다.

임의대위와 법정대위는 대위변제 방식만 다를 뿐이다. 임의대위는 세 명의 당사자 간의 자유의사로 이루어지는 제3자 변제 방식이다. 즉 이해관계 없는 제3자 변제에 대하여 채권자의 대위승낙과 채무자의 승낙 등으로 이루어진다.

법정대위는 당사자의 의사가 아닌 법률의 규정에 따라 불이익을 당할 지위에 있는 권리자가 선순위 채권 등을 강제로 변제할 수 있는 강력한 권리이다. 이러한 방식 중 어느 하나를 선택하여 대위변제를 하면 대위변제자에게 채권 및 담보권이 승계되는 것은 동일하다. 따라서 임의대위나 법정대위 모두 대위변제자는 연체이자를 받을 권리를 동일하게 승계를 받는 것이 원칙이다.

02 구상권과 변제자 대위권은 원본, 변제기, 이자, 지연손해금의 유무 등에 있어서 내용이 다른 별개의 권리다

구상권과 변제자 대위권은 원본, 변제기, 이자, 지연손해금의 유무 등에 있어서 내용이 다른 별개의 권리로서, 물상보증인은 고유의 구상권을 행사하든 대위하여 채권자의 권리를 행사하든 자유이다. 다만 채권자를 대위하는 경우에는 같은 법 제482조 제1항에 의하여 고유의 구상권의 범위에서 채권 및 그 담보에 관한 권리를 행사할 수 있어서, 변제자 대위권은 고유의 구상권의 효력을 확보하는 역할을 한다.

이자만 대위변제 시 이자에 대한 구상권이 발생하고, 이자 부분만 대위로 승계 취득한다. 원금만 대위변제 시 원금에 대한 구상권만 발생하고 원금 부분만 대위로 승계 취득한다. 변제자 대위권은 고유의 구상권의 효력을 '담보가 아닌 확보하는 역할'을 하므로 구상채권의 이자율에 구속(종속)되는 것이 아니고 이와 달리 대위취득 채권 자체에 존재하는 별개의 이자율을 적용받는 것이다.

대위권은 구상권을 확보하는 기능을 가지고 담보권과는 차별성이 있다. 대위권을 담보로 보면 대위권은 피담보채권인 구상권을 담보하므로 구상권의 5%만 대위권도 담보하여 대위권에도 구상권의 법정이자율인 5%로 제한되어 적용되어야 한다. 그런데 대위권은 구상권에 대한 확보기능을 하므로 담보권과는 차이가 있고 구상권과는 별개로 대위권 자체에 이미 부과된 이자율을 적용해야 하는 것이다(대법원 1997. 5. 30. 선고 97다1556 판결).

위와 같이 대법원 97다1556호 판결은 구상권과 대위권은 '이자' 등이 다른 별개의 권리임을 명백하게 판시하고 있다.

03 임의대위와 법정대위의 내용을 비교·분석해 보자!

대위 변제	대위권(변제자의 채권 및 담보승계권)			구상권
	임의대위	법정대위		
자격	이해관계 없는 제3자(채권자, 채무자 이외의 제3자가 변제)	이해관계인 • 연대채무자 • (연대)보증인 • 담보제공자	재산권 상실 위험자 • 후순위담보권자 (2순위근저당권 상실, 말소위험) • 담보물의 제3취득자(소유권상실 위험) • 후순위임차권자 (대항력소멸 위험), • 가압류 채권자 (가압류등기권 말소위험) • 일반채권자는 가급적 가압류를 등기하여 법정대위 자격 취득 필요	채무를 대신 변제한 자
절차	• 변제와 동시에 채권자의 대위승낙 • 채무자의 대위변제 승낙(동의)또는 통지 ※가혹한 구상권 행사 및 투기목적 방지차원 채무자승낙요함	• 변제할 정당한 이익이 있는 자인 이해관계인 및 재산권 상실 위험자에 해당하면 당연히 대위변제권 행사 가능 • 채권자 및 채무자의 대위변제 승낙 불필요 • 채권자가 대위변제 거부 시 변제공탁 가능 • 실무는 법정 대위권자에게도 민원방지 차원에서 채무자 동의까지 징수하는 경우도 있음		• 이해관계인이 대위변제 시 온전히 구상권 행사 • 이해관계 없는 자가 동의 없이 대위변제 시 채무자 반대 의사 표명 시 구상권은 현존이익에 제한되는 불이익 발생
관계	• 구상권의 확보 차원에서 대위권인정 • 구상권 소멸 시 대위권 소멸			• 구상권에서 대위권이 파생

내용	• 채권 및 근저당권이 법률상 이전 ※ 확정채권양도와 비슷하나 채권양도는 약정상 이전	• 대위변제 후 채무자를 상대로 구상권 행사
차이	• 대위권과 구상권은 아래와 같이 많은 차이 발생 저축은행 주택 근저당채권 원금 1억원, 정상이자 7%, 연체이자(25%) 1천만원, 근저당설정 최고액 1억3천만원(130%설정), 화재보험 1억3천만원 질권설정건 전액변제가정 시 대위권 행사 • 이전되는 채권 : 원 채권액 1억원 + 정상이자율 7%+연체 이자액 1천만원 및 지연손해율(연체이자율) 25% 채권 • 이전되는 담보권 : 근저당권 1억3천만원 + 화재보험 청구권상에 설정된 1억 3천만원의 질권이 대위변제자에게 이전 • 보험회사에 질권자를 대위변제자로 변경요청(대출약정서, 근저당권설정 계약서상에 보험가입 의무 있음) • 소멸시효 : 상사채권으로 5년, 변제기도 구상권과 다름 • 대위권의 원채권은 담보부 채권임 ⇒ 대위권의 총채권액은 구상권과 별도로 변동 ※ 유사제도 : 보험자대위(이득 금지원칙), 손해배상자 대위	• 구상채권 원금 1억 1천만원 (원금 1억원+연체이자 1천만원) • 연체이자율은 민법상 5% 부과 • 소멸시효 : 구상권은 민사채권으로 10년 • 구상권은 무담보채권
론세일과 차이	☞ 대위변제 • 수동적 채권양도, 강제적 채권양도, 소극적 방어적 론세일, 후순위 권리자의 순위상승 투자법이라고 할 수 있음 • 법정대위는 후순위 등 이해관계인의 재산권 방어를 위하여 인정된 제도 • 임의대위는 채무자의 반대 의사가 있으면 대위변제를 하지 못하도록 하여 가혹한 구상권 행사나 투기목적 행사를 방지하고 있으나 채무자의 동의를 얻으면 제약 없이 연체이자 상당 배당 차익을 얻을 수 있음 ☞ 론세일(채권양도) • 채권자의 능동적 채권양도, 임의적, 자발적 채권양도, 적극적 공격적 론세일, 선순위 권리자의 자기순위 실행법이라고 할 수 있음	–

04 대위변제자는 구상권의 범위 내에서 대위권을 취득한다

　임의 대위변제자는 이해관계 없는 제3자로서 채무자가 채권은행에 부담하는 근저당권부 대출채무 전액을 민법 제480조에 따라 채무자로부터 임의 대위변제 승낙을 얻어 대위변제 한다.

　이와 동시에 대위변제를 받는 은행으로부터 대위승낙을 얻음으로써 은행의 채권자 지위를 대위권에 기해 승계취득 한다. 또한 채무자로부터 대위변제 승낙도 받는다.

　대위변제자는 구상권과 대위권을 취득하는데, 양 권리는 각각 별개의 권리로서 상호 독립적으로 행사할 수 있다(대법원 97다1556호, 2013다214970호 판결).

　민법 제482조에 따라 대위권자는 구상할 수 있는 범위에서 기존 금융기관의 채권 및 그 담보에 관한 권리를 행사할 수 있는바, 결국 대위권은 대출채권 및 근저당권에 대한 대위 승계권으로서 대출채권의 승계권 및 근저당권의 승계권을 의미한다.

　그러므로 대위변제자는 기존 채권자에게 대위권을 행사하여 대출채권을 승계이전받고, 이에 대한 후속절차를 취하게 된다. 즉 채권 원본서류 이전, 불이행 시 채권서류 인도청구 소송제기, 채권자 변경신고, 송달료 등 환급계좌 변경신고, 기존 잔여 경매비용 환급청구권, 송달료 부족시 추납의무 발생, 송달장소 변경신고, 송달장소 및 송달영수인 변경신고, 권리신고 및 배당요구 신청서 다시 제출, 청구금액 확장을 위한 채권계산서 제출 등의 조치를 취하게 된다.

근저당권도 이전받고 이에 대한 후속 절차도 취한다. 즉 근저당권 이전등기, 토지담보 대출 시 담보전세권 이전등기, 법정 대위변제 거부 시 변제공탁, 근저당권 처분금지 가처분 신청 및 근저당권 이전등기 청구소송 제기, 승소판결을 원인으로 강제로 근저당권 이전등기 등의 조치를 취하게 된다.

> **제482조(변제자대위의 효과, 대위자간의 관계)**
> ① 전2조의 규정에 의하여 채권자를 대위한 자는 자기의 권리에 의하여 구상할 수 있는 범위에서 **채권 및 그 담보에 관한 권리를 행사**할 수 있다.

참고로 구상권은 무담보 채권이고, 대위권에 따라 승계취득한 권리는 담보채권이다. 대위변제자는 상기 권리 중 대위권에 따라 승계취득한 근저당권부 대출채권을 행사하여 우선 배당을 받는다.

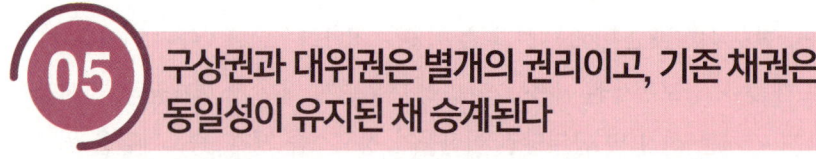

◆ 기존 채권이 동일성을 유지한 채 대위변제자에게 승계된다

구상권과 변제자 대위권은 그 원본, 변제기, 이자, 지연손해금의 유무 등에 있어서 그 내용이 다른 별개의 권리다. 그러므로 구상권에 대한 지연손해금 약정이 적용되지 않는 대위 승계채권에 대해서는 그 자체에 기 체결된 별도의 지연손해금률을 적용해야 한다.

대법원 판결에 따르면, 원고가 공익채권인 이 사건 교통세를 대위변제함으로써 서인천 세무서장이 가지고 있던 이 사건 교통세에 대한 "종전의 권리가 동일성을 유지한 채 원고에게 이전되었다"고 본 원심 판단은 정당하다고 판시하여 대위변제 시 대위권에 따라 기존 채권이 동일성을 유지한 채 그대로 대위변제자에게 승계된다(2005다 32418호).

서울고등법원 2005. 4. 8. 선고 2003나71626 판례 발췌
(대법원 2005다32418호 판결의 원심 판결임)

그런데 위와 같이 2001. 9. 27. 인천정유에 대하여 회사정리절차가 개시됨에 따라 그 관리인으로 선임된 피고는 2001. 10. 4.이 납부기한인 이 사건 교통세를 납부하지 않았고, 이에 서인천세무서장은 피고에게 납부기한을 2001. 10. 31.로 정하여 위 세액에 가산세 13,795,000원을 더한 27,603,795,000원을 납세고지 하고, 일방 원고에게도 이 사건 납세보증보험계약에 따른 보험금을 청구하였다. 그후 피고가 2001. 10. 26. 인천지방법원으로부터 이 사건 교통세의 납부에 관한 허가를 얻고도 위 고지된 납부기일까지 이 사건 교통세를 납부하지 않아 결국 원고가 이 사건 납세보증보험계약에 따라 2001. 10. 31. 서인천세무서장에게 이 사건 교통세 등 27,603,795,000원을 대위변제 하였다.

제9조(납세의 고지) 제1항 : 세무서장 또는 시장·군수가 국세를 징수하고자 할 때에는 납세자에게 그 국세의 과세년도·세목·세액 및 그 산출근거·납부기한과 납부장소를 명시한 고지서를 발부하여야 한다.

제11조(납부기한의 지정) 세무서장은 국세의 납부기한(세법이 정하는 경우를 제외한다)을 납세·납부 또는 납입의 고지를 하는 날로부터 30일 내로 지정할 수 있다.

제21조(가산금) 국세를 납부기한 까지 완납하지 아니한 때에는 그 납부기한이 경과한 날로부터 체납된 국세에 대하여 100분의 5에 상당하는 가산금을 징수한다.

판단 : 본안전 항변에 대하여

정리채권자는 회사정리절차가 진행 중인 동안에는 정리계획에 정하여진 바에 따라 정리채권을 변제 받을 수 있을 뿐이고 강제집행을 할 수 없음은 물론 정리절차에 의하지 않은 채권의 이행을 구하는 소를 제기할 수 없다고 할 것이나, 이 사건 소는 원고가 이 사건 교통세 등을 대위변제 함으로써 종전의 채권자인 국가(서인천세무서장)가 가지고 있던 공익채권을 취득하였음을 원인으로 하여 그 채권의 이행을 구하는 것으로서, 원고가 취득한 권리가 공익채권인지 정리채권인지 여부는 본안에서 판단되어야 할 사항이고, 뒤에서 보는 바와 같이 공익채권으로 인정되므로 피고의 본안전 항변은 받아들일 수 없다.

그렇다면, 피고는 원고에게 27,603,795,000원 및 이에 대하여 대위변제일 이후로서 원고가 구하는 2001. 11. 1.부터 피고가 그 이행의무의 존부

> 및 범위에 관하여 항쟁함이 상당하다고 인정되는 당심 판결 선고일인 2005. 4. 8.까지는 민법 소정의 연 5%, 그 다음날부터 완제일까지는 소송촉진등에관한특례법 소정의 연 20%의 각 비율에 의한 지연손해금을 지급할 의무가 있다고 할 것이다(이상 서울고등법원 2005. 4. 8. 선고 2003나71626 판례 발췌).

◆ 교통세 대위변제 사건은 '이자율약정 없는' 세금원금만 대위변제 했다

상기 2심 판결에서 보는 바와 같이 인천세무서는 가산세를 포함해서 27,603,795,000원에 대해 새로 연장된 납부기한을 2001.10.31로 지정하여 총금액을 모두 정상적인 세금 원금채권으로 전환해서 세금원금 27,603,795,000원만을 납부 하도록 요구했다. 만기에 원고인 보증보험회사가 동 금액을 대위변제 했다.

변제한 세금은 연체상태도 아니어서 세법상의 어떠한 이자율이나 체납세율도 부과되지 않는 순수원금 상태로만 대위변제가 이루어졌다. 또한, 국세징수법상 가산이자를 부과하더라도 5%만 부과토록 명시하고 있다.

세금납부 연체 시 대위변제로 취득한 구상금에 대한 민사상 지연손해금율 5%와는 별개로 국세징수법에 명시하여 가산세율을 부과토록 규정한 것이다. 따라서 대위변제자는 이자율의 약정이 없는 동 세금의 순수 원금채권만 대위변제 후 이를 승계 취득했다.

그러므로 대위변제자는 채무자에게 승계 세금채무 불이행에 대해 민법상 법정 지연손해금율인 5%를 적용해서 청구할 수 있고, 판결선고일 익일부터 완제일까지는 소송촉진 특례법상 법정이율인 연 20%의 비율에 따른 지연손해금율을 적용해서 청구할 수 있는데 판결도 동일하게 선고했다.

◆ 구상금의 약정 지연손해금은 대위권에는 적용되지 않는다

구상금 채권에 적용되는 민사상 5%의 법정 이자율의 범위 내로 대위권도 제한되어야 한다면 구상금에 대한 약정 지연손해금도 대위권에 그대로 적용되어야 한다. 그런데 구상권에 대한 약정 지연손해금율은 대위권에는 적용되지 않음을 명확히 판시하고 있다.

> **2005다32418호**
> 채무를 변제할 이익이 있는 자가 채무를 대위변제한 경우에 통상 채무자에 대하여 구상권을 가짐과 동시에 민법 제481조에 의하여 당연히 채권자를 대위하나, 위 구상권과 변제자 대위권은 그 원본, 변제기, 이자, 지연손해금의 유무 등에 있어서 그 내용이 다른 별개의 권리이므로, 대위변제자와 채무자 사이에 구상금에 관한 지연손해금 약정이 있더라도 이 약정은 구상금을 청구하는 경우에 적용될 뿐, 변제자대위권을 행사하는 경우에는 적용될 수 없다.

◆ 대위변제자가 대위한 세금원금 청구 시 법정이율인 5%를 적용해야 한다고 판시했다

대위변제자는 구상권의 범위 내에서 대위권으로 동일성을 유지한 채 교통세 원금채권을 대위 승계받았다. 동 원금채권은 연장된 납부기한 만료일에 납부하여 납부기한을 기준으로 볼 때 연체 가산세율, 가산금율 또는 어떠한 이자율도 붙어 있지 않은 순수세금 원금만을 대위변제한 것이다.

이자약정 없는 채권을 채무불이행시 법정이율 5%를 적용해서 지연손해금을 받을 수 있다. 나아가 소제기 시 소송촉진 특례법상 20%의 법정 지연손해금율을 적용해야 한다.

2심이 구상금 청구 취지의 소제기라면 약정 지연손해금 19%를 청구할 수 있다. 그러나 이건은 대위금(변제자대위로 취득한 세금채권) 청구소송이기 때문에 대위변제 이후의 구상권에 대한 약정 지연손해금율 19%는 대위금에는 적용되지 않고 대위취득 세금 자체에 대한 고유의 별도 이자율을 적용해야 한다는 판결이다.

구상금에 붙어있는 19%의 지연손해금율 약정이 대위채권에도 그대로 적용할 수 있는지가 쟁점이다. 이 사건에서 구상금은 소송물이 아니므로 구상금 자체에 대한 법정 이자율 5%는 판단도 하지 아니하였다. 구상금 소제기를 했으면 구상금에 대해 법정 이율인 5%가 아닌 약정 지연손해금율인 19%로 지급하라는 판결이 선고되었을 것이다.

대법원 판결은 대취승계 받은 세금채권에 대해 대위권자의 권리행사 범위를 명확히 적시한 것이다. 당연히 별개의 이자율이 적용되는 대위채권에는 구상권상 별도약정의 지연손해금율 19%가 적용되지 않는 것이다.

결국, 대위변제자는 대위권으로 취득한 교통세 채권에 대해 체납세율 등 어떠한 이자율도 약정 없는 순수 교통세 원금채권을 그대로 동일성을 유지한 채 승계 취득한 것이다.

이에 원금에 대해 지연손해금은 민법상 5%를 청구할 수 있고, 소제기로 인해 소촉법상 법정 지연손해금율인 20% 상당의 지연손해금을 추가로 청구해서 판결로 인정받았고 이는 대법원에서 확정되었다.

구상채권에 대한 5%의 법정이자율을 대위권에도 그대로 적용된다는 판결이 아니니다. 대위변제 후 대위변제자와 채무자 간 별도로 구상권에 대해 지연손해금율로 19%를 적용하는 약정을 체결할 경우 19%는 구상권과 별개의 대위권으로 승계되는 채권에는 적용할 수 없다는 판결일 뿐이다. 대위 원금에는 민법상 법정이율인 5%를 적용해서 독립적으로 청구할 수 있다는 판결이다.

구상채권은 정리채권(법인 회생 채권)으로 편입되어 안분배당을 받아야 하나 대위 취득한 세금채권은 공익채권으로서 타 채권자보다 수시로 우선배당을 받을 수 있다. 그래서 대위변제자는 채무자인 인천정유를 상대로 대위금 청구소송을 한 것이고 구상금 청구의 소제기는 하지 않은 것이다.

06 변제자대위로 기존 약정 연체이자율 17.6%가 대위변제자에게 승계된다

대법원 2013다202755 배당이의 판결내용을 아래와 같이 그대로 인용하여 적시한다.

> 채권의 일부에 대하여 대위변제가 있는 경우에 대위자는 민법 제483조 제1항에 따라 그 변제한 가액에 비례하여 종래 채권자가 가지고 있던 채권 및 담보에 관한 권리를 취득하고, 수인이 시기를 달리하여 근저당권 피담보채무의 일부씩을 대위변제하여 피담보채무액을 모두 대위변제한 후 근저당권 일부이전의 부기등기를 각 경료한 경우에 대위변제자들은 그 변제한 가액에 비례하여 근저당권 전체를 준공유하므로, 그들이 근저당권을 실행하여 배당받는 경우에는 구상채권액 범위 내에서 대위변제가 없었다면 종전의 근저당권자가 배당받을 수 있는 금액을 각 변제채권액에 비례하여 안분 배당받아야 하고,

"종전의 근저당권자와 채무자 사이에 지연손해금 약정이 있었다면 이러한 약정에 기한 지연손해금 또한 근저당권의 피담보채권에 포함되어 종전의 근저당권자가 배당받을 수 있는 금액으로서 대위변제자들이 안분 배당받을 금액에 포함되어야 한다(대법원 2001. 1. 19. 선고 2000다37319 판결, 대법원 2011. 6. 10. 선고 2011다9013 판결 등 참조)".

원고 등과 피고 1의 대위변제가 없었더라면 근저당권자인 거제축협이 배당기일에 배당받을 수 있었던 금액은 그들이 **대위변제한 합계 261,120,595원(122,739,736원 + 122,739,735원 + 15,641,124원)**에다 "대위변제한 대출 원금에 대하여 대위변제일인 2010. 2. 4. 또는 2010. 2. 10.부터 배당기일인 2011. 7. 6.까지 거제축협과 소외 1 사이의 약정에 따른 연 17.6%의 연체이율에 의한 지연손해금을 합한 금액"이 되므로,

대위변제자인 원고 등과 피고 1은 그 금액 중 그들이 대위변제한 부분이 차지하는 비율에 따라 후순위 채권자들보다 우선하여 안분 배당받을 수 있고, 따라서 경매법원이 원고 등에게 1순위로 그들이 대위변제한 금액만을 배당하는 내용으로 배당표를 작성한 것은 잘못이라고 할 것이다(대법원 2013다202755 배당이의).

07 서울북부지원의 확정판결도 기존 약정 지연손해금율 17%가 승계된다고 판시했다

가. 대법원은 거제축협의 대출채권 대위변제 사건에서 대위변제자에게 기존 약정 지연손해금율 17.6%가 승계되어 배당을 받을 수 있다고 판시했다(대법원 2014. 5. 16. 선고 2013다202755 판결).

나. 상기 대법원 2013다202755 배당이의 판결취지를 반영하여 "서울북부지원 2018가단2612호 배당이의(2018.12.19확정됨)판결"도 대위변제자에게 약정 지연손해금율 17%가 승계된다고 판시했다(첨부 판결서 참조).

다. 대위변제자는 변제자대위권에 따라 대위권 행사 시 애초 대출채권의 약정 지연손해금율 24%를 승계받아 배당을 받을 수 있다고 판시했다(의정부지법 2018나206104판결).

라. 인천지방법원도 대위변제자는 변제자대위권에 따라 애초 대출채권의 약정 지연손해금율 9.67%~12.67%로 배당을 인정했다(인천지법 부천지원 2018가단 110150판결).

08 구상권의 5%로 대위권 제한 시 기존 채권자는 부당이득을 얻게 된다

구상권의 법정이자 5%로 대위권 행사가 제한될 경우 기존 채권자는 채무를 전액 변제받고도 부당이득을 얻게 된다.

대법원 2013다202755 배당이의 판결을 예로 들면, 거제축협이 채무자에게 대출을 해주면서 약정한 지연손해금율이 17.6%인데, 대위변제자에게 구상권의 법정이자 5%만 대위권을 행사할 수 있다고 한다면 연체 원리금 채권 전액을 변제받은 기존 금융기관인 거제축협은 12.6%(약정 지연손해금율 17.6% - 구상권의 5%)상당의 부당이득을 얻게 된다.

거제축협의 동 12.6%의 지연손해금 채권이 자동 소멸하거나 포기된 것도 아니고 후순위 채권자에게 자동 승계된다는 근거도 없다. 그래서 12.6%는 여전히 거제축협이 보유하게 된다.

한편 채무자가 스스로 자진 변제(완제) 시에는 기존 채권이 전부 소멸되어 거제축협에 부당이득이 발생하지 않는다. 그러나 원고주장에 따르면 제3자가 전액 대위변제 시에는 거제축협은 전액 변제를 받고도 12.6% 상당의 약정 지연손해금을 부당이득으로 얻게 된다. 이 경우 대위변제자는 전액 변제 하였음에도 불구하고 결과적으로 일부 대위변제와 동일하게 채권을 일부만 대위하고 기존 채권자인 거제축협이 잔존 12.6%의 채권을 보유하게 되어 논리적, 현실적으로 매우 부당한 결과가 발생한다.

최근 서울북부지원 2018가단2612호 배당이의(2018.12.19확정) 판결도 대위변제자에게 약정 지연손해금율 17%가 승계된다고 판시한 바 있다.

제482조(변제자대위의 효과, 대위자간의 관계)

① 전2조의 규정에 의하여 채권자를 대위한 자는 자기의 권리에 의하여 구상할 수 있는 범위에서 채권 및 그 담보에 관한 권리를 행사할 수 있다.

② 전항의 권리행사는 다음 각호의 규정에 의하여야 한다.

1. 보증인은 미리 전세권이나 저당권의 등기에 그 대위를 부기하지 아니하면 전세물이나 저당물에 권리를 취득한 제삼자에 대하여 채권자를 대위하지 못한다.

2. 제삼취득자는 보증인에 대하여 채권자를 대위하지 못한다.

3. 제삼취득자 중의 1인은 각 부동산의 가액에 비례하여 다른 제삼취득자에 대하여 채권자를 대위한다.

4. 자기의 재산을 타인의 채무의 담보로 제공한 자가 수인인 경우에는 전호의 규정을 준용한다.

5. 자기의 재산을 타인의 채무의 담보로 제공한 자와 보증인간에는 그 인원수에 비례하여 채권자를 대위한다. 그러나 자기의 재산을 타인의 채무의 담보로 제공한 자가 수인인 때에는 보증인의 부담부분을 제외하고 그 잔액에 대하여 각 재산의 가액에 비례하여 대위한다. 이 경우에 그 재산이 부동산인 때에는 제1호의 규정을 준용한다.

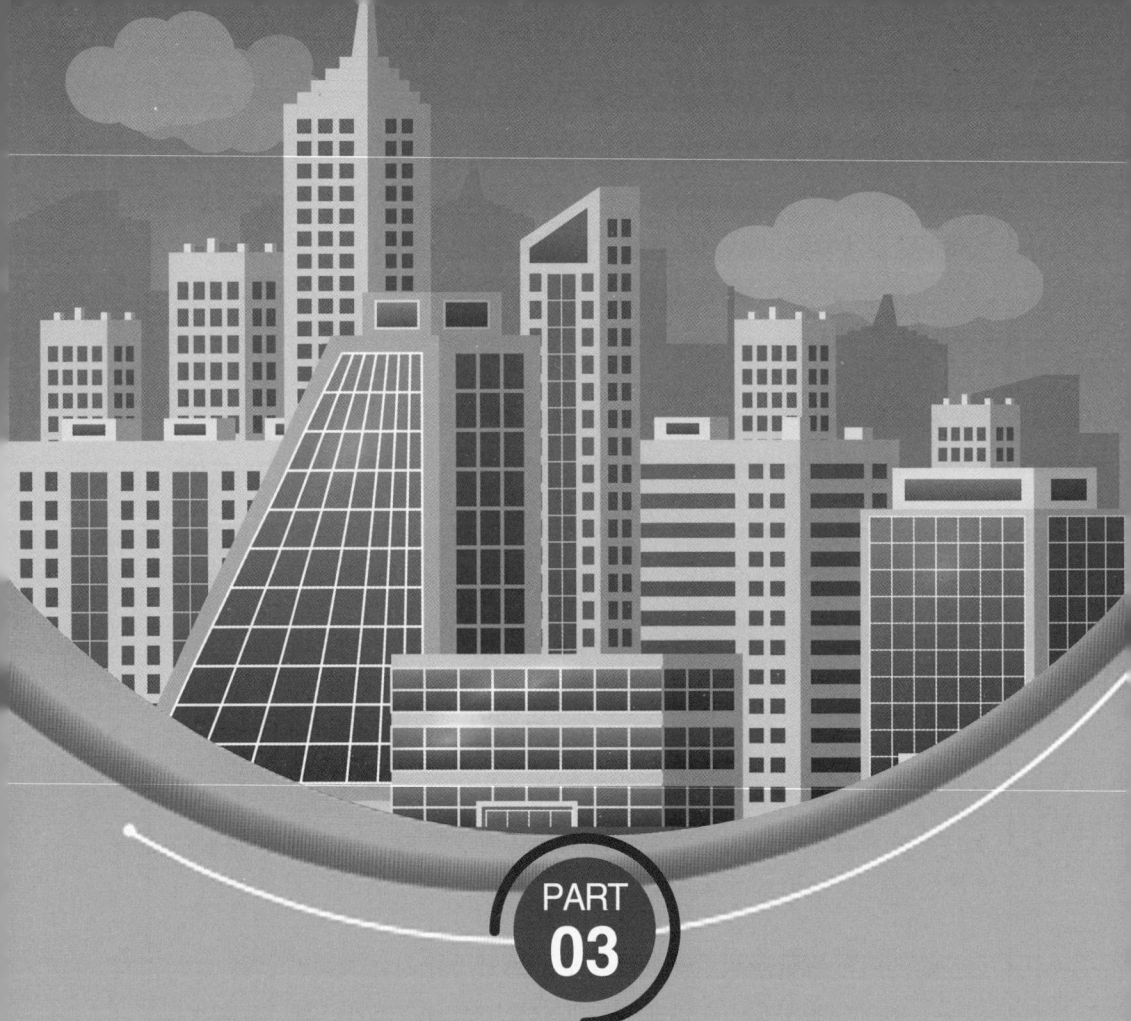

PART 03

구상 대위권에 대한 판례

# 01 구상권과 대위권은 지연손해금 등에서 내용이 다른 별개의 권리다(대법원 1997. 5. 30. 선고 97다1556호 구상금)

【판시사항】

[1] 물상보증인이 담보부동산을 제3취득자에게 매도하여 제3취득자가 근저당권의 피담보채무를 인수한 경우, 담보권 실행으로 인한 구상권의 귀속 주체(=물상보증인)

[2] 물상보증인의 구상권과 변제자 대위권의 성질, 효력 및 행사 방법

[3] 근저당권설정계약서상의 이른바 대위권 불행사의 특약이 물상보증인의 구상권에 기한 청구에도 적용되는지 여부(소극)

【판결요지】

[1] 물상보증인이 담보부동산을 제3취득자에게 매도하고 제3취득자가 담보부동산에 설정된 근저당권의 피담보채무의 이행을 인수한 경우, 그 이행인수는 매매당사자 사이의 내부적인 계약에 불과하여 이로써 물상보증인의 책임이 소멸하지 않는 것이고, 따라서 담보부동산에 대한 담보권이 실행된 경우에도 제3취득자가 아닌 원래의 물상보증인이 채무자에 대한 구상권을 취득한다.

[2] 물상보증인이 채무자의 채무를 변제한 경우, 그는 민법 제370조에 의하여 준용되는 같은 법 제341조에 의하여 채무자에 대하여 구상권을 가짐과 동시에 민법 제481조에 의하여 당연히 채권자를 대위하고, 위 구상권과 변제자 대위권은 원본, 변제기, 이자, 지연손해금의 유무 등에 있어서 내용이 다른 별개의 권리로서, 물상보증인은 고유의 구상권을 행사하든 대위하여 채권자의 권리를 행사하든 자유이며, 다만 채권자를 대위하는 경우에는 같은 법 제482조 제1항에 의하여 고유의 구상권의 범위에서 채권 및 그 담보에 관한 권리를 행사

할 수 있는 것이어서, 변제자 대위권은 고유의 구상권의 효력을 확보하는 역할을 한다.

[3] 물상보증인이 채권자에 대하여 채권자의 청구가 있을 때 그 권리 또는 순위를 무상으로 양도하고 채무자와 채권자의 거래 계속 중에 행사하지 않기로 한 권리는 물상보증인의 채무자에 대한 구상권이 아니라 계약서상의 문자 그대로 대위에 의하여 채권자로부터 취득한 채권자의 채무자에 대한 원채권 상의 권리임이 문언상 명백하여, 물상보증인의 구상권에 터 잡아 구상금 채권을 양수한 제3취득자의 청구에는 위 대위권 불행사의 특약 조항의 적용이 없다.

【참조조문】
[1] 민법 제341조, 제370조[2] 민법 제441조, 제481조, 제482조[3] 민법 제441조, 제481조, 제482조

【참조판례】
[1] 대법원 1974. 12. 10. 선고 74다1419 판결(공1975, 8218)
대법원 1989. 11. 28. 선고 88다카4444 판결(공1990, 120)

【전 문】
【원고,피상고인】 김정묵 외 1인 (원고들 소송대리인 변호사 김정현)
【피고,상고인】 주식회사 한진해운 (소송대리인 법무법인 한미합동법률사무소 담당변호사 유경희)
【보조참가인】 주식회사 한국외환은행 (소송대리인 변호사 이재후 외 2인)
【원심판결】 서울고법 1996. 11. 27. 선고 96나17044 판결

【주문】
상고를 기각한다. 상고비용은 피고의 부담으로 한다.

【이유】

피고 소송대리인 및 피고 보조참가인 소송대리인의 상고이유를 판단한다.

1. 제2점에 대하여

원심판결 이유에 의하면 원심은, 그 내세운 증거에 의하여 그 판시와 같은 사실을 인정한 다음, 물상보증인이 담보부동산을 제3취득자에게 매도하더라도 제3취득자가 담보부동산에 설정된 근저당권의 피담보채무 이행을 인수한 경우에는, 그 이행인수는 그 매매당사자 사이의 내부적인 계약에 불과하여 이로써 물상보증인의 책임이 소멸하지 않는 것이고, 그 담보부동산에 대한 담보권이 실행된 경우에도 제3취득자가 아닌 원래의 물상보증인이 채무자에 대한 구상권을 취득한다 할 것이라고 전제한 다음, 원심판결의 인정 사실에 의하면, 소외 윤석민은 이 사건 부동산의 물상보증인으로서 위 임의경매절차에서 이 사건 부동산의 소유권을 상실하고, 채권자인 피고 보조참가인은 위 임의경매절차에서 위 경락대금 중 금 500,000,000원을 배당받아 피고의 피고 보조참가인에 대한 채무가 위 배당금 상당액만큼 변제로 소멸하였다 할 것이므로, 위 윤석민은 피고에 대하여 위 배당금 및 이에 대한 위 배당일 이후의 법정이자 상당액의 구상권을 취득하였다 할 것이고, 따라서 피고는 특별한 사정이 없는 한 위 구상금채권을 양수한 원고들에게 위 구상금 중 각 그 양수 부분에 해당하는 금원을 지급할 의무가 있다 할 것이라고 판단하였는바, 이를 기록과 대조하여 살펴보면, 원심의 사실인정과 판단은 정당하고, 거기에 상고이유의 주장과 같은 위 윤석민과 원고들과의 거래가 매도담보인지에 대한 심리를 다하지 아니하고, 채증법칙을 위배하여 원고들이 위 윤석민의 저당채무의 이행을 인수한 것으로 사실을 오인하고, 물상보증인과 제3취득자 간의 구상권 행사에 관한 법리를 오해한 위법이 있다고 할 수 없으므로 이 점을 지적하는 상고이유의 주장은 이유 없다. 상고이유의 주장은 필경 원심의 전권에 속하는 증거의 취사 판단과 사실의 인정을 비난하거나 원심이 인정한 사실과 상치되는 사실을 전제로 원심의 판결을 흠잡는 것에 지나지 아니하여 받아들일 수 없다.

2. 제1점에 대하여

법률행위의 해석은 당사자가 그 표시행위에 부여한 객관적인 의미를 명백하게 확정하는 것으로서, 서면에 사용된 문구에 구애받는 것은 아니지만 어디까지나 당사자의 내심적 의사의 여하에 관계없이 그 서면의 기재 내용에 의하여 당사자가 그 표시행위에 부여한 객관적 의미를 합리적으로 해석하여야 하는 것이고, 문언의 객관적 의미가 명확하다면 특별한 사정이 없는 한 문언대로의 의사표시의 존재와 내용을 인정하여야 하지만, 당사자가 표시한 문언에 의하여 그 객관적인 의미가 명확하게 드러나지 않는 경우에는 그 문언의 내용과 그 법률행위가 이루어진 동기 및 경위, 당사자가 그 법률행위에 의하여 달성하려는 목적과 진정한 의사, 거래의 관행 등을 종합적으로 고려하여 사회정의와 형평의 이념에 맞도록 논리와 경험의 법칙, 그리고 사회 일반의 상식과 거래의 통념에 따라 합리적으로 해석하여야 하고, 특히 당사자 일방이 주장하는 계약의 내용이 상대방에게 중대한 책임을 부과하게 되는 경우에는 그 문언의 내용을 더욱 엄격하게 해석하여야 할 것이다(대법원 1995. 5. 23. 선고 95다6465 판결, 1996. 10. 25. 선고 96다16049 판결 등 참조).

원심이, 위 윤석민과 피고 보조참가인은 1985. 9. 2. 작성된 이 사건 근저당권설정계약서 제12조 제1항에서, "설정자는 채권자가 필요에 따라 담보 또는 다른 보증을 변경하거나 해제하여도 이의를 제기하지 않는다." 제2항에서, "설정자가 본 채무를 이행한 경우 대위에 의하여 채권자로부터 취득한 권리를 채무자와 채권자의 거래 계속 중에는 행사하지 아니하겠으며 채권자의 청구가 있으면 그 권리 또는 순위를 채권자에게 무상으로 양도한다."고 약정한 사실, 위 윤석민은 또한 1986. 9. 10. 피고 보조참가인과 사이에 소외 진영상선주식회사의 피고 보조참가인에 대한 현재 또는 장래의 일체의 채무를 연대보증 하면서, 그 연대보증서 제3조에서 "본인이 보증채무를 이행한 경우 대위에 의하여 귀 은행으로부터 취득한 권리를 채무자와 귀 은행의 거래 계속 중에는 귀 은행의 동의 없이 행사하지 아니하겠으며 귀 은행의 청구가 있으면 그 권리 또는 순위를 귀 은행에 무상으로 양도한다."고 약정한 사실을 각각 인정한

다음, 물상보증인이 채무자의 채무를 변제한 경우, 그는 민법 제370조에 의하여 준용되는 같은 법 제341조에 의하여 채무자에 대하여 구상권을 가짐과 동시에 민법 제481조에 의하여 당연히 채권자를 대위하고, 위 구상권과 변제자 대위권은 그 원본, 변제기, 이자, 지연손해금의 유무 등에 있어서 그 내용이 다른 별개의 권리로서, 물상보증인은 고유의 구상권을 행사하든 대위하여 채권자의 권리를 행사하든 자유이며, 다만 채권자를 대위하는 경우에는 같은 법 제482조 제1항에 의하여 고유의 구상권의 범위에서 채권 및 그 담보에 관한 권리를 행사할 수 있는 것이어서, 변제자 대위권은 고유의 구상권의 효력을 확보하는 역할을 한다 할 것인바, 위 인정 사실에 의하면, 위 윤석민이 피고 보조참가인에 대하여 피고 보조참가인의 청구가 있을 때 그 권리 또는 순위를 무상으로 양도하고 피고와 피고 보조참가인의 거래 계속 중에 행사하지 않기로 한 권리는 물상보증인인 위 윤석민의 피고에 대한 구상권이 아니라 위 계약서상의 문자 그대로 대위에 의하여 채권자로부터 취득한 채권자의 채무자에 대한 원채권상의 권리임이 문언상 명백하여, 물상보증인의 구상권에 기한 원고의 이 사건 주위적 청구에는 위 근저당권설정계약서 제12조 제2항의 적용이 없다 할 것이므로, 위 조항이 채무자에 대한 고유의 구상권에도 아울러 적용됨을 전제로 한 피고 및 피고 보조참가인의 위 주장은 나머지 점에 관하여 더 나아가 판단할 필요 없이 이유 없다고 판단하였는바, 이를 기록과 대조하여 살펴보면, 원심의 설시한 사실인정과 판단이 그 표현에 있어서 다소 부적절한 점이 있기는 하지만 결국 원심판결은 옳다고 여겨지고, 거기에 상고이유의 주장과 같은 구상권 및 변제자 대위권에 관한 법리를 오해하고, 당사자의 진정한 의사해석을 그르친 위법이 있다고 할 수 없으므로 상고이유의 주장은 이유 없다.

3. 그러므로 상고를 기각하고 상고 비용은 패소자가 부담하기로 관여 법관들의 의견이 일치되어 주문과 같이 판결한다.

대법관 박만호(재판장) 박준서 김형선(주심) 이용훈

02. 구상금의 지연손해금 약정은 변제자 대위권을 행사 시에는 적용되지 않는다(대법원 2009.02.26. 선고 2005다32418호 구상금)

【판시사항】

[1] 조세의 납부기한이 구 국세기본법 제6조에 의하여 연장되고 그 연장된 기한이 정리절차 개시 당시 도래하지 아니한 경우, 그 조세채권이 구 회사정리법 제208조 제9호에 정한 공익채권에 해당하는지 여부(적극)

[2] 납세보증보험의 보험자가 보험금을 지급한 경우, 피보험자인 세무서가 보험계약자인 납세의무자에 대하여 가지는 채권을 대위 행사할 수 있는지 여부(적극)

[3] 대위변제자와 채무자 간에 체결된 구상금에 관한 지연손해금 약정이 변제자 대위권을 행사하는 경우에도 적용되는지 여부(소극)

【판결요지】

[1] 구 회사정리법(2005. 3. 31. 법률 제7428호 채무자 회생 및 파산에 관한 법률 부칙 제2조로 폐지) 제102조는 '정리절차개시 전의 원인에 기하여 생긴 재산상의 청구권'을 정리채권으로 규정하고 있으나, 같은 법 제208조 제9호에 의하면, 정리채권 중 원천징수하는 조세 · 부가가치세 · 특별소비세 · 주세 · 교통세 및 본세의 부과 · 징수의 예에 따라 부과 · 징수하는 교육세 · 농어촌특별세와 특별징수 의무자가 징수하여 납부하여야 할 지방세로서 정리절차개시 당시 아직 납부기한이 경과하거나 도래하지 아니한 것은 공익채권에 해당하는바, 위 조세의 납부기한이 구 국세기본법(2002. 12. 18. 법률 제6782호로 개정되기 전의 것) 제6조에 의하여 연장되고 그 연장된 기한이 정리절차 개시 당시 도래하지 아니한 경우에는 정리절차 개시 당시 그 납부기한이 경과하지 아니한 것에 해당하므로 역시 위 조세채권은 공익채권에 해당한다.

[2] 납세보증보험은 보험금액의 한도 안에서 보험계약자가 보증 대상 납세의무를 납기 내에 이행하지 아니함으로써 피보험자가 입게 되는 손해를 담보하는 보증보험으로서 보증에 갈음하는 기능을 가지고 있어, 보험자의 보상책임을 보증책임과 동일하게 볼 수 있으므로, 납세보증보험의 보험자가 그 보증성에 터 잡아 보험금을 지급한 경우에는 변제자대위에 관한 민법 제481조를 유추적용하여 피보험자인 세무서가 보험계약자인 납세의무자에 대하여 가지는 채권을 대위행사할 수 있다.

[3] 채무를 변제할 이익이 있는 자가 채무를 대위변제한 경우에 통상 채무자에 대하여 구상권을 가짐과 동시에 민법 제481조에 의하여 당연히 채권자를 대위하나, **위 구상권과 변제자 대위권은 그 원본, 변제기, 이자, 지연손해금의 유무 등에 있어서 그 내용이 다른 별개의 권리이므로, 대위변제자와 채무자 사이에 구상금에 관한 지연손해금 약정이 있더라도 이 약정은 구상금을 청구하는 경우에 적용될 뿐, 변제자대위권을 행사하는 경우에는 적용될 수 없다.**

【참조조문】

[1] 구 회사정리법(2005. 3. 31. 법률 제7428호 채무자 회생 및 파산에 관한 법률 부칙 제2조로 폐지) 제102조(현행 채무자 회생 및 파산에 관한 법률 제118조 참조), 제208조 제9호(현행 채무자 회생 및 파산에 관한 법률 제179조 제9호 참조), 구 국세기본법(2002. 12. 18. 법률 제6782호로 개정되기 전의 것) 제6조 [2] 민법 제428조, 제481조, 제482조 [3] 민법 제397조 제1항, 제441조, 제481조, 제482조

【참조판례】

[2] 대법원 1991. 4. 9. 선고 90다카26515 판결(공1991, 1356)
대법원 1997. 11. 14. 선고 95다11009 판결(공1997하, 3783)
대법원 2000. 1. 21. 선고 97다1013 판결(공2000상, 451)
[3] 대법원 1997. 5. 30. 선고 97다1556 판결(공1997하, 2011)

【전 문】

【원고, 피상고인 겸 상고인】 서울보증보험 주식회사 (소송대리인 법무법인 세종 담당변호사 황상현외 4인)

【피고, 상고인 겸 피상고인】 정리회사 인천정유 주식회사의 관리인 소외 1의 소송수계인 같은 관리인 소외 2의 소송수계인 같은 관리인 소외 3의 소송수계인 에스케이 인천정유 주식회사의 소송수계인 에스케이에너지 주식회사 (소송대리인 법무법인(유) 태평양 담당변호사 김인만외 3인)

【원심판결】 서울고법 2005. 4. 8. 선고 2003나71626 판결

【주 문】

각 상고를 기각한다. 상고비용은 상고인 각자가 부담한다.

【이 유】

1. 피고의 상고이유(상고이유서 제출기간이 경과한 후 제출된 상고이유보충서 등의 각 기재는 각 상고이유를 보충하는 범위 내에서)를 본다.

가. 이 사건 교통세가 회사정리법 제208조 제9호의 공익채권에 해당하는지 여부

구 교통세법(2003. 12. 30. 법률 제7011호로 개정되기 전의 것, 이하 같다) 제4조, 제7조, 제8조에 의하면, 유류를 제조장으로부터 반출하거나 수입신고를 한 사람은 그 다음달 말일까지 제조장을 관할하는 세무서장에게 과세표준신고서를 제출하여야 하고 그 신고서 제출기한 내에 이를 납부하여야 한다. 한편, 납세자는 구 국세기본법(2002. 12. 18. 법률 제6782호로 개정되기 전의 것, 이하 같다) 제6조에 따라 관할 세무서장에게 납부기한 연장신청을 하여 납부기한을 연장 받을 수 있는데, 납세자가 구 국세기본법 시행령(2002. 12. 30. 대통령령 제17830호로 개정되기 전의 것, 이하 같다) 제3조에 따른 기한 내에 납

부기한의 연장신청을 한 이상, 관할 세무서장이 원래의 납부기한을 경과하여 연장승인통지를 하였다 하더라도 그 납부기한이 적법하게 연장된다고 보아야 한다.

한편, 구 회사정리법(2006. 4. 1. 시행된 채무자 회생 및 파산에 관한 법률에 따라 폐지되었음) 제102조는 '정리절차개시 전의 원인에 기하여 생긴 재산상의 청구권'을 정리채권으로 규정하고 있으나, 구 회사정리법 제208조 제9호에 의하면, 정리채권 중 원천징수하는 조세·부가가치세·특별소비세·주세·교통세 및 본세의 부과·징수의 예에 따라 부과·징수하는 교육세·농어촌특별세와 특별징수 의무자가 징수하여 납부하여야 할 지방세로서 정리절차개시 당시 아직 납부기한이 경과하거나 도래하지 아니한 것은 공익채권에 해당하는바, 위 조세의 납부기한이 구 국세기본법 제6조에 의하여 연장되고 그 연장된 기한이 정리절차 개시 당시 도래하지 아니한 경우에는 정리절차 개시 당시 그 납부기한이 경과하지 아니한 것에 해당하므로 역시 위 조세채권은 공익채권에 해당한다.

같은 취지에서 이 사건 교통세가 구 회사정리법 제208조 제9호의 공익채권에 해당한다고 본 원심 판단은 정당하고, 상고이유의 주장과 같이 납부기한 연장의 효력 또는 구 회사정리법 제208조 제9호의 공익채권에 관한 법리를 오해한 위법 등이 없다.

나. 납세보증보험의 보험자가 조세채권을 대위할 수 있는지 여부

보증보험은 보험금액의 한도 내에서 보험계약자의 채무불이행으로 인한 손해를 담보하는 것으로서 보증에 갈음하는 기능을 가지고 있고 이 점에서는 보험자의 보상책임은 본질적으로 보증책임과 같으므로, 그 보증성에 터 잡아 보험금을 지급한 보증보험의 보험자는 민법 제481조에서 정한 변제자대위의 법리에 따라 보험자가 보험계약자에 대하여 가지는 채권 및 그 담보에 관한 권리를 대위하여 행사할 수 있다(대법원

1991. 4. 9. 선고 90다카26515 판결, 대법원 1997. 11. 14. 선고 95다11009 판결, 대법원 2000. 1. 21. 선고 97다1013 판결 등 참조).

한편, 납세보증보험은 보험금액의 한도 안에서 보험계약자가 보증대상 납세의무를 납기 내에 이행하지 아니함으로써 피보험자가 입게 되는 손해를 담보하는 보증보험으로서 보증에 갈음하는 기능을 가지고 있어, 보험자의 보상책임을 보증책임과 동일하게 볼 수 있으므로, 납세보증보험의 보험자가 그 보증성에 터 잡아 보험금을 지급한 경우에는 변제자대위에 관한 민법 제481조를 유추적용하여 피보험자인 세무서가 보험계약자인 납세의무자에 대하여 가지는 채권을 대위행사할 수 있다고 봄이 상당하다.

같은 취지에서, 원고가 공익채권인 이 사건 교통세를 대위변제함으로써 서인천세무서장이 가지고 있던 이 사건 교통세에 대한 종전의 권리가 동일성을 유지한 채 원고에게 이전되었다고 본 원심 판단은 정당하고, 상고이유의 주장과 같이 납세보증보험자의 변제자대위에 관한 법리를 오해한 위법 등이 없으며, 한편, 상고이유에서 들고 있는 대법원 판례는 그 사안과 취지를 달리하여 이 사건에 원용할 수 없다.

2. 원고의 상고이유(상고이유서 제출기간이 경과한 후 제출된 보충 상고이유서 등의 각 기재는 각 상고이유를 보충하는 범위 내에서)를 본다.

채무를 변제할 이익이 있는 자가 채무를 대위변제한 경우에 통상 채무자에 대하여 구상권을 가짐과 동시에 민법 제481조에 의하여 당연히 채권자를 대위하나, 위 구상권과 변제자대위권은 그 원본, 변제기, 이자, 지연손해금의 유무 등에 있어서 그 내용이 다른 별개의 권리이므로(대법원 1997. 5. 30. 선고 97다1556 판결 참조), 대위변제자와 채무자 사이에 구상금에 관한 지연손해금 약정이 있더라도 이 약정은 구상금을 청구하는 경우에 적용될 뿐, 변제자대위권을 행사하는 경우에는 적용될 수 없다.

위 법리 및 기록에 의하여 살펴보면, 원고가 변제자대위에 의하여 이 사건 교통세 채권을 행사하는 이 사건에 있어서 민법 소정의 법정이율에 의한 지연손해금의 지급을 명한 조치는 정당하고, 상고이유의 주장과 같이 민법 제397조 제1항 및 소송촉진 등에 관한 특례법 제3조 제1항, 제2항에 관한 법리를 오해한 위법 등이 없다.

3. 결 론

그러므로 각 상고를 기각하고, 상고비용은 상고인 각자가 부담하게 하기로 관여 대법관의 의견이 일치되어 주문과 같이 판결한다.

대법관 안대희(재판장) 김영란(주심) 이홍훈 양창수

03 교통세의 원금채권이 동일성을 유지한 채 대위변제자에게 이전된다(서울고등법원 2005. 4. 8. 선고 2003나71626 구상금)

【전 문】
【원고, 항소인】 서울보증보험 주식회사(소송대리인 법무법인 세종 담당변호사 황상현외 4인)

【피고, 피항소인】 정리회사 인천정유 주식회사의 관리인 우완식의 소송수계인 같은 관리인 한송호(소송대리인 법무법인 태평양 담당변호사 김인만외 2인)

【변론종결】
2005. 4. 8.

【제1심판결】 서울중앙지방법원 2002가단78916 판결

【주 문】
1. 제1심 판결 중 다음에서 지급을 명하는 금원에 해당하는 원고 패소부분을 취소한다.
   피고는 원고에게 27,603,795,000원 및 이에 대하여 2001. 11. 1.부터 2005. 4. 8.까지는 연 5%, 그 다음날부터 완제일까지는 연 20%의 각 비율에 의한 금원을 지급하라.
2. 원고의 나머지 항소를 기각한다.
3. 소송비용은 제1, 2심 모두 피고의 부담으로 한다.
4. 제1항에서 금원지급을 명한 부분은 가집행할 수 있다.

【청구취지 및 항소취지】
제1심 판결을 취소한다. 피고는 원고에게 27,603,795,000원 및 이에 대하여 2001. 11. 1.부터 2003. 5. 31.까지는 연 19%, 그 다음날부터 완제일까지는 연 20%의 각 비율에 의한 금원을 지급하라. (원고는 당심에 이르러 청구취지를 감축하였다.)

【이 유】
1. 기초사실

다음의 각 사실은 당사자 사이에 다툼이 없거나, 갑 제1, 2호증, 갑 제3호증의 1내지4, 갑 제4, 5호증의 각 1, 2, 갑 제6호증, 갑 제9호증, 을 제1호의 1, 2의 각 기재에 변론 전체의 취지를 종합하면 이를 인정할 수 있다.

가. 당사자의 지위

원고는 보증보험, 신용보험 등 제 보험계약의 체결과 보험료 징수 등 손해보험사업을 주된 목적으로 하는 법인이고, 인천정유 주식회사(이하 '인천정유'라 한다)는 발전소 · 정유공장 · 석유제품 판매시설 등의 국내외 건설 · 소유 · 운영 등을 주된 목적으로 하는 법인으로서 2001. 9. 27. 인천지방법원으로부터 회사정리절차개시결정을 받고, 우완식이 같은 날 정리회사 인천정유의 관리인으로 선임되었다가 그 후 사임함에 따라 2003. 4. 21. 피고가 정리회사 인천정유의 관리인으로 선임되었다(이하 모두어 피고라고 한다).

나. 납세보증보험계약의 체결

(1) 인천정유는 석유판매에 따라 발생한 신고납부기한이 2001. 5. 31.인 교통세 67,882,000,000원, 특별소비세 4,208,000,000원, 위 각 조세에 부가하여 부과 · 징수되는 각 교육세 10,182,000,000원, 500,000,000원 등 합계 82,772,000,000원의 조세채무에 관하여 부담이 과중하다는 이유로 2001. 5. 22. 납부기한 연장신청을 하였고, 관할세무서장인 서인천세무서장은 위 신청에 대하여 국세기본법(2002. 12. 18. 법률 제6782호로 개정되기 전의 것, 이하 같다) 제6조 제1항, 같은 법 시행령(2002. 12. 30. 대통령령 제17830호로 개정되기 전의 것, 이하 같다) 제2조 제1항 제3호 소정의 '납세자가 그 사업에 심한 손해를 입거나 그 사업이 중대한 위기에 처한 때'에 해당하여 납부기한 연장사유가 있다고 보아 2001. 6. 1. 위 조세채무 중 교통세 27,590,000,000원(이하 '이 사건 교통세'라 한다.)

의 납부기한을 2001. 10. 4., 교통세 27,590,000,000원의 납부기한을 2001. 10. 31., 나머지 교통세 등 27,580,000,000원의 납부기한을 2001. 11. 30.로 각 연장한다는 통지를 하면서, 국세기본법 제6조 제2항에 의거 위 납부할 금액에 상당하는 담보제공을 요구하였다.

(2) 인천정유는 위 납부기한 연장과 관련한 서인천세무서장의 담보제공 요구에 응하기 위하여 2001. 6. 8. 원고와 사이에, 피보험자 서인천세무서장, 보험가입금액 30,349,000,000원, 보험기간 2001. 6. 1.부터 2001. 10. 30.까지로 정하여, 이 사건 교통세의 납부의무에 관한 납세보증보험계약(이하 '이 사건 납세보증보험계약'이라 한다)을 체결하고, 원고로부터 납세보증보험증권을 발급 받아 서인천세무서장에게 제출하였다.

(3) 이 사건 납세보증보험계약에 의하면, 보험자인 원고는 보험계약자인 인천정유가 보증대상 납세의무를 납기 내에 이행하지 아니함으로써 피보험자가 입은 재산상 손해를 보상하되, 보상하는 손해는 보험가입금액을 한도로 하여 인천정유가 납부하여야 할 세액으로 하고, 원고가 보험금을 지급한 때에는 보험계약자인 인천정유에 대하여 구상권을 가지며 피보험자의 이익을 해치지 아니하는 범위 안에서 피보험자가 인천정유에 대하여 가지는 권리를 대위할 수 있도록 하였고, 구상금에 가산하여 지급할 지연손해금은 시중은행의 일반대출 연체이율 중 최고의 연체이율 범위 내에서 원고가 정하는 연체이율에 의하도록 약정하였는데, 원고가 정하여 시행하고 있는 연체이율은 연 19%이다.

다. 피고의 납세의무불이행 및 원고의 보험금 지급

그런데 위와 같이 2001. 9. 27. 인천정유에 대하여 회사정리절차가 개시됨에 따라 그 관리인으로 선임된 피고는 2001. 10. 4.이 납부기한인 이 사건 교통세를 납부하지 않았고, 이에 서인천세무서장은 피고에게 납부기한을 2001. 10. 31.로 정하여 위 세액에 가산세 13,795,000원을 더한 27,603,795,000원을 납세고지 하고, 일방 원고에게도 이 사건 납세보증보험계약에 따른 보험금을 청구하였다. 그 후 피고가 2001. 10. 26. 인천지방법원으로부터 이 사건 교통세의 납부에 관한 허가를 얻고도 위 고지된 납부기일까지 이 사건 교통세를 납부하지 않아 결국 원고가 이 사건 납세보증보험계약에 따라 2001. 10. 31. 서인천세무서장에게 이 사건 교통세 등 27,603,795,000원을 대위변제 하였다.

2. 주장

가. 원고는 이 사건 청구원인으로, 피고가 2001. 10. 4.이 납부기한인 이 사건 교통세를 납부하지 않아 원고가 서인천세무서장에게 이 사건 납세보증보험계약에 따른 보험금을 지급함으로써 위 보증보험계약 및 민법 제481조의 변제자 대위의 법리에 따라 피고에 대하여 위 지급보험금 상당의 구상권을 갖게 되고 위 구상권의 범위 내에서 피보험자의 권리를 대위 할 수 있게 되었는데, 이 사건 교통세는 그 납부기한이 적법하게 연장되어 회사정리절차개시 당시 아직 납부기한이 경과하거나 도래하지 아니한 것으로서 회사정리법 제208조 제9호 소정의 공익채권에 해당된다고 할 것이므로, 피고는 원고에게 정리절차에 의하지 아니하고 위 구상금 27,603,795,000원 및 이에 대한 지연손해금을 지급할 의무가 있다고 주장한다.

나. 이에 대하여 피고는, 이 사건 교통세는 법률에서 정한 과세요건이 이미 회사정리절차개시 전에 갖추어져 있을 뿐만 아니라, 그 법정납부기한도 2001. 5. 31.로서 회사정리절차개시 전에 이미 경과하였으므로 회사정리법 제208조 제9호 소정의 공익채권이 아니라 회사정리법 제102조에 의한 정리채권일 뿐이고, 가사 그 연장된 납부기한이 회사정리절차 개시 이후이어서 이 사건 교통세가 공익채권이라고 하더라도 이 사건 납세보증보험계약에 기하여 이 사건 교통세 등을 대위변제 함에 따라 취득한 원고의 구상금 채권은 회사정리절차개시 후에 발생한 것일 뿐더러 그 취득원인인 이 사건 납세보증보험계약이 회사정리절차개시전의 것이므로 정리채권이라고 할 것인 바, 결국 원고의 구

상금 채권은 회사정리절차에 따른 지급만을 구할 수 있을 뿐 회사정리절차 이외의 절차에서 그 이행을 구하는 이 사건 소는 부적법 하다고 다툰다.

3. 판 단
가. 본안전 항변에 대하여

정리채권자는 회사정리절차가 진행 중인 동안에는 정리계획에 정하여진 바에 따라 정리채권을 변제 받을 수 있을 뿐이고 강제집행을 할 수 없음은 물론 정리절차에 의하지 않은 채권의 이행을 구하는 소를 제기할 수 없다고 할 것이나, 이 사건 소는 원고가 이 사건 교통세 등을 대위변제 함으로써 종전의 채권자인 국가(서인천세무서장)가 가지고 있던 공익채권을 취득하였음을 원인으로 하여 그 채권의 이행을 구하는 것으로서, 원고가 취득한 권리가 공익채권인지 정리채권인지 여부는 본안에서 판단되어야 할 사항이고, 뒤에서 보는 바와 같이 공익채권으로 인정되므로 피고의 본안전 항변은 받아들일 수 없다.

나. 본안에 대하여

(1) 관련 법령 규정

(가) 회사정리법 제208조(공익채권) 다음에 규정된 청구권은 공익채권으로 한다.

9. 정리채권 중 원천 징수하는 조세·부가가치세·특별소비세·주세·교통세 및 본세의 부과·징수의 예에 따라 부과·징수하는 교육세·농어촌특별세와 특별징수의무자가 징수하여 납부하여야 할 지방세로서 정리절차개시 당시 아직 납부기한이 경과하거나 도래하지 아니한 것.

(나) 교통세법(2003. 12. 30. 법률 제7011호로 개정되기 전의 것)
제2조(과세대상과 세율) 제1항 교통세를 부과할 물품과 그 세율은 다음과 같다.
　1. 휘발유와 이와 유사한 대체유류 리터당 630원
　2. 경유와 이와 유사한 대체유류 리터당 276원

제3조(납세의무자) : 1. 제2조 제1항의 규정에 의한 물품을 제조하여 반출하는 자

2. 제2조 제1항의 규정에 의한 물품을 보세구역으로부터 반출 하는 자

제4조(과세시기) 교통세는 과세물품을 제조장으로부터 반출하거나 수입신고를 하는 때에 부과한다.

제7조(과세표준의 신고) 제1항 : 제3조 제1호에 의한 납세의무자는 매월 제조장으로부터 반출한 물품의 물품별 수량 및 가격과 산출세액·미납세액·면제세액·공제세액·환급세액·납부세액 등을 기재한 신고서를 다음달 말일까지 제조장을 관할하는 세무서장에게 제출하여야 한다.

제8조(납부) 제1항 : 제3조 제1호의 규정에 의한 납세의무자는 매월 분의 교통세를 제7조 제1항의 규정에 의한 신고서의 제출기한 내에 납부하여야 한다.

제11조(가산세) 제2호 : 제8조의 규정에 의한 기한 내에 교통세를 납부하지 아니하거나 납부한 세액이 납부하여야 할 세액에 미달하는 경우에는 '납부하지 아니한 세액(미달하게 납부한 경우에는 그 미달한 세액)×납부기한의 다음날부터 자진납부일 전일 또는 납세고지일까지의 기간×금융기관이 연체대출금에 대하여 적용하는 이자율 등을 감안하여 대통령령이 정하는 이자율'을 적용하여 산식한 금액을 납부세액에 가산한다.

(다) 국세징수법

제9조(납세의 고지) 제1항 : 세무서장 또는 시장·군수가 국세를 징수하고자 할 때에는 납세자에게 그 국세의 과세년도·세목·세액 및 그 산출근거·납부기한과 납부장소를 명시한 고지서를 발부하여야 한다.

제11조(납부기한의 지정) 세무서장은 국세의 납부기한(세법이 정하는 경우를 제외한다)을 납세·납부 또는 납입의 고지를 하는 날로부터 30일 내로 지정할 수 있다.

제21조(가산금) 국세를 납부기한 까지 완납하지 아니한 때에는 그 납부기한이 경과한 날로부터 체납된 국세에 대하여 100분의 5에 상당하는 가산금을 징수한다.

(라) 국세기본법

제2조(정의)

4. '가산세'라 함은 세법에 규정하는 의무의 성실한 이행을 확보하기 위하여 그 세법에 의하여 산출한 세액에 가산하여 징수하는 금액을 말한다.
5. 가산금이라 함은 국세를 납부기한까지 납부하지 아니한 때에 국세징수법에 의하여 고지세액에 가산하여 징수하는 금액과 납부기한 경과 후 일정기한까지 납부하지 아니한 때에 그 금액에 다시 가산하여 징수하는 금액을 말한다.

제6조(천재 등으로 인한 기한의 연장)

제1항 : 천재 · 지변 또는 대통령령이 정하는 사유로 인하여 이 법 또는 세법에 규정하는 신고 · 신청 · 청구 기타 서류의 제출 · 통지 · 납부를 정하여진 기한까지 할 수 없다고 인정하거나 납세자의 신청이 있는 경우에는 관할 세무서장은 대통령령이 정하는 바에 의하여 그 기한을 연장할 수 있다.

제2항 : 제1항의 규정에 의하여 납부기한을 연장하는 경우 관할세무서장은 납부할 금액에 상당하는 담보제공을 요구할 수 있다.

(마) 국세기본법 시행령

제2조(기한연장 및 담보제공)

제1항 다음 각 호의 1에 해당하는 경우로서 세무서장이 인정하는 때에는 법 제6조의 규정에 의하여 기한을 연장할 수 있는 사유가 있는 것으로 한다.

3. 납세자가 그 사업에 심한 손해를 입거나 그 사업이 중대한 위기에 처한때(납부의 경우에 한한다.)

제3조 (기한연장의 신청) 법 제6조의 규정에 의하여 기한의 연장 신청을 받고자 하는 자는 기한 만료일 3일전까지 1. 기한연장을 받고자 하는 자의 주소 또는 거소와 성명, 2. 연장 받고자 하는 기한, 3. 연장 받고자 하는 사유, 4. 기타 필요한 사항을 기재한 문서로 당해 행정기관의 장에게 신청하여야 한다.

제4조(기한연장의 승인) 제1항 : 행정기관의 장은 법 제6조의 규정에 의하여 기한을 연장한 때에는 제3조 각 호에 준하는 사항을 기재한 문서로 지체 없이 관계인에게 통지하여야 하며 제3조의 신청이 있은 것에 대하여는 그 승인여부를 통지하여야 한다.

제10조의2(납세의무의 확정) 제1호 : 특별소비세, 교통세에 있어서는 당해 국세의 과세표준과 세액을 정부에 신고하는 때에 확정된다.

(2) 판단
(가) 회사정리법상 조세채권과 공익채권의 처리

파산법과는 달리 회사 갱생을 목적으로 하는 회사정리법은 기본적으로 조세채권을 일반 채권과 구별하지 않고 있는데, 채권발생의 기본적 요건 사실이 회사정리절차개시결정 전에 존재하는 경우 당해 채권을 정리절차개시전의 원인으로 생긴 채권이라고 보는 회사정리법 제102조의 해석에 따르면, 법률에서 정한 과세요건이 정리절차개시 전에 충족되어 있으면 가사 그 납부기한이 도래하지 아니하였더라도 정리채권이라 할 것이다. 다만 정리절차개시 전의 원인으로 생긴 청구권이라 하더라도 원천징수하는 국세 등 일부 조세채권과 같이 형평의 관념이나 사회 정책적인 이유 등 공익적 목적을 위하여 공익채권으로 규정하고 있는 것도 있는바 그것이 회사정리법 제208조 제9호 소정의 조세채권이라 할 것이다. 그리고 회사정리법상 정리채권 및 정리담보권은 원칙적으로 정리절차에 의하지 아니하면 변제할 수 없음에 반하여 공익채권은 회사로부터 정리채권 및 정리담보권에 우선하여 정리절차에 의하지 아니하고 수시로 변제를 받을 수 있는 등 정리채권 및 정리담보권보다 우월한 지위에 있다.

(나) 회사정리법 제208조 제9호의 입법 취지

앞서 본 바와 같이 회사정리법 상 원칙적으로 회사정리절차 개시전의 원인으로 생긴 조세채권은 정리채권이라 할 것이나 이 사건 교통세와 같이 원천 징수하는 조세, 간접세 등 회사정리법 제208조 제9호 소정의 조세는 납세자와 실질적인 담세자가 다른 것으로서 원천징수의무자 또는 특별징수의무자에 해당하는 정리회사가 국가 또는 지방자치단체의 세금징수기관 내지 세금경유기관으로서의 지위에서 실질적인 담세자들로부터 징수한 금전을 국가나 지방자치단체를 위하여 잠정적으로 보관하고 있는 것에 불과하고 따라서 징수된 세금은 일종의 예탁금적인 성질을 가지는 것으로서 원칙적으로 정리회사의 재산에 속하지 않는 것이라 할 것이다. 따라서 이러한 조세채권의 과세요건이 납세의무자에 대한 정리절차 개시 이전에 충족되었다고 하여 이를 정리채권으로 취급하여 조세채권자의 권리행사를 제한하고 정리회사 또는 제3의 이해관계인들의 이익을 위해 사용하는 것은 국가나 지방자치단체에게 지나친 손해를 감수하게 하고 반대로 정리회사나 정리채권자 등에게 기대 이상의 이득을 주는 것이어서 부당하다는 이유에서 이 사건 교통세 등 회사정리법 제208조 제9호에서 열거하고 있는 조세는 원칙적으로 공익채권이나 다만 이를 모두 공익채권으로 한다면 정리채권자 등 이해관계인의 권익을 지나치게 침해할 우려가 있고 회사 갱생이라는 회사정리법의 목적으로 볼 때에도 적당하지 않으므로 정리절차개시 당시 납부기한이 도래하지 않은 조세채권만을 공익채권으로 인정하는 것으로 그 범위를 제한하였다.

(다) 회사정리법 제208조 제9호 규정상 납부기한의 도과 여부

이 사건 교통세의 납부기한과 관련하여 회사정리법 제208조 제9호 소정의 공익채권인지 여부에 관하여 보건대, 조세의 납부기한이란 법령에서 정하여진 납부기한(이하 '법정납부기한'이라 한다)과 과세관청이 납부고

지서에 기재한 납부기한(이하 '고지납부기한'이라 한다) 두 가지 종류가 있는바, 법정납부기한이란 조세채무의 이행기로서 조세 징수권의 소멸시효기산일, 조세포탈범의 기수시기, 가산세의 기산점이 되는 것이고 그 기한은 각 세법에 규정되어 있으며, 법정납부기한이 경과할 때까지도 조세를 납부하지 않은 때에 관할 세무서장은 국세징수법 제9조, 제11조에 따라 납세의무자에게 부과처분의 내용을 알려서 불복 여부의 결정 및 그 불복신청에 편의를 주기 위하여 납세고지서를 발송하는바 그에 기재된 납부기일이 고지납부기한이고, 그 기일(납세고지서 발송일로부터 30일 이내로 정함)까지 조세를 납부하지 않을 경우 이행지체가 되어 '가산금'이 붙게 되고 징수관서는 강제집행의 전 단계로서 독촉절차를 밟게 된다.

이 사건을 보건대, 교통세법의 규정에 따르면 교통세는 납세의무자가 과세표준신고서를 관할 세무서장에게 제출함으로써 세액이 확정되고 그 신고서 제출기한이 법정납부기한이 되는 신고확정방식의 조세라 할 것인데, 이 사건 교통세는 2001. 4월분으로서 교통세법 제4조, 제7조 제1항, 제8조에 따라 과세물품인 유류를 제조장으로부터 반출하거나 수입신고를 한 때에 부과되어 납세의무자인 인천정유는 그 다음 달 말일인 2001. 5. 31.까지 제조장을 관할하는 서인천세무서장에게 과세표준신고서를 제출하여야 하고 그 신고서 제출기한 내에 이를 납부하여야 하므로 이 사건 교통세의 법정납부기한은 일응 2001. 5. 31.이라 할 것이다.

그러나 앞서 본 바와 같이 이 사건 교통세에 대하여 법정납부기한 전인 2001. 5. 22. 납부기한 연장신청이 있었고, 서인천세무서장이 국세기본법 등에 규정된 절차에 따라 2001. 6. 1. 납부기한 연장 통지를 하였는데, 국세기본법 시행령 제3조에 의하면 국세기본법 제6조의 규정에 의하여 기한 연장의 신청을 받고자 하는 자는 기한 만료일 3일전까지 신청하도록 규정되어 있고, 국세기본법 시행규칙의 별지 제1호의2 서식에 의하면 납부기한연장신청의 처리기간을 5일로 규정하고 있는 점에 비추어 당해 세무서장의 납부기한 연장승인 결정 및 그 통지는 법정납부기한 이후에 할 수도 있음을 예정하고 있는 점, 국세기본법기본통칙 〈통칙〉5-3-06…48(기한연장의 승인과 가산세의 감면)에 의하면 국세기본법 시행령 제4조에 의한 기한연장의 승인이 있은 경우 그 승인된 기한까지는 국세기본법 제47조의 가산세(가산세는 납세자가 정당한 이유 없이 법에 규정된 신고, 납세, 보고 등 각종 의무를 위반한 경우 본세에 가산하여 부과되는 조세로서 세법 상 의무위반에 대하여 가해지는 불이익으로서의 금전적 형태의 행정상 제재라 할 것이고 이는 법정납부기한이 경과된 경우 부과된다.)를 부과하지 아니하도록 되어 있는 점(실제 서인천세무서장은 연장된 납부기한인 2001. 10. 4. 이후의 기간에 대한 가산세를 부가한 납세고지서를 발송하였다.)등에 비추어 볼 때 비록 이 사건 교통세에 대한 납부기한 연장승인 통지가 애초의 법정납부기한인 2001. 5. 31. 다음날에 이루어졌더라도 그 납부기한 연장승인으로 이 사건 교통세의 법정납부기한은 연장된 납부기한인 2001. 10. 4.로 변경되었다고 봄이 상당하다.

그렇다면 이 사건 교통세는 회사정리절차개시 당시 아직 법정납부기한과 고지납부기한 모두 도래되지 않았음이 역수상 명백하므로 이는 회사정리법 제208조 제9호 소정의 공익채권에 해당된다 할 것이다.

피고는, 이 사건 교통세에 대하여 서인천세무서장의 납부기한 연장승인으로 법정납부기한이 연장되었다고 하더라도 회사정리법 상 정리채권자 등 다른 이해관계인과의 형평을 고려할 때 연장된 납부기한은 회사정리법 제208조 제9호 소정의 납부기한이 될 수 없다고 주장한다. 그러므로 살피건대, 앞서 본 회사정리법 제208조 제9호의 입법취지에 비추어 볼 때 납부기한 연장의 경우 연장되기 전의 납부기한을 기준으로 공익채권과 정리채권을 구분하게 되면 오히려 애초부터 정리회사의 재산이 아니었던 부분까지도 정리회사의 재산으로 취급되어 정리회사나 정리채권자에게 과도한 부당한 이득을 주고 그에 반하여 국가나 지방자치단체에게 지나친 손해를 감수하게 하는 결과를 초래하는 점, 연장된 납부기한이 회사정리법 제208조 제9호 소정의 납부기한이 아니라면 일정한 요건이 갖추어졌을 경우 회사 사정을 고려하여 납부기한을 연장하여 주도록 되어 있는 국세기본법의 취지를 몰각시키고 오히려 회사의 요청에 응하여 납부기한을 연장하여 준 국가나 지방자치단체에 불측의 손해를 가한다는 점, 납세의무자인 회사가 장차 회사정리절차 개시결정을 받을 것인지 여부는 법원의 판단에 달려 있고 그에 대한 정확한 예측이 어렵다는 점에서 공익채권으로 인정받기 위하여 고의로 납부기한연장을 하여 줄 가능성은 없다는 점 등에 비추어 볼 때 국세기본법 제6조의 규정에 의하여 납부기한이 연장된 경우에는 연장된 납부기한을 회사정리법 제208조 제9호 소정의 납부기한으로 보아야 할 것이다. 피고의 위 주장은 받아들일 수 없다.

(라) 변제자 대위

국세기본법 제6조 제2항에 기하여 서인천세무서장이 납부기한을 연장하는데 대한 담보제공을 요구함에 따라 인천정유가 원고와 사이에 이 사건 납세보증보험계약을 체결하고 발급 받은 납세보증보험증권을 서인천세무서장에게 제출함으로써 원고는 납세보증인의 지위를 갖게 되었는데, 납세보증인은 납세의무자가 체납한 국세를 대납할 정당한 이익이 있는 자(대법원 1981. 7. 28. 선고 80다1579호 판결 참조)로서 변제할 정당한 이익이 있는 자가 채무자를 위하여 채권의 전부를 대위변제 할 경우 대위 변제자는 변제한 가액의 범위 내에서 종래 채권자가 가지고 있던 본래의 채권 및 담보에 관한 권리를 법률상 당연히 취득하므로(대법원 2002. 7. 26. 선고 2001다53929 판결 참조), **이 사건에 있어 납세보증인으로서 변제할 정당한 이유가 있는 원고가 공익채권인 이 사건 교통세를 대위 변제한 이상 변제자 대위의 법리에 따라 서인천세무서장이 가지고 있던 이 사건 교통세에 대한 종전의 권리는 동일성을 유지한 채 원고에게 이전되었다고 할 것이다.**

이에 대하여 피고는, 이 사건 교통세가 공익채권이라고 하더라도 원고의 구상금 채권은 회사정리절차개시 전의 원인인 이 사건 납세보증보험계약에 기한 것이므로 여전히 정리채권이라고 주장하나, 변제할 정당한 이익이 있는 자가 대위 변제한 경우 대위 변제자는 채무자에 대한 자신의 구상금 채권뿐만 아니라 이와는 별개로 채권자의 본래의 권리도 함께 취득하는 것이고, 나아가 인천정유는 원고의 대위변제 이전에도 이미 공익채권인 이 사건 교통세를 변제할 의무를 부담하고 있었으므로 원고가 대위변제 함으로써 그 권리가 원고에게 그대로 이전된다고 하여 정리회사나 정리채권자의 지위에 어떠한 변화가 생기는 것은 아니라 할 것이다.

피고의 위 주장은 받아들이지 아니한다.

(마) 소 결

그렇다면, 피고는 원고에게 27,603,795,000원 및 이에 대하여 대위변제일 이후로서 원고가 구하는 2001. 11. 1.부터 피고가 그 이행의무의 존부 및 범위에 관하여 항쟁함이 상당하다고 인정되는 당심 판결 선고일인 2005. 4. 8.까지는 민법 소정의 연 5%, 그 다음날부터 완제일까지는 소송촉진등에관한특례법 소정의 연 20%의 각 비율에 의한 지연손해금을 지급할 의무가 있다고 할 것이다.

4. 결 론

그렇다면, 원고의 이 사건 청구는 위 인정범위 내에서 이유 있어 이를 인용하고, 나머지 청구는 이유 없어 이를 기각할 것인바, 제1심 판결은 이와 결론을 달리하여 부당하므로 원고의 항소를 일부 받아들여 제1심 판결 중 위에서 지급을 명한 원고 패소부분을 취소하여 피고에게 위 금원의 지급을 명하고, 원고의 나머지 항소는 이유 없어 기각하기로 하여, 주문과 같이 판결한다.

판사 김종백(재판장) 성수제 심규홍

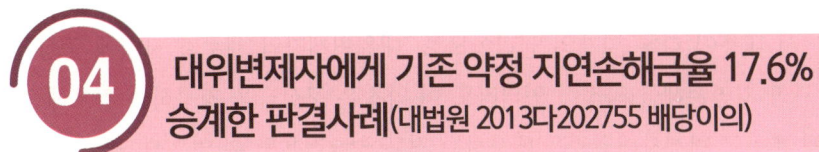

04 대위변제자에게 기존 약정 지연손해금율 17.6% 승계한 판결사례(대법원 2013다202755 배당이의)

【판시사항】

수인이 시기를 달리하여 근저당권 피담보채무의 일부씩을 대위변제하여 피담보채무액을 모두 대위변제한 후 근저당권 일부이전의 부기등기를 각 경료한 경우, 근저당권 실행으로 인한 경매절차에서 배당방법 / 이때 종전의 근저당권자와 채무자의 약정에 따른 지연손해금도 대위변제자들이 안분 배당받을 금액에 포함되는지 여부(적극)

【참조조문】

민법 제278조, 제357조, 제481조, 제482조 제1항, 제483조 제1항

【참조판례】

대법원 2001. 1. 19. 선고 2000다37319 판결(공2001상, 511)
대법원 2011. 6. 10. 선고 2011다9013 판결(공2011하, 1385)

【전 문】

【원고(선정당사자), 상고인】 원고 (소송대리인 변호사 백영호)
【피고, 피상고인】 피고 1 외 1인
【원심판결】 창원지법 2013. 2. 14. 선고 2012나3757 판결

【주 문】

원심판결을 파기하고, 사건을 창원지방법원 합의부에 환송한다.

【이 유】

상고이유에 대하여 판단한다.

1. 원심은 구상권과 변제자대위권은 그 원본, 변제기, 이자, 지연손해금의 유무

등에서 내용이 다른 별개의 권리이므로, 대위변제자와 채무자 사이에 구상금에 관한 지연손해금 약정이 있더라도 이 약정은 구상금을 청구하는 경우에 적용될 뿐이고 변제자대위권을 행사하는 경우에는 적용될 수 없는데, 원고 및 선정자 2가 배당이의를 한 금액은 원고 등이 대위변제한 원금 122,739,735원에 대하여 원고 등과 채무자인 소외 1 사이의 약정에 따른 지연손해금일 뿐이고 원고 등이 변제자대위에 의하여 취득한 이 사건 대출과 관련된 근저당권자인 거제축산업협동조합(이하 '거제축협'이라고 한다)의 채무자 소외 1에 대한 확정채권이 아니어서 이 사건 근저당권의 피담보채권이 될 수 없다고 보아, 원고 등의 배당액이 적어도 대위변제 원금에 거제축협의 연체이율인 17.6%의 비율에 의한 지연손해금을 가산한 금액을 기준으로 산정되어야 한다는 원고의 주장을 배척하였다.

2. 그러나 원심의 이러한 판단은 다음과 같은 이유로 수긍할 수 없다.

가. 채권의 일부에 대하여 대위변제가 있는 경우에 대위자는 민법 제483조 제1항에 따라 그 변제한 가액에 비례하여 종래 채권자가 가지고 있던 채권 및 담보에 관한 권리를 취득하고, 수인이 시기를 달리하여 근저당권 피담보채무의 일부씩을 대위변제하여 피담보채무액을 모두 대위변제한 후 근저당권 일부이전의 부기등기를 각 경료한 경우에 대위변제자들은 그 변제한 가액에 비례하여 근저당권 전체를 준공유하므로, 그들이 근저당권을 실행하여 배당받는 경우에는 구상채권액 범위 내에서 대위변제가 없었다면 종전의 근저당권자가 배당받을 수 있는 금액을 각 변제채권액에 비례하여 안분 배당받아야 하고, **종전의 근저당권자와 채무자 사이에 지연손해금 약정이 있었다면 이러한 약정에 기한 지연손해금 또한 근저당권의 피담보채권에 포함되어 종전의 근저당권자가 배당받을 수 있는 금액으로서 대위변제자들이 안분 배당받을 금액에 포함되어야 한다**(대법원 2001. 1. 19. 선고 2000다37319 판결, 대법원 2011. 6. 10. 선고 2011다9013 판결 등 참조).

나. 원심판결 이유 및 기록에 의하면, ① 거제축협은 2004. 6. 18. 소외 1 등으로부터 이 사건 각 부동산에 관하여 채권최고액 3억 5,000만 원의 근저당권을 설정받고 소외 1에게 2억 5,000만 원을 대출한 사실, ② 소외 1 등이 위 대출 원리금을 연체 중이던 2010. 2. 4. 거제축협에 선정자 원고는 122,739,736원(원금 105,761,250원 + 이자 15,654,783원 + 제비용 1,323,703원)을, 소외 2는 122,739,735원(원금 105,761,250원 + 이자 15,654,782원 + 제비용 1,323,703원)을 각 대위변제한 후 그 대위변제금액에 대하여 거제축협으로부터 각 근저당권 일부 이전등기를 마친 사실, ③ 피고 1은 2010. 2. 10. 거제축협에 이 사건 대출 원리금 중 나머지 15,641,124원을 대위변제하여 위 대출 원리금 전액을 변제한 후 그 대위변제금액에 대하여 거제축협으로부터 이 사건 각 부동산 중 일부에 대하여 근저당권일부이전등기를 마친 사실, ④ 선정자 원고, 소외 2, 피고 1이 위 대출 원리금을 대위변제할 당시 위 대출에 적용되던 거제축협의 연체이율은 연 17.6%였던 사실, ⑤ 그 후 선정자 2는 소외 2가 소외 1에 대하여 가지는 위 대위변제로 인한 구상금채권을 양수하고 2011. 2. 8. 소외 2 명의의 위 근저당권에 관하여 이전등기를 마친 사실, ⑥ 이 사건 각 부동산에 관한 경매절차에서 경매법원은 실제 배당할 금액 322,925,783원을 배당하면서, 1순위로 근저당권자인 원고 등과 피고 1에게 대위변제액인 각 122,739,735원과 15,641,124원을, 2순위로 소유자인 제1심 공동피고 2에게 잉여금으로 34,129,764원을, 교부권자인 피고 대한민국에게 1,590,320원을, 가압류권자인 피고 1에게 26,085,105원을 각 배당하는 내용으로 이 사건 배당표를 작성한 사실을 알 수 있다.

이러한 사실관계를 앞서 본 법리에 비추어 살펴보면, 원고 등과 피고 1의 대위변제가 없었더라면 근저당권자인 거제축협이 배당기일에 배당받을 수 있었던 금액은 그들이 **대위변제한 합계 261,120,595원(122,739,736원 + 122,739,735원 + 15,641,124원)**에다 대위변제한 대출 원금에 대하여 **대위변제일인 2010. 2. 4. 또는 2010. 2. 10.부터 배당기일인 2011. 7. 6.까지**

거제축협과 소외 1 사이의 약정에 따른 연 17.6%의 연체이율에 의한 지연손해금을 합한 금액이 되므로, 대위변제자인 원고 등과 피고 1은 그 금액 중 그들이 대위변제한 부분이 차지하는 비율에 따라 후순위 채권자들보다 우선하여 안분 배당받을 수 있고, 따라서 경매법원이 원고 등에게 1순위로 그들이 대위변제한 금액만을 배당하는 내용으로 배당표를 작성한 것은 잘못이라고 할 것이다.

다. 그럼에도 원심은 이와 달리 근저당권자인 거제축협과 채무자인 소외 1 사이에 지연손해금 약정이 있었더라도 이러한 약정에 따른 지연손해금은 대위변제자들인 원고 등이 안분 배당받을 금액에 포함될 수 없다고 보아, 경매법원이 작성한 이 사건 배당표가 정당하다고 판단하였으니, 이러한 원심판결에는 변제자대위의 범위에 관한 법리를 오해하여 판결 결과에 영향을 미친 잘못이 있다.

3. 그러므로 원심판결을 파기하고, 사건을 다시 심리 · 판단하도록 원심법원에 환송하기로 하여, 관여 대법관의 일치된 의견으로 주문과 같이 판결한다.

[별 지]

{선정자 명단 : 생략]

대법관 김신(재판장) 민일영 이인복(주심) 박보영

05 대위변제자에게 약정 지연손해금율 17% 승계한 판결

사례(서울북부지원 2018가단2612호 배당이의, 2018.12.19 확정)

서울북부지방법원

[판결]
[사　건] 218가단612 배당이익
[원　고] A
[피　고] 주식회사 OO대부
[변론종결] 218. 11. 25.
[판결선고] 218. 11. 29.

【주 문】
1. 원고의 청구를 기각한다.
2. 소송비용은 원고가 부담한다.

【청구취지】
서울북부지방법원 B 부동산임대의 경매사건에 관하여 218. 2. 9. 같은 법원이 작성판 배당표 중, 피고에 대한 배당액 25,451,37원을 19,649,816원으로 원고에 대한 배당액 42,198,779원을 48,000,000원으로 각 정정한다.

【이 유】
1. 기초사실
　가. 주식회사 우리은행은 2014. 5. 30. C에게 1억3,200만원을 변제기 2044. 5. 30., 이자 변동금리, 지연손해금율 3개월 미만 연체의 경우 이자율 + 8%, 3개월 이상 연체의 경우 이자율 + 9%, 최고 지연손해금율 17%로 정하여 대여(이하 '이 사건 대여'라고 한다)하면서, 그 담보를 위해 C 소유이

던 서울 도봉구 D건물 제401호(이하 '이 사건 부동산'이라 한다)에 관하여 채권최고액 1억 4,520만 원, 채무자 C, 근저당권자 위 은행인 1순위 근저당권(이하 '이 사건 근저당권'이라 한다) 설정등기를 마쳤다.

나. E은 2014. 10. 2. 이 사건 부동산에 관하여 채권최고액 4,800만 원, 채무자 C, 근저당권자 E인 2순위 근저당권설정등기를 마쳤고, 원고는 2015. 8. 18. 위 근저당권설정등기에 관하여 2015. 8. 11. 확정채권양도를 원인으로 한 근저당권 이전의 부기등기를 마쳤다.

다. 원고는 이 사건 부동산에 대하여 서울북부지방법원 B로 임의경매신청을 하였고, 그에 따라 2017. 5. 8. 부동산 임의경매절차(이하 '이 사건 경매절차'라고 한다)가 개시되어 진행되었다.

라. 원고는 2017. 6. 15. C을 대위하여 이 사건 대여금 채무 원금 125,2124,410원, 이자 및 지연손해금 1,773,142원 합계 126,987,552원을 전부 변제한 다음, 같은 날 이 사건 근저당권설정등기에 관하여 확정채권대위변제를 원인으로 한 근저당권 이전의 부기 등기를 마쳤는데, 당시 위 대여금 채무에 적용되던 지연손해금율은 연 17%이다.

마. 원고는 2017. 6. 15. 피고에게 원고가 이 사건 부동산에 관하여 보유하는 모든 담보권 및 담보부 채권 등을 양도하였고, 이에 따라 피고는 같은 날 이 사건 근저당권 설정등기에 환하여 확정채권양도를 원인으로 한 근저당권 이전의 부기등기를 마치는 한편, 같은 날 주식회사 참저축은행에 대한 채무의 담보로 위 은행에게 이 사건 근저당권부 채권에 관하여 질권을 설정해 준 다음. 같은 날 위 근저당권에 관하여 채권액 1억 4,520만 원인 근저당권부질권의 설정등기를 마쳐 주었다.

바. 이 사건 경매절차에서 2018. 2. 9. 실제 배당할 금액 187,281,032원 중 1순위로 저당권부질권자인 주식회사 참저축은행에게 115,511,986원, 2순위로 근저당권자인 피고에게 25,451,037원, 4순위로 신청채권자 겸 근저당권자인 원고에게 42,198,779원을 각 배당하는 등 내용의 배당표(이하 '이 사건 배당표'라고 한다)가 작성되었다.

사. 원고는 2018. 2. 9. 배당기일에 출석하여 피고에 대한 배당액 중 5,801,221원에 대하여 이의를 진술하고, 같은 날 이 사건 소를 제기하였다.

[인정근거] 다툼 없는 사실, 갑 제1,2, 4, 5호증, 을 제01, 2, 3호증(가지번호 있는 것은 가지번호 포함)의 각 기재, 변론 전체의 취지

2. 청구원인에 대한 판단

가. 원고의 주장

원고가 C의 이 사건 대여금 채무를 대위변제한 것은 의무 없이 C을 위하여 그 사무를 관리한 것인바, 원고는 C에 대하여 민법 제739조 제1항에 따라 원고가 위 변제를 위해 지출한 필요비 또는 유익비인 126,987,552원만을 구상할 수 있고, 그 구상 범위 내에서 민법 제481조, 제482조 제1항에 따라 주식회사 우리은행의 C에 대한 채권 및 그 담보에 관한 권리를 행사할 수 있으며, 피고는 원고로부터 위와 같은 권리를 양수한 승계취득아에 불과하다.

그런데, 피고는 이 사건 경매절차에서 위와 같은 구상 범위를 초과하여 이 사건 대여금 채무에 관한 원고의 위 대위변제일 이후의 지연손해금에 대해서까지 배당을 요구함으로써 부당하게 그에 따른 이 사건 배당표가 작성되게 하였고, 이로 인해 원고는 현재가지 원고의 근저당원에 의하여 담보되는 C에 대한 채권 중 5,801,221원을 변제받지 못하고 있는바, 위

배당표 중 원고 및 피고에 대한 각 배당액은 청구취지 기재와 같이 각 경정되어야 한다.

나. 판단

1) 채무자 소유의 대한 후순위 저당권자에게는 자신의 담보권을 보전하기 위하여 채무자의 선순위 저당권자에 대한 채무를 변제할 정당한 이익이 인정되고(대법원 2002. 12. 6. 선고 2001다2846 판결 참조), 채무를 변제할 정당한 이익이 있는자가 채무를 대위변제한 경우 통상 채무자에 대하여 구상권을 가짐과 동시에 민법 제481조에 의하여 당연히 채권자를 대위하나, 위 구상권과 변제자대위권은 그 원본, 변제기, 이자, 지연손해금의 유무 등에 있어서 그 내용이 다른 별개의 권리이므로(대법원 1997. 5. 30. 선고 97다1556 판결 참조), 대위변제자와 채무자 사이에 구상금에 관한 지연손해금 약정이 있더라도 이 약정은 구상금을 청구하는 경우에 적용될 뿐, 변제자 대위권을 행사하는 경우에는 적용될 수 없는 반면(대법원 2009. 2. 26. 선고 2005다32415 판결 참조), 종전의 근저당권자와 채무자 사이에 지연손해금 약정이 있었다면 이러한 약정에 기한 지연손해금 또한 근저당권의 피담보채권에 포함되어 종전의 근저당권자가 배당받을 수 있는 금액으로서 대위변제자가 배당받을 금액에 포함되어야 한다(대법원 2014. 5. 16. 선고 2013다202755 판결 참조).

2) 위 법리에 비추어 이 사건에 대하여 보건대, 앞서 인정한 사실에 의하면, 원고는 이 사건 부동산에 관한 후순위 저당권자로서 선순위 저당권자인 주식회사 우리은행에 대한 채무를 변제할 정당한 이익이 있고, 이와 같은 원고가 C의 이 사건 대여금 채무를 대위변제함에 따라, 원고는 C에게 구상할 수 있는 범위에서 위 은행의 C 사이에 체결되어 있던 이 사건 대여 계약 중 지연손해금 약정에 기한 지연손해금 또한 위 근저당권의 피담보채권에 포함되어 종전 근저당권자인 위 은행이 배당

받을 수 있는 금액으로서 대위변제자인 원고가 이 사건 경매절차에게 배당받을 금액에 포함되는바, 위와 같은 원고의 권리를 모두 양수한 피고는 위 경매절차에서 위 약정에 정한 연 17%의 비율로 계산한 지연손해금에 관하여도 배당을 받을 수 있다 할 것이다.

따라서, 이 사건 배당표가 잘못 작성되었다고 할 수 없으므로, 원고의 위 주장은 다아들일 수 없다.

3. 결론

그렇다면, 원고의 청구는 이유 없어 기각하기로 하여, 주문과 같이 판결한다

판사 박진영

PART 04

NPL 채권양도와 NPL 대위변제의 차이점을 알아보자!

01 NPL 채권양도는 민법상 "계약에 따른 권리의 이전"을 의미한다

상법의 합병계약에 따른 권리의 승계도 계약에 따른 권리의 이전이다. 반면에 대위변제는 "민법의 규정에 따른 권리의 승계"를 의미한다. 즉 "법률의 규정에 따른 권리의 승계"를 의미한다. 과정이 다르고 권리의 이전이라는 결과는 유사할 뿐 아래 예시와 같이 완전히 일치하는 것이 아니다.

권리가 법률의 규정에 따라 승계되는 경우는 "민법의 상속에 따른 권리의 승계" 및 "민법상 대위변제 규정에 따른 권리의 승계"가 있다. 대법원 판례도 대위변제자가 기존 채권자의 지위를 "승계"한다고 판시하고 있다.

02 NPL 채권양도는 할인매각이 가능하다

NPL 할인 양수인은 할인전의 채권을 양수하여 채권 전액을 행사할 수 있다. 즉 액면액 1억 원의 채권을 4천만 원을 할인해 6천만 원을 지급하고 양수할 경우 양수인은 채무자에 대해 1억 원의 채권을 청구할 수 있다.

03 NPL 대위변제는 일부 대위변제 또는 전액 대위변제만 인정된다

할인 대위변제는 없다. 상기 사례에서 대위변제자가 6천만 원을 대위변제하고 1억 원의 채권을 승계받지 못하며 만약 1억 원을 승계할 경우 4천만 원 부분은 무효가 되고 6천만 원만 확정채권 일부 대위변제로 승계 이전의 효력이 발생한다. 이는 대법원 판례로도 입증된 것이다. 위와 같이 채권양도와 대위변제는 민법상 그 근거 규정이 다르고 법률효과도 다르다. 따라서 권리이전의 결과도 그 범위가 완전히 달라지는 것이다. 권리가 이전되는 수량이 달라지는 것이다. 그래서 양 제도는 완전히 다른 제도이다.

PART 05

NPL 배당수익에 대한 과세를 살펴보자!

01 개인이 NPL배당수익을 얻은 경우

　개인이 NPL을 채권양도 또는 대위변제 방법으로 취득 후 발생하는 수익에 대해 업으로 하지 않을 경우 아래와 같이 사안별로 세금을 부과해야 한다. 그런데 개인이 NPL을 대위변제로 1건을 취득한 후 '이자 및 연체이자 배당수익'을 얻을 경우 세무서에서는 이를 관행적으로 '비영업대금 이자소득'으로 보아 고율(27.5%)의 세금을 부과하고 있다. 그러나 이는 잘못된 것이다.

◆ 금융기관이 NPL을 양도하는 경우

　NPL을 양수할 수 있는 금융감독원 등록 대부법인 이외의 개인 및 일반 법인은 여신 금융기관으로부터 NPL양수가 금지되어 있으므로 이 경우 개인의 배당수익은 발생할 여지가 없다.

◆ 개인보유 NPL을 양도하는 경우

　개인은 개인이 보유하는 채권은 양수가 가능하다. 이 경우 양수한 채권의 배당수익은 원금, 이자, 지연손해금 부분으로 구분해서 각각 다른 세율을 적용해야 한다.
　① 개인채권 양수인이 얻은 NPL원금 할인차익은 비과세해야 한다.
　② 이자는 비영업대금 이자소득의 세율(27.5%)로 과세해야 한다.
　③ 지연손해금(연체이자)은 기타소득의 세율(22%)을 적용해야 한다.

　개인보유 NPL도 대부분 연체된 NPL을 양도하게 되므로 양수인은 지연손해금에 대한 배당수익만 기타소득세(22%)를 부담하게 될 것이다.

한편 개인이 개인에게 대출을 할 경우에도 상기 ②와 ③이 적용되므로 개인 대출자에게 일괄적으로 비영업대금 이자소득세를 부과시 이자와 지연손해금을 분리해 세율을 적용해야 함을 적극적으로 주장해서 절세하여야 할 것이다.

◆ **개인이 대위변제로 NPL을 취득할 경우**

개인은 금융기관 NPL과 개인 NPL 모두 대위변제로 취득할 수 있다. 그런데 할인 취득은 할 수 없다. 따라서 개인이 NPL을 대위변제로 취득할 경우에는 원금 할인차익은 발생할 여지가 없다. 개인은 대위변제로 이자 또는 지연손해금(연체이자) 부분에서 배당수익을 얻는다.

이에 따라 ①이자는 비영업대금 이자소득으로 분리하여 과세(27.5%)하고, ②지연손해금(연체이자)은 기타소득의 세율(22%)을 적용해야 한다.

개인이 NPL대위변제 투자를 할 경우 대부분은 연체된 이후에 NPL을 대위변제하게 되므로 대위변제자는 지연손해금에 대한 배당수익에 대해서만 기타소득세(22%)를 부담하게 될 것이다. 그럼에도 불구하고 세무서에서는 비영업대금 이자소득(세율 27.5%)으로 잘 못 부과하는 실정이다. 이를 적극적으로 다투어서 바로 잡아야 할 것이다.

개인사업자가 NPL배당수익을 얻은 경우

사업자 또는 사업자등록이 없는 NPL 투자자라 하더라도 NPL을 계속 반복적으로 투자하여 수익을 얻을 경우 사업소득으로 보아 세금을 부과한다.

개인이 배당수익을 포함한 종합소득을 얻은 경우

개인이 NPL투자로 비영업대금 이자배당 소득, 기타소득인 지연손해금 배당소득, 그 밖에 사업소득이 있는 경우 이는 합산하여 종합소득세를 부담해야 한다. 세액 계산은 종합소득 과세표준에 소득구간별 6%~42%를 곱한 후 기 납부 원천징수세액(이자소득세, 기타소득세, 사업소득세 등)을 차감하여 최종 종합소득세를 납부 또는 세금을 환급받게 된다.

> **소득세법 제4조(소득의 구분)**
> ① 거주자의 소득은 다음 각 호와 같이 구분한다. 〈개정 2013.1.1〉
>   1. 종합소득
>   이 법에 따라 과세되는 모든 소득에서 제2호 및 제3호에 따른 소득을 제외한 소득으로서 다음 각 목의 소득을 합산한 것
>   가. 이자소득
>   나. 배당소득
>   다. 사업소득

라. 근로소득
마. 연금소득
바. 기타소득
2. 퇴직소득
3. 양도소득

② 제1항에 따른 소득을 구분할 때 제17조제1항제5호에 따른 집합투자기구 외의 신탁(「자본시장과 금융투자업에 관한 법률」 제251조에 따른 집합투자업겸영보험회사의 특별계정은 제외한다)의 이익은 「신탁법」 제2조에 따라 수탁자에게 이전되거나 그 밖에 처분된 재산권에서 발생하는 소득의 내용별로 구분한다. 〈개정 2011.7.25〉

③ 비거주자의 소득은 제119조에 따라 구분한다.

04 법인이 NPL배당수익을 얻은 경우

법인이 NPL 투자로 배당수익을 얻을 경우 법인세를 부담한다. 조세심판원에 따르면 NPL에서 세금이 발생하는 부분을 크게 3부분으로 나누어 세금 부과처분을 하고 있다.

05 NPL 배당차익과 수익별 세금부과 내역을 알아보자!

부실채권 배당차익(단위:원)		개 인	사업자(계속, 반복)	
			개 인	법 인
원금할인 차익	20,000,000	과세하지 않음	사업소득 (3.3%)	법인세 (10%~25%)
이자수익	30,000,000	비영업대금 이자소득 필요비공제 불가 27.5%원천징수(부담)		
지연손해 (연체이자)	40,000,000	기타소득 필요비공제 가능 22%원천징수(부담)		
합 계	90,000,000	종합소득 과세표준에 6%~42%적용후 기납부 원천징수세액(이자소득세, 기타소득세, 사업소득세 등)을 차감하여 최종 종합소득세를 납부 또는 환급받음		

PART 06

NPL의 매매차익에 대한 과세처분에 관해 살펴보자!

(NPL 배당차익 부분별 세금부과 내용을 살펴본다)

 ## 자산유동화회사로부터 부실채권(NPL)을 양수한 매수인은 매매차익에 대해 세금을 부담하지 않는다

자산유동화 회사로부터 부실채권(NPL)을 양수 후 양수금액 이상을 배당받을 경우 채권 매매차익은 비과세된다. 부동산 근저당채권은 유동화 회사가 자산보유자인 금융기관으로부터 양도받은 것으로서 「자산유동화에 관한 법률」 제2조 제1호 가목 및 제3호에서 말하는 유동화 자산에 해당하므로 **"양수인과 유동화 회사 사이 양도계약의 실질은 일반적인 채권양도라기보다는 회수 여부 및 범위가 불명확한 근저당권부 채권(NPL, 부실채권)이라는 유동화자산에 관한 매매계약"**이라 할 것이어서 결과적으로 그 매매대금을 초과하는 이익이 발생하였다면 이는 **"회수불능의 위험을 부담한 매수 또는 투자에 대한 수익"**으로 본다. 즉 안정적인 **"채권양도차익"**보다는 **"부실자산 매매차익"**으로 보아 자산매매 차익에 대해 비과세 한다.

소득세법 및 동 시행령에서 채권 또는 증권의 환매조건부 매매차액에 대해서만 이자소득으로 규정하고 있어 동 **소득세법에 열거되지 않은 일반적인 채권의 매매차익은 이자소득으로 보지 않고 있는 점** 등을 고려할 때 채권매매를 업으로 하지 아니하는 개인인 양수인이 유동화 자산에 해당하는 채권을 매수하여 그 취득가액을 초과하여 받은 금액의 본질은 유동화 자산에 대한 투자수익 또는 매매차익으로 보아 비과세 한다.

한마디로 "유동화 자산에 대한 매매차익"에 대해 과세한다는 명시적인 법률의 규정이 없어 유동화 회사로부터 개인 또는 일반 법인이 매입한 NPL의 매매차익이 비과세되는 것이다.

현재는 금감원 등록 법인이 아닌 개인 또는 일반 법인은 유동화회사로부터 NPL을 양수할 수 없어 유동화자산의 매매차익을 누릴 수 없다.

> **자산유동화에 관한 법률**
>
> **제2조【정의】** 이 법에서 사용하는 용어의 정의는 다음과 같다.
>
> 3. "유동화 자산"이라 함은 자산유동화의 대상이 되는 채권·부동산 기타의 재산권을 말한다.
>
> **제13조【양도의 방식】** 유동화 자산의 양도는 자산유동화계획에 따라 다음 각 호의 방식에 의하여야 한다. 이 경우 이를 담보권의 설정으로 보지 아니한다.
>
> 1. 매매계약에 의할 것.

회수여부가 불투명한 유동화자산의 매매차익은 비과세된다(청구번호 조심 2015서4531호)

쟁점채권은 *****가 ****로부터 양도받은 것으로서「자산유동화에 관한 법률」제2조 제1호 가목 및 제3호에서 말하는 유동화자산에 해당되므로 청구인과 ***** 사이의 양도계약의 실질은 회수 여부 및 범위가 불명확한 근저당권부채권이라는 유동화자산에 관한 매매계약이라 할 것이어서 결과적으로 그 매매대금을 초과하는 이익이 발생하였다면 이는 회수불능의 위험을 부담한 매수 또는 투자에 대한 수익으로 봄이 타당해 보이는 점 등에 비추어 처분청이 쟁점금액을 지연손해금으로 보아 기타소득에 포함하여 종합소득세를 과세한 이 건 처분은 잘못이 있다.

[주 문]

○○○세무서장이 2015.5.21. 청구인에게 한 2009년 귀속 종합소득세○○○의 부과처분은 청구인이 2009.6.23. 유○○○로부터 변제받은○○○을 과세소득에서 제외하여 그 과세표준 및 세액을 경정한다.

[이 유]

1. 처분개요

가. 청구인은 다음과 같이 2000.1.7. ○○○로부터 ○○○의 부동산근저당채권(이하 "쟁점채권"이라 한다)을 양수하여 2009.6.23. 쟁점채권을 보증한 유○○○로부터 ○○○을 지급받았으나 이와 관련한 종합소득세를 신고하지 아니하였다.

  (1) 주식회사 ○○○은 1995.11.9. 액면금 ○○○인 약속어음을 발행하여 ○○○은행으로부터 쟁점채권○○○을 대출받았고, 1998.6.17. 부도가 발생하여 당좌거래가 정지되었다.

  (2) 한편, ○○○와 유○○○ 등은 쟁점채권에 대하여 연대보증을 하였고, 이에 더하여 유○○○는 자신의 부동산에 채권최고액을 ○○○으로 하여 근저당권을 설정하여 주었다.

  (3) 쟁점채권은 ○○○의 부도로 기한의 이익을 상실하였고, ○○○은행은 1998.6.29. 쟁점채권을 ○○○에 매각하였으며, ○○○는 1999.10.29. 다시 ○○○에게 매각하였고 청구인은 2000.1.7. 다른 채권과 함께 쟁점채권(근저당권 포함)을 ○○○에 매입하였다.

  (4) 한편, 연대보증을 제공한 ○○○는 화의인가결정을 받아 1999.3.31.부터 1999.12.31.까지 ○○○을 ○○○에게, 그 이후 2006.10.2.까지 청구인에게 ○○○의 원리금을 지급하였고, 주채무자인 ○○○은 2003.4.17. 청구인에게 ○○○을 변제하였다.

(5) 청구인은 2007년 12월 유OOO를 상대로 소송을 제기하여 2009.6.23. 쟁점금액OOO을 지급받았다.

(6) 쟁점채권과 관련하여 발생한 지연손해금 등 청구인의 채권내역은 다음과 같다.

나. 처분청은 쟁점금액 전부를 기타소득(지연손해금)으로 보아 변호사비용 등의 필요경비 OOO을 차감한 OOO을 소득금액으로 하고 부동산임대소득금액 신고누락액 OOO을 포함하여 2015.5.21. 청구인에게 2009년 귀속 종합소득세 OOO을 경정·고지하였다.

다. 청구인은 이에 불복하여 2015.8.17. 심판청구를 제기하였다.

2. 청구인 주장 및 처분청 의견
가. 청구인 주장

(1) 쟁점금액은 유동화전문회사로부터 매수한 채권과 관련하여 연대보증인 및 물상보증인으로부터 매수대금을 초과하여 지급받은 것으로서 이는 유동화자산에 대한 투자수익 또는 매매차익이므로 기타소득으로 보아 과세한 처분을 취소하여야 한다.

(가) OOO은 부동산저당채권을 유동화전문회사로부터 매수하여 그 부동산에 관한 경매절차에서 매매대금액을 초과하여 지급받은 부동산저당채권 양수자에 대한 소득세 부과 사건에서, 양수자가 지급받은 배당금의 본질은 유동화자산에 대한 투자수익 또는 매매차익이라고 판시한 바 있다.

(나) 동 재판부는 위 판시의 근거로, 유동화전문회사로부터 양수받은 부동산저당채권은 「자산유동화에 관한 법률」제2조 제1호 가목 및

제3호의 유동화자산에 해당하므로, 그 채권의 양도계약의 실질은 일반적인 채권양도라기보다는 회수 여부 및 범위가 불명확한 근저당권부채권이라는 유동화자산에 관한 매매계약이라 할 것이어서 결과적으로 그 매매대금을 초과하는 이익이 발생하였다면 이는 회수불능의 위험을 부담한 매수 또는 투자에 대한 수익으로 보는 것이 사회통념상 타당하다고 보이는 점 등을 들고 있다.

(다) 위 판례에 따르면, 청구법인이 부동산근저당권이 설정된 쟁점채권을 유동화전문회사로부터 매수하여, 그 채권에 대한 연대보증인○○○과 물상보증인겸 연대보증인○○○으로부터 매매대금액을 초과하여 지급받은 쟁점금액의 본질은 유동화자산에 대한 투자수익 또는 매매차익에 해당한다.

(라) 「소득세법」제16조 및 같은 법 시행령 제24조 등에 의하면 환매조건부 채권 또는 증권의 매매차익에 대하여만 이자소득으로 규정하고 있어 일반적인 채권의 매매차익은 이자소득에서 제외되고, 그 밖의 채권 매매차익에 대하여는 소득세를 부과할 수 있는 규정이 없는바, 쟁점채권은 유동화자산에 대한 투자수익 또는 매매차익이므로 소득세를 과세할 수 없다.

(마) 처분청은 유○○○로부터 수령한 쟁점금액의 성격이 채권의 매매차익과 경제적·법적 실질이 다르다는 의견이나, 채권의 매매차익에 해당하는 쟁점채권의 투자수익 회수방법이 쟁점채권의 투자자산 해당여부에 영향을 미칠 수 없고, 쟁점채권을 임의경매의 실행을 통해 배당금을 받은 경우에만 「소득세법」상 과세되지 아니하는 소득에 해당한다는 처분청의 의견은 실질과세 원칙에 위배된다.

(2) 설령, 쟁점금액이 지연손해금으로서 기타소득에 해당할 경우에도 쟁점금액 중에는 원금의 변제액 ○○○이 포함되어 있으므로 이를

차감한 과세표준이 부(負)의 금액이 되므로 과세처분을 취소하여야 한다.

(가) 「민법」제479조는 채무의 일부가 변제된 경우 변제금의 충당순서에 관하여 비용, 이자, 원본으로 규정하고 있고, 지연손해금 채무는 이자채무에 속하는 것인바, OOO가 OOO을 변제할 당시 청구인의 채권금액인 OOO에 미치지 못하였으므로 법정변제순서에 따라 변제금 OOO은 이자에 먼저 충당된 것이다.

(나) 청구인이 유OOO를 상대로 소송을 제기하면서 원금에 해당하는 OOO을 포함한 지연손해금의 지급을 청구한 사실이 지급명령서 등에 의해 분명히 확인되고, 유OOO로부터 쟁점금액을 변제받고 작성하여 준 영수증에도 유OOO에게 청구한 금액 전부인 원리금 OOO을 전액 지급받았음을 확인한다고 되어 있으므로 쟁점금액에는 쟁점채권 원본 OOO이 포함된 것이다.

(다) 처분청은 OOO의 화의조건에 따른 일부금액의 변제시 원금이 충당되었다는 취지의 의견이나, 연대보증인 중 1인과의 합의의 효력은 합의당사자가 아닌 다른 채무자에 영향을 미치지 아니하는 것이고, 화의인가결정의 효력은 화의채권자가 화의채무자와 더불어 채무를 부담하는 자에 대하여 가지는 권리 등에 영향을 미치지 아니하므로OOO의 변제로 쟁점채권 원본이 변제된 것으로 볼 수 없고, 쟁점금액 변제시 원본을 회수한 것으로 보아야 한다.

나. 처분청 의견
(1) 쟁점금액은 금전채무 이행지체에 따른 지연손해금으로서 기타소득에 해당한다.

(가) 「소득세법」제21조 및 같은 법 시행령 제41조 제7항에 의하면 재산권에 관한 계약의 위약 또는 해약으로 인하여 손해배상으로서 그 명목여하에 불구하고 본래의 계약의 내용이 되는 지급 자체에 대한 손해를 넘는 손해에 대하여 배상하는 금전 등을 '위약금' 또는 '배상금'을 기타소득으로 규정하고 있고, 금전소비대차계약에 있어 변제기 이후 지급하는 금원은 손해금 산정에 약정이 되어 있다 하더라도 이자가 아니라 금전채무 이행지체에 따른 약정 지연손해금으로서 '기타소득'에 해당한다.

(나) 청구인이 2000.1.7. 양수한 쟁점채권은 대출원금 OOO과 채무이행 지체에 따른 지연손해금(연 25.5%)과 함께 연대보증인인 유OOO 등이 설정한 부동산근저당권으로 구성되어 있음이 확인되고, 청구인과 연대보증인 OOO와의 화해조서 및 연대보증인겸 물상보증인 유OOO와의 조정조서에 의해 주채무자인 OOO이 변제하지 아니한 대출원금 및 지연손해금(연 25.5%)에 대하여 청구인과 연대보증인들 간에 채권의 금액 및 변제여부를 다투고 있음을 확인할 수 있다. 따라서, 청구인이 쟁점채권의 연대보증인으로부터 수령한 금원은 쟁점채권의 원금 및 지연손해금으로 볼 수 있고 수령한 금원 중 지연손해금에 해당하는 금원은 「소득세법」상 기타소득에 해당한다.

(다) 청구인은 부실채권매매를 업으로 하지 아니하는 개인이 민법상 채권양도의 방식으로 부실채권을 매수하였다가 매각함에 따라 발생한 처분이익은 과세 대상소득에 해당되지 아니한다는 취지의 판결OOO을 원용하면서 OOO은행이 부실은행으로 퇴출되면서 쟁점채권을 OOO에 이전하였고, 쟁점채권이 그 원금 및 지연손해금의 회수범위가 불명확하여 채권의 정상적인 변제를 기대할 수 없는 부실채권에 해당하며, 쟁점채권이 유동화자산에 해당하므로

쟁점채권과 관련하여 유OOO로부터 수령한 쟁점금액이 「소득세법」상 과세대상 소득으로 열거되지 아니한 투자수익 또는 매매차익이라고 주장하나, 쟁점채권의 원채무자인 금융기관이 부실은행으로 퇴출되는 과정에서 쟁점채권이 부실채권으로 분류되고 OOO에 이전되었다는 사실만으로 쟁점채권의 원금 및 지연손해금의 회수범위가 불명확하고 채권의 정상적인 변제를 기대하기 어렵다고 단정하기 어렵고, 청구인이 원용한 OOO 판결서를 보면 대출원금에도 미치지 못하는 금액으로 채권을 양수하여 채무자로부터 임의변제를 기대할 수 없는 경우이므로 이와 관련된 청구주장은 타당하지 아니하다.

또한, 청구인이 양수한 쟁점채권 또는 근저당부동산의 소유권이 전과 같은 매매거래가 이루어진 사실이 전혀 없고, 청구인은 연대보증인겸 물상보증인 유OOO로부터 쟁점금액을 변제받았는바, ① 사법상채권의 양도와 변제는 전혀 별개의 개념이고 각각의 법률행위의 법률적 효과도 전혀 상이함에도 불구하고 청구인이 연대보증인겸 물상보증인인 유OOO로부터 쟁점채권의 변제목적으로 수령한 금원을 유동화자산의 투자수익 또는 채권의 매매차익과 동일하다고 볼 만한 법률적 근거가 없으며, ② 부실채권에 해당하기만 하면 채권의 양도 이후에는 채무자 또는 보증인으로부터 변제를 받더라도 「소득세법」상 열거되지 아니한 투자수익 또는 채권의 매매차익으로 보아야 한다는 청구주장을 뒷받침할 만한 관련 법령 또는 해석사례가 전혀 없다.

(2) 쟁점금액에는 원금이 포함되어 있지 아니하고 모두 지연손해금에 해당하므로 청구주장은 이유 없다.

(가) 청구인이 쟁점채권과 관련하여 채무자 OOO로부터 2003.4.17. OOO, 연대보증인 OOO로부터 1998.12.31.부터 2006.9.30.까

지 OOO, 연대보증인겸 물상보증인 유-OOO로부터 2009.6.23.에 OOO 총 OOO을 변제받은 사실이 청구인과 연대보증인들간 성립한 화해조서 및 조정조서 내용을 통해 확인된다.

(나) 「소득세법 시행령」제41조 제7항 후단은 '계약의 위약 또는 해약으로 인하여 반환받은 금전 등의 가액이 계약에 의하여 당초 지급한 총금액을 넘지 아니하는 경우에는 지급자체에 대한 손해를 넘는 금전 등의 가액으로 보지 아니한다'고 규정함으로써 계약의 위약 또는 해약으로 인하여 변제받은 금액이 위약금 또는 해약금의 소득발생이 원천이 되는 원금채무에 미달하는 경우에 기타소득이 없는 것으로 간주하고 있고, 「법인세법 시행령」제19조의2 제1항에 규정한 회수할 수 없는 채권의 경우에만 일부 변제금액을 원금에서 먼저 차감하도록 규정한 「소득세법 시행령」제51조 제7항의 비영업대금의 총수입금액에 관한 규정과 달리 기타소득의 범위에는 채권의 회수여부와 같은 제한규정은 명시되어 있지 아니하다.

(다) 청구인이 채무자 및 연대보증인으로부터 쟁점채권과 관련하여 변제받은 OOO 중 대출원금 OOO을 초과하는 OOO은 본래의 계약의 내용에 해당되는 지급자체의 손해를 넘는 손해에 대하여 배상하는 금전에 해당하므로 기타소득 과세대상인 위약금 또는 배상금이고, 기타소득의 범위에 대한 규정을 볼 때 청구인이 쟁점채권의 대출원금에 해당하는 OOO을 변제받은 시점까지 현실적으로 청구인에게 기타소득의 소득발생이 없다고 보아야 하므로 청구인이 채무자 OOO과 연대보증인 OOO로부터 변제받은 금원의 합계가 대출원금을 초과하는 시점인 2006.4.1. 이후 청구인이 연대보증인 OOO로부터 변제받은 금원과 2009.6.23. 청구인이 연대보증인겸 물상보증인인 유-OOO로부터 수령한 쟁점금액을 전액 기

타소득 과세대상으로 보아야 한다.

(라) 청구인은 법정 변제충당순서를 규정한 「민법」제479조를 근거로 청구인이 연대보증인 OOO로부터 쟁점채권의 최종변제일인 2006.10.2.까지 변제받은 금원이 전액 지연손해금에 해당하므로 2009.6.23. 연대보증인겸 물상보증인 유OOO로부터 수령한 금원에 당초 대출원금 OOO이 포함되어 있다고 주장하나,

(마) 「민법」상 법정 변제충당순서에 불구하고 당사자 사이의 특별한 합의가 있거나 당사자의 일방적인 지정에 대하여 상대방이 지체없이 이의를 제기하지 아니함으로써 묵시적인 합의가 되었다고 보이는 경우에는 법정 충당순서와 다르게 충당의 순서를 인정할 수 있다고 보아야 할 것인바, 1998.12.18. 화의인가결정을 받은 연대보증인 OOO가 화의조건에 따라 청구인에게 쟁점채권의 일부를 변제하였다는 점에서 법정변제충당순서에 따라 쟁점채무가 변제되었다고 단정하기 어렵다.

(마) 또한, 당초 청구인이 OOO에 청구한 쟁점채권 잔액의 산정근거로 제시한 채권계산서(2007.9.30.)상 채권잔액이 OOO이고 OOO와의 소송당시 쟁점채권에 담보된 부동산의 근저당권 채권최고액이 OOO으로 확인됨에도 최종적으로 쟁점채권의 잔액을 OOO으로 화해한 점, OOO의 최종 변제시점인 2006.10.2.부터 유OOO의 쟁점채권 최종변제시점인 2009.6.23.까지의 기간 동안 추가로 변제받은 쟁점채권의 지연손해금이 OOO에 불과하므로 OOO와 화해조서 작성시 확인한 쟁점채권의 잔액 OOO에 대출원금이 OOO이 포함되어 있다고 보기 어려우므로 유OOO로부터 변제받은 쟁점금액에 실제로 대출원금 OOO이 포함되어 있는지 여부도 불분명하다.

(바) 청구인은 OOO와 성립한 화해조서 및 유OOO와 성립한 조정조서 상 쟁점채권의 잔액 OOO과 유OOO로부터 변제받은 OOO의 산정 내용 및 원금과 지연손해금의 구성내역을 확인할 수 있는 객관적이고 구체적인 근거자료를 제시하지 아니하면서, 「민법」상 변제충당순서 규정을 근거로 유OOO로부터 수령한 쟁점금원에 대출원금 OOO이 포함되어 있다는 주장으로 일관하고 있으므로 청구주장은 신빙성이 없다.

3. 심리 및 판단
가. 쟁점

① 쟁점금액이 유동화자산(부실채권) 매매차익으로서 종합소득세 과세대상으로 볼 수 없는지 여부

② 쟁점금액으로 원금보다 지연손해금이 먼저 충당되므로 소득금액 산정시 원금을 차감하여야 하는지 여부

나. 관련 법령 : 〈별지〉 기재

다. 사실관계 및 판단

(1) OOO은행은 1998.6.29. OOO에 대한 쟁점채권을 「금융산업의 구조개선에 관한 법률」제14조 제2항에 의한 1998.6.29. 금융감독위원회의 계약이전결정 제8조와 「금융기관부실자산등의 효율적 처리 및 OOO의 설립에 관한 법률」제4조 및 같은 법 시행령 제4조 제1항의 규정에 의해 OOO에 양도한 사실이 심리자료에 의해 확인된다.

(2) 청구인이 제시한 채권 및 근저당권 양도증서OOO에 의하면, OOO가 유OOO 및 신OOO 소유의 OOO 외 토지에 대한 근저당권OOO

을「자산유동화에 관한 법률」제8조 및 제6조 제1항에 의하여 채권과 함께 OOO에게 양도한다는 내용이 확인된다.

(3) OOO가 1999년 11월 채무자인 OOO에게 보낸 채권양도사실 통지서는 "당 공사가 귀하에 대하여 권리를 가지는 채권 OOO을 1999.11.11. 금융감독위원회 자산유동화계획의 채권 및 근저당권 양도등록 및 소유권 양도등록 확인서에 의거 1999.11.11. 양수인인 OOO에 양도하였기에「자산유동화에 관한 법률」제7조 제1항의 규정에 의하여 양도사실을 통지한다"라고 되어 있다.

(4) OOO와 청구인이 1999.12.30. 작성한 근저당권부 채권 양수도 계약서에는 양도대상 채권이「자산유동화에 관한 법률」에 따라 양도인이 1999.10.29. OOO로부터 양수받아 보유중인 OOO에 대한 대여금 채권으로 되어 있고, 청구인이 쟁점채권을 포함한 대출잔액 OOO을 OOO에 양수한다는 내용이 확인된다.

(5) OOO가 쟁점채권을 포함한 채권을 청구인에게 양도한다는 내용으로 청구인에게 교부한 채권양도증서(2000.1.7.)에는, 양도대상 채권이 쟁점채권인 부동산저당대출 OOO 및 일반자금대출 OOO으로 나타난다.

(6) 쟁점채권에 관하여 연대보증을 제공한 OOO는 1998.12.1. OOO 법원으로부터 화의인가결정을 받아 화의절차가 개시되었고, 화의조건에 의하면 보증채무의 지급사유가 발생한 때에는 원금은 지급사유 발생일부터 5년 거치 후 5년 동안 균등하게 분할 변제하되, 거치기간 및 변제기간 종료일까지 발생하는 이자는 이율을 연 7%로 하여 당해연도에 지급한다고 되어 있으며, OOO는 이러한 화의조건에 따라 쟁점채권과 관련하여 1999.1.1.부터 이자를 지급하고, 거치기간 5년이 경과한 2004.1.1.부터 2006.9.30.까지 원금 및 지

연손해금을 변제하였으며, 화의조건에 따라 OOO가 변제한 원금 및 지연손해금의 총액은 OOO으로 심리자료에 의해 확인된다.

(7) 청구인은 2007년 12월 유OOO 등을 상대로 소송을 제기하면서 쟁점채권 원금 OOO 및 지연손해금 OOO을 청구한 사실이 지급명령 신청서에 나타나고, 2008.10.6. 이러한 소송에 대한 조정이 "연대보증인 OOO가 OOO을 변제함으로써 미지급 지연이자 합계 OOO만이 잔존함을 확인한다"는 내용으로 성립되었으며, 청구인은 2009.6.23. 유OOO로부터 쟁점금액OOO을 지급받은 사실이 심리자료에 의해 확인된다.

(8) 이상의 사실관계 및 관련 법령 등을 종합하여, 먼저, 쟁점①에 대하여 살피건대, 처분청은 쟁점금액이 지연손해금으로서 기타소득에 해당한다는 의견이나, 쟁점채권(부동산근저당채권)은 OOO가 자산보유자인 OOO로부터 양도받은 것으로서「자산유동화에 관한 법률」제2조 제1호 가목 및 제3호에서 말하는 유동화자산에 해당되므로 청구인과 OOO 사이의 양도계약의 실질은 일반적인 채권양도라기보다는 회수 여부 및 범위가 불명확한 근저당권부채권이라는 유동화자산에 관한 매매계약이라 할 것이어서 결과적으로 그 매매대금을 초과하는 이익이 발생하였다면 이는 회수불능의 위험을 부담한 매수 또는 투자에 대한 수익으로 보는 것이 사회통념상 타당해 보이는 점,

「소득세법」 및 같은 법 시행령에서 채권 또는 증권의 환매조건부 매매차액에 대해서만 이자소득으로 규정하고 있어 일반적인 채권의 매매차익은 이자소득으로 보지 않고 있는 점 등을 고려할 때 채권매매를 업으로 하지 아니하는 청구인이 유동화자산에 해당하는 쟁점채권을 매수하여 그 취득가액을 초과하여 지급받은 쟁점금액

의 본질은 유동화자산에 대한 투자수익 또는 매매차익으로 보는 것이 타당하다고 판단된다. 따라서 처분청이 쟁점금액을 지연손해금으로 보아 기타소득에 포함하여 종합소득세를 과세한 처분은 잘못이라고 판단된다.

(9) 쟁점②는 쟁점①이 인용되어 심리의 실익이 없으므로 그 심리를 생략한다.

4. 결론

이 건 심판청구는 심리결과 청구주장이 이유 있으므로 「국세기본법」제81조 및 제65조 제1항 제3호에 의하여 주문과 같이 결정한다.

〈별지〉 관련 법령

(1) 국세기본법

제14조【실질과세】 ② 세법 중 과세표준의 계산에 관한 규정은 소득·수익·재산·행위 또는 거래의 명칭이나 형식에 불구하고 그 실질내용에 따라 적용한다.

(2) 소득세법 시행령(2008.12.31. 대통령령 제21215호로 개정된 것)

제24조【환매조건부매매차익】 법 제16조 제1항 제9호에서 "대통령령이 정하는 채권 또는 증권의 환매조건부 매매차익"이라 함은 금융기관(「금융실명거래 및 비밀보장에 관한 법률」 제2조 제1호 각 목의 1에 해당하는 금융기관과 「법인세법 시행령」 제111조 제2항 각 호의 1에 해당하는 법인을 말한다. 이하 같다)이 환매기간에 따른 사전약정이율을 적용하여 환매수 또는 환매도하는 조건으로 매매하는 채권 또는 증권의 매매차익을 말한다.

(3) 자산유동화에 관한 법률(1998.9.16. 법률 제5555호로 제정된 것)
  제2조【정의】 이 법에서 사용하는 용어의 정의는 다음과 같다.

  1. "자산유동화"라 함은 다음 각 목의 1에 해당하는 경우를 말한다.

   가. 유동화전문회사(자산유동화업무를 전업으로 하는 외국법인을 포함한다)가 자산보유자로부터 유동화자산을 양도받아 이를 기초로 유동화증권을 발행하고, 당해 유동화자산의 관리·운용·처분에 의한 수익으로 유동화증권의 원리금 또는 배당금을 지급하는 일련의 행위

  3. "유동화자산"이라 함은 자산유동화의 대상이 되는 채권·부동산 기타의 재산권을 말한다.

  제7조【채권양도의 대항요건에 관한 특례】 ① 자산유동화계획에 따른 채권의 양도는 양도인 또는 양수인이 채무자에게 통지하거나 채무자가 승낙하지 아니하면 채무자에게 대항하지 못한다.(단서 및 각 호 생략)

  제13조【양도의 방식】 유동화자산의 양도는 자산유동화계획에 따라 다음 각 호의 방식에 의하여야 한다. 이 경우 이를 담보권의 설정으로 보지 아니한다.

  1. 매매계약에 의할 것.

(4) 민법(2005.12.29. 법률 제7765호로 개정된 것)
  제479조【비용, 이자, 원본에 대한 변제충당의 순서】 ① 채무자가 1개 또는 수개의 채무의 비용 및 이자를 지급할 경우에 변제자가 그 전부를 소멸하게 하지 못한 급여를 한 때에는 비용, 이자, 원본의 순서로 변제에 충당하여야 한다.

03 유동화자산의 지연손해금 매매차익 5억3천1백만 원에 대해 비과세 결정을 했다

아래 사건은 유동화 회사로부터 양수인이 지연손해금만 2억9천만 원을 할인받은 후 이를 포함해 총 5억3천 1백만 원의 지연손해금 배당수익을 얻었는데, 이는 '유동화 자산의 매매차익'으로 보아 비과세한 사례다.

국심 2007구0523호(2007.11.28), 국심 2006구3247호도 동일취지임

[제 목]
경락배당금과 취득가액과의 차액이 과세대상 이자소득인지 여부

[요 지]
근저당권부 채권을 유동화전문회사로부터 매수하여 그 부동산에 관한 경매절차에서 매매대금액을 초과하여 지급받은 배당금의 본질은 유동화자산에 대한 투자수익 또는 매매차익으로 비영업대금으로서 이자소득에 해당된다고 볼 수 없음.

[회 신]

[관련법령]
소득세법 제16조 【이자소득】

[주 문]
2003년 귀속 종합소득세 83,600,930원의 부과처분은 이를 취소합니다.

Part 6 NPL의 매매차익에 대한 과세처분에 대해 살펴보자!

[이 유]
1. 처분개요

가. 청구인, 주식회사 OO화섬 및 OOO(이하 "청구인 등"이라 한다)은 공동으로 2002.6.28. OOO유동화전문회사로부터 건물 및 공장용지에 대한 근저당채권(이하 "쟁점채권" 이라 한다)을 18억8,000만원에 취득하였다가 2003.5.30. 당해 부동산이 임의경매 되어 24억1,100만원을 배당받았다.

나. 처분청은 배당액에서 쟁점채권 취득금액을 차감한 5억3,100만원 중 청구인 지분(1/3)에 해당하는 1억7,700만원을 이자소득(비영업대금의 이익)으로 보아 2006.12.8. 청구인에게 2003년 귀속 종합소득세 83,600,930원을 결정고지 하였다.

다. 청구인은 이에 불복하여 2007.2.13. 심판청구를 제기하였다.

2. 청구인 주장 및 처분청 의견
가. 청구인 주장

(1) 청구인이 채권을 양수도하여 얻은 이익은 채권의 매매차익으로서 소득세법에 열거된 과세대상 소득이 아니고, 쟁점채권의 원채무자와 원채권자 간에 있었던 최초의 금전소비대차관계는 쟁점채권의 매매로 인하여 이미 소멸된 것이므로 금전소비대차계약을 승계한 것으로 볼 수 없어 이자소득이 발생하지 아니하였다.

(2) 보충적 청구로서 거래실질을 금전소비대차로 보더라도 쟁점채권 취득일에 원채무자가 부담할 원리금 21억6,700만원을 청구인 등이 확정된 채권으로 취득한 것이므로 청구인 등의 이자소득금액은 배당금액 24억1,100만원에서 21억6,700만원을 차감한 2억4,400만이 되어야 한다.

나. 처분청 의견

(1) 이 건은 채무자에 대한 채권 및 근저당권에 대한 일체의 지위가 한국자산관리공사, ○○○유동화전문회사, 청구인으로 각각 이전된 것으로서 원채권자와 채무자의 금전소비대차관계가 채권매매로 인하여 종료되지만, 채무자와 채권양수자의 당초의 법률관계는 동일성이 유지되면서 새로 소비대차관계가 형성되는 것으로 담보부동산의 경락으로 청구인이 얻은 소득은 소득세법 제16조 제1항의 비영업대금의 이익에 해당하여 과세대상이 된다.

(2) 이 건 근저당권부 채권 양수도계약서에 의하여 쟁점채권에 대한 취득가액이 18억8,000만원으로 확인되므로 배당금액에서 취득가액을 차감한 5억3,100만원을 이자소득으로 보아 그 중 청구인 지분(1/3)에 대하여 과세한 이 건 처분은 정당하다.

3. 심리 및 판단

가. 쟁 점

쟁점채권의 경락배당금과 취득가액과의 차액이 과세대상 이자소득인지 여부

나. 관련 법령

(1) 소득세법 제16조【이자소득】

① 이자소득은 당해연도에 발생한 다음 각 호의 소득으로 한다.
　1. 국가 또는 지방자치단체가 발행한 채권 또는 증권의 이자와 할인액
　2. 내국법인이 발행한 채권 또는 증권의 이자와 할인액
　3. 국내에서 받는 예금(적금 · 부금 · 예탁금과 우편대체를 포함한다, 이하 같다)의 이자와 할인액
　4. 상호저축은행법에 의한 신용계 또는 신용부금으로 인한 이익

5. 내국법인으로부터 받는 신탁(공채 및 사채 외의 증권투자신탁을 제외한다) 이익
6. 외국법인의 국내지점 또는 국내영업소에서 발생한 채권이나 증권의 이자와 할인 액
7. 외국법인이 발행한 채권 또는 증권의 이자와 할인액
8. 국외에서 받는 예금의 이자와 신탁의 이익
9. 대통령령이 정하는 채권 또는 증권의 환매조건부매매차익
10. 대통령령이 정하는 저축성보험의 보험차익
11. 대통령령이 정하는 직장공제회 초과반환금
12. 비영업대금의 이익
13. 제1호 내지 제12호의 소득과 유사한 소득으로서 금전의 사용에 따른 대가의 성격이 있는 것

② 이자소득금액은 당해연도의 총수입금액으로 한다.

③ 제1항 각호의 규정에 의한 이자소득의 범위에 관하여 필요한 사항은 대통령령 으로 정한다.

다. 사실관계 및 판단

(1) 쟁점채권을 담보하기 위해 근저당권이 설정된 부동산(이하 "쟁점부동산"이라 한다)의 등기부등본 · 쟁점채권 양수계약서 · 쟁점부동산에 대한 배당표 등의 심리자료에 의하여 확인된 사실관계는 다음과 같다.

일자	내용	비고
1996.11.29. (19억원) 1997.6.13. (6억원)	근저당권 설정 (채권최고액 합계 25억원)	부동산표시 : ○○시 ○○구 ○○동 1135 건물 (5동) 및 공장용지 3,300㎡ 채무자 : ○○○ 근저당권자 : 주식회사 ○○은행

1998.3.31.	소유권이전	소유자 : 주식회사 OO화섬
1998.6.19.	근저당권 변경	채무자 : 주식회사 OO화섬
2001.1.15.	근저당권 이전	근저당권자 : 0000관리공사
2001.12.31.	근저당권 이전	근저당권자 : OOO유동화전문회사
2002.6.28.	근저당권 이전	근저당권자 : 청구인,주식회사 OO화섬, OOO
2003.5.30.	임의경매 낙찰	소유자 : 위와 같음

(가) 쟁점부동산의 등기부등본에 기재된 등기원인일을 기준으로 한 권리변동 및 쟁점채권의 이전내역은 다음 표와 같다

(나) 주식회사 OO화섬 외 1인의 명의로 2002.5.10. OOO유동화전문회사와 체결한 근저당부 채권(쟁점채권) 양수계약서 내용을 보면, 양도대상 채권은 채무자 및 근저당권 설정자인 주식회사 OO화섬에 대한 채권 및 이에 대한 이자와 지연이자이고, 양도대상 근저당권의 목적물은 쟁점부동산이며, 채무자 및 근저당권 설정자는 주식회사 OO화섬이고, 대금의 지불은 대금총액 18억8,000만원, 계약금 1억8,800만원(지급기일은 2002.5.10.), 잔금 16억9,200만원(지급기일은 2002.6.29.)으로 되어있다.

(다) 청구인 등(주식회사 OO화섬, OOO 및 청구인)은 위 근저당권부 채권 양수 계약에 따라 쟁점부동산의 근저당과 쟁점채권을 양수받아 2002.6.28. 쟁점채권에 관한 근저당권 이전등기를 경료한 것으로 나타난다.

(라) 쟁점부동산에 대한 OO지방법원 배당표{사건 0000타경00000 부동산임의경매, 0000타경00000(중복), 2003.5.30. 판사 OOO}를 보면, 청구인 등이 이 건 배당을 받기 위하여 OO지방법원에 제출한 아래 표와 같은 채권계산서에 기재된 청구인 등의 채권금액 합계액은 2,458,157,133원(원금 : 1,661,600,000원, 이자 :

796,557,133원)이고, 청구인 등이 수령한 배당액은 2,411,889,833원(배당비율 98.12%)인 것으로 나타난다.

대출잔액	대출일자	약정이율	기 간		일수	이율	이자금액
300,000,000	1997.11.5	7.5%	2000.9.8	2001.1.5	120	7.5%	7,397,260
		연체이자	2001.1.6	2003.5.30	875	19%	136,643,835
301,600,000	1997.6.16	7.5%	2000.9.8	2001.1.5	120	7.5%	7,436,712
		연체이자	2001.1.6	2003.5.30	875	19%	137,372,602
205,000,000	1999.11.19	7.5%	2000.9.8	2001.1.5	120	7.5%	5,054,795
		연체이자	2001.1.6	2003.5.30	875	19%	93,373,287
855,000,000	1996.11.29	11.45%	2000.10.24	2001.1.5	120	11.45%	19,847,712
		연체이자	2001.1.6	2003.5.30	875	19%	389,434,931
1,661,600,000			합계				796,557,133
원리금 합계 2,458,157,133원							

   (마) 처분청은 청구인 등이 배당받은 24억1,100만원에서 청구인 등이 쟁점채권의 매입가액으로 지불한 18억8,000만원을 차감한 잔액 5억3,100만원을 이자소득(비영업대금의 이익)으로 보아 그 중 청구인 지분(1/3)에 해당하는 금액 1억7,700만원을 청구인의 종합소득금액에 합산하여 2006.12.8. 청구인에게 2003년 귀속 종합소득세 83,600,930원을 부과하였다.

(2) 청구인은 쟁점채권을 양수도하여 얻은 이익은 채권의 매매차익으로서 소득세법에 열거된 과세대상 소득이 아니고, 쟁점채권의 원채무자와 원채권자 간에 있었던 최초의 금전소비대차관계는 쟁점채권의 매매로 인하여 이미 소멸된 것이므로 금전소비대차계약을 승계한 것으로 볼 수 없어 이자소득이 발생하지 아니하였다고 주장한다.

(3) 살피건대, 쟁점채권(근저당권부채권)은 OOO유동화전문회사가 자산보유인 한국자산관리공사로부터 양도받은 것으로서 자산유동화에 관한 법률 제2조 제1호의 가 및 제3호에서 말하는 유동화자산에 해당되므로 청구인과 위 유동화전문회사 사이의 양도계약의 실질은 일반적인 채권양도라기보다는 회수 여부 및 범위가 불명확한 근저당권부채권이라는 유동화자산에 관한 매매계약이라 할 것이어서 결과적으로 그 매매대금을 초과하는 이익이 발생하였다면 이는 회수불능의 위험을 부담한 매수 또는 투자에 대한 수익으로 보는 것이 사회통념상 타당해 보이고, 소득세법 및 동법 시행령이 채권 또는 증권의 환매조건부 매매차액에 대해서만 이자소득으로 규정하고 있어 일반적인채권의 매매차익은 이자소득으로 보지 않고 있는 점 등을 고려할 때 청구인 등이 근저당권부채권을 유동화전문회사로부터 매수하여 그 부동산에 관한 경매절차에서 매매대금액을 초과하여 지급받은 배당금의 본질은 유동화자산에 대한 투자수익 또는 매매차익이라 할 것이지 소득세법 제16조 제1항 제12호 소정의 비영업대금으로서 이자소득에 해당된다고 볼 수 없다[OO고등법원 판결(2007누4256, 2007.8.28.)및 OO행정법원 판결(2006구합32702, 2007.1.10) 참조].

위와 같이 청구인의 주위적 청구가 인용되었으므로 보충적 청구에 대해서는 심리를 생략한다.

4. 결론

이 건 심판청구는 심리결과 청구주장이 이유 있으므로 국세기본법 제81조, 같은 법 제65조 제1항 제3호의 규정에 따라 주문 과 같이 결정한다.

04 회수 가능성이 매우 낮은 부실채권의 매매차익은 비과세된다 (사건번호 조심 2017서3225호)

부실채권 회수이익을 사업소득으로 보아 종합소득세를 과세한 처분의 당부

[결정요지]
청구인은 1과세기간 1건의 회수가능성이 매우 낮은 쟁점부실채권을 매입하였고 청구외법인 등의 대표이사로 재직하면서 근로소득이 계속 발생하고 있어서 쟁점부실채권 회수이익을 계속.반복적 사업활동으로 얻은 소득으로 보기 어려운 점, 청구인이 채권매매업이나 금융업 등을 대외적으로 표방하거나 해당 사업을 영위하기 위한 인적, 물적 시설을 갖추고 있지도 아니한 것으로 보이는 점 등에 비추어 청구인의 쟁점 부실채권 회수이익을 채권매매업이나 금융업 활동으로 얻은 사업소득으로 보아 종합소득세를 과세한 이 건 처분은 잘못이 있음

[관련법령] 소득세법 제4조 / 소득세법 제19조
[참조결정] 조심2011서4839 / 조심2014서4432 / 조심2013서0435

[주 문]
OOO장이 2017.6.5. 청구인에게 한 종합소득세 2010년 귀속분 OOO원의 부과처분은 이를 취소한다.

[이 유]
1. 처분개요
가. 청구인은 2009.9.25. 설립하여 현재까지 부동산개발업, 주택건설공급업, 경영컨설팅 서비스업 등을 목적사업으로 하는 주식회사 OOO(이하

"청구외법인"이라 한다)의 대표이사로 재직하고 있는 사람이다.

나. OOO장(이하 "조사청"이라 한다)은 2014.5.8.~2014.6.27. 기간 동안 청구외법인에 대한 법인통합조사를 실시하여 OOO 계열사인 OOO㈜ 부실채권회수이익 OOO원 및 OOO㈜ 부실채권회수이익 OOO원(이하 OOO 부실채권과 OOO 부실채권을 합하여 "쟁점부실채권"이라 하고, 그 회수이익을 "쟁점부실채권회수이익"이라 한다)을 2010~2012사업연도 수입금액 누락으로 보아 법인세를 과세하고 대표자(청구인) 상여로 소득처분하자 청구외법인은 이에 불복하여 심판청구를 제기하였으며, 2015.11.30. 조세심판원이 쟁점부실채권회수이익의 귀속자가 청구외법인이 아닌 '청구인'으로 결정함에 따라 쟁점부실채권회수이익을 청구인의 사업소득으로 보아 과세자료를 처분청에 통보하였고, 처분청은 이에 따라 2017.6.5. 청구인에게 종합소득세 2010년 귀속분 OOO원을 각 경정·고지하였다.

다. 청구인은 이에 불복하여 2017.6.15. 심판청구를 제기하였다.

2. 청구인 주장 및 처분청 의견

가. 청구인 주장

(1) 쟁점부실채권회수이익은 청구인이 청구외법인의 대표이사로 재직하면서 매월 급여를 수령하고 있었고 부실채권 매매가 일시적·우발적이고 단발적인 투자활동에 의한 것이므로 이에 대해 ㅈ채권매매업을 표방하면서 계속적·반복적으로 사업을 영위한 것으로 보아 과세한 이 건 처분은 부당하다.

(가) 청구인은 청구외법인 외 2개사의 대표이사로 재직하면서 회사를 실제 경영하였고, 쟁점부실채권회수이익은 사업성이 없으므로 소득세 과세대상에 해당하지 아니한다.

1) 쟁점부실채권회수이익과 같은 경우 소득세 과세대상이 아니라는 예규(소득세과-1195, 2010.11.29.)가 있고, 「소득세법」상 부실채권처분이익을 과세대상으로 열거하고 있지 아니하며, 청구인은 청구외법인 등에 대표이사로 재직하면서 일시적·우발적이고 단발적인 투자활동으로 쟁점부실채권회수이익이 발생하였고 채권매매업을 사업목적으로 하여 대외적으로 표방하거나 계속·반복적인 채권매매업을 영위한 것이 아니므로 소득세 과세대상이라 할 수 없다.

2) 특히, 조사청은 청구인과 청구외법인에 대한 2010~2013년 귀속 종합소득세 및 법인세 통합조사를 조세범칙조사로 전환하여 심층조사한 후, 청구인이 자신의 자금과 명의로 계약하고 쟁점부실채권을 취득한 사실이 밝혀졌으므로 쟁점부실채권회수이익을 개인의 소득으로 보아야 하나 이 경우 사업성이 없어 청구인에게 종합소득세를 부과할 수 없음에 따라 청구외법인의 수입금액 누락으로 보아 법인세를 과세하고 「특정범죄가중처벌법」위반으로 고발하였으나 검찰에서 무혐의로 결정되었다.

3) 이와 같이 조사청이 조사 당시 쟁점부실채권회수이익을 사업성이 없는 일시적·우발적, 단발적이고 비반복적인 소득으로 보아 청구외법인의 수입금액 누락으로 과세하고 청구인에게 소득세를 부과하지 못한 것이므로 쟁점부실채권회수이익은 청구인의 사업소득세 과세대상이라 볼 수 없다.

(나) 관련 예규, 심판결정례 및 판례 등에 비추어 보아도 쟁점부실채권회수이익은 사업소득으로 볼 수 없다.

1) 사업자가 아닌 거주자가 회수가능성이 불확실한 대여금 채권을 취득한 후 채권의 취득가액을 초과하여 대여금을 회수한 경우

채권상환이익은 과세대상 소득에 해당하지 않는 것이나, 실질에 있어 당해 거래가 금전소비대차에 해당되는 것이면 동 금전소비대차로 인하여 발생한 이익은 이자소득에 해당된다(소득세과-1195, 2010.11.29., 소득세제과-271, 2006.4.11.).

2) 유사 심판결정례 및 법원판례는 2009~2012년 사이에 모두 17건의 부실채권을 경매를 통한 배당으로 이익을 실현한 경우이나, 청구인의 경우 2010~2011년 중에 단 2건의 부실채권을 매입하여 채권상환이익이 발생한 점에서 다르다.

(다) 이 건 과세처분은 명백한 중복조사와 세무조사권 남용금지에 해당한다.

1) 조사청은 청구인 개인의 종합소득세 통합조사와 청구인이 대표이사로 재직하고 있던 청구외법인, ㈜OOO, 청구인 개인의 예금 입출금 거래내역 등을 조사·확인하여 쟁점부실채권회수이익이 주된 영업활동으로서 사업성이 있는 것인지, 계속·반복성이 없는 부수적인 것인지를 검토한 후, 청구인의 쟁점부실채권회수이익은 사업성이 없어 종합소득세를 부과처분하기 어려움에 따라 청구외법인의 수입금액 누락으로 부과처분을 하였고, 청구외법인은 심판청구를 제기하여 인용결정을 받은 바 있다.

2) 이에 조사청이 처분청에 과세자료로 통보하여 청구인에게 과세하도록 한 것은 「국세기본법」제81조의4 규정에 따른 세무조사권 남용 금지에 해당되므로 이 건 처분은 취소되어야 한다.

(라) 일시적·우발적으로 얻은 쟁점부실채권회수이익을 사업소득으로 과세한 이 건 처분은 부당하다.

1) 개인의 부실채권상환이익이 「소득세법」제19조 제1항 제11호 및 제20호에 해당하는지 여부는 당사자 사이의 거래의 형식 및

외관에 구애될 것이 아니라 실질에 따라 평가하여야 한다. 즉, 영리를 목적으로 자기의 계산과 책임하에 계속·반복적으로 행하는 활동을 통하여 얻은 소득으로 납세자의 직업활동의 내용, 그 활동기간과 횟수, 상대방 등에 비추어 그 활동이 수익을 목적으로 하고 있는지 여부 등을 고려하여 사회통념에 따라 판단하여야 하며, 그 판단에 있어서도 그 전후를 통한 모든 사정을 참작하여 결정하여야 할 것이다(대법원 2014.3.13. 선고 2012두 7370 판결 등 참조).

2) 청구인의 경우, 채권매매업을 대외적으로 표방하지 않았고 청구외법인의 대표이사로 재직하면서 매월 급여를 수령하였으며, ㈜OOO 및 ㈜OOO의 대표이사를 겸직하면서 회사를 운영하였으므로 채권매매업을 인가받아 사업자등록 한 사실도 없고 부실채권을 일시적인 투자기회를 통하여 2010년 1회, 2011년 1회 매입하였으며, 그 전후 현재까지 추가적인 부실채권의 매입이 없었고, 취득한 채권을 회수하기 위해 일련의 자율적인 경제활동을 한 것이므로 이를 사업활동으로 볼 수 있을 정도의 계속·반복성이 있다고 보기 어렵다.

3) 일시적 투자기회를 통한 개인의 단발적인 경제활동을 모두 사업성이 있는 경제활동으로 간주하는 경우에 불확실성이 있는 투자를 통한 손실은 과세관청이 인정하지 않으면서 이익이 발생한 경우에만 사업성을 주관적으로 해석하여 과세한다면 과세형평에 맞지 않는다. 단발성 채권매매 차익을 사업성이 있는 경제활동으로 본다면 개인의 자유로운 투자경제활동을 저해하고, 「소득세법」에서 개인의 상장주식과 채권의 매매차익을 과세대상에서 제외하고 있는 취지에도 반한다.

(마) 이 건 과세는 법적 근거가 없으므로 청구인에게 한 이 건 처분은 취소되어야 한다.

1) 처분청은 2010년 OOO㈜의 부실채권을 OOO원에, 2011년 OOO㈜의 부실채권을 OOO원에 각 매입한 후 OOO원을 회수하여 부실채권회수이익이 OOO원이 달하는 등 그 규모가 상당하고 OOO㈜ 및 ㈜OOO에 대한 대여금 거래횟수까지 가산하여 투자횟수 5회, 회수횟수 9회에 달하므로 사업활동의 계속·반복성이 있다는 의견이나, 청구인은 2012년 이자수입을 목적으로 OOO㈜에 OOO원을, ㈜OOO에게 OOO원을 각 대여하였고, ㈜OOO에 대한 대여금과 관련하여 2013년에 OOO원을, 2014년에 OOO원을 비영업대금 이자소득으로 종합소득세를 신고하였으나, OOO㈜에 대한 대여금은 원금도 회수하지 못하고 막대한 손실을 입은 바 있다.

3건의 비영업대금 이자소득과 2건의 사업성이 없는 쟁점부실채권회수이익은 소득의 종류가 다름에도 불구하고 투자금액이나 거래금액을 합산하여 규모가 크고 계속·반복성이 있다고 본다면 이는 오로지 사업소득으로 과세하기 위한 자의적인 법규해석이다. 또한, 비영업대금 이자소득 또는 사업소득 해당여부에 대한 심판결정례에서 기간별 이자소득 또는 채권상환이익 회수는 6차례(조심 2011서4839, 2011.12.23.), 43차례(조심 2013서435, 2013.7.24.)인 경우에 대하여 심판청구인들이 사업소득을 주장하였으나 모두 기각된 바와 같이 비영업대금이익의 발생은 그 횟수가 많아도 사업소득으로 인정하지 않고 있다.

2) 처분청은 조사 당시 청구인의 채권회수 관련철이 청구외법인의 서류와 함께 보관되어 있었고, 청구인의 하나 및 OOO 계좌에

서 청구외법인과의 입출금내역이 수백억원이나 되며 청구외법인 계좌와 청구인 개인계좌가 구분이 명확하지 않고 청구외법인의 직원(공인회계사 1명, 여직원 1명)이 청구인 개인의 채권매매업무도 함께 수행하였다고 보아 부실채권회수업무를 법인과 개인이 동시에 운영한 것으로 판단하였으나, 조사결과 쟁점 부실채권회수이익을 청구외법인의 수입금액 누락으로 보아 법인세를 과세하고 고발까지 하였고 이후 조세심판원의 인용결정으로 부과처분이 취소되었으며, 이런 처분청의 주장은 청구외법인의 법인세 부과 당시 직원 2명의 인건비나 경비를 청구외법인의 경비에서 일부 부인하는 부당행위계산 부인규정을 적용하는 근거는 될 수 있을지언정 청구인의 사업성 여부와는 무관하다.

3) 처분청은 청구인의 근로소득 발생처가 부실채권회수업을 영위하는 청구외법인이고 그 소득의 규모가 상당하다는 이유로 사업소득으로 보아야 한다는 의견이나, 청구인이 대표이사로 재직하는 청구외법인은 2009.9.27. 개업하여 건설·주택건설, 분양공급·부동산 개발 서비스 및 컨설팅 등을 주업으로 하여 2010사업연도 OOO원을 수입금액으로 각 신고하였으며, 청구외법인의 부실채권회수 관련업은 주업이 아닐뿐더러 해당 과세연도 부실채권상환이익은 주된 수입금액에 해당하지 아니하여 영업외 수입금액으로 신고하였으므로 단순히 영업외이익이 상당한 규모라는 이유로 쟁점부실채권상환이익을 사업소득으로 과세한 근거가 되지 못한다.

(2) 설령, 쟁점부실채권회수이익이 사업소득에 해당한다 하더라도 처분청이 사업소득 판단시 OOO㈜, ㈜OOO 등과의 금전소대차거래

등을 사업성이 있는 거래횟수에 포함하였으므로 해당 대여원금 손실금액 또한 수익비용 대응원칙에 따라 필요경비로 인정하여야 한다.

청구인은 OOO㈜ 및 ㈜OOO 관련 활동들은 이미 2012년 비영업대금의 이익(이자소득)으로 종합소득세를 신고하였으나, 당초 OOO㈜의 손실금액은 사업성이 없는 비영업대금 이자소득이므로 종합소득세 신고 당시 합산하지 못하였다. 그러나, 만약 처분청 의견과 같이 이를 사업성이 있다고 보아 비영업대금의 이익과 쟁점부실채권회수이익을 사업소득에 해당한다고 본다면 대여원금 손실금액을 비용으로 인정하여 종합소득세를 경정하여야 한다.

(가) 청구인은 청구외법인의 상무로 재직하던 OOO 명의로 OOO에게 ㈜OOO 무보증 사채와 주중회원권을 담보로 2013.8.26. OOO원을 대여하고, 2013.10.17. 일람출금 약속어음을 공증받아 ㈜OOO 무보증사채와 주중회원권 증서를 보관하고 있으나 담보행사를 하지 못하여 현재까지 원금 OOO원을 회수하지 못하고 손실이 발생하였다.

(나) 청구인은 OOO㈜에게 OOO원을 대여하고 국세환급금 양도통지서를 받았으나, 동 환급금통지서를 받은 당사자들의 채권금액이 환급금을 초과하여 관할 서초세무서는 체납액을 충당하고 그 잔액 OOO원을 공탁하였다. 또한, 청구인은 국세환급금 양수권자이자 OOO㈜의 시공사였던 OOO이 공탁금 출급청구권자 확인소송을 제기하였으나 OOO㈜와 현금 OOO원을 수취하는 조건으로 공탁금 출급청구권자 확인소송을 취하하는 것에 합의하였는바, 청구인은 OOO㈜가 수령할 국세환급금 OOO원을 담보로 OOO원을 대여하여 OOO원만 회수하고 나머지 OOO원은 손실이 발생하였다.

나. 처분청 의견

(1) 판례는 개인의 채권매매업이 사업성이 있는지에 대한 판단기준으로 ① 납세자의 채권의 취득 및 보유현황, ② 소득활동의 규모, 횟수, 태양, 상대방에 비추어 수익을 목적으로 하고 있는지, ③ 계속성과 반복성이 있는지를 고려하여 사회통념에 따라 판단하여야 한다고 적시하면서 그 판단에 있어 사건의 소득활동이 행하여진 시기의 전후를 통한 모든 사정을 참작하여야 한다고 판시(대법원 2014.3.13. 선고 2012두7370 판결 등)하고 있는바,

청구인은 부실채권을 인수하여 회수를 주업으로 하는 청구외법인의 대표이사로서 회수가능성이 높은 채권에 상당한 정보력을 가지고 2010~2014년 기간 동안 쟁점부실채권 거래를 포함하여 확인된 거래만 투자횟수 8회, 회수횟수 12회이며, 투자금액 OOO원, 회수금액 OOO원에 달하는 금융업과 유사한 투자 및 회수를 위한 사업활동을 하였고 쟁점부실채권회수이익은 OOO원으로 거래 규모 역시 상당하였는바 이는 사회통념상 일시적, 단발성 투자가 아닌 계속·반복성이 있는 채권매매업에 해당한다(동 투자 및 회수횟수에는 청구외법인의 심판청구 당시 청구인의 귀속으로 주장하였으나 기각된 채권매매행위 2건, 채권회수이익 OOO원은 포함하지 아니함).

(가) 청구인의 지위 및 사업성 여부

1) 청구인은 OOO 계열사 중 금융업 관련 회사인 OOO(주)[현, OOO(주)]의 자산운영본부장으로 재직하는 등 여신 및 금융 관련하여 상당한 노하우와 정보력을 가지고 있는 자로서 이를 이용하여 OOO 계열사의 부실채권을 제3자인 OOO을 통해 총 OOO원에 취득하여 만 2년이 경과하기도 전에 원금의 OOO배가 넘는 OOO원을 회수하였는바, 이는 기간 이익 및 소득의 규

모를 고려할 때 사회통념에 벗어난 상당한 규모의 금융사업 행위이다. 청구인의 사업은 한국표준산업 분류상 금융업(분류코드 64)이며, 투자기관으로 분류할 경우 은행 및 저축기관(641), 투자기관(642), 기타 금융업(643) 중 청구인은 기타 투자기관(64209)의 기타금융투자업에 해당하는 채권매매업을 행한 것이며, 국세청 전산시스템상 부실채권매매업이 등록되어 있지 아니하므로 기타 금융업(659902)으로 볼 수 있다.

2) 청구인이 대표이사로 재직하고 있는 청구외법인의 주업종이 건설, 주택건설, 부동산 개발 및 컨설팅으로 등재되어 있으나 주된 영업이익인 부동산 임대수입의 물건지가 OOO OOO(OOO 소재)로 OOO 계열사인 OOO이 시공한 바, OOO의 부실채권회수관련 수입으로 볼 수 있다. 청구외법인의 2010~2011사업연도 영업외이익이 발생한 OOO 상가(OOO 소재)는 OOO(주)[OOO 계열사인 OOO(주)의 후신]의 부실채권과 그 담보물이었던 물건으로 이는 청구외법인의 심판청구 당시 주장에서도 확인되며 부실채권회수이익에 해당한다. 이와 같이 청구외법인은 외형이 부동산 관련업이나 그 거래의 실질은 OOO 관련 부실채권회수를 목적으로 영업활동을 하는 법인으로 청구인은 부실채권회수업무를 법인의 대표이사 및 개인 자격으로 병행하였다고 볼 수 있다.

3) 청구인이 대표이사로 재직한 ㈜OOO는 결산서상 자산이나 부채를 계상한 내역이 없고 당초 청구외법인이 제기한 심판청구의 주요 쟁점이었던 ㈜OOO의 부실채권 회수과정에서 필요에 따라 청구인이 설립한 페이퍼 컴퍼니이며, 청구인이 실질적으로 운영하였다는 ㈜OOO와 ㈜OOO은 등기부등본상 대표이사로 등재되어 있지 않고 급여수령액이 확인되지 않는바, 경제적

실체가 있는 법인은 청구외법인이 유일하며 그 급여수령액은 관련 과세기간 동안 OOO원으로 쟁점부실채권회수이익 OOO원에 비하여 크지 않다는 점에서 대표이사의 지위만을 가지고 쟁점부실채권회수이익의 사업성을 판단할 수 없다.

4) 위와 같이 청구인이 대표이사로 재직하며 수령한 근로소득의 발생처가 부실채권회수를 주업으로 하는 청구외법인이라는 점과 대표이사로서 수령한 근로소득의 규모가 쟁점부실채권회수이익에 비하여 크지 않은 바, 별도의 소득원이 존재한다 하여 쟁점부실채권회수이익이 사업성이 없다고 볼 수 없으며, 쟁점부실채권의 회수과정을 보면 2011년과 2012년에 걸쳐 OOO㈜가 지급받을 국세환급금 및 임차보증금, 부동산 소유권 등을 다른 채권자들과는 별도로 청구인만이 내부정보 활용을 통하여 알고 있었던 것으로 청구인이 조사과정이나 불복심리과정에서 주장한 바와 같이 일반인으로서는 접근하기 어려운 정보 및 전문성이 있어야만 가능하고, 쟁점부실채권회수이익은 일반적인 채권보유 가치변동이나 시장경제 상황변동으로 증가한 것이라기보다는 사업의 일부로 채권을 취득하여 청구인의 내부정보력과 노하우를 이용하여 실현한 것이므로 사업성이 있다고 보아야 할 것이다.

(나) 중복조사와 세무조사권 남용금지 여부

1) 조사 당시 청구인의 개인 통합조사가 진행된 바 없고, 청구외법인의 대표이사로서 관련인 조사이었다. 세무조사 착수시 OOO㈜와 OOO㈜ 등과 같이 청구인 개인 명의로 취득한 OOO과 법인 명의로 취득한 OOO이 혼재되어 있었고 조사자들도 모두 법인서류로 알고 대표이사인 청구인의 일시보관 동의를 받아 조사팀 사무실로 가져와서 세무조사를 하였던 바, 조사과정에서

확인된 청구인의 계좌입출금내역을 보면 수백억원의 입출금액이 청구외법인에서 청구인으로, 청구인에서 청구외법인으로 수없이 이체되어 청구외법인 계좌와 청구인 계좌 간의 구분이 명확하지 않았으며, 청구외법인 사무실에는 청구인과 공인회계사 1명, 경리여직원 1명이 근무하였는데 이들이 청구인 개인의 채권매매업무도 함께 수행하였다고 보는 것이 타당하다.

2) 청구인의 주장과 같이 조사 당시 쟁점부실채권회수이익이 개인의 종합소득세로 과세하기 어려워 법인세로 과세한 것이 아니라 청구외법인의 실질적인 소유자가 OOO의 사주 일가인 바, 거래 형식은 청구인 개인이나 실질은 OOO 사주 OOO와 법인 간의 거래로 보아야 하므로 법인 수익으로 과세한 것이다. 청구외법인의 관련인을 OOO청에 조세포탈로 고발한 후 1년이 넘어 증거불충분으로 무혐의 결정이 났으나 고발 쟁점 중 객관적인 증거자료에 의해 법인의 행위가 명백한 부분에 대하여는 조세포탈로 처벌되었다.

3) 청구외법인의 심판청구 인용결정과 관련하여, 쟁점부실채권회수이익이 청구외법인이 아닌 청구인 개인에게 귀속된다는 결정일 뿐 소득세나 사업성 여부에 대한 공적인 견해표명이 없었는 바, 이는 사업성 판단의 근거가 될 수 없고 창출된 이익에 대한 과세쟁점의 여지가 충분하였던 사안으로 조사청의 과세자료 파생은 정당하며, 처분청은 파생된 과세자료를 충분한 논의를 거쳐 조사청에 과세자문을 거쳐 결정한 사항으로 중복조사 및 조사권 남용에 해당하지 않는다.

(다) 비영업대금의 이자소득과 부실채권 회수이익의 사업소득 구분
1) 부실채권 회수이익의 사업소득과 비영업대금의 이자수익은 소

득세법상 그 소득의 종류가 구분되어 있어 그 채권의 취득 및 보유상황과 회수가능성, 거래상대방에 비추어 소득의 종류를 구분해서 결정할 사안인 바, 일괄적으로 부실채권 회수에 의한 사업소득이나 비영업대금의 이자소득으로 결정할 사안이 아니다. 일반적으로 금융기관의 부실채권은 대출금의 연체기간이 3개월 이상으로 대출자의 신용상태가 이미 악화되어 채권회수에 상당하거나 심각한 위험이 발생된 것으로 판단되는 채권이고 이러한 채권매매 등을 통해 창출된 이익을 부실채권 회수이익으로 볼 수 있는 반면, 「소득세법」상 비영업대금의 이익이란 금전대여를 사업목적으로 하지 않는 자가 일시적·우발적으로 금전을 대여함에 따라 지급받는 이자 또는 수수료 등을 말하는 것으로 일반적으로 금전의 대여는 회수가능성이 보장된 금전소비대차 거래에서 발생한다.

2) 청구인은 2010~2012년 과세기간 동안 2건의 부실채권회수이익만 발생하였다고 주장하나, 청구인의 종합소득세 신고내역을 보면 이후 2013년 귀속 ㈜OOO에 대한 OOO원, 2014년 귀속 OOO과 ㈜OOO에 대한 OOO원을 비영업대금의 이자소득으로 신고한 바 있으며, 쟁점부실채권회수이익 외에 금융 관련 투자 및 회수내역은 다음과 같다.

위 종합소득세 신고내용 중 ㈜OOO 관련 OOO원의 비영업대금의 이자소득에 대하여 살펴보면, 2012.7.5. ㈜OOO(청구인이 대표자)는 ㈜OOO 외 1에게 OOO 소재 토지를 담보로 OOO원의 투자계약을 체결하였고, 이후 추가지급액 OOO원을 합한 OOO원을 OOO(직원 OOO의 처) 명의로 ㈜OOO와 금전소비대차로 전환하였으며, ㈜OOO가 약정일까지 상환하지 못하자 2013.12.20. 담보부동산을 공매 의뢰하여 1순위 수익권자인

○○○이 2013년 ○○○원을 배당받았다. 공매된 담보부동산의 낙찰자는 청구인이 실질운영자로 주장하고 있는 ㈜○○○[㈜○○○에서 상호 변경]이며, 낙찰 받은 토지는 ○○○ 인근부지로 시장성이 상당한바, 동 부지에 라마다 정선호텔을 신축하여 분양 및 임대수입을 창출하였다.

청구인은 개인의 일시적·우발적 부실채권 회수이익이 비과세되는 점을 이용하여 ㈜○○○와 거래를 제3자인 ○○○로 명의신탁하여 가장거래를 하려 하였으나 조사과정에서 확인되자 이를 비영업대금의 이자소득으로 2016. 4. 30. 수정신고한 것으로, 그 거래의 실질을 보면 자금력이 없는 법인 소유의 부동산이 담보된 우선수익증권에 투자하여 미상환하자 관련 부동산을 낙찰 받아 관광호텔을 신축하여 분양 및 임대수입을 창출한 전형적인 부실채권회수이익이다.

(2) 청구인이 예비적 청구로 주장하는 ○○○㈜, ㈜○○○, ○○○ ㈜○○○ 회장 관련내용은 일체의 거래증빙이나 사실관계가 명료하게 제시되지 않고 있어 그 거래의 실질이 비영업대금의 이익(이자소득)인지 부실채권회수이익(사업소득)인지 구분이 불분명한 바, 그 채권의 취득 및 보유상황과 회수가능성, 거래 상대방 등에 비추어 소득의 종류를 구분하여 결정할 사항이다. 다만, ㈜○○○ 관련 거래는 조사 당시 확인된 자료 등에 의해 거래의 실질이 부실채권회수이익에 해당하므로 청구인의 사업성 판단기준이 되는 부실채권 거래 횟수와 규모에 산입하는 것이 타당하다.

(가) 청구인이 제출한 ○○○의 자금대여 관련 차용증을 보면, 3회에 걸쳐 차용기간 동안 월 ○○○% 이율로 대여한 것으로 나타나는바, 청구인은 ㈜○○○의 사채를 담보로 제공하였다고 주장하나 신주인수권증권 매매계약 내용을 보면 분리형 신주인수권부사채 중

사채와 분리된 신주인수권을 OOO원에 각 매매한 것으로 이는 차용증과 별도의 계약이며, 또한 차용증상 자금대여자 및 계약당사자는 청구인이 아닌 OOO으로 나타나는바 이를 청구인의 대여금으로 볼 수 없고, 신주인수권 미행사 외에 대여금의 회수관련 사항은 확인되지 아니한다.

(나) OOO㈜와의 금전소비대차약정서의 내용을 살펴보면, 청구인이 2012.11.19. OOO㈜에게 OOO원을 2개월간 월 OOO% 고율의 이자로 대여한다는 내용으로, 이와 같이 청구인이 OOO㈜가 수령할 국세환급금 OOO원을 담보로 대여한 것은 통상 경정청구의 법적 처리기한 2개월임을 감안하고 이를 약정기일로 하여 2개월 내에 투자금액을 회수할 수 있는 판단하에 체결한 것으로 보이는바 이는 일반적인 금전대여가 아닌 고위험 단기금융투자행위로 보인다. 청구인은 2013.10.15. 체결한 합의각서에 의해 회수한 OOO원만을 제시하면서 나머지 금액의 투자손실을 필요경비로 인정하여야 한다고 주장하나 연대보증 등에 의해 확인되지 않는 추가 회수가능성에 대해 추가적인 확인이 필요하며, 설사 동 계약과 관련하여 실제 원금손실이 인정된다 하더라도 공정증서 제8조에 보증채무기간을 3년으로 명시되어 있어 보증채무기간이 경과한 시점에 대손 및 필요경비 인정여부를 검토하여야 할 것이다.

3. 심리 및 판단
가. 쟁 점
① (주위적 청구) 쟁점 부실채권 회수이익을 사업소득으로 보아 종합소득세를 과세한 처분의 당부

② (예비적 청구) 비영업대금 이익 발생분도 사업성 있는 거래횟수에 포함할 경우 해당 대여원금 손실금액을 필요경비에 산입하여야 한다는 청구주장의 당부

나. 관련 법령

(1) 소득세법

제3조(과세소득의 범위) ① 거주자에게는 이 법에서 규정하는 모든 소득에 대해서 과세한다.(단서 생략)

제4조(소득의 구분) ① 거주자의 소득은 다음 각 호와 같이 구분한다.

1. 종합소득

    이 법에 따라 과세되는 모든 소득에서 제2호 및 제3호에 따른 소득을 제외한 소득으로서 다음 각 목의 소득을 합산한 것

    가. 이자소득

    나. 배당소득

    다. 사업소득

    라. 근로소득

    마. 연금소득

    바. 기타소득

2. 퇴직소득
3. 양도소득

제16조(이자소득) ① 이자소득은 해당 과세기간에 발생한 다음 각 호의 소득으로 한다.

11. 비영업대금(非營業貸金)의 이익
12. 제1호부터 제11호까지의 소득과 유사한 소득으로서 금전 사용에 따른 대가로서의 성격이 있는 것

제19조(사업소득) ① 사업소득은 해당 과세기간에 발생한 다음 각 호의 소득으로 한다.

11. 금융 및 보험업에서 발생하는 소득
20. 제1호부터 제19호까지의 규정에 따른 소득과 유사한 소득으로서

영리를 목적으로 자기의 계산과 책임 하에 계속적·반복적으로 행하는 활동을 통하여 얻는 소득

② 사업소득금액은 해당 과세기간의 총수입금액에서 이에 사용된 필요경비를 공제한 금액으로 하며, 필요경비가 총수입금액을 초과하는 경우 그 초과하는 금액을 "결손금"이라 한다.

③ 제1항 각 호에 따른 사업의 범위에 관하여는 이 법에 특별한 규정이 있는 경우 외에는 「통계법」제22조에 따라 통계청장이 고시하는 한국표준산업분류에 따르고, 그 밖의 사업소득의 범위에 관하여 필요한 사항은 대통령령으로 정한다.

(2) 소득세법 시행령

제26조(이자소득의 범위) ③ 법 제16조 제1항 제11호에 따른 비영업대금(非營業貸金)의 이익은 금전의 대여를 사업목적으로 하지 아니하는 자가 일시적·우발적으로 금전을 대여함에 따라 지급받는 이자 또는 수수료 등으로 한다.

제51조(총수입금액의 계산) ⑦ 법 제16조 제1항 제11호에 따른 비영업대금의 이익의 총수입금액을 계산할 때 해당 과세기간에 발생한 비영업대금의 이익에 대하여 법 제70조에 따른 과세표준확정신고 전에 해당 비영업대금이 「법인세법 시행령」제19조의2 제1항 제8호에 따른 채권에 해당하여 채무자 또는 제3자로부터 원금 및 이자의 전부 또는 일부를 회수할 수 없는 경우에는 회수한 금액에서 원금을 먼저 차감하여 계산한다. 이 경우 회수한 금액이 원금에 미달하는 때에는 총수입금액은 이를 없는 것으로 한다.

(3) 국세기본법

제81조의4(세무조사권 남용 금지) ① 세무공무원은 적정하고 공평한

과세를 실현하기 위하여 필요한 최소한의 범위에서 세무조사를 하여야 하며, 다른 목적 등을 위하여 조사권을 남용해서는 아니 된다.

② 세무공무원은 다음 각 호의 어느 하나에 해당하는 경우가 아니면 같은세목 및 같은 과세기간에 대하여 재조사를 할 수 없다.
1. 조세탈루의 혐의를 인정할 만한 명백한 자료가 있는 경우
2. 거래상대방에 대한 조사가 필요한 경우
3. 2개 이상의 과세기간과 관련하여 잘못이 있는 경우
4. 제65조 제1항 제3호 단서(제66조 제6항과 제81조에서 준용하는 경우를 포함한다) 또는 제81조의15 제4항 제2호 단서에 따른 재조사 결정에 따라 조사를 하는 경우(결정서 주문에 기재된 범위의 조사에 한정한다)
5. 납세자가 세무공무원에게 직무와 관련하여 금품을 제공하거나 금품제공을 알선한 경우
6. 제81조의11제3항에 따른 부분조사를 실시한 후 해당 조사에 포함되지 아니한 부분에 대하여 조사하는 경우
7. 그 밖에 제1호부터 제6호까지와 유사한 경우로서 대통령령으로 정하는 경우

다. 사실관계 및 판단
(1) 청구인 및 처분청이 제시한 심리자료에 의하면 다음과 같은 내용이 나타난다.

(가) 청구인은 1983년부터 2001년까지 OOO(현재 OOO으로 1992.2.21. OOO에 편입)에서 근무하였고, 2002년부터 OOO이 2008년 3월 OOO에 매각될 때까지 OOO에서 자산운영업무를 담당하고 OOO(주)에서 2008년부터 2009년까지 재무본부장으로

근무한 후에 OOO 재무본부에서 계열사인 OOO이 워크아웃될 때까지 근무하였다.

(나) 청구외법인은 2009.9.25. 설립되었고, 사업자등록증상 업종은 서비스, 건설, 부동산/경영컨설팅, 주택건설·분양공급, 부동산개발업으로, 법인등기부등본상의 목적사업은 토목업, 건축공사업, 주택건설 및 분양공급업, 부동산매매 및 임대업, 경영컨설팅, 기업 M&A 및 투자업 등으로 기재되어 있으며, 자본금은 OOO원이고, 설립 당시 OOO OOO원, OOO OOO원, OOO OOO원을 각각 출자하였고, 2010.3.24. 청구인이 OOO의 주식을 양수한 것으로 나타난다.

(다) 청구인이 쟁점부실채권의 인수 및 회수 경위는 다음과 같다.

1) 2010.2.8. OOO 계열사 ㈜OOO는 자신이 소유하고 있던 OOO 계열사 ㈜OOO에 대한 부실채권 OOO원, ㈜OOO에 대한 부실채권 OOO원을 양도가액 OOO원에 OOO에게 양도하였으며, OOO은 2010.5.27. ㈜OOO에 대한 부실채권 OOO원 중 OOO원을 제외한 OOO원을 양도가액 OOO원에 청구인에게 양도하였다

2) 2010.2.9. OOO 계열사 ㈜OOO은 자신이 소유하고 있던 ㈜OOO에 대한 부실채권 OOO원, ㈜OOO에 대한 부실채권 OOO원을 양도가액 OOO원에 OOO(실행위자는 OOO)에게 양도하였으며, OOO은 2011.4.27. ㈜OOO에 대한 부실채권 OOO원 중 OOO원을 양도가액 OOO원에 청구인에게 양도하였다.

3) 이후 청구인은 OOO으로부터 OOO원에 취득한 ㈜OOO에 대한 부실채권으로 2010.5.31.부터 2012.2.24.까지 5회에 걸쳐OOO원을 회수하였고, OOO으로부터 OOO원에 취득한 ㈜OOO에 대한 부실채권으로 2012.2.20., 2012.6.8. 2회에 걸쳐 OOO원을 회수하였다

(총 OOO원 회수).

(라) 조사청이 청구외법인에 대하여 법인통합조사를 실시한 결과, 쟁점부실채권회수이익을 청구외법인의 수입금액 누락으로 보아 2010~2012사업연도 익금산입[대표자(청구인) 상여처분]하여 청구외법인에게 법인세를 과세하였고, 청구외법인 및 청구인을 「조세범처벌법」위반 등의 혐의로 고발하였는바, OOO청(2015년 OOO 2015.7.28.)은 청구인에 대하여 2010~2012사업연도 OOO 및 OOO에 대한 채권상환이익은 OOO 진술, 금전소비대차계약서, 부동산매매계약서, 채권양수도계약서, 관련 회계자료 및 금융거래내역 등에 의거 피의사실을 인정할 만한 증거를 발견할 수 없다는 이유로 무혐의(증거불충분)로 불기소 결정하였다.

(마) 청구외법인이 조사결과에 불복하여 심판청구를 제기한 결과, 조세심판원은 쟁점부실채권회수이익의 귀속자를 청구외법인이 아닌 청구인으로 보아 쟁점부실채권회수이익을 청구외법인의 익금에서 제외하도록 결정(조심2014서4432, 2015.11.30.)하였으며, 이에 따라 조사청은 쟁점부실채권회수이익을 청구인의 사업소득으로 보아 과세자료를 통보하였고, 처분청은 이에 따라 청구인에게 종합소득세 2010년 귀속분 OOO원을 각 경정·고지하였다.

(바) 청구인의 소득현황 및 사업이력은 다음과 같다.

(사) 청구인은 청구외법인이 2009.9.25. 개업한 후 건설·주택건설, 분양공급·부동산개발, 서비스·컨설팅을 주된 사업으로 하여 2010사업연도 OOO원을 수입금액으로 신고하였고, 쟁점부실채권회수이익은 주된 수입금액에 해당하지 아니하여 영업외 수입금액으로 신고하는 등 부실채권회수 관련업이 청구외법인의 주된 사업이라는 처분청의 의견은 타당하지 아니하다고 주장하였다.

(아) 처분청은 청구인이 2012~2014년 기간 동안 쟁점부실채권을 포함하여 투자횟수 OOO원에 달하는 등 금융업과 유사한 투자 및 회수를 위한 사업활동을 하였다는 의견이다.

(자) 청구인은 처분청이 비영업대금 이익발생분도 거래횟수에 합산하여 쟁점부실채권회수이익을 사업소득으로 본다면, 해당 비영업대금 이익발생분의 대여원금 손실금액(OOO·OOO에 대한 자금대여 관련 합계 OOO원)을 필요경비에 산입하여야 한다는 청구주장에 대한 증빙으로, OOO에 대한 자금대여OOO와 관련하여 차용증, 양도담보용 ㈜OOO 사채권증서, 담보제공동의서, 차용증(2013.10.17. OOO원), ㈜OOO 신주인수권 증권매매계약서, 차용증(2013.10.30. OOO원)과 주주회원권증서, 일람출급 어음공정증서(2013.10.17. 지급금액 OOO원) 및 OOO㈜에 대한 자금대여OOO와 관련하여 금전소비대차계약서(2012.11.19. 공증증서), 국세환급금 OOO원에 대한 사실확인서(OOO), 금전공탁통지서(OOO), OOO의 공탁금 출급청구권자 확인소송의 소장, 합의각서(2013.10.15. 각서인 : 청구인) 및 소취하서 (2013.11.7. OOO) 등을 제출하였다.

(2) 이상의 사실관계 및 관련 법령 등을 종합하여 먼저, 쟁점①에 대하여 살피건대, 처분청은 청구인이 쟁점부실채권 거래를 포함하여 다수의 유사한 투자 및 회수활동을 하였고 거래규모도 상당하였으므로 이는 사회통념상 일시적·단발적 투자가 아니라 사실상 수익을 목적으로 계속·반복적 사업활동(채권매매업)에 해당한다는 의견이나, 부실채권 매매를 업으로 하지 아니하는 개인이 「민법」상 채권양도의 방식으로 부실채권을 매수하였다가 매각함에 따라 발생한 처분이익은 과세대상 소득에 해당하지 아니하는 바(기획재정부 소

득세제과-271, 2006.4.11.), 청구인은 1과세기간 중에 1건[총 2 과세 연도 2건(2010년 1건, 2011년 1건)]의 "회수가능성이 매우 낮은 쟁점 부실채권을 매입"하였고 청구외 법인 등의 대표이사로 재직하면서 근로소득이 계속 발생하고 있어서 쟁점 부실채권 회수이익을 계속·반복적 사업 활동으로 얻은 이익으로 보기 어려운 점, 청구인이 채권매매업이나 금융업 등을 대외적으로 표방하거나 해당 사업을 영위하기 위한 인적·물적 시설을 갖추고 있지도 아니한 점, 당초 처분청이 쟁점 부실채권 회수이익을 청구외 법인의 수입금액으로 보아 법인세를 과세한 처분에 대한 심판청구 결과 쟁점 부실채권 회수이익 이외의 다른 부실채권 회수이익[㈜OOO 및 ㈜OOO 관련 부실채권 회수이익]은 청구외 법인의 소득으로, 쟁점 부실채권 회수이익은 청구인의 소득으로 명확히 구분하였을 뿐이지 쟁점부실채권회수이익을 사업소득으로 판단한 것은 아니라 할 것인 점(조심 2014서4432, 2015.11.30. 참조), 청구인이 전문적인 식견과 정보를 가지고 단발적인 투자활동을 하였다는 것이 사업성 여부를 판단하는 기준이 될 수는 없는 점, 「소득세법」상 이자소득과 사업소득은 그 성격·내용이 구분되어 있어 처분청이 ㈜OOO, OOO에 대한 자금대여 거래와 관련한 비영업대금의 이익과 애초 수익성이 있다고 보기 어려운 쟁점 부실채권 매매로 얻은 이익을 동일시하면서 쟁점 부실채권 거래의 계속성과 반복성, 즉 사업성을 판단한 것은 불합리해 보이는 점 등에 비추어 쟁점 부실채권 회수이익은 계속·반복적인 사업소득이라기보다는 일시적·우발적으로 발생한 채권 매매차익으로 보는 것이 타당하다.

따라서, 처분청이 쟁점부실채권회수이익을 채권매매업이나 금융업 활동으로 얻은 사업소득으로 보아 청구인에게 종합소득세를 과세한 이 건 처분은 잘못이 있는 것으로 판단된다.

(3) 다음으로, 쟁점②는 쟁점①의 청구주장이 받아들여져 심리의 실익이 없으므로 그 심리를 생략한다.

4. 결론

이 건 심판청구는 심리결과 청구주장이 이유 있으므로「국세기본법」제81조 및 제65조 제1항 제3호에 의하여 주문과 같이 결정한다.

NPL 투자 시 업으로 하지 않은 NPL 원금할인 배당(매매)차익은 비과세된다

원금할인 차익은 채권을 양도인으로부터 할인받아 양수한 다음 양수금액 이상을 배당받아 할인차익을 얻는 것을 말한다. 과거에는 개인 또는 일반 법인이 원금할인 부분에서 발생하는 '원금 할인차익'은 업으로 하지 않은 경우 사업소득으로 열거되지 아니하여 비과세 되었다.

예를 들어 당초 원금이 1억 원인 NPL 중 원금 1백만 원을 할인해서 9천 9백만 원으로 취득한 다음 양수인이 1억 원을 배당받으면 원금 할인차익은 1백만 원인데(1억 원 − 9천 9백만 원), 동 1백만 원의 원금할인 매매차익에 대해서는 세금을 부과하지 않는다.

서울고등법원 2007.8.28. 선고 2007누4256호 판결에 따르면, 개인이 부실채권 매매를 업으로 하지 않은 경우 'NPL 원금할인 매매차익'에 대해 비과세 한다고 결정했다.

06. NPL 원금할인 차익 6억2천만 원에 대해 비과세를 인정했다 (2010.07.16 국세청 소득세과-815호 질의회신 사례)

27억 원의 채권을 6억8천만 원을 지불하고 할인양수 후 13억 원을 배당받아 약 6억2천만 원의 원금 할인차익에 대해 비과세했다.

[제 목]
부동산 담보물권이 설정된 채권에서 발생한 경락차익의 과세 여부

[요 지]
부실채권 매매를 업으로 하지 아니하는 개인이 부실채권을 매수하였다가 매각함에 따라 발생한 처분이익은 과세대상 소득에 해당되지 않는 것이나, 실질에 있어 당해 거래가 금전소비대차에 해당되는 것이면 동 금전소비대차로 인하여 발생한 이익은 이자소득에 해당됨.

[회 신]
귀 질의의 경우, 부동산 담보물권(근저당)이 설정된 채권을 매입한 후 해당 담보물권이 설정된 부동산의 경락결과 발생한 차익의 소득세 과세대상 해당 여부에 대해서는 기존 해석사례(기획재정부 소득세제과-271, 2006.04.11)를 참조하시기 바랍니다.

- **기획재정부 소득세제과-271, 2006.04.11.**
  부실채권 매매를 업으로 하지 아니하는 개인이 민법상 채권양도의 방식으로 부실채권을 매수하였다가 매각함에 따라 발생한 처분이익은 과세대상 소득에 해당되지 않는 것이나, 상기 개인이 민법상 채권양도의 방

식으로 외형상으로 부실채권을 매수했으나 실질에 있어 당해 거래가 금전소비대차에 해당되는 것이면 동 금전소비대차로 인하여 발생한 이익은 이자소득에 해당됨. 다만, 귀 질의의 경우 소득구분은 부실채권의 매매방식이 민법상 채권양도에 해당하는지 여부, 부실채권 매수의 실질이 금전소비대차에 해당하는지 여부 등을 사실판단하여 결정할 사항임.

[관련법령]

소득세법 제16조【이자소득】소득세법 제21조【기타소득】

1. 질의내용 요약

○ 사실관계

○ 양수인 갑은 부동산 담보물권이 설정된 채권을 매입하였고
- 이후 담보 설정된 부동산이 법원에 의해 임의경매 되어 갑은 경락결과 당초 채권 매입액에 비해 차익을 얻었음

○ 갑은 개인으로서 부실채권을 매입하여 경락받은 경우는 처음이며 부실채권매매를 업으로 하고 있지 아니함

○ 부동산 담보물권이 설정된 채권 매입 및 경락과정은 아래와 같음
- 부동산 개황
  - 소유주 : ○○(주)
  - 제 3순위 채권자인 △△은행에 의해 경매 진행
  - 감정평가액 : 2,183,564,160원
  - 1차 경매일 : 2008. 04. 10. 유찰
  - 2차 경매일 : 2008. 05. 15.
- 근저당권이 설정된 채권의 양도・양수
  - 갑은 2008.05.14.일 △△은행에 680,000,000원을 지급하고 동 은행이 보유한 채권을 양수함

- 채권최고액 : 4,050,000,000원(채권액 2,700,000,000원)
- 근저당권 등록세 지출액 : 20,000,000원
- 경매낙찰 관련
  - 경매일 : 2008.07.24.(배당계산일 : 2008.09.11.)
  - 낙찰자 : 갑
  - 낙찰금액 : 2,400,500,000원
- 근저당 채권 매입 및 경락에 따른 차익 계산

갑에 대한 배당금액	1,322,983,917원
근저당권 채권 매입액	680,000,000원
근저당권 등록세 지출액	20,000,000원
차 익	622,983,917원

○ **질의내용**
 − 개인인 거주자가 부동산 담보물권이 설정된 채권을 매입한 후 해당 담보물권이 설정된 부동산의 경락결과 발생한 차익이 소득세 과세 대상에 해당하는지 여부 및 그 소득구분

2. 질의내용에 대한 자료
가. 관련 조세법령(법률, 시행령, 시행규칙, 기본통칙)
○ **소득세법 제16조【이자소득】**
① 이자소득은 해당 과세기간에 발생한 다음 각 호의 소득으로 한다.
1. 국가나 지방자치단체가 발행한 채권 또는 증권의 이자와 할인액
2. 내국법인이 발행한 채권 또는 증권의 이자와 할인액
3. 국내에서 받는 예금(적금·부금·예탁금 및 우편대체를 포함한다. 이하 같다)의 이자
4. 「상호저축은행법」에 따른 신용계(信用契) 또는 신용부금으로 인한 이익

5. 외국법인의 국내지점 또는 국내영업소에서 발행한 채권 또는 증권의 이자와 할인액
6. 외국법인이 발행한 채권 또는 증권의 이자와 할인액
7. 국외에서 받는 예금의 이자
8. 대통령령으로 정하는 채권 또는 증권의 환매조건부 매매차익
9. 대통령령으로 정하는 저축성보험의 보험차익
10. 대통령령으로 정하는 직장공제회 초과반환금
11. 비영업대금(非營業貸金)의 이익
12. 제1호부터 제11호까지의 소득과 유사한 소득으로서 금전 사용에 따른 대가로서의 성격이 있는 것

○ 소득세법 제21조【기타소득】

① 기타소득은 이자소득ㆍ배당소득ㆍ사업소득ㆍ근로소득ㆍ연금소득ㆍ퇴직소득 및 양도소득 외의 소득으로서 다음 각 호에서 규정하는 것으로 한다.
1. 상금, 현상금, 포상금, 보로금 또는 이에 준하는 금품
2. 복권, 경품권, 그 밖의 추첨권에 당첨되어 받는 금품
3. 「사행행위 등 규제 및 처벌특례법」에서 규정하는 행위에 참가하여 얻은 재산상의 이익
4. 「한국마사회법」에 따른 승마투표권(이하 "승마투표권"이라 한다), 「경륜ㆍ경정법」에 따른 승자투표권(이하 "승자투표권"이라 한다), 「전통소싸움경기에 관한 법률」에 따른 소싸움경기투표권(이하 "소싸움경기투표권"이라한다) 및 「국민체육진흥법」에 따른 체육진흥투표권(이하 "체육진흥투표권"이라 한다)의 구매자가 받는 환급금
5. 저작자 또는 실연자(實演者)ㆍ음반제작자ㆍ방송사업자 외의 자가 저작권 또는 저작인접권의 양도 또는 사용의 대가로 받는 금품

6. 다음 각 목의 자산 또는 권리의 양도·대여 또는 사용의 대가로 받는 금품
   가. 영화필름
   나. 라디오·텔레비전방송용 테이프 또는 필름
   다. 그 밖에 가목 및 나목과 유사한 것으로서 대통령령으로 정하는 것
7. 광업권·어업권·산업재산권·산업정보, 산업상 비밀, 상표권·영업권(대통령령으로 정하는 점포 임차권을 포함한다), 토사석(土砂石)의 채취허가에 따른 권리, 지하수의 개발·이용권, 그 밖에 이와 유사한 자산이나 권리를 양도하거나 대여하고 그 대가로 받는 금품
8. 물품 또는 장소를 일시적으로 대여하고 사용료로서 받는 금품
9. 지역권·지상권(지하 또는 공중에 설정된 권리를 포함한다)을 설정하거나 대여하고 받는 금품
10. 계약의 위약 또는 해약으로 인하여 받는 위약금과 배상금
11. 유실물의 습득 또는 매장물의 발견으로 인하여 보상금을 받거나 새로 소유권을 취득하는 경우 그 보상금 또는 자산
12. 소유자가 없는 물건의 점유로 소유권을 취득하는 자산
13. 거주자·비거주자 또는 법인과 대통령령으로 정하는 특수관계에 있는 자가 그 특수관계로 인하여 그 거주자·비거주자 또는 법인으로부터 받는 경제적 이익으로서 급여·배당 또는 증여로 보지 아니하는 금품
14. 슬롯머신(비디오게임을 포함한다) 및 투전기(投錢機), 그 밖에 이와 유사한 기구(이하 "슬롯머신등"이라 한다)를 이용하는 행위에 참가하여 받는 당첨금품·배당금품 또는 이에 준하는 금품(이하 "당첨금품등"이라 한다)
15. 문예·학술·미술·음악 또는 사진에 속하는 창작품(「신문 등

의 자유와 기능보장에 관한 법률」에 따른 정기간행물에 게재하는 삽화 및 만화와 우리나라의 창작품 또는 고전을 외국어로 번역하거나 국역하는 것을 포함한다)에 대한 원작자로서 받는 소득으로서 다음 각 목의 어느 하나에 해당하는 것

    가. 원고료

    나. 저작권사용료인 인세(印稅)

    다. 미술·음악 또는 사진에 속하는 창작품에 대하여 받는 대가

16. 재산권에 관한 알선 수수료
17. 사례금
18. 대통령령으로 정하는 소기업·소상공인 공제부금의 해지일시금
19. 다음 각 목의 어느 하나에 해당하는 인적용역(제15호부터 제17호까지의 규정을 적용받는 용역은 제외한다)을 일시적으로 제공하고 받는 대가

    가. 고용관계 없이 다수인에게 강연을 하고 강연료 등 대가를 받는 용역

    나. 라디오·텔레비전방송 등을 통하여 해설·계몽 또는 연기의 심사 등을 하고 보수 또는 이와 유사한 성질의 대가를 받는 용역

    다. 변호사, 공인회계사, 세무사, 건축사, 측량사, 변리사, 그 밖에 전문적 지식 또는 특별한 기능을 가진 자가 그 지식 또는 기능을 활용하여 보수 또는 그 밖의 대가를 받고 제공하는 용역

    라. 그 밖에 고용관계 없이 수당 또는 이와 유사한 성질의 대가를 받고 제공하는 용역

20. 「법인세법」 제67조에 따라 기타소득으로 처분된 소득
21. 「조세특례제한법」 제86조의 2에 따른 연금저축의 해지일시금(납

입계약기간 만료 후 연금 외의 형태로 받는 금액을 포함한다)
22. 퇴직 전에 부여받은 주식매수선택권을 퇴직 후에 행사하거나 고용관계 없이 주식매수선택권을 부여받아 이를 행사함으로써 얻는 이익
23. 뇌물
24. 알선수재 및 배임수재에 의하여 받는 금품
25. 대통령령으로 정하는 서화(書畵)·골동품의 양도로 발생하는 소득

나. 관련 예규(예규, 해석사례, 심사, 심판, 판례)

○ 재소득-271, 2006.04.11.

부실채권 매매를 업으로 하지 아니하는 개인이 민법상 채권양도의 방식으로 부실채권을 매수하였다가 매각함에 따라 발생한 처분이익은 과세 대상소득에 해당되지 않는다(서울고법 2007누4256, 2007.08.28.판결). 그러나 상기 개인이 민법상 채권양도의 방식으로 외형상으로 부실채권을 매수했으나, 실질에 있어 당해 거래가 금전소비대차에 해당되는 것이면 동 금전소비대차로 인하여 발생한 이익은 이자소득에 해당됨. 다만, 귀 질의의 경우 소득 구분은 부실채권의 매매방식이 민법상 채권양도에 해당하는지 여부, 부실채권 매수의 실질이 금전소비대차에 해당하는지 여부 등을 사실판단하여 결정할 사항임

○ 서면1팀-1130, 2005.09.27.(자체회신)

소득세법상 거주자가 일시적으로 매입한 부실채권을 매각하거나 경락으로 인하여발생한 차익은 동법상 과세대상 소득에 해당하지 않는 것이나, 사업자가 사업의 일부로 채권을 매매하였거나 사업과 관련된 경우는 사업소득에 해당하는 것임

○ 재소득 46073-132, 2002.09.27.
소득세법상의 거주자가 일시적으로 매입한 채권을 매각하거나 경락으로 인하여 발생한 차익은 동법상 과세대상 소득에 해당되지 않는 것임. 다만, 사업자가 사업의 일부로 채권을 매매하였거나 사업과 관련된 경우는 사업소득에 해당함

07 서울고등법원도 원금 할인차익 1억1천만 원에 대해 비과세된다고 판시했다(2007. 8. 28 서울고등법원 2007누4256)

부실채권 매매를 업으로 하지 아니하는 개인이 민법상 채권양도의 방식으로 부실채권을 매수하였다가 매각함에 따라 발생한 처분이익(총 1억3천만 원 = 원금 할인차익 1억1천만 원 + 지연손해금 2천만 원)은 과세대상 소득에 해당하지 아니한다고 판시했다.

[제 목]
부실채권 담보부동산 경락대금에 포함된 이자에 대하여 과세할 수 있는지 여부

[요 지]
부실채권매매를 업으로 하지 아니하는 개인이 민법상 채권양도의 방식으로 부실채권을 매수하였다가 매각함에 따라 발생한 처분이익은 과세 대상 소득에 해당되지 아니함

[회신]

[관련법령]
국세기본법 제14조(실질과세)

소득세법 제16조(이자소득)

[서울고등법원2007누4256 (2007.08.28)]

[주 문]
1. 피고의 항소를 기각한다.
2. 항소비용은 피고가 부담한다.

[청구취지 및 항소취지]
1. 청구취지

피고가 2004. 12. 1. 원고에 대하여 한 2003년 귀속 종합소득세 43,178,110원의 부과처분을 취소한다.

2. 항소취지

제1심 판결을 취소한다. 원고의 청구를 기각한다.

[이 유]
이 법원의 판결이유는, 제1심 판결문의 기재와 같으므로, 행정소송법 제8조 제2항, 민사소송법 제420조 본문에 의하여 이를 그대로 인용한다.

그렇다면 이와 결론을 같이 한 제1심 판결은 정당하므로 피고의 항소는 이유 없어 이를 기각하기로 하여 주문과 같이 판결한다.

[서울행정법원 2006구합32702(2007.1.10)]

[주 문]
1. 피고가 2004. 12. 1. 원고에 대하여 한 2003년 귀속 종합소득세 43,178,110원의 부과처분을 취소한다.
2. 소송비용은 피고가 부담한다.

[청구취지]
주문과 같다.

[이 유]

1. 처분의 경위

가. 원고는 2003. 10. 10. ○○시 ○○구 ○○동 ○○번지 전 263㎡(이하 '이 사건 토지'라 한다)에 관한 대구지방법원 98타경143112 부동산임의경매 사건에서 근저당권자로서 220,676,711원을 배당받았다.

나. 피고는 2004. 12. 1., 원고의 위 배당금 220,676,711원에서 배당표상 채권원금으로 기재된 9,000만원을 차감한 금액인 130,676,711원은 소득세법 제16조 제1항 제12호 소정의 비영업대금 이자소득에 해당하여 원고가 이에 대한 종합소득세 신고를 하여야 함에도 이를 누락하였다고 보아 원고에 대하여 2003년 귀속 종합소득세 43,178,110원을 결정, 고지하였다(이하 '이 사건 부과처분'이라 한다).

[인정근거] 다툼 없는 사실, 갑2호증의 1 내지 3, 을1호증의 1 내지 3의 각 기재, 변론 전체의 취지

2. 이 사건 부과처분의 적법 여부

가. 당사자의 주장

피고가 위 처분사유와 관계 법령을 들어 이 사건 부과처분이 적법하다고 주장함에 대하여 원고는, ○○은행이 주식회사 ○○에게 2억원을 대출해 주면서 백○○ 소유의 이 사건 토지에 관하여 채권최고액 2억 6,000만원의 근저당권을 설정받았으나, ○○은행이 파산으로 퇴출되는 과정에서 위 대출금채권 및 근저당권에 대한 일체의 지위가 성업공사, 유동화전문회사인 ○○, 원고에게로 순차 양도되었는바, 원고가 이 사건 토지의 임의경매로 인하여 수령한 배당금 중 배당표에 이자로 표시된 130,676,711원은 채권의 매매차익이지 금전소비대차로 발생한 이자가 아니므로 소득세법상 열거된 과세대상 소득에 해당되지 아니함에도 이와 달리 보고 한 이 사건 부과처분은 위법하다고 주장한다.

나. 관계법령

○ **소득세법 제16조 【이자소득】**

① 이자소득은 당해연도에 발생한 다음 각호의 소득으로 한다.

1. 국가 또는 지방자치단체가 발행한 채권 또는 증권의 이자와 할인액
2. 내국법인이 발행한 채권 또는 증권의 이자와 할인액
3. 국내에서 받은 예금(적금·부금·예탁금과 우편대체를 포함한다. 이하 같다)의 이자와 할인액
4. 상호저축은행법에 의한 신용계(신용계) 또는 신용부금(신용부금)으로 인한 이익
5. 국내에서 받은 투자신탁(대통령령이 정하는 이자부 투자신탁을 말한다. 이하 이 조에서 같다)
6. 외국법인의 국내지점 또는 국내영업소에서 발행한 채권이나 증권의 이자와 할인액

7. 외국법인이 발행한 채권 또는 증권의 이자와 할인액
8. 국외에서 받은 예금의 이자와 투자신탁의 이익
9. 대통령령이 정하는 채권 또는 증권의 환매조건부매매차익
10. 대통령령이 정하는 저축성보험의 보험차익
11. 대통령령이 정하는 직장공제회초과반환금
12. 비영업대금의 이익
13. 제1호 내지 제12호의 소득과 유사한 소득으로서 금전의 사용에 따른 대가의 성격이 있는 것

② 이자소득금액은 당해연도의 총수입금액으로 한다.

③ 제1항 각호의 규정에 의한 이자소득 및 제2항의 규정에 의한 이자소득금액의 범위에 관하여 필요한 사항은 대통령령으로 정한다.

다. 인정사실

(1) ○○은행은 1997. 8. 8. 주식회사 ○○에게 2억원을 대출하면서 위 회사의 대표이사인 백○○ 소유의 이 사건 토지에 관하여 채권최고액을 2억 6,000만원으로 한 근저당권을 설정받았다.

(2) ○○은행이 1998. 6. 29. 부실금융기관으로 퇴출되면서 금융산업의 구조개선에 관한 법률 제14조 제2항에 의한 금융감독위원회의 계약이전결정에 따라 주식회사 ○○에 대하여 가지는 2억원의 대출금채권은 원금이 1억 5,000만원으로 감액되어 근저당권과 일체로 성업공사에 양도되었다.

(3) 성업공사는 2000. 11. 23. 이 사건 대출금채권의 원금을 9,000만원으로 감액하여 근저당권과 함께 유동화전문회사인 ○○에게 양도하였고, 위 유동화전문회사는 2002. 10. 29. 원고에게 이 사건 대출금채권 및 근저당권을 9,000만원에 양도하였다.

(4) 원고는 2003. 10. 10. 이 사건 토지에 관한 대구지방법원 98타경 143112 부동산 임의경매 사건에서 근저당권자로서 원금 명목으로 90,000,000원과 이자 명목으로 130,676,711원 합계 220,676,711원을 배당받았다.

[인정근거] 갑1호증의 1, 2, 갑3호증의 1 내지 3의 각 기재, 변론 전체의 취지

라. 판단

(1) 소득세법 제16조 제1항은 이자소득을 당해 연도에 발생한 다음 각 호의 소득으로 한다고 하면서, 제1호(국가 또는 지방자치단체가 발생한 채권 또는 증권의 이자와 할인액) 내지 제12호(비영업대금의 이익) 및 제13호(제1호 내지 제12호의 소득과 유사한 소득으로서 금전의 사용에 따른 대가의 성격이 있는 것)를 규정하고 있다. 따라서 소득세법상 이자소득이란 금전 등을 대여하고 받은 대가로 인하여 발생하는 소득에 해당하여야 할 것이다. 그런데 이 사건에서 원고가 경매절차를 통하여 이자 명목으로 배당받은 130,676,711원이 소득세법에서 말하는 이자소득의 실질을 갖추고 있는지에 관하여 살펴본다.

(2) 이 사건에 관하여 보건대, 위 인정사실에서 본 바와 같이

① 원고가 당초 대출 원금액이 2억원이었으나 그 후 채권의 회수가능성이 불확실해진 이 사건 근저당권부채권을 유동화전문회사로부터 9,000만원에 양수하였는바, 위 근저당권부채권은 유동화전문회사인 ○○가 자산보유자인 ○○은행 및 ○○공사로부터 양도받은 채권·부동산 기타의 재산권으로서 자산유동화에 관한 법률 제2조 제1호의 가. 및 제3호에서 말하는 유동화자산에 해당되므로 원고

와 위 유동화전문회사 사이의 양도계약의 실질은 일반적인 채권양도라기보다는 회수 여부 및 법위가 불명확한 근저당권부채권이라는 유동화자산에 관한 매매계약이라 할 것이어서 결과적으로 그 매매대금을 초과하는 이익이 발생하였다면 이는 회수불능의 위험을 부담한 매수 또는 투자에 대한 수익으로 보는 것이 사회통념상 타당하다고 보이는 점,

② 자산유동화에 관한 법률 제13조 제4호는 '유동화자산의 양수인은 양도된 자산에 관한 위험을 인수할 것'이라고 규정하고 있는바, 여기서의 '위험'에는 양도된 자산의 멸실, 훼손, 노후화 및 유동화자산의 가치하락위험 등이 포함된다고 해석되므로 유동화자산의 가치가 상승하는 경우 가치상승분 역시 유동화자산의 양수인에게 귀속함은 당연하다고 할 것인데, 유동화자산의 가치하락으로 인한 양수인의 손해를 '금전 기타 대체물의 사용의 대가로서 원금액과 사용기간에 비례하여 지급되는 금전 기타 대체물'인 '이자'의 상실로 볼 수 없는 것과 마찬가지로 유동화자산의 가치상승으로 인하여 양수인에게 발생하는 이익 또한 이자의 획득으로 볼 수 없는 점,

③ 유동화자산의 매매계약의 당사자인 유동화전문회사와 원고가 이 사건 대출금채권의 대금을 9,000만원에 결정하기에 이른 것은 이미 부실화되어 채무자로부터의 임의변제를 기대할 수 없게 된 위 대출금채권의 원금 및 이자의 획득가능성 그 자체에 대한 평가에 기초한 것이 아니라 위 매매계약 당시를 기준으로 하여 근저당권의 목적물인 이 사건 토지가 장차 경매과정에서 낙찰될 경우 그 평가액, 그로부터의 투자금액회수 및 장래수익창출 가능성 또는 위험성을 각자 나름대로 평가하여 그와 같은 금액에 관한 의사의 합치가 이루어진 것이고, 그 후 현실적으로 유동화자산 평가가치가

상승 또는 하락할 경우 그로 인한 이익 또는 손해는 원고가 부담하기로 하는 내용의 의사가 상호 합치하였다고 해석하는 것이 거래관념에 부합한다고 보이는 점,

④ 그러나 저당권이 우선변제를 받을 수 있는 범위가 원본, 이자, 위약금, 채무불이행으로 인한 손해배상, 저당권의 실행비용(민법 제360조)이므로 경매사건에서 근저당권자로서 배당절차에 참가하여야 하는 원고로서는 탕감된 채권원금 혹은 유동화자산의 매매대금을 초과하는 부분에 대하여는 기술적으로 이자 항목에 포함시켜 채권계산서를 작성, 제출할 수밖에 없고 배당법원은 근저당권자인 원고에게 채권계산서상 원금액을 초과하는 부분을 배당함에 있어 배당표상 이자로 기재할 수밖에 없는 점,

⑤ 소득세법 및 같은 법 시행령이 채권 또는 증권의 환매조건부 매매차익에 대해서만 이자소득으로 규정하고 있어 일반적인 채권의 매매차익은 이자소득으로 보지 않고 있는 점(소득세법 제16조 제1항 제9호, 같은 법 시행령 제24조 참조) 등을 종합하여 볼 때, 원고가 부동산저당채권을 유동화전문회사로부터 매수하여 그 부동산에 관한 경매절차에서 매매대금액을 초과하여 지급받은 배당금의 본질은 유동화자산에 대한 투자수익 또는 매매차익이라 할 것이지 소득세법 제16조 제1항 제12호 소정의 비영업대금으로서 이자소득에 해당된다고 볼 수는 없다(게다가, 경매사건의 배당절차에서 매각대금은 비용, 이자, 원본의 순서로 변제에 충당되는바, 만약 위 배당절차에서 원고가 유동화자산의 매매대금인 9,000만원에 미치지 못하는 배당을 받아 현실적으로 손실을 보았을 경우에도 피고의 주장대로라면 그 배당금액 전부가 이자소득으로 간주되어 그에 대하여 종합소득세를 과세하여야 하는 불합리한 결과에 이르게 될 것

인바, 이 점에 비추어 보더라도 배당금의 명목만을 보고 이자소득 여부를 판정할 것은 아니다).

따라서 원고의 배당금액 중 9,000만원을 초과한 부분을 소득세법상 비영업대금으로서의 이자소득으로 본 피고의 이 사건 부과처분은 위법하다.

3. 결론

그렇다면 원고의 이 사건 청구는 이유 있어 인용하기로 하여 주문과 같이 판결한다.

현재는 개인 또는 일반 법인이 금융기관으로부터 NPL을 할인양수 또는 할인 대위변제할 수 없다

현재는 제도가 변경되어 금감원 등록 대부법인이 아닌 개인 또는 일반 법인은 금융기관으로부터 채권양수가 금지되어 있어 원금할인 매매차익이 존재할 수 없게 되었다. 예외적으로 개인 채권자로 부터 채권할인 매입은 가능하고 이 경우 양수인의 원금할인 차익은 비과세 된다고 보아야 한다.

한편 개인 또는 일반 법인은 금융기관으로부터 대위변제로 NPL을 승계 취득할 수 있다. 그러나 채권의 할인 대위변제 제도는 없으므로 원금의 할인차익은 존재하지 않는다. 할인 대위변제를 한다면 이는 채권의 일부 대위변제에 불과하여 구상 대위권도 일부 행사로 제한되어 할인 차익이 발생할 여지가 없다.

09 NPL 투자 시 반복적으로 할인 매매차익을 업으로 얻을 경우 사업소득으로 본다

과거에 개인이 17건의 NPL을 할인매입 후 "할인 매매차익"을 얻은 것과 관련 조세심판원에서는 이를 "금융 유사소득으로서 사업소득"으로 보아 개인 NPL 투자자에게 종합소득세 부과처분을 했다(조세심판원 2014.12.9조심 2014서 3727호).

또한, 대법원 2005. 8.19. 선고 2003두 14505판결 및 조세심판원 2015.3.27. 조심 2014서5035호 종합소득세 부과사건에서 42건의 부실채권 매매차익 실현을 "사업소득"으로 보아 종합소득세를 부과했다.

소득세법 제19조제1항제11호에서 금융 및 보험업에서 발생하는 소득을 사업소득으로 규정하고 있고, 같은 항 제21호에서는 제1호부터 제20호까지의 규정에 따른 소득과 유사한 소득으로서 영리를 목적으로 자기의 계산과 책임으로 계속, 반복적인 활동으로 얻은 소득도 사업소득으로 규정하고 있다. 조세심판원은 "반복적인 부실채권 매매차익"을 제19조 제1항 제11호의 금융 유사소득으로서 사업소득이라고 판단했다.

10 법원도 개인이 19건의 부실채권 매입에 따른 소득을 사업소득으로 판결했다

개인이 19건의 채권매매업을 행하여 얻은 소득은 소득세법 열거된 사업소득에 해당한다. 개인 채권을 개인이 매입하여 수익을 얻는 것도 사업소득에 해당한다. 개인이 부실채권 매매업을 행하여 얻은 소득은 소득세법 제19조 제1항 제11호가 정한 '금융업'에 따른 소득과 유사한 소득에 해당하며, 거래 횟수와 기간에 비추어 수익을 목적으로 계속적·반복적으로 사업을 영위하였다고 봄이 타당하다.

사건	서울행정법원2015구합54964 종합소득세부과처분취소
원고	AAA
피고	BBB세무서장
변론종결	2015. 12. 4.
판결선고	2016. 2. 19.

[주 문]
1. 이 사건 소 중 2009년 귀속 종합소득세 부과처분 취소청구 부분을 각하한다.
2. 원고의 나머지 청구를 기각한다.
3. 소송비용 중 9/10는 원고가, 나머지는 피고가 각 부담한다.

[청구취지]
피고가 2014. 6. 1. 원고에게 한, 2009년 귀속 000,000,000(원고는 000,000,000라고 기재하였으나 오기로 보인다)원, 2010년 귀속 00,000,000원, 2011년 귀속 0,000,000,000(원고는 0,000,000,000라고 기재하였으나 오기로 보인다)원, 2012년 귀속 000,000,000원의 각 종합소득세 부과처분을 취소한다.

[이 유]
1. 처분의 경위

가. 원고는 2009년부터 2012년까지 CCC저축은행 등에서 19건의 부동산 근저당권부 채권(이하 '이 사건 채권'이라 한다)을 매입한 후 담보부동산에 관한 경매 절차에서 배당을 받거나 채무자로부터 변제를 받음(이하 '이 사건 소득활동'이라 한다)으로써 2009년 000,000,000원, 2010년 000,000,000원, 2011년 0,000,000,000원, 2012년 0,000,000,000원 합계 0,000,000,000원(이하 '이 사건 소득'이라 한다)의 차익을 얻었다.

나. 피고는 2014. 6. 1. 원고에게, 이 사건 소득이 소득세법 제19조 제1항 제20호가 정한 사업소득에 해당한다고 보아, 2009년 귀속 000,000,000원, 2010년 귀속 000,000,000원, 2011년 귀속 0,000,000,000원, 2012년 귀속 000,000,000원의 각 종합소득세를 결정·고지하였다(이하 '당초 처분'이라 한다).

다. 원고는 2014. 7. 11. 조세심판원에 심판청구를 제기하였고, 2014. 12. 9. '당초 처분은 배당액을 수입금액으로 하고 부실채권 취득가액을 매입비용에 산입하여 소득금액을 추계에 의하여 결정하는 것으로 하여 그 과세표준 및 세액을 경정하고, 나머지 심판청구는 이를 기각한다.'라는 결정이 내려졌다.

라. 피고는 위 결정에 따라 2015. 12. 24. 당초 처분을 청구취지 기재 2009년 내지 2012년 귀속 각 종합소득세 금액과 같이 감액 경정·고지하였다(이하 '이 사건 처분'이라 한다).

[인정근거] 다툼 없는 사실, 갑 제1 내지 3호증(가지번호 있는 것은 가지번호를 포함한다, 이하 같다), 을 제1, 2호증의 각 기재, 변론 전체의 취지

2. 관계법령

별지 관계법령 기재와 같다.

3. 이 사건 소 중 2009년 귀속 종합소득세 부과처분 취소청구 부분의 적법 여부

2016. 1. 29.경 이 사건 처분 중 2009년 귀속 종합소득세 000,000,000원의 부과처분에 대하여 모두 감액 경정이 이루어졌으므로, 이 부분에 대한 취소청구는 이미 소멸하고 없는 부분에 대한 것으로서 그 소의 이익이 없어 부적법하다.

4. 이 사건 처분 중 2010년 내지 2012년 귀속 처분의 적법 여부

가. 사업성 인정 여부

1) 이 사건 소득활동이 사업성이 있는지에 대하여는 원고의 이 사건 채권의 취득 및 보유현황, 이 사건 소득활동의 규모, 횟수, 태양, 상대방 등에 비추어 그 소득활동이 수익을 목적으로 하고 있는지와 사업활동으로 볼 수 있을 정도의 계속성과 반복성이 있는지 등을 고려하여 사회통념에 따라 판단하여야 하고, 그 판단을 함에 있어서는 이 사건 소득활동이 행하여진 시기의 전후를 통한 모든 사정을 참작하여야 한다(대법원 2014. 3. 13. 선고 2012두7370 판결 등 참조).

2) 앞서 본 사실 및 증거와 갑 제7, 9 내지 20호증, 을 제3 내지 5호증의 각 기재에 변론 전체의 취지를 더하여 알 수 있는 다음과 같은 사실 및 사정에 비추어 보면, 원고는 이 사건 소득활동을 수익을 목적으로 계속적·반복적으로 함으로써 사업을 영위하였다고 봄이 타당하다.

① 원고는 저축은행으로부터 19건의 부동산 근저당권부 부실채권을 매입하고, 그 매입자금(위 19건 중 실제 소득을 얻은 17건의 총 매입자금은 00,000,000,000원이다)을 원고의 자금 일부와 저축은행 등에서 근저당권을 담보로 부실채권 매입가의 90%를 질권부 대출을 받아 그 대출금을 합하여 지급하였고, 취득시 등록세로 00,000,000원, 질권부 대출 관련 이자비용으로 0,000,000,000원 등의 비용을 지출하였다. 그 결과 원고는 합계 0,000,000,000원의 이 사건 소득을 얻었다. 원고가 투자한 매입자금과 채권 취득 관련 비용, 이 사건 소득의 규모가 상당히 크다.

② 이 사건 소득활동은 2009년부터 2012년까지의 기간 동안 19건의 이 사건 채권을 매입함으로써 이루어졌다. 거래 횟수와 기간에 비추어 일시적, 우발적으로 이루어진 거래라고 보기는 어렵다.

③ 원고는, 저축은행으로부터 개인이 직접 이 사건 채권의 근저당권을 이전받기 어려워지자, 자신이 운영하는 주식회사 SS 및 자신이 설립한 주식회사 DDD(이하'DDD'라 한다)을 통하여 이 사건 채권 중 일부를 매입하기도 하였다. DDD의 사업자등록상 사업종목은 골프용품 도소매업과 금융업(채권인수업)으로 되어 있었으나, DDD가 실제 골프용품 도소매업을 영위한 사실은 없다. 원고는 이른바 부실채권 매매업을 위하여 설립한 DDD에 대하여 스스로도 사업성이 있다고 보고 사업자등록 신청을 하기도 하였는데, 이 사건 소득활동은 그와 달리 사업성이 없다고 보는 것이 오히려 부자연스럽다.

④ DDD는 사업장 소재지에 직원 1명을 두고 있는데, 그곳에 원고 개인 명의의 이 사건 채권 매입 관련 서류도 함께 비치되어 있는 것으로 미루어 원고 개인 명의의 업무도 위 장소에서 함께 이루어진 것으

로 보인다.

⑤ 2009년부터 2012년까지 이 사건 소득 외에 원고의 다른 소득이 발생하였다고 볼 자료가 제출된 것이 없다.

나. 사업소득 해당 여부

1) 소득세법 제19조 제1항 제11호는 '금융 및 보험업에서 발생하는 소득'을, 같은항 제20호는 '제1호부터 제19호까지의 규정에 따른 소득과 유사한 소득으로서 영리를 목적으로 자기의 계산과 책임 하에 계속적·반복적으로 행하는 활동을 통하여 얻는 소득'을 사업소득으로 정하고 있고, 소득세법 제19조 제3항은 제1항 각 호의 사업의 범위에 관하여는 이 법에 특별한 규정이 있는 경우 외에는 통계법 제22조에 따라 통계청장이 고시하는 한국표준산업분류에 따르도록 규정하고 있다.

2) 앞서 본 사실 및 증거와 갑 제4 내지 6호증, 을 제6 내지 9호증의 각 기재, 이 법원의 통계청장에 대한 사실조회결과에 변론 전체의 취지를 더하여 알 수 있는 다음과 같은 사정에 비추어 보면, 이 사건 소득은 소득세법 제19조 제1항 제11호가 정한 '금융업'에 따른 소득과 유사한 소득에 해당한다고 봄이 타당하다.

① 통계청의 한국표준산업분류상 금융업은 '보험 또는 연금 목적 이외의 자금을 조성하고 이를 재분배, 공급 및 중개하는 사업활동'으로서, 은행 및 저축기관(분류코드 641), 투자기관(642), 기타 금융업(643) 등으로 나누어진다. 투자기관 중 기타 투자기관(64209)은 증권발행 및 신탁자금 이외의 자금(개인 자산이나 채권, 어음 및 기타 채무자산 등)으로 금융자산에 투자하는 사업활동을 의미한다. 이 사건 소득활동은 앞서 본 구체적인 절차 및 자금의 흐름 등에 비추

어 원고의 자금 또는 대출금으로 금융자산인 이 사건 채권에 투자하는 것으로서 기타 투자기관의 활동과 유사하다고 볼 수 있고, 통계청도 이와 같은 견해를 밝히고 있다.

② DDD의 사업자등록의 사업종목이 부실채권 매매업이 아닌 금융업(채권인수업)으로 되어 있다고 하더라도, 이는 국세청 전산시스템에 부실채권 매매업 항목이 수록되어 있지 않아서인 것으로 보이고, 적어도 위와 같은 사업자등록이 이루어진 것은 부실채권 매매 관련 이 사건 소득활동도 사업활동인 금융업과 유사하다는 점을 전제로 하였다고 볼 수 있다.

③ DDD에 부실채권 매매 관련 소득이 발생하였다면(매입한 채권을 원고에게 다시 매도하였을 뿐이므로, 실제로는 소득이 발생하지 않았을 것으로 보인다), 이를 익금에 산입하여 법인세 신고·납부를 하여야 한다. 같은 소득활동을 통해 사업자등록을 하지 않은 개인이 얻은 소득에 대해 과세관청이 과세를 하지 않음으로써 개인과 법인간 소득에 관한 세금이 차등 부과되는 문제가 있었다.

다. 명확성 원칙 위배 여부

이 사건 소득이 소득세법이 정한 금융업에 따른 소득과 유사한 소득에 해당하여 사업소득으로 종합소득세 과세대상임은 앞서 본 바와 같고, 소득세법 제19조 제1항 제11호가 정한 금융업 및 그와 유사한 사업에 관하여 세부적인 내용을 모두 법률에 규정하는 것은 불가능하고 또 그 필요성이 있다고 보기도 어려우며, 소득세법 제19조 제3항의 내용 및 취지에 비추어 보면, 위 법률 규정에 명확하지 않은 부분이 있다고 보이지 않으므로, 위 규정에 의한 이 사건 처분이 명확성 원칙에 위배된다고 볼 수 없다.

이 사건 소득활동이 금융업과 유사한 사업활동에 해당하는지, 그 해석에 관하여 그 동안 과세관청의 입장이 명확히 표명되지 않았고, 이전에 사업소득으로 과세가 이루어진 바 없었던 것은 사실이나, 이는 법률의 해석 및 적용에 관한 문제로서, 위와 같은 사정만으로 이 사건 처분이 조세 법률의 명확성 원칙에 위배된다고 볼 수도 없다.

라. 신의성실 원칙 위배 여부

1) 일반적으로 조세법률관계에 있어서 과세관청의 행위에 대하여 신의성실의 원칙을 적용하기 위해서는, 과세관청이 납세자에게 신뢰의 대상이 되는 공적인 견해표명을 하여야 하고, 과세관청의 견해표명이 정당하다고 신뢰한 데 대하여 납세자에게 귀책사유가 없어야 하며, 납세자가 그 견해표명을 신뢰하여 무엇인가 행위를 하여야 하고, 과세관청이 위 견해표명에 반하는 처분을 함으로써 납세자의 이익이 침해되는 결과가 초래되어야 하므로, 과세관청의 의사표시가 일반론적인 견해표명에 불과한 경우에는 위 원칙의 적용이 부정된다(대법원 2010. 4. 29. 선고 2007두19447 판결 등 참조).

2) 과세관청이 이 사건 소득에 대한 과세 여부에 관하여 납세자에게 신뢰의 대상이 되는 공적인 견해표명을 하였는지에 관하여 보건대, 앞서 본 사실 및 증거에 의하면, 과세관청이 이 사건 소득과 유사한 소득에 관하여 사업소득으로 과세를 하지 않은 사실은 인정할 수 있으나, 위 사정만으로 과세관청의 공적인 견해표명이 있었다고 볼 수 없고, 달리 이를 인정할 자료가 없다. 따라서 이 사건 처분이 신의성실의 원칙에 위배된다고 할 수 없고, 나머지 점에 관하여는 나아가 살피지 아니 한다.

5. 결론

이 사건 소 중 2009년 귀속 종합소득세 부과처분 취소청구 부분을 각하하고(이 부분 소송비용의 부담에 관하여는 행정소송법 제32조 후단을 적용), 원고의 나머지 청구는 이유 없으므로 이를 기각한다.

[관계법령]

■ **소득세법**

제19조(사업소득)

① 사업소득은 해당 과세기간에 발생한 다음 각 호의 소득으로 한다.

11. 금융 및 보험업에서 발생하는 소득

20. 제1호부터 제19호까지의 규정에 따른 소득과 유사한 소득으로서 영리를 목적으로 자기의 계산과 책임 하에 계속적·반복적으로 행하는 활동을 통하여 얻는 소득

③ 제1항 각 호에 따른 사업의 범위에 관하여는 이 법에 특별한 규정이 있는 경우 외에는 「통계법」제22조에 따라 통계청장이 고시하는 한국표준산업분류에 따르고, 그 밖의 사업소득의 범위에 관하여 필요한 사항은 대통령령으로 정한다.

■ **구 소득세법(2009. 12. 31. 법률 제9897호로 개정되기 전의 것)**

제19조(사업소득)

① 사업소득은 해당 과세기간에 발생한 다음 각 호의 소득으로 한다.

10. 금융 및 보험업에서 발생하는 소득

PART 07

NPL의 정상이자 배당수익 부분의 세금을 알아보자!

 **자산 유동화를 거치지 않은 NPL의 일반 승계인은 원금 이상의 배당차익을 얻을 경우 세금을 부담한다**

소득세법상 비영업 대금의 이익이란 금전 대여를 사업목적으로 하지 않는 자가 일시적·우발적으로 금전을 대여함에 따라 지급받는 이자 또는 수수료 등을 말하는 것으로 일반적으로 금전의 대여는 회수 가능성이 보장된 금전소비대차 거래에서 발생한다.

> **소득세법 제16조(이자소득)**
> ① 이자소득은 해당 과세기간에 발생한 다음 각 호의 소득으로 한다.
> 11. 비영업대금(비영업대금)의 이익

NPL 승계인(개인 또는 일반법인)이 유동화회사를 제외한 채권자로부터 NPL을 채권양도(개인 채권양도) 또는 변제자 대위로 승계 취득한 경우 동 채권은 동일성을 유지한 채 그대로 양수인에게 이전된다. 이 경우에는 채권의 원래의 성질에 상응한 소득세를 부담해야 한다. 대여금 채권을 대위변제 또는 채권양수로 승계 취득할 경우 승계인은 대여금의 정상이자, 지연손해금 부분으로 세분화해서 각 해당하는 세율의 세금을 부담해야 한다.

한편 금감원 등록 대부법인이 아닌 개인 또는 일반 법인은 금융기관으로부터 채권양수가 금지되어 있다. 다만 개인 채권자로부터 채권양수는 가능하고 이 경우 양수인은 대여금의 내용별로 각 해당하는 세율의 세금을 부담해야 한다.

그러나 개인 또는 일반 법인은 금융기관으로부터 대위변제로 NPL을 승계 취득할 수 있다. 이때 대위변제자는 대위 취득한 대여금의 내용별로 각 해당하는 세율의 세금을 부담해야 한다.

02 NPL 투자자가 정상이자를 업으로 하지 않고 얻을 경우 이는 "비영업대금 이자소득(이익)"으로 과세한다(대법원 87누784호, 86누 96판결 참조)

이자소득은 약정이자, 약정이 없는 경우 법정이자(민법 5%, 상법 6%)를 수입하는 것을 말하고, 연체이자는 이자가 아닌 지연손해금에 해당한다. 개인이 1건의 NPL만 투자해도 이자소득이 발생하면 비영업대금 이자 소득세를 부담한다(조세심판원 2018.3.29. 조심 2018서0046 법인세 기각결정, 대법원 2014두35010호

- 조세심판원 2010.11.11. 조심 2009서4315 종합소득 취소결정
- 조세심판원 2018.4.11. 조심 2018중0788 종합소득세 기각 결정
- 조세심판원 2019.6.27. 조심 2019인1798 종합소득세 기각
- 조세심판원 2010.6.4. 조심 2010서1030종합소득세 기각결정
- 조세심판원 2013.11.27. 조심 2013서2302호 종합소득세 기각결정, 조세심판원 2016.5.31. 조심 2016전0698 종합소득세 기각결정).

03 회수금액이 원금 미달 시 실제 회수한 이자소득이 있더라도 이자소득세를 부과할 수 없다

비영업대금의 이자소득에 대한 과세표준 확정신고 또는 과세표준과 세액의 결정·경정 전에 원리금 채권의 회수불능 사유가 발생하여 그때까지 "회수한 금액이 원금에 미달하는 경우", 회수불능 사유가 발생하기 전의 과세연도에 회수한 이자소득은 과세하지 아니한다.

사 건	대법원 2010두9433 종합소득세부과처분취소
원고, 상고인	마AA
피고, 피상고인	남양주세무서장
원 심 판 결	서울고등법원 2010. 4. 13. 선고 2009누25691 판결
판 결 선 고	2012. 6. 28.

[주 문]

원심판결을 파기하고, 사건을 서울고등법원에 환송한다.

[이 유]

상고이유를 판단한다.

구 소득세법(2009. 12. 31. 법률 제9897호로 개정되기 전의 것. 이하 같다) 제39조 제1항은 '거주자의 각 연도의 총수입금액과 필요경비의 귀속연도는 총수입금액과 필요경비가 확정된 날이 속하는 연도로 한다'고 규정하고, 구 소득세법 시행령(2010. 2. 18. 대통령령 제22034호로 개정되기 전의 것. 이하 같다) 제45조 제9호의2는 비영업대금의 이익의 경우 이자소득에 대한 총수입금액의 수입할 시기는 '약정에 의한 이자지급일'로 하되, '다만, 이자지급일의 약정이 없거나 약정에 의한 이자지급일 전에 이자를 지급받는 경우 또는 제51조 제7항의 규정에 의하여 총수입금액 계산에서 제외하였던 이자를 지급받는 경우에는 그 이자지급일로 한다'고 규정하고 있다.

한편 구 소득세법 시행령 제51조 제7항은 '비영업대금의 이익의 총수입금액을 계산함에 있어 법 제70조의 규정에 의한 과세표준확정신고 또는 법 제80조의 규정에 의한 과세표준과 세액의 결정·경정 전에 당해 비영업대금이 제55조 제2항 제1호 또는 제2호의 규정에 의한 채권에 해당하여 **채무자 또는 제3자로부터 원금 및 이자의 전부 또는 일부를 회수할 수 없는 경우에는 회수한 금액에서 원금을 먼저 차감하여 계산한다. 이 경우 회수한 금액이 원금에 미달하는 때에는 총수입금액은 없는 것으로 한다**'고 규정하고 있다.

원심은 채택증거를 종합하여, ① 원고가 2004. 12. 13. 김BB에게 15억 원을 대여하기로 하면서 3개월분 선이자 000원을 공제한 나머지 000원(원심판결의 '000원'은 '000원'의 오기로 보인다)을 김BB에게 지급하였고, 2004. 12. 23. 다시 김BB에게 000원을 대여하기로 하면서 5개월분 선이자 6,750만 원을 공제한 나머지 000원을 지급한 사실(이하 000원과 000원을 '이 사건 각 대여금'이라 하고, 000원과 000원을 '이 사건 각 선이자'라고 한다), ② 피고는 2007. 9. 18. 이 사건 각 선이자를 원고의 2004년 총수입금액에 산입하여 원고의 2004년도 귀속 종합소득세 000원을 증액·경정하는 이 사건 처분을 한 사실을 인정하였다.

원심은 이러한 사실관계를 토대로 하여, 금전을 대여하면서 일정 기간의 선이자를 공제하고 나머지 원금을 교부한 경우에 선이자로 공제되어 현실로 금전의 수수가 없는 부분에 관하여도 차주는 현실로 금전의 수수가 있었던 것과 동일한 경제상의 이익을 얻으므로 선이자로 공제한 금액도 대여원금에 포함되어 그에 관한 소비대차약정이 성립된 것으로 보아야 하고,

이러한 약정이 유효한 이상 구 소득세법 시행령 제45조 제9호의2에서 규정한 '약정에 의한 이자지급일'이자 '실제 이자지급일'은 이 사건 각 선이자를 공제한 시점인 2004. 12. 13. 및 2004. 12. 23.로 보아야 하며, 이자소득금액은 당해 연도의 총수입금액으로 산정되는 것이므로 비영업대금에 있어서 채권의 일부 회수가 있는 경우 그 당시를 기준으로 나머지 채권의 회수가 불가능함이 명백한 경우에는 구 소득세법 시행령 제51조 제7항에 따라 그 회수금원이 원금에 미달하는 한 당해 과세연도에는 과세요건을 충족시키는 이자소득의 실현이 없는 것으로 보아야 하지만,

회수불능사유가 발생하기 전에 이미 구체적으로 실현된 이자소득의 납세의무에 대하여는 어떠한 영향을 미칠 수 없으므로, 2004년도에 원고가 이미 이 사건 각 선이자 상당의 이자소득을 수령한 것으로 보는 이상 비록 그 후인 2005년경에 김BB의 부도로 인하여 채권원리금에 대한 회수불능사유가 발생하였다 하더라도 여전히 이자소득세의 과세대상이 된다고 판단하였다.

그러나 원심의 이러한 판단은 다음과 같은 이유에서 수긍할 수 없다. 구 소득세법 시행령 제51조 제7항은 법인세법과는 달리 소득세법에서는 비영업대금에 대하여 나중에 원금조차 회수하지 못하여 결손이 발생하더라도 이를 이자소득의 차감항목으로 반영할 수 있는 제도적 장치가 마련되어 있지 않아 궁극적으로 이자소득이 있다고 할 수 없음에도 이자소득세를 과세하는 부당한 결과를 방지하기 위한 규정으로 보이는 점, 위 규정은 그 문언에서 과세표준 확정신고 또는 과세표준과 세액의 결정·경정 전에 일정한 회수불능사유가 발생할 때까지 회수한 전체 금액이 원금에 미달하는 경우를 그 적용대상으로 하고 있으며 특별한 예외를 두고 있지 않은 점, 소득세법상 이자소득의 발생 여부는 그 소득발생의 원천이 되는 원금채권의 회수가능성 여부를 떠나서는 논하기 어려운 점 등을 종합하면, 비영업대금의

이자소득에 대한 과세표준 확정신고 또는 과세표준과 세액의 결정·경정 전에 그 원리금 채권을 회수할 수 없는 일정한 사유가 발생하여 그때까지 회수한 금액이 원금에 미달하는 때에는 그와 같은 회수불능사유가 발생하기 전의 과세연도에 실제로 회수한 이자소득이 있다고 하더라도 이는 이자소득세의 과세대상이 될 수 없다고 보아야 할 것이다.

원심이 인용한 대법원 2005. 10. 28. 선고 2005두5437 판결은 구 소득세법 시행령 제51조 제7항이 직접 적용되는 사안에 대한 것이 아니어서 이 사건에 원용하기에 적절한 것이 아니다. 그런데 원심판결 이유에 의하면 원고는 김BB으로부터 2005. 8. 4.까지 이자명목으로 000원 및 원금 중 일부로 000원만을 변제받았을 뿐 그 밖의 금액은 김BB이 2005년경 부도나는 바람에 변제받을 가능성이 높지 않은 상태에 있었다는 것이므로, 이를 위 법리에 비추어 보면 이 사건 각 선이자는 구 소득세법 시행령 제51조 제7항의 적용대상에 해당하여 이자소득세의 과세대상이 될 수 없다고 볼 여지가 있음에도, 원심은 이 점에 관하여 충분히 심리하지 아니한 채 그 판시와 같은 이유로 이 사건 각 선이자가 위 규정의 적용대상이 아니라고 보아 같은 취지의 이 사건 처분이 적법하다고 판단하였으니, 이러한 원심판단에는 이자소득의 과세대상 여부 등에 관한 법리를 오해하여 필요한 심리를 다하지 아니함으로써 판결에 영향을 미친 위법이 있다. 이 점을 지적하는 상고이유의 주장은 이유 있다.

그러므로 원심판결을 파기하고, 사건을 다시 심리·판단하게 하기 위하여 원심법원에 환송하기로 하여, 관여 대법관의 일치된 의견으로 주문과 같이 판결한다.

04 반복거래 대여금의 비영업대금의 이자소득 과세는 개별 채권별로 판단해야 한다

여러 건의 대여일과 회수일이 있는 대여금거래에 대하여 이미 회수되어 소멸한 대여 원리금 채권이 있다면 특별한 사정이 없는 한 그 채권에 대하여는 이자소득이 있다고 보아야 하고 총 회수금과 대여한 총 원금을 비교하여 이자소득 발생 여부를 판정하는 것은 위법하다.

사 건	대법원 2014두35010 종합소득세부과처분취소
원고, 상고인	고AA
피고, 피상고인	북대구세무서장
원 심 판 결	대구고등법원2013누10107(2013.12.6.)
판 결 선 고	2014.05.29

[주 문]
원심판결 중 피고 패소 부분을 파기하고, 이 부분 사건을 대구고등법원에 환송한다.
원고의 상고를 기각한다.

[이 유]
상고이유를 판단한다.

1. 피고의 상고이유 제3점에 대하여

금전의 대여로 인한 소득이 이자소득의 일종인 비영업대금의 이익인지 아니면 사업소득인지는 금전대여행위가 소득세법상의 사업에 해당하는지에 달려 있고, 소득세법에서 말하는 사업에의 해당 여부는 금전대여행위의 영리성, 계속성, 반복성의 유무, 거래기간의 장단, 대여액과 이자액의 다과 등 제반 사정을 고려하여 사회통념에 비추어 결정하여야 한다(대법원 2005. 8. 19. 선고 2003두14505 판결 등 참조).

원심은 채택 증거에 의하여 그 판시와 같은 사실을 인정한 다음, 원고가 사촌 동생인 고BB로부터 주식 투자자금을 빌려달라는 요청을 받고 이 사건 대여금 거래를 한 것으로 보일 뿐 불특정 다수인을 상대로 계속적, 반복적으로 금전대여행위를 하였다고 볼 만한 자료가 없는 점 등에 비추어 볼 때, 이 사건 대여금 거래에 사업활동으로 볼 수 있을 정도의 계속성과 반복성이 있다고 볼 수 없다는 이유로, 이 사건 대여금 거래로 인한 소득이 사업소득에 해당한다는 피고의 주장을 배척하고, 그 소득은 비영업대금의 이익에 해당한다고 판단하였다.

앞서 본 법리와 기록에 비추어 살펴보면, 원심의 이러한 판단은 정당하고, 거기에 피고의 상고이유 주장과 같은 이자소득과 사업소득의 구분에 관한 법리오해 등의 위법이 없다.

2. 원고의 상고이유 및 피고의 상고이유 제1, 2점에 대하여

가. 관련 규정의 내용과 법리

구 소득세법(2009. 12. 31. 법률 제9897호로 개정되기 전의 것, 이하 같다) 제39조 제1항은 "거주자의 각 연도의 총수입금액과 필요경비의 귀속연도는 총수입금액과 필요경비가 확정된 날이 속하는 연도로 한다."고 규정하고, 구 소득세법 제39조 제4항의 위임을 받은 구 소득세법 시행령(2010. 2. 18. 대통령령 제22034호로 개정되기 전의 것, 이하 같다) 제45조 제9호의2는 비영업대금 이익의 수입시기는 원칙적으로 '약정에 의한 이자지급일'로 하되, 이자지급일의 약정이 없거나 약정에 의한 이자지급일 전에 이자를 지급받는 경우 또는 제51조 제7항의 규정에 의하여 총수입금액 계산에서 제외하였던 이자를 지급받는 경우에는 그 이자지급일로 하도록 규정하고 있다. 한편 구 소득세법 시행령 제51조 제7항은 '비영업대금의 이익의 총수입금액을 계산함에 있어서 법 제70조의 규정에 의한 과세표준확정신고 또는 법 제80조의 규정에 의한 과세표준과 세액의 결정·경정 전에 당해 비영업대금이 제55조 제2항 제1호 또는 제2호의 규정에 의한 채권에 해당하여 채무자 또는 제3자로부터 원금 및 이자의 전부 또는 일부를 회수할 수 없는 경우에는 회수한 금액에서 원금을 먼저 차감하여 계산한다. 이 경우 회수한 금액이 원금에 미달하는 때에는 총수입금액은 이를 없는 것으로 한다.'고 규정하고 있다.

구 소득세법 시행령 제51조 제7항은 법인세법과는 달리 소득세법에서는 비영업대금에 대하여 나중에 원금조차 회수하지 못하여 결손이 발생하더라도 이를 이자소득의 차감항목으로 반영할 수 있는 제도적 장치가 마련되어 있지 않아 궁극적으로 이자소득이 있다고 할 수 없음에도 이자소득세를 과세하는 부당한 결과를 방지하기 위한 규정으로 보이는 점, 위 규정은 그 문언에서 과세표준확정신고 또는 과세표준과 세액의 결정·경정 전에 일정한 회수불능사유가 발생할 때까지 회수한 전체 금액이 원금에 미달하는 경우를 그 적용대상으로 하고 있으며 특별한 예외를 두고 있지 않은 점, 소득세법상 이자소득의 발생 여부는 그 소득발생의 원천이 되는 원금채권의 회수 가능성 여부를 떠나서는 논하기 어려운 점 등을 종합하면, 비영업대금의 이자소득에 대한 과세표준확정신고 또는 과세표준과 세액의 결정·경정 전에 대여원리금 채권을 회수할 수 없는 일정한 사유가 발생하여 그때까지 회수한 금액이 원금에 미달하는 때에는 그와 같은 회수불능사유가 발생하기 전의 과세연도에 실제로 회수한 이자소득이 있다고 하더라도 이는 이자소득세의 과세대상이 될 수 없다고 할 것이다(대법원 2012. 6. 28. 선고 2010두9433 판결, 대법원 2013. 9. 13. 선고 2013두6718 판결 등 참조).

그리고 비영업대금의 이자소득이 있는지는 개개 대여금 채권별로 구 소득세법 시행령 제51조 제7항을 적용하여 판단하여야 하므로, 여러 개의 대여원리금 채권 중 과세표준확정신고 또는 과세표준과 세액의 결정·경정 당시 이미 회수되어 소멸한 대여원리금 채권이 있다면 특별한 사정이 없는 한 그 채권에 대하여는 이자소득이 있다고 보아야 하고, 이는 그 여러 개의 대여원리금 채권이 동일한 채무자에 대한 것이라고 하여도 마찬가지이다.

나. 2007년 귀속 종합소득세 부과처분 부분

원심은, 원고가 고BB에게 2007. 1. 31.부터 2007. 3. 2.까지 3회에 걸쳐 0억 원(이하 '제1대여금'이라 한다)을 대여한 후 2007. 7. 6.부터 2007. 8. 2.까지 5회에 걸쳐 000,000,000원을 변제받음으로써 제1대여금 채권의 원금 0억 원을 모두 회수하고 000,000,000원의 이자소득을 얻었으므로, 원고가 위와 같은 이자소득을 얻었음을 이유로 한 2007년 귀속 종합소득세 부과처분은 적법하다고 판단하였다.

앞서 본 법리와 기록에 비추어 살펴보면, 원심의 이러한 판단은 정당하고, 거기에 원고의 상고이유 주장과 같이 구 소득세법 시행령 제45조 제9호의2, 제51조 제7항의 해석·적용에 관한 법리를 오해하거나 필요한 심리를 다하지 아니한 위법이 없다.

다. 2008년 및 2009년 귀속 각 종합소득세 부과처분 부분

(1) 원심은, 이자의 수입시기 당시에는 회수불능사유가 발생하지 아니하였더라도 과세표준확정신고 또는 과세표준과 세액의 결정·경정 당시에 회수불능사유가 발생하면 구 소득세법 시행령 제51조 제7항이 적용될 수 있다고 전제한 다음, 원고가 고BB에게 2007. 8. 31.부터 2009. 11. 25.까지 합계 0,000,000,000원(이하 '제2대

여금'이라 한다)을 대여한 후 2008. 2. 29.부터 2009. 11. 17.까지 합계 0,000,000,000원만을 변제받은 상태에서 나머지 대여원리금 채권이 회수불능됨으로써 그 변제받은 금액을 모두 원금에 충당하더라도 제2대여금 채권의 원금 중 000,000,000원을 회수하지 못하게 된 이상, 제2대여금에 대하여는 구 소득세법 시행령 제51조 제7항에 따라 이자소득이 없는 것으로 보아야 하므로, 피고가 그와 다른 전제에서 원고에게 한 2008년 및 2009년 귀속 종합소득세 부과처분은 위법하다고 판단하였다. 나아가 원심은, 이 사건 제2대여금의 거래 횟수가 60여 회에 달하므로 개개 대여금 채권별로 구 소득세법 시행령 제51조 제7항의 적용 여부를 따져야 한다는 취지의 피고 주장에 대하여는, 원고가 제2대여금에 대하여 변제받은 합계액이 대여원금의 합계액에 미달하는 이상 제2대여금 전부에 대하여 이자소득이 있다고 볼 수 없다는 이유로, 이를 배척하였다.

(2) 앞서 본 법리에 비추어 살펴보면, 원심의 판단 중 이자의 수입시기 당시에는 회수불능사유가 발생하지 아니하였더라도 과세표준확정신고 또는 과세표준과 세액의 결정 · 경정 당시에 회수불능사유가 발생하면 구 소득세법 시행령 제51조 제7항이 적용될 수 있다고 전제한 부분은 정당하고, 거기에 피고의 상고이유 주장과 같은 구 소득세법 시행령 제51조 제7항의 해석 · 적용에 관한 법리오해의 위법이 없다.

(3) 그러나 원심이 개개 대여금 채권별로 구 소득세법 시행령 제51조 제7항의 적용 여부를 따져야 한다는 취지의 피고 주장을 배척한 부분은 다음과 같은 이유에서 수긍할 수 없다.

원심판결 이유 및 원심이 적법하게 채택한 증거에 의하면, 원고가

2007. 1. 31.부터 2009. 11. 25.까지 고BB에게 62회(= 제1대여금 3회 + 제2대여금 59회)에 걸쳐 합계 0,000,000,000원을 대여하여 2007. 7. 6.부터 2009. 11. 17.까지 55회에 걸쳐 합계 0,000,000,000원을 변제받은 사실, 원고는 고BB 등을 상대로 대구지방법원 2010가합2255호로 위 대여금의 지급을 구하는 소를 제기하였는데, 위 법원이 각 대여일의 대여금액별로 이자율을 특정한 다음 고BB이 변제한 돈을 대여일의 순서의 따라 각 대여금의 이자와 원금의 변제에 충당한 결과, 최종 대여일인 2009. 11. 25.을 기준으로 잔여 원금은 합계 0,000,000,000원이고, 그 중 2009. 10. 12.까지의 대여금에 대한 잔여 원금은 000,000,000원이며, 이에 대한 2009. 10. 12.까지의 이자가 모두 변제된 것으로 계산된 사실, 이와 같은 변제충당의 결과에 의하면, 제1대여금 및 제2대여금 중 2009. 5. 29.까지의 대여금에 대한 원금과 이자가 모두 변제된 것으로 계산되는 사실 등을 알 수 있다.

이러한 사실관계를 앞서 본 법리에 비추어 살펴보면, 피고가 원고에게 2008년 및 2009년 귀속 종합소득세 부과처분을 한 2012. 3. 5. 당시 이미 제2대여금 중 2009. 5. 29.까지의 대여금에 대한 원금과 이자가 전부 회수됨으로써 그 대여원리금 채권이 소멸하여 적어도 그에 대하여는 구 소득세법 시행령 제51조 제7항이 적용될 수 없다고 볼 여지가 있다.

그런데도 원심은, 2008년 및 2009년 귀속 종합소득세 부과처분 당시 제2대여금과 관련하여 이미 소멸한 대여원리금 채권이 있는지를 심리·판단하지 아니한 채 그 판시와 같은 이유만으로 제2대여금 전부를 통산하여 구 소득세법 시행령 제51조 제7항을 적용한 다음 원고에게 발생한 이자소득이 없다고 보아 2008년 및

2009년 귀속 각 종합소득세 부과처분이 모두 위법하다고 판단하였으니, 이러한 원심의 판단에는 구 소득세법 시행령 제51조 제7항의 해석·적용에 관한 법리를 오해하여 필요한 심리를 다하지 아니함으로써 판결에 영향을 미친 위법이 있고, 이 점을 지적하는 피고의 상고이유 주장은 이유 있다.

3. 결론

원심판결 중 피고 패소 부분을 파기하고 이 부분 사건을 다시 심리·판단하게 하기 위하여 원심법원에 환송하며, 원고의 상고를 기각하기로 하여, 관여 대법관의 일치된 의견으로 주문과 같이 판결한다.

05 구상권의 법정이자는 비영업대금의 이자가 아니고 이익금에 해당한다(대법원2002두5931, 2004.02.13)

수탁보증인의 구상권에 포함되는 법정이자는 비영업대금의 이익은 아니지만, 그 법인의 순 자산을 증가시키는 것으로서 각 사업연도 소득에 포함되는 익금에 해당한다.

보증채무의 이행으로 인한 구상권에 포함되는 법정이자가 소득세법상 이자소득의 일종인 '비영업대금의 이익'에 해당하는지 여부(소극) 및 위 법정이자가 법인세법상 익금에 해당하는지 여부(적극)

【판결요지】

소득세법령상 이자소득의 일종인 '비영업대금의 이익'이란 금전의 대여를 영업으로 하지 아니하는 자가 일시적·우발적으로 금전을 대여함에 따라 지급받는 이자 또는 수수료 등을 말하는 것이고, 수탁보증인이 그 출재로 주채무를 소멸하게 하는 경우 주채무자에 대하여 행사할 수 있는 구상권에 포함되는 법정이자는 금전을 대여함에 따라 발생하는 것이 아니어서 '비영업대금의 이익'에 해당하지 아니한다고 보아야 하는 것이지만, 법인이 구상권에 포함되는 법정이자에 대한 권리를 취득하는 경우 이는 그 법인의 순자산을 증가시키는 것으로서 구 법인세법(1998. 12. 28. 법률 제5581호로 전문 개정되기 전의 것) 제9조 제2항 소정의 각 사업연도 소득에 포함되는 익금에 해당한다.

【참조조문】

구 법인세법(1998. 12. 28. 법률 제5581호로 전문 개정되기 전의 것) 제9조 제2항 (현행 제15조 제1항 참조) 소득세법 제16조 제1항 제12호

【참조판례】

대법원 1991. 3. 27. 선고 90누9230 판결(공1991, 1306), 대법원 1991. 7. 26. 선고 91누117 판결(공1991, 2270), 대법원 1991. 10. 8. 선고 91누3475 판결(공1991, 2748), 대법원 1992. 12. 8. 선고 92누1346 판결(공1993상, 484), 대법원 1997. 9. 5. 선고 96누16315 판결(공1997하, 3161)

【원심판결】

서울고법 2002. 6. 14. 선고 2001누17816 판결

【주문】

상고를 기각한다. 상고비용은 원고가 부담한다.

【이유】

상고이유를 본다.

1. 원심판결 이유에 의하면 원심은, 원고가 1993. 6.경 소외 주식회사ㅇㅇ (이하 '소외 회사'라 한다)의 회사채원리금 지급채무에 연대보증하였다가 소외 회사의 부도로 1,875,022,370원을 대위변제한 후, 이전받은 근저당권에 기한 부동산임의경매절차에서 경매법원에 채권액으로 위 대위변제금에다가 법정이자 상당의 137,878,300원을 신고하여 1997. 2. 19. 1,498,317,870원을 배당받은 사실, 피고는 1999. 5. 15. 배당금 가운데 법정이자 상당의 137,878,300원이 비영업대금의 이자소득으로서 1997 사업연도에 귀속된다고 보아 이를 익금산입하여 1997년도분 법인세 47,600,370원(가산세 포함)을 부과(이하 '이 사건 처분'이라 한다)한 사실을 인정한 다음, 원고의 소외 회사에 대한 구상채권은 연대보증채무를 이행한 데 따른 것이어서 그 변제일 이후의 법정이자가

당연히 포함되고 경매절차를 통해 배당받은 금액이 채권원금에 미치지 못한다 하더라도 민법 제479조 제1항에 따라 이자채권의 변제에 우선 충당되어 그 범위 내에서 이자소득이 실현되었다고 보아야 하므로 이 사건 처분이 적법하다고 판단하였다.

2. 소득세법령상 이자소득의 일종인 '비영업대금의 이익'이란 금전의 대여를 영업으로 하지 아니하는 자가 일시적·우발적으로 금전을 대여함에 따라 지급받는 이자 또는 수수료 등을 말하는 것이고, 수탁보증인이 그 출재로 주채무를 소멸하게 하는 경우 주채무자에 대하여 행사할 수 있는 구상권에 포함되는 법정이자는 금전을 대여함에 따라 발생하는 것이 아니어서 '비영업대금의 이익'에 해당하지 아니한다고 보아야 하는 것이지만(대법원 1997. 9. 5. 선고 96누16315 판결 참조), 법인이 구상권에 포함되는 법정이자에 대한 권리를 취득하는 경우 이는 그 법인의 순자산을 증가시키는 것으로서 구 법인세법(1998. 12. 28. 법률 제5581호로 전문 개정되기 전의 것, 아래에서 '법'은 이를 가리킨다) 제9조 제2항 소정의 각 사업연도 소득에 포함되는 익금에 해당한다 할 것이다.

이러한 법리에 비추어 보건대, 원심이 구상권에 포함되는 법정이자 상당액을 관계 법령상 이자소득의 일종인 비영업대금의 이익에 속한다고 본 것은 잘못이라 할 것이지만, 내국법인의 손익계산상 이를 익금에 산입하여야 한다고 본 결론은 옳다 할 것이다.

따라서 원심에는 상고이유에서 지적하는 바와 같은 판결 결과에 영향을 미친 법리오해나 심리미진 등의 위법이 없다.

3. 그러므로 상고를 기각하고, 소송비용은 패소자가 부담하도록 하여 관여 대법관의 일치된 의견으로 주문과 같이 판결한다.

06 대여금 원금초과 배당금은 지연손해금 약정이 없어 비영업대금 이자로 보아야 한다

이 사건 대여금 채권의 지연손해금에 대하여 지급일을 명시하고 있지 않으며 연체이자율, 차용 기간, 약정이자를 정하였다고 볼 수 없는바 배당금을 받은 날에 이자소득이 귀속되었다고 봄이 타당하다.

사 건	서울행정법원 2017구합1827 종합소득세부과처분취소
원 고	○○○외 1
피 고	○○세무서장
변론종결	2017. 11. 24.
판결선고	2017. 12. 08.

[주 문]
1. 원고들의 청구를 모두 기각한다.
2. 소송비용은 원고들이 부담한다

[청구취지]
피고가 20××. ××. ××. 원고 ○○○에게 한 20××년 귀속 종합소득세 ○○○원, 20××. ××. ××. 원고 ○○○에게 한 20××년 귀속 종합소득세 ○○○원의 부과처분을 취소한다.

[이 유]
1. 처분의 경위
　가. 원고들은 AAA에게, ① 20××. ××. ××. XXX을 이자 월 ×%(연체이자 월 ×%),차용기간 20××. ××. ××.부터 20××.

××. ××.까지로 정하여 대여하였고, 그 담보로 ○○시 ○○면 ○ ○리 ××-×× 답 ××㎡, 같은 리 ××-×× 전 ××㎡, 같은 리 ××-×× 전 ××㎡(이하 위 토지들을 합하여 '이 사건 토지'라 한 다)에 관하여 근저당권을 설정받았다.

② 원고들은 20××. ××. ××.××만 원을 대여하였다. ③ 원고들은 20××. ××. ××.억 ××만 원을 이자 월 ×%, 차용기간: 20××. ××. ××.부터 20××. ××. ××.까지로 정하여 대여하였고, 그 담보로 이 사건 토지에 관하여 근저당권을 설정받았다(이하 위 ①, ②, ③대여금 채권을 합하여 '이 사건 대여금 채권'이라 한다).

나. AAA가 이 사건 대여금 채권을 변제하지 않자, 원고들은 이 사건 토지에 관하여 임의경매를 신청하였고(××지방법원 ××지원 20××타경 ××××), 그 경매 절차에서 20××. ××. ××. 이 사건 토지를 ×× 억 원에 매수하였다. 20××. ××. ××. 작성된 배당표에 원고들(이 사건 대여금 채권의 근저당권자 또는 채권자)의 배당액은 ××억 ×× 만 원인 것으로 기재되어 있다. 원고들은 배당기일에 위 배당받을 금액 ××억 ××만 원을 제외한 매각대금을 납부하고, 이 사건 토지에 관한 소유권이전등기를 마쳤다.

다. 피고는 위 배당액 중 원금을 초과하는 ××만 원(= ××만 원 - ×× 만 원, 이하 '이 사건 쟁점금액'이라 한다)을 원고들이 배당금을 받은 20××년 귀속 이자 소득으로 보고, 20××. ××. ××. 원고 AAA에 게 ×××원, 20××. ××. ××. 원고 BBB에게 ×××원의 종합소득 세(가산세 포함)를 부과하였다. 원고들은 국세청장 에게 심사청구를 하였고, 국세청장은 20××. ××. ××. 이 사건 쟁점금액 중 ③ 대여금 ××만 원에 대한 약정에 20××. ××. ××.부터 20××. ××.

××.까지 월 ×%의 이자(15일 이상의 기간은 1개월로 계산한다) ××만 원(원고들 각자 ××만 원)은 위 약정 당시 확정되어 20××년 귀속 이자 소득으로, 나머지 ××만 원은 20××년 귀속 이자 소득으로 하여 과세표준과 세액을 경정한다는 결정을 하였다. 피고는 그 결정에 따라 피고 AAA에 대한 종합소득세를 ×××원으로, 피고 BBB에 대한 종합소득세를 ×××원으로 감액하였다[이하 원고들에 대한 종합소득세(가산세 포함) 부과처분을 '이 사건 처분'이라 한다].

라. 한편, 원고들은 20××. ××. ××. 이 사건 토지를 ××만 원에 매도하였다.

2. 관계법령

별지 관계법령 기재와 같다.

3. 이 사건 처분의 적법 여부

가. 원고들 주장의 요지

1) 원고들은 이 사건 대여금 채권의 원금이라도 회수할 생각으로 이 사건 토지를 매수하였으나, 실제로 이자를 받지도 못하였을 뿐 아니라 부동산 가격의 폭락으로 손해를 보았으므로, 배당표의 기재만으로 원고들에게 이 사건 쟁점금액만큼의 소득이 발생한 것이라 할 수 없다.

2) 이 사건 쟁점금액은 매월 지급받기로 한 이자를 일시에 받은 것이므로, 이자소득의 귀속은 차용기간인 20××년부터 20××년까지 구분하여 귀속되어야 한다.

나. 판단

1) 배당표에 원고들의 배당액이 원금 ××만 원을 초과한 ××만 원으로 기재되어 있는 사실은 앞서 본 바와 같고, 그 배당표에 이해관계인 등의 이의가 있었다는 사정은 보이지 아니하므로, 원금을 초과한 이 사건 쟁점금액은 구 소득세법 (2010. 12. 27. 법률 제10408호로 개정되기 전의 것) 제16조 제11호에서 정한 비영업대금의 이익으로 이자소득에 해당한다.

원고들은 채권자로서 배당받을 금액인 ××만 원을 이 사건 토지의 매각대금으로 사용(지급)하였다. 원고들이 배당받을 금액을 배당받지 못하였다고 볼 수 없다.

경매절차에서 매수한 이 사건 토지의 시세가 하락하여 원고들이 손해를 입었다고 하더라도, 이는 부동산이 그 가격 등락에 따라 입은 경제적인 손해일 뿐 배당금으로 받은 이자소득과는 무관하다.

2) 을 4, 5호증의 기재에 의하면, 원고들과 AAA는 위 ①, ③ 대여금 채권의 약정이자율을 ×%로, '이자는 선이자로 지급하기로 한다'고 약정한 사실을 인정할 수 있다. 이에 의하면 ①, ③ 대여금 채권에 관한 차용기간(① 대여금 채권: 20××. ××. ××.부터 20××. ××. ××.까지, ③ 대여금 채권: 20××. ××. ××.부터 20××. ××. ××.까지) 동안 발생한 이자 채권은 20××년, 20××년 원고들의 귀속 이자 소득을 볼 수 있다(위 1. 다.항의 국세청장의 심사결정도 같은 취지인 것으로 보인다).

그러나 위 차용기간 이후에 발생한 지연손해금 부분에 관하여 보건대, 앞서 인정한 사실, 을 9호증의 기재와 변론 전체의 취지를 종합하여 인정하거나 알 수 있는 다음과 같은 사실 또는 사정을 종합하여 볼 때, 위 지연손해금 채권이 매월 확정되어 원고들의 소득으로 귀속된다고 보긴 어렵고(현실적으로 지급받은 부분은 제외한다), 원고들이 배당금을 지급받은 20××. ××. ××. 확정되어 원고들의 소득으로 귀속되는 것으로 보는 것이 타당하다.

⑴ 이 사건 대여금 채권 모두 지연손해금의 지급일을 명시하고 있지 않다.

⑵ ① 대여금 채권은 연 ×%를 연체이자율로 정하고 있지만, ②, ③ 대여금 채권은 연체이자율을 따로 정하고 있지 않다. ② 대여금 채권의 경우 차용기간, 약정이자를 정하였음을 인정할 자료가 없다[② 대여금 채권의 증거로는 약속어음(을 6호증)이 있으나 그 약속어음에는 차용기간, 약정이자가 기재되어 있지 않다].

⑶ 원고들은 경매절차에서 ①, ③ 대여금 채권에 대한 지연손해금을 ×%로 계산하고(① 대여금 채권의 연체이자율인 ×%가 아니라 약정이자율인 ×%로 계산하였다), ②대여금 채권에 대하여는 원금만을 기재한 채권계산서를 제출하였다.

⑷ 원고들은 20××. ××. ××. 이후 배당기일까지 약 ××년간 AAA로부터 이자, 지연손해금을 지급받지 못하였다.

4. 결론

원고들의 청구는 이유 없으므로 이를 기각하기로 하여 주문과 같이 판결한다.

07 채권자가 경락으로 지급받은 금액에 관한 이자약정이 없더라도 원금 초과한 배당액은 비영업대금 이자소득이다

채권자가 담보부동산의 경매에 참가하여 경락받아 지급된 배당금이 채권원금을 초과하는 경우 이자소득에 해당하는 것이며, 이자 지급 약정이 없는 경우 지급받은 배당일을 귀속 시기로 봄이 타당하다(조심 2011중1875호, 대법원 2013두15118호에서도 국세청이 승소).

1. 처분개요

가. 청구인은 2005년 3월경 주식회사 ○○에게 1,150,000,000원을 대여하고, 2005.3.18. 주식회사 ○○ 소유의 ○○○○ ○○○ ○○○ ○○○ ○○○○ 공장용지 16,607㎡ 및 그 지상건물(이하 "쟁점부동산"이라 한다)에 채권최고액 1,650,000,000원의 근저당권을 설정하였으며, 이후 주식회사 ○○가 원리금을 변제하지 못하자 원금 1,150,000,000원 및 이자 855,978,082원, 합계 2,005,978,082원을 채권금액으로 하여 ○○지방법원 제천지원에 쟁점부동산에 대한 임의경매를 신청하여 2006.4.7. 경매개시결정을 받았고(사건번호 ○○○○○○○○○○), 당해 임의경매(쟁점부동산 감정가액 1,590,491,880원)에 참가하여 2006.12.4. 1,600,000,000원에 쟁점부동산을 경락받고, 배당금 1,589,682,909원을 수령하였다.

나. ○○지방국세청장은 처분청에 대한 정기감사를 실시하여 청구인이 경락으로 배당받은 1,589,682,909원에서 원금 1,150,000,000원을 초과한 439,682,909원(이하 "쟁점금액"이라 한다)은「소득세법」제16조 제1항 제12호의 비영업대금의 이익인 이자소득에 해당한다는 지적을 하였고, 이에 따라 처분청은 2011.1.10. 청구인에게

2006년 귀속 종합소득세 214,807,040원을 경정·고지하였다.

다. 청구인은 이에 불복하여 2011.4.5. 심판청구를 제기하였다.

2. 청구인 주장 및 처분청 의견
가. 청구인 주장

(1) 청구인은 원금에도 미치지 못하는 저가에 낙찰될 것이 명백한 상황에서 손실을 예방하기 위하여 단독으로 응찰하여 쟁점부동산을 16억원에 경락받았으나, 그 대금이 청구인의 근저당 채권액과 상계되어 자금 부담이 전혀 없었는바, 이와 같이 배당받은 금액은 낙찰자인 청구인의 금전이므로 사실상 이자를 수취한 것으로 볼 수 없다.

(2) 쟁점부동산을 낙찰 받아 매도를 위해 인근 부동산 중개업소에 알아보니 시세가 약 7억원인 사실을 그 때 처음 알게 되었고, 매매는 물론 임대도 되지 아니하여 2009년 11월에서야 겨우 임대가 되었는바, 이처럼 실제 가치가 채권 원금보다 훨씬 낮아 사실상 원금도 회수가 불가능하므로 종합소득세를 부과함은 부당하다.

(3) 설령, 청구인이 이자를 지급받은 것으로 볼 경우에도 이자소득의 귀속시기는 이자지급 약정에 따라 2005년 및 2006년분으로 구분하여야 한다.

나. 처분청 의견

(1) 쟁점부동산에 대한 임의경매 진행시 최초 감정가액은 1,590,491,880원이었고, 1회 유찰된 후 2차 입찰 최저가격이 1,272,394,000원으로 경매가 진행되어 청구인에게 1,650,000,000원에 낙찰되었는

바, 이와 같이 금전채무의 불이행에 따른 근저당권 실행으로 채무자가 제공한 담보물을 경매신청하고, 법원으로부터 원본액을 초과하여 지급받는 배당금은 이자소득에 해당한다.

(2) 청구인은 쟁점부동산의 실제 가치가 원금에 미치지 못한다는 주장에 대한 증빙서류를 제출하지 못하고 있고, 청구인의 경우와 같이 낙찰 받은 쟁점부동산을 양도하고자 하였으나, 그 자산가치가 원금에 미치지 못한다는 사유만으로 파산ㆍ강제집행 등의 채권 회수가 불가능함이 객관적으로 명백한 경우라고 할 수 없으며, 비영업대금의 이익은 그 채무자에게서 원리금이 회수불능사유가 발생한 경우라도 그 지급불능상태 전에 받은 이자는 원리금이 회수되지 못한 경우에도 이자소득에 해당한다.

(3) 청구인은 이자지급 약정일에 따라 귀속시기를 2005년과 2006년으로 구분하여야 한다고 주장하나, 이를 주장만 할 뿐 차용증서 등 관련 증빙을 제출하지 아니하고 있어 이자지급일이 객관적으로 확인되지 아니하므로 「소득세법 시행령」제45조 제9호의2 단서에 의해 이자소득의 수입시기를 배당받은 날로 보는 것이 타당하다.

3. 심리 및 판단
가. 쟁점

(1) 청구인이 쟁점부동산을 직접 경락받았고, 쟁점부동산의 실제 가치가 원금에 미치지 못하므로 이자소득으로 볼 수 없다는 청구주장의 당부

(2) 쟁점금액의 귀속을 이자지급 약정에 따라 2005년 및 2006년분으로 구분하여야 한다는 청구주장의 당부

나. 사실관계 및 판단

(1) 쟁점부동산 등기부 등본을 보면, 쟁점부동산 중 토지는 ○○○○ ○○○ ○○○ ○○○ ○○○○ 공장용지 16,607㎡이고, 건물은 ○○○○ ○○○ ○○○ ○○○ ○○○○ 외 4필지 지상의 제1동[일반철골구조 기타(샌드위치 판넬)지붕 단층공장 1,017.8㎡(490㎡ 공장, 490㎡ 창고, 37.8㎡ 사무실)]과 제2동(일반철골구조 기타지붕 2층 공장 1층 135㎡, 기숙사 및 식당 2층 127.44㎡)으로 나타나며, 2005.3.18. 청구인을 채권자, 채권최고액을 1,650,000,000원으로 하여 근저당권이 설정되었고, 2006.4.10. 임의경매가 개시되었으며, 2007.1.30. 청구인이 임의경매로 소유권을 취득한 사실이 나타난다.

(2) 대법원 홈페이지에 의해 조회된 쟁점부동산 경매사건의 주요현황을 보면, 사건번호는 제천지원 2006타경○○○○, 접수일자는 2006.4.7., 청구금액은 1,150,000,000원, 종국결과는 배당종결, 종국일자는 2006.12.4.로 나타난다.

(3) ○○지방법원의 쟁점부동산 경매공고(2차)에는 감정가액이 1,590,491,880원, 최저매각가액이 1,272,394,000원으로 되어 있다.

(4) 쟁점①에 대하여 살펴보면, 청구인은 자신이 쟁점부동산을 직접 경락받았고, 쟁점부동산의 실제 가치가 원금에 미치지 못하므로 이자소득으로 볼 수 없다는 취지로 주장하나, 쟁점부동산은 경매개시당시 1,590,491,880원으로 감정평가 되었고, 최종적으로 1,600,000,000원에 경매에 의해 매각된 점, 법원 경매에는 일부 제한이 있기는 하나 대체적으로 누구나 참가할 수 있고, 공개적·경쟁적인 응찰과정을 통해 형성되는 경매가액은 특별한 사정이 없

는 한 시가로 보는 것이 타당하다 할 것인바, 청구인이 직접 쟁점부동산을 경락받았다고 하여 달리 볼 수 없는 점, 그 밖에 쟁점부동산의 시가가 청구인의 채권원금 1,150,000,000원에 미치지 못함을 입증할 수 있는 구체적이고 객관적인 증빙제시가 없는 점 등을 종합하여 볼 때 청구주장을 받아들이기 어렵다고 판단된다.

(5) 다음으로 쟁점②에 대하여 살펴보면, 청구인은 쟁점금액의 귀속을 이자지급에 관한 약정에 따라 2005년 및 2006년분으로 구분하여야 한다고 주장하나, 이자지급 약정을 확인할 수 있는 객관적인 증빙을 제시하지 아니하고 있으므로, 청구인이 실제로 이자를 지급받은 배당일(2006.12.4.)을 귀속시기로 보아 과세한 처분은 잘못이 없다고 판단된다.

4. 결론

이 건 심판청구는 심리결과 청구주장이 이유 없으므로「국세기본법」제81조 및 제65조 제1항 제2호에 의하여 주문과 같이 결정한다.

08. 배당금에 대한 이자소득의 수입 시기는 판결 확정일이 아니라 배당금을 받은 날이다

납세자가 가집행선고부 승소판결에 의한 배당금의 수령에 관하여 이자소득세 등을 과세당한 후 상소심에서 그 판결이 취소되어 배당금을 반환하는 경우가 발생하더라도 경정청구를 함으로써 구제를 받을 수 있는 점 등에 비추어 보면, 비영업대금의 이익의 수입 시기는 배당금을 받은 날이다.

사 건	대법원 2008두20871 종합소득세 부과처분 취소
원고, 상고인	곽AA
피고, 피상고인	○○세무서장
원 심 판 결	대구고등법원 2008. 10. 17. 선고 2008누243 판결
판 결 선 고	2011. 6. 24.

[주 문]
상고를 기각한다.
상고비용은 원고가 부담한다.

[이 유]
상고이유를 본다.
1. 구 「소득세법」(2009. 12. 31. 법률 제9897호로 개정되기 전의 것) 제39조 제1항은 '거주자의 각 연도의 총수입금액의 귀속연도는 총수입금액이 확정된 날이 속하는 연도로 한다.'고 규정하면서, 제24조 제3항은 '총수입금액의 계산에 있어서 수입하였거나 수입할 금액의 범위와 계산 또는 그 확정시기에 관하여 필요한 사항은 대통령령으로 정한다.'고 규

정하고, 그 위임에 의한 구「소득세법 시행령」(2010. 2. 18. 대통령령 제 22034호로 개정되기 전의 것, 이하 같다) 제45조 제9의2호는 '비영업대금의 이익의 수입시기는 약정에 의한 이자지급일로 한다. 다만, 이자지급일의 약정이 없거나 약정에 의한 이자지급일 전에 이자를 지급받는 경우 또는 제51조 제7항의 규정에 의하여 총수입금액 계산에서 제외하였던 이자를 지급받는 경우에는 그 이자지급일로 한다.'고 규정하고 있다.

한편, 구「소득세법 시행령」제51조 제7항은 '비영업대금의 이익의 총수입금액을 계산함에 있어서 과세표준 확정신고 또는 과세표준과 세액의 결정·경정 전에 당해 비영업대금이 채무자에 대한 강제집행 등으로 회수할 수 없는 채권에 해당하여 채무자 또는 제3자로부터 원금 및 이자의 전부 또는 일부를 회수할 수 없는 경우에는 회수한 금액에서 원금을 먼저 차감하여 계산한다. 이 경우 회수한 금액이 원금에 미달하는 때에는 총수입금액은 이를 없는 것으로 한다.'고 규정하고 있다.

원심은, 그 채용증거를 종합하여 원고가 이AA에 대한 대여금 18억 원과 그 이자(이하 '이 사건 대여원리금'이라 한다)를 회수하지 못하고 있던 중 연대채무자인 손BB을 상대로 이 사건 대여원리금의 청구소송을 제기하여 원고의 청구를 인용하는 서울지방법원 2003. 7. 30. 선고 2002가합84864 판결(이하 '이 사건 가집행선고부 승소판결'이라 한다)을 받아 이를 집행권원으로 하여 2004. 11. 19. 손BB의 부동산에 대한 강제집행절차에서 이 사건 대여원리금 중 461,345,781원(이하 '쟁점배당금'이라 한다)을 배당받았으며,

그 중 54,352,881원은 원금의 변제에, 나머지 406,992,900원은 이자의 변제에 각 충당된 사실을 인정한 다음, 쟁점배당금은 원고가 임시로 보관하는 것이 아니라 그 배당받은 날에 원고의 소유로 귀속되어 원고가 임의로 처분할 수 있는 것이며, 가령 그 후의 상소심에서 이 사건 가

집행 선고부 승소판결이 취소되는 경우가 생긴다고 하더라도 그 배당의 효력이 부인되는 것이 아니라 부당이득반환 의무만 발생할 뿐이라는 이유로 쟁점배당금에 의한 이자소득 406,992,900원의 수입시기는 구「소득세법」제45조 제9의2호 단서에 의하여 쟁점배당금을 받은 날이 속하는 2004년도라고 판단하면서, 이와 달리 그 이자소득의 수입시기를 이 사건 대여원리금 청구소송의 상고심에서 손BB의 상고가 기각되어 쟁점배당금이 원고에게 확정적으로 귀속된 2005년도로 보아야 한다는 원고의 주장을 배척하였다.

기록과 앞서 본 각 규정의 내용 및 그 입법취지, 그리고 소득세법상 이자소득의 귀속시기는 당해 이자소득에 대한 관리·지배와 이자소득의 객관화 정도, 납세자금의 확보시기 등을 함께 고려하여 그 이자소득의 실현가능성이 상당히 높은 정도로 성숙·확정되었는지 여부를 기준으로 판단하여야 하는 점(대법원 1998. 6. 9. 선고 97누19144 판결 등 참조), 납세자가 가집행선고부 승소판결에 의한 배당금의 수령에 관하여 이자소득세 등을 과세당한 후 상소심에서 그 판결이 취소되어 배당금을 반환하는 경우가 발생하더라도「국세기본법」제45조의2 제2항에 의하여 그 이자소득세 등에 대한 경정청구를 함으로써 구제를 받을 수 있는 점 등에 비추어 보면, 이 사건 이자소득의 수입시기에 관한 원심의 판단은 정당한 것으로 수긍할 수 있다.

원심판결에는 이에 관하여 상고이유에서 주장하는 바와 같이 이자소득의 귀속시기에 관한 법리오해의 잘못이 없다.

2. 원심은 나아가, 원고의 주장대로 원고가 이AA에 대하여 이 사건 대여원리금과 별도로 2억 원의 구상금 채권을 가지고 있었다고 하더라도 쟁점배당금은 이 사건 대여원리금의 변제금으로 받은 것이어서 이를 위

구상금 채권의 변제에 충당할 수 없다고 보아 이를 다투는 원고의 예비적 주장을 배척하였는바, 원심판결의 이유를 기록에 비추어 살펴보면, 원심의 이러한 판단 역시 정당한 것으로 수긍할 수 있다.

원심판결에는 이에 관하여 상고이유에서 주장하는 바와 같이 쟁점배당금의 변제충당에 관한 심리미진 등 법령위반의 잘못이 없다.

3. 그러므로 상고를 기각하고, 상고비용은 패소자가 부담하기로 하여, 관여 대법관의 일치된 의견으로 주문과 같이 판결한다.

09 이자 채권의 회수 가능성이 전혀 없는 경우 이자 소득세를 부과할 수 없다(서울행정법원2006구합37257, 2007.09.19)

비영업대금의 이자 채권의 회수불능에 대한 입증 책임은 납세자에게 있다. 이자채권의 회수불능 여부는 구체적인 거래내용과 그 후의 정황 등을 따져서 채무자의 자산 상황, 지급능력 등을 종합하여 사회통념에 의하여 판단하여야 한다.

[주문]
1. 원고의 청구를 기각한다.
2. 소송비용은 원고가 부담한다.

[청구취지]
피고가 2005. 7. 4. 원고에 대하여 한 2002년도 귀속 종합소득세 60,559,490원, 2004년도 귀속 종합소득세 34,946,410원의 각 부과처분을 취소한다.

[이유]
1. 처분의 경위
다음의 각 사실은 당사자 사이에 다툼이 없거나, 갑2호증의 1,2, 을1호증의 1,2의 각 기재에 변론 전체의 취지를 종합하면 이를 인정할 수 있다.

가. (1) 원고는 2002. 2. 1. 백○○에게 500,000,000원을 대여하였고, 그 후 2000. 7. 3. 추가로 200,000,000원을 대여하면서 '원고가 2002. 2. 1. 백○○으로부터 위 원금 700,000,000원(= 500,000,000원 + 200,000,000원)및 이자 112,000,000원(위 원금 700,000,000원에 약

정이율 연 8%를 적용하여 계산한 금원) 합계 원리금 812,000,000원(= 700,000,000원 + 112,000,000원)을 지급받기로' 약정하였다.

(2) 그런데 백○○이 2002. 2. 1. 원고에게 812,000,000원을 변제하지 못하였고, 대신 백○○이 원고와 사이에 '백○○이 당일 원고로부터 이 원리금 812,000,000원을 차용하는 것으로 하되, 원고가 2004. 2. 1. 백○○으로부터 위 812,000,000원 및 이에 대한 이율 연 5%의 이자 81,200,000원(=812,000,000원 X 0.5% X 2002. 2. 1. 부터 2004. 2. 1. 까지 2년)을 모두 지급받기로' 약정하였다.

나. 피고는 2005. 7. 4. 원고의 백○○으로부터의 이자수입이, 2002. 2. 1. 에 112,000,000원, 2004. 2. 1. 에 81,200,000원이 각 귀속된 것으로 판단하여, 원고에 대하여 2002년도 귀속 종합소득세 60,559,490원, 2004년도 귀속 종합소득세 34,946,410원을 각 부과하는 이 사건 처분을 하였다.

2. 처분의 적법 여부

가. 원고의 주장

원고는 현재까지 백○○으로부터 위 이자를 수령한 사실이 전혀 없으며, 장래에도 이를 수령할 수 있는 가능성이 전혀 없으므로, 위 이자소득이 원고에게 귀속되었음을 전제로 하는 이 사건 처분은 위법하다.

나. 판단

① 소득세법시행령 제45조 제9의2호는 소위 비영업대금 이익의 수입 시기에 관하여 '약정에 이한 이자지급일, 다만, 이자지급일의 약정이 없거나 약정에 의한 이자지급일 전에 이자를 지급받는 경우 또

는 제51조 제7항의 규정에 의하여 총수입금액 계산에서 제외하였던 이자를 지급받는 경우에는 그 이자지급일로 한다'고 규정하고 있는바, 비영업대금 이익의 경우 원칙적으로 당사자가 약정한 이자지급일이 되면 그때에 현실적으로 이자를 수령하였는지 여부와는 상관없이 이때가 소득의 귀속시기가 될 것이고,

② 다만 소득의 원인이 된 이자채권이 발생된 때라 하더라도 그 이자채권이 채무자의 도산 등으로 인하여 그 채권의 회수가 사실상 불가능하게 되어 장래 그 소득이 실현될 가능성이 전혀 없게 된 것이 객관적으로 명백하게 된 때에는 그 소득을 과세소득으로 하여 소득세를 부과할 수 없는 것인바, 당해 채권이 객관적으로 회수불능한지 여부를 판정하는 기준시기는 원칙적으로 그 소득의 발생시기 또는 수입시기라 할 것이고, 그 회수불능에 대한 입증책임은 납세자에게 있으며, 그 채권의 회수불능 여부는 구체적인 거래내용과 그 후의 정황 등을 따져서 채무자의 자산상황, 지급능력 등을 종합하여 사회통념에 의하여 객관적으로 평가하는 방법으로 판정하여야 한다(대법원 1996. 12. 10. 선고 96누11105판결, 대법원 2002. 10. 25. 선고 2001두1536 판결 등 참조).

이 사건에 관하여 보건대, 갑3호증 내지 갑16호증의 3의 각 기재나 영상, 증인 이ㅇㅇ의 증언, 그리고 이 법원의 출입국관리사무소장, 서울시 종로구청장에 대한 각 사실조회결과만으로는, 이 사건 이자지급 약정일인 2002. 2. 1. 이나 2004. 2. 1. 현재 원고의 백ㅇㅇ에 대한 이자채권의 회수가 불가능하게 되었음이 객관적으로 명백하게 되었다는 점을 인정하기에 부족하고 달리 이를 인정할만한 자료가 없다.

그러므로 이 사건 이자채권이 위 각 수입시기에 원고에게 귀속되었

음을 전제로 한 피고의 이 사건 처분은 적법하고, 따라서 이를 다투는 원고의 주장은 받아들일 수 없다.

3. 결론
그렇다면 원고의 청구는 이유 없으므로 이를 기각하기로 하여 주문과 같이 판결한다.

비영업대금 이자소득은 세무서가 입증해야 한다

비영업대금 이익(이자소득)으로 보기 위해서는 대여금이 근저당권의 피담보채권 및 이자 약정 존재를 입증하거나 추정되는 사실을 세무서가 입증해야 한다.

사 건	2015구합1854 종합소득세부과처분취소
원 고	박순희
피 고	○○세무서장
변론종결	2015. 11. 6.
판결선고	2015. 12. 4.

[주 문]
1. 피고가 2014. 4. 3. 원고에 대하여 한 2008년 귀속 종합소득세 00,000,000원의 부과처분을 취소한다.
2. 소송비용은 피고가 부담한다.

[청구취지]

주문과 같다.

[이 유]

1. 처분의 경위

가. 원고는 2007. 8. 3. 주식회사 AA종합건설(변경 후 상호 주식회사 aa종합건설, 이하 'AA종합건설'이라 한다) 명의 DD은행 계좌로 0,000만 원(이하 '이 사건 대여금'이라 한다)을 입금하였다.

나. 주식회사 BB종합건설(변경 후 상호 주식회사 bb디엔아이, 이하 'BB종합건설'이라 한다)은 2007. 9. 4. 원고에게 인천 남동구 구월동 0000-00 대 495.5㎡(이하 '이 사건 토지'라 한다)에 관하여 채무자 'BB종합건설', 채권최고액 '0억 0,000만 원'으로 된 근저당권(이하 '이 사건 근저당권'이라 한다)을 설정해 주었다.

다. BB종합건설은 2008. 3. 6. 주식회사 CC건설에 이 사건 토지를 매도한 후 그 대금 중 0억 0,000만 원을 원고 명의 EE은행 계좌로 입금하였고(이하 위 0억 0,000만 원을 '이 사건 지급금'이라 한다), 같은 날 이 사건 근저당권은 말소되었다.

라. ○○지방국세청장은 2013. 8. 28.부터 2013. 9. 26.까지 BB종합건설에 대한 세무조사를 실시한 결과 위 가.항 내지 다.항 기재 사실을 확인하였고, 이 사건 대여금 0,000만 원과 이 사건 지급금 0억 0,000만 원의 차액 0,000만 원을 구 소득세법(2009. 12. 31. 법률 제9879호로 개정되기 전의 것) 제16조 제1항 12호 소정의 원고의 비영업대금 이익으로 판단하여 이를 2013. 12. 31. 피고에게 과세자료로 통보하였다.

마. 이에 피고는 2014. 4. 3. 원고에게 2008년 귀속 종합소득세 00,000,000원을 경정·고지하였다(이하 '이 사건 처분'이라 한다).

바. 원고는 이에 불복하여 2014. 5. 16. 피고에게 이의신청을 제기하였으나 2014. 6. 23. 기각되었고, 2014. 8. 22. 국세청장에게 심사청구를 제기하였으나 2014. 10. 27. 기각되었다.

[인정근거] 다툼 없는 사실, 갑 제1 내지 3, 5, 7, 9호증(가지번호 있는 것은 가지번호포함), 을 제1, 3호증의 각 기재, 변론 전체의 취지

2. 이 사건 처분의 적법 여부

가. 원고의 주장

이 사건 지급금과 이 사건 대여금의 차액 0,000만 원을 원고의 이자소득으로 볼만한 아무런 증거가 없음에도 이와 전제를 달리 한 이 사건 처분은 위법하다.

나. 관계법령

구 소득세법(2009. 12. 31. 법률 제9879호로 개정되기 전의 것)
제16조(이자소득)
① 이자소득은 당해연도에 발생한 다음 각 호의 소득으로 한다.
  12. 비영업대금의 이익
  구 소득세법 시행령(2010. 2. 18. 대통령령 제22034호로 개정되기 전의 것)
  이자소득의 수입시기는 다음 각 호에 따른 날로 한다.
  9의 2. 비영업대금의 이익 약정에 의한 이자지급일. 다만, 이자지급일의 약정이 없거나 약정에 의한 이자지급일전에 이자를 지급 받는 경우 또는 제51조제7항의 규정에 의하여 총수입금액

계산에서 제외하였던 이자를 지급 받는 경우에는 그 이자지급일로 한다.

다. 인정사실

1) 원고는 2007. 3. 9. BB종합건설에게 O억 원을 이자 월 4%, 변제기 2007. 12. 10.로 정하여 대여하기로 약정하고 황FF 명의 은행계좌로 00,000,000원을 송금하였고, 황FF은 같은 날 위 차용금채무를 보증하였다.

2) 원고는 2007. 3. 9.부터 2007. 10. 31.까지 황FF 및 AA종합건설에게 아래 표와 같이 네 차례에 걸쳐 합계 000,000,000원을 송금하였다(위 1)항 기재 금원 포함).

입금일자	상대방	금액(원)
2007. 3. 9.	황FF	00,000,000
2007. 8. 3.	AA종합건설	00,000,000
2007. 9. 4.	황FF	00,000,000
2007. 10. 31.	황FF	00,000,000

3) AA종합건설은 2000. 1. 13. 건축공사업 등을 목적으로 설립된 회사로 황FF이 2007. 3. 21. 위 회사의 대표이사로 취임하였다가 2008. 4. 28. 사임하였고, 조GG는 2008. 4. 28. 위 회사의 대표이사로 취임하였다. 한편, BB종합건설은 2005. 4. 7. 건축공사업 등을 목적으로 설립된 회사로 조HH가 2006. 4. 12. 위 회사의 대표이사로 취임하였고, 조GG는 이사로 재직하다가 2008. 3. 31. 사임하였다.

[인정근거] 갑 제4, 5호증, 제6호증의 2, 3, 제9호증의 1, 2의 각 기재, 변론 전체의 취지

라. 판단

일반적으로 세금부과처분취소소송에 있어서 구체적인 소송과정에서 경험칙에 비추어 과세요건사실이 추정되는 사실이 밝혀지면, 상대방이 문제로 된 당해 사실이 경험칙 적용의 대상적격이 되지 못하는 사정을 입증하지 않는 한, 당해 과세처분을 과세요건을 충족시키지 못한 위법한 처분이라고 단정할 수는 없다고 할 것이나, 일차적인 입증책임이 있는 과세권자로서는 우선 과세요건사실이 추정되는 사실을 입증하여야 할 것이다(대법원 1998. 7. 10. 선고 97누13894 판결 등 참조).

이에 비추어 이 사건을 살펴보건대, 이 사건 대여금과 이 사건 지급금의 차액 7,000만 원 전액을 원고의 비영업대금 이익(이자소득)으로 보기 위해서는, 피고가 이 사건 대여금채권만이 이 사건 근저당권의 피담보채권이라는 사실 및 이 사건 대여금에 대한 이자 약정이 존재한다는 사실을 입증하거나 또는 위 각 사실이 추정되는 사실을 입증해야 할 것이다.

그러나 앞서 본 인정사실에 변론 전체의 취지를 더하여 알 수 있는 다음과 같은 사정들, 즉 ① 원고로부터 이 사건 대여금 0,000만 원을 입금 받은 자의 명의가 AA종합건설이기는 하나 당시 AA종합건설의 대표이사가 황FF이었던 점, ② 원고는 BB종합건설로부터 이 사건 근저당권을 설정 받은 날인 2007. 9. 4.에도 황FF에게 0,000만 원을 송금하였던 점, ③ 위 0,000만 원과 이 사건 대여금 0,000만 원의 합계 0억 0,000만 원은 이 사건 근저당권의 채권최고액인 0억 0,000만 원에 가까운 점, ④ AA종합건설 또는 황FF이 원고에게 이 사건 대여금에 대한 이자를 지급하기로 약정하였다는 사실을 입증하거나 추정할 수 있는 자료가 전혀 없고, 오히려 이 사건 지급금이 이 사건 대여금의 원리금이라면 0,000만 원에 대한 7개월 (2007. 8. 3.부터 2008. 3. 6.까지)분의 이자가 0,000만 원으로 월 이율이 12.5%(=연 이율 150%)에 이르게 되는바, 경험칙상 원고가 2007. 3. 9. BB종합건설에게 대여한 1억 원의 월 이율 4%는 물론 당시 이자제한법 및 대부업 등의 등록 및 금융이용자 보호에 관한 법률에서 정하는 최고 이자율을 훨씬 상회하는 수준의 이자 약정을 하였으리라 보기는 어려운 점, ⑤ 결국 이 사건 근저당권은 이 사건 대여금은 물론 2007. 9. 4. 황FF에게 지급된 0,000만 원의 반환까지 담보하는 것으로 볼 가능성이 충분한 점 등에 비추어 보면, 피고가 제출한 증거들만으로는 원고가 오로지 이 사건 대여금에 대한 원리금 명목으로 이 사건 지급금을 수령하였다는 사실 또는 그와 같이 추정되는 사실이 입증되었다고 보기 부족하고, 달리 이를 인정할 증거가 없다.

따라서 이 사건 처분은 위법하고, 원고의 주장은 이유 있다.

3. 결론

그렇다면 원고의 이 사건 청구는 이유 있으므로 이를 인용하기로 하여 주문과 같이판결한다.

11. 금전을 대여하고 원금을 초과하여 수령한 금액은 비영업대금의 이익에 해당한다(수원지방법원 2008구합8759, 2009.06.24)

[주 문]
1. 원고의 청구를 기각한다.
2. 소송비용은 원고가 부담한다.

[청구취지]
피고가 2007. 6. 1. 원고에 대하여 한 2004년 귀속 종합소득세 46,807,900원의 부과처분을 취소한다.

[이 유]
1. 처분의경위

가. 원고는 2003. 5. 28. 김ㅇ춘과 박ㅇ헌으로부터 350,000,000원 및 100,000,000원을 각 차용하여 이를 구ㅇ영에게 빌려주었고, 구ㅇ영은 이를 박ㅇ수에게 전달하였다. 박ㅇ수는 위 돈으로 2003. 5. 30. 산림청에서 공매하는 용ㅇ시 처ㅇ구 남ㅇ면 전ㅇ리 산 23-6 임야 44,033㎡(이하 '이 사건 임야'라고 한다.)를 매수하였다가 이를 송ㅇ영에게 매도하였다. 박ㅇ수는 이 사건 임야의 매도대금을 구ㅇ영에게 주었고, 구ㅇ영은 이를 받아 아래 표와 같이 2003. 9. 9.부터 2004. 3. 12.까지 4차례에 걸쳐 원고에게 800,000,000원을 지급하였으며, 원고는 그 중 645,000,000원을 김ㅇ춘과 박ㅇ헌에게 지급하였다.

나. 피고는, 위와 같이 원고에게 남은 155,000,000원 중 원고가 이ㅇ희의 용ㅇ축산업 협동조합에 대한 대출금채무를 대위변제한 40,217,574원을 제외한 114,782,000원{ = 155,000,000원 - 40,217,574원, 이하 '이 사건 소득'이라고 한다(백원 이하 버림).}을 원고의 2004년도 비영업대금의 이익으로 보아 2007. 6. 1. 원고에 대하여 청구취지 기재 종합소득세 부과처분(이하 '이 사건 처분'이라고 한다.)을 하였다.

다. 원고는 이 사건 처분에 불복하여 2007. 7. 19. 이의신청을 거쳐 2007. 10. 19. 조세심판원에 심판청구를 하였으나 2008. 6. 19. 기각되었다.

[인정근거] 다툼 없는 사실, 갑 제1, 2호증, 을 제1 내지 4호증, 을 제7, 8호증의 각 기재, 증인 구ㅇ영의 증언, 변론 전체의 취지

2. 처분의 적법여부

가. 원고의주장

(1) 이 사건 소득은 원고가 구ㅇ영에 대한 미수채권이나 미수임대료를 회수한 것으로서 실질적으로 이자소득으로 발생한 것이 아님에도 피고가 이를 이자소득의 하나인 비영업대금의 이익으로 보아 이 사건 처분을 한 것은 위법하다.

(2) 설령 이 사건 소득을 이자소득으로 본다고 하더라도 그 발생 시기에 따라 분리 과세하여야 함에도 이 사건 소득 전부를 2004년도 귀속 종합소득세 과세표준에 합산하여 이 사건 처분을 한 것은 위법하다.

나. 관계법령

별지 관계법령 기재와 같다.

다. 판단

(1) 첫 번째 주장에 대한 판단

앞서 본 바와 같이 이 사건 소득은, 원고가 이 사건 임야의 매수대금의 용도로 김ㅇ춘과 박ㅇ현으로부터 450,000,000원을 빌려서 이를 다시 구ㅇ영에게 빌려주었고, 이후 구ㅇ영으로부터 원금과 이득금조로 800,000,000원을 회수하여 그 중 일부를 김ㅇ춘과 박ㅇ현에게 반환하고 남은 돈의 일부라는 점에서 비영업대금의 이익으로서 이자 소득이라고 봄이 상당하고, 한편 갑 제3호증의 1, 2, 갑 제4호증의 각 기재나 증인 박종헌, 구ㅇ영의 각 증언만으로는 원고가 당시 구ㅇ영에 대하여 어떤 채권이나 임대료의 지급을 구할 권리가 있었다고 인정하기 어렵고, 달리 원고의 주장을 뒷받침하는 객관적인 자료를 찾아볼 수 없으므로, 원고의 이 부분 주장은 이유 없다.

(2) 두 번째 주장에 대한 판단

원고와 구ㅇ영 사이에 이 사건 소득의 지급일에 관한 약정이 있었다고 볼 자료가 없는 이상 이 사건 소득의 귀속시기는 소득세법 시행령(2005. 2. 19. 대통령령 제 18705호로 개정되기 전의 것) 제45조 제9호의2에 따라 실제 이자지급일이라고 할 것 인데, 앞서 본 바와 같이 원고는 구ㅇ영으로부터 2003. 9. 9., 2004. 1. 8.과 2004. 2. 12. 등 3차례에 걸쳐 지급받은 돈 중 155,000,000원을 자신의 몫으로 차지하였고, 피고는 위 155,000,000원 중 40,217,574원을 제외한 나머지인 이 사건 소득만을 이자소득으로 인정하였는데, 갑 제2호증의 기재에 의하면 이 사건 소득에서 제외된 위 40,217,574

원에는 원고가 2003. 9. 9. 구ㅇ영으로부터 받은 돈 중 자신의 몫으로 삼은 20,000,000원이 포함되어 있는 사실이 인정되는바, 결국 이 사건 처분은 원고가 2004. 1. 8.과 2004. 2. 12. 구ㅇ영으로부터 받은 돈 중 자신의 몫으로 각 차지한 금액의 일부만을 소득으로 보아 그 이자지급일이 속한 과세연도에 따라 2004년 귀속 종합소득세를 부과한 것으로서 적법하고, 따라서 원고의 이 부분 주장은 이유 없다.

3. 결론

그렇다면 원고의 이 사건 청구는 이유 없으므로 기각하기로 하여 주문과 같이 판결한다.

12 NPL 투자자가 "비영업대금 이자소득(이익)"을 업으로 얻을 경우 대금업이 되어 "사업소득"으로 과세한다(대법원 87누784호)

◆ 사업소득의 정의

사업소득은 해당 과세기간에 발생한 금융 및 보험업에서 발생하는 소득 또는 소득세법에 열거된 소득과 유사한 소득으로서 영리를 목적으로 자기의 계산과 책임 하에 계속적·반복적으로 행하는 활동을 통하여 얻는 소득 등을 말한다.

◆ 근거 법률

소득세법 제19조(사업소득)

① 사업소득은 해당 과세기간에 발생한 다음 각 호의 소득으로 한다. 다만, 제21조제1항제8호의2에 따른 기타소득으로 원천징수하거나 과세표준확정신고를 한 경우에는 그러하지 아니하다.

11. 금융 및 보험업에서 발생하는 소득
21. 제1호부터 제20호까지의 규정에 따른 소득과 유사한 소득으로서 영리를 목적으로 자기의 계산과 책임 하에 계속적·반복적으로 행하는 활동을 통하여 얻는 소득

◆ 사업소득인가의 여부는 금전대여 거래의 영리성, 계속성 등으로 판단한다(부산고등법원-2018-누-22791, 2018.12.14).

고액의 자금을 수년에 걸쳐 불특정 다수의 상대방에게 계속·반복적으로 자금을 대여하고 고율의 이자를 수취한 사정을 종합하여 보면, 위 자금대여로 인한 소득은 사업소득에 해당한다.

사 건	2018누22791 종합소득세등부과처분취소
원고, 항소인	이AA
피고, 피항소인	☆☆세무서장
제1심 판 결	부산지방법원 2018. 8. 17. 선고 2018구합20284 판결
변 론 종 결	2018. 11. 23.
판 결 선 고	2018. 12. 14.

[주 문]

1. 원고의 항소를 기각한다.
2. 항소비용은 원고가 부담한다.

[청구취지 및 항소취지]

제1심판결을 취소한다. 피고가 2017. 2. 26. 원고에 대하여 한 종합소득세 2011년 귀속분 55,968,500원, 2012년 귀속분 13,689,433원, 2013년 귀속분 14,552,119원, 2014년 귀속분 29,706,568원의 각 부과처분을 모두 취소한다.

[이 유]

1. 제1심판결의 인용

이 법원이 이 사건에 관하여 적을 이유는, 원고가 당심에서 거듭 강조하거나 새롭게 주장하는 사항에 관하여 아래 제2항과 같이 추가 판단하고, 제1심 판결문 제9쪽 제5행의 "2016. 9. 19."을 "2006. 9. 19."로 고치는 외에는 제1심판결의 이유 기재와 같으므로, 행정소송법 제8조 제2항, 민사소송법 제420조 본문에 의하여 그대로 인용한다.

2. 추가 판단

가. 원고는, 채무자 김BB 소유의 부동산에 관한 임의경매 절차를 통해 지급받은 배당금은 원금의 일부일 뿐 이자가 아니고, 그 후 김BB이 사망함에 따라 더 이상 채무금을 받을 수 없다고 판단되어 연대채무자 김CC과 만나 차용금증서상의 채권채무를 종결하기로 합의하였으므로 이 사건 처분 중 김BB에 대한 부분은 부당하다고 주장한다.

살피건대, 갑 제8호증의 1 내지 3, 갑 제13 내지 18호증의 각 기재에 의하면, 원고는 2006. 9. 19. 채무자 김BB에게 25,000,000원을 이자율 연 36%(3일 이상 연체시 1% 가산금 부과), 이자지불일 매월 18일, 원금변제일 2006. 12. 19.로 정하여 대여한 사실, 원고는 김BB 소유의 부동산에 관하여 ○○지방법원 ●●지원 20◎◎타경◎◎◎◎호로 개시된 부동산 임의경매 사건에서 '원금 25,000,000원, 이자 29,128,767원'으로 하여 배당금 청구를 하여, 위 법원으로부터 2011. 3. 23. 배당금으로 24,545,476원을 수령한 사실, 원고는 2017. 12. 26. 연대채무자 김CC과 사이에, 김BB이 사망하여 채무금을 더 이상 독촉할 수 없고 김BB과 김CC 모두 재산이 없어 채무금을 받을 수 없음을 이유로 위 배당금으로 채권채무를 종결하기로 합의한 사실을 인정할 수 있다.

위 인정사실에 의하면, 원고가 임의경매절차에서 배당받은 위 24,545,476원은 다른 약정 등 특별한 사정이 없는 한 민법 제479조 제1항에 규정된 변제충당의 순서에 따라 이자 중 일부에 해당하는 것으로 보아야 하는데, 원고와 김BB 사이에 위 배당금의 변제충당에 관하여 달리 약정하였음을 인정할 만한 증거가 없다. 또한, 소득세법 시행령 제48조 제10의3호에 의하면, 금융보험업에서 발생하는 이자 및 할인액에 대한 사업소득의 수입시기는 '실제로 수입된 날'이고, 원본채권의 회수불가능이 객관적으로 확정된 경우에는 미회수 원본 채권액을 당해 연도의 대손금으로 처리하는 것일 뿐 이전 과세연도의 이자소득을 차감하는 것은 아니므로(대법원 2009. 9. 24. 선고 2009두9536 판결 등 참조), 2011년 이자소득이 발생한 이후에 원고와 연대채무자 김CC 사이의 위와 같은 채권채무 종결 합의는 이 사건 처분의 당부를 판단하는데 장애가 되지 아니한다. 따라서 원고의 위 주장은 이유 없다.

나. 원고는, 원고가 ◇◇신용정보 주식회사로부터 지급받은 2011년 1,540,000원, 2012년 2,240,000원, 2013년 7,403,500원은 원고와 ◇◇신용정보 주식회사 사이의 채권추심계약에 따라 지급받은 채권원금 중 일부이므로, 이를 이자로 보아 부과된 이 사건 처분은 부당하다고 주장한다. 그러나 원고가 당심에서 제출한 갑 제19호증의 1 내지 4의 각 기재만으로는 원고의 위 주장사실을 인정하기에 부족하고, 달리 인정할 만한 증거가 없으므로, 원고의 위 주장은 이유 없다.

다. 원고는, 원고가 소유하고 있는 부실채권 중 하CC, 천DD, 박EE에 대한 채권을 주식회사 □□□□□□□관리대부에 원금의 3% 상당액으로 매도하고, 그 매도대금 명목으로 하CC, 천DD에 대한 채권에 관하여 각 1,800,000원, 박EE에 대한 채권에 관하여 300,000원을 각 지급받은 것이므로, 위 금원을 이자로 보아 부과된 이 사건 처분은 부당하다고 주장한다. 그러나 원고가 당심에서 제출한 갑 제20호증의 1, 2, 3의 각 기재만으로는 원고의 위 주장사실을 인정하기 어려우므로, 원고의 위 주장 역시 이유 없다.

라. 원고는, 원고가 2011. 4. 1. 주식회사 △△△빌에 6억 원의 자금을

대여하고 이후 간편장부 대상자로서 2011년 귀속분 종합소득세 수정신고를 통해 세금을 납부하였음에도 불구하고, 피고가 2011년 149,515,068원, 2014년 96,234,586원을 이자수입으로 확정하여 이 사건 처분을 부과한 것은 부당하다고 주장한다. 살피건대, 을 제3, 4호증의 각 기재와 변론 전체의 취지에 의하면, 피고는 원고가 2011년 귀속분 종합소득세 수정신고를 통해 사업소득 총수입금액으로 기신고한 136,272,258원에 대하여 2011년 이자수익에서 직접 차감하여 경정·고지하였을 뿐만 아니라, 앞서 본 바와 같이 금융보험업에서 발생하는 이자 및 할인액에 대한 사업소득의 수입시기는 '실제로 수입된 날'로 보아야 하므로, 원고의 위 주장 역시 이유 없다.

마. 원고는, 원고가 홍GG로부터 2011년 수령한 3,900,000원은 원금이고, 김FF으로부터 2013년 수령한 200,000원은 대구 실사 교통비 및 경비이며, 박HH로부터 2013년 수령한 450,000원, 신JJ으로부터 2011년 수령한 300,000원은 모두 세무신고 하였고, 안KK로부터 2013년 수령한 900,000원, 이MM로부터 수령한 14,800,000원은 원금이며, 한NN으로부터 2013년 수령한 150,000원은 실사 교통비 및 경비로 지급받은 금원으로 이자수익이 아니라고 주장하나, 원고가 제출한 증거만으로는 원고 명의의 계좌에 입금된 위 금액이 원고가 신고를 누락한 이자수입에 해당한다는 추인을 뒤집기에 부족하고, 반증이 없으므로 원고의 위 주장 역시 이유 없다.

3. 결론

그렇다면, 원고의 청구는 이유 없으므로 모두 기각할 것인바, 제1심판결은 이와 결론을 같이하여 정당하므로 원고의 항소는 이유 없어 기각하기로 하여, 주문과 같이 판결한다.

PART 08

NPL의 지연손해금 배당수익 부분의 세금을 알아보자!

01 NPL의 지연손해금은 기타소득이다

"위약금과 배상금"이란 재산권에 관한 계약의 위약 또는 해약으로 받는 손해배상으로서 그 명목 여하에 불구하고 본래의 계약 내용이 되는 지급 자체에 대한 손해를 넘는 손해에 대하여 배상하는 금전 등을 말한다. 이에 NPL의 지연손해금은 기타소득으로서 NPL 투자자가 배당받는 약정 지연손해금 및 법정 지연손해금(소송촉진 등에 관한 특례법상 지연손해금)은 "기타소득"으로 과세한다(조세심판원 2012.3.21. 조심 2011서0866 종합소득 경정 결정, 조세심판원 2010.12.24. 조심 2008중1140 종합소득 경정 결정).

소득세법 제21조(기타소득)
① 기타소득은 이자소득·배당소득·사업소득·근로소득·연금소득·퇴직소득 및 양도소득 외의 소득으로서 다음 각 호에서 규정하는 것으로 한다.
  10. 계약의 위약 또는 해약으로 인하여 받는 소득으로서 다음 각 목의 어느 하나에 해당하는 것
    가. 위약금
    나. 배상금
    다. 부당이득 반환 시 지급받는 이자

소득세법 시행령 제41조(기타소득의 범위 등)
⑧ 법 제21조제1항제10호에서 "위약금과 배상금"이란 재산권에 관한 계약의 위약 또는 해약으로 받는 손해배상(보험금을 지급할 사유가 발생하였음에도 불구하고 보험금 지급이 지체됨에 따라 받는 손해배상을 포함한다)으로서 그 명목여하에 불구하고 본래의 계약의 내용이 되는 지급

자체에 대한 손해를 넘는 손해에 대하여 배상하는 금전 또는 그 밖의 물품의 가액을 말한다. 이 경우 계약의 위약 또는 해약으로 반환받은 금전 등의 가액이 계약에 따라 당초 지급한 총금액을 넘지 아니하는 경우에는 지급 자체에 대한 손해를 넘는 금전 등의 가액으로 보지 아니한다. 〈개정 2010.2.18, 2019.2.12〉

소득세법 시행령 제50조(기타소득 등의 수입시기)
① 기타소득의 수입시기는 다음 각 호에 따른 날로 한다.
　1의 2. 법 제21조제1항제10호에 따른 소득 중 계약금이 위약금·배상금으로 대체되는 경우의 기타소득 : 계약의 위약 또는 해약이 확정된 날

지연손해금이 기타소득이라는 대법원 판결사례 요약

① 대법원 1994. 5. 24. 94다3070 [청구이의] 판결에 따르면,
소득세법 제25조 제1항 제9호와 같은법시행령 제49조 제3항에 비추어, 채무의 이행지체로 인한 지연배상금이 본래의 계약 내용이 되는 지급 자체에 대한 손해라고 할 수는 없고, 나아가 그 채무가 금전채무라고 하여 달리 해석할 것은 아니므로, "금전채무의 이행지체로 인한 약정 지연손해금"의 경우도 위 법령에 의한 "기타소득"이 되는 "위약금 또는 배상금"에 포함되는 것이다. 라고 판시했다.

② 대법원 1997. 3. 28. 95누7406 [종합소득세 부과처분 취소] 판결에 따르면,

채무의 이행지체로 인한 지연배상금은 본래의 계약의 내용이 되는 지급 자체에 대한 손해가 아니고, 또 그 채무가 금전채무라고 하여 달리 볼 것도 아니므로 금전채무의 이행지체로 인한 약정지연손해금은 구 소득세법(1994. 12. 22. 법률 제4803호로 전문 개정되기 전의 것) 제25조 제1항 제9호에서 말하는 "계약의 위약 또는 해약으로 인하여 받는 위약금과 배상금"으로서 "기타소득"에 해당하고, 따라서 부동산 매매계약의 당사자가 이행이 지체된 중도금 및 잔금을 이자부 소비대차의 목적으로 할 것을 약정하여 소비대차의 효력이 생긴 경우에도 그 소비대차의 변제기가 지난 다음에는 묵시적으로라도 변제기를 연장하였다는 등의 특별한 사정이 인정되지 않는 한, 그 이후 지급받는 약정이율에 의한 돈은 이자가 아니라 "지연손해금"이므로 이는 "기타소득"에 해당한다. 라고 판시했다.

③ 대법원 1997. 9. 5. 96누16315 판결[종합소득세등 부과처분 취소]

【판시사항】

[1] 수탁보증인이 보증채무를 이행한 다음 주채무자에 대한 구상권 행사로서 수령한 법정이자 및 "지연손해금이 기타소득의 일종인 손해배상금에 해당"하는지 여부

[2] [1]항의 법정이자가 이자소득의 일종인 '비영업대금의 이익'에 해당하는지 여부(소극)

【판결요지】

[1] 수탁보증인이 그 출재로 주채무를 소멸하게 한 다음, 주채무자를 상대로 제기한 구상금 청구소송에서 그 출재액과 이에 대한 면책일 이후 소장송달일까지의 연 5푼의 민사법정이율에 의한 법정이자와 그 다음날부터 완제일까지의 소송촉진등에관한특례법 소정의 연 2할 5푼의 비율에 의한 지연손해금에 관한 승소판결을 받고 그 확정판결에 기하여 법정이자와 지연손해금을 수령한 경우,

그 지연손해금은 구 소득세법(1994. 12. 22. 법률 제4803호로 개정되기 전의 것) 제25조 제1항 제9호, 같은법시행령(1994. 12. 31. 대통령령 제14467호로 개정되기 전의 것) 제49조 제3항에서 기타소득의 하나로 정하고 있는 "계약의 위약 또는 해약으로 인하여 받는 위약금과 배상금"에 해당한다.

그러나 법정이자는 이자의 일종으로서 채무불이행으로 인하여 발생하는 손해배상과는 그 성격을 달리하는 것이므로, "계약의 위약 또는 해약으로 인하여 받는 위약금과 배상금"에 해당하지 아니한다.

[2] 이자소득의 일종인 '비영업대금의 이익'이란, 금전의 대여를 영업으로 하지 아니하는 자가 일시적·우발적으로 금전을 대여함에 따라 지급받는 이자 또는 수수료 등을 말하는 것이고, 위 [1]항의 법정이자는 대여금으로 인한 것이 아니어서 위와 같은 '비영업대금의 이익'에 해당하지 아니한다.라고 판시했다.

④ 대법원 2019. 5. 16. 2015다35270 [하자보수보증금등]

【판시사항】

[1] 소득세법이 채택하고 있는 권리확정주의에서 말하는 '확정'의 개념이 소득의 귀속시기에 관한 예외 없는 일반원칙인지 여부(소극) 및 구체적

인 사안에서 소득의 귀속시기를 판단하는 기준 / 원천징수하는 소득세에 대한 징수의무자의 납부의무 성립과 그 세액의 확정 및 이에 대응하는 수급자의 수인의무가 성립하는 시기(=원칙적으로 소득금액을 지급하는 때)

[2] 가집행선고부 승소판결에 따른 지연손해금의 현실적인 지급이 원천징수의무가 발생하는 소득금액의 지급에 해당하는지 여부(적극) 및 이때 공제한 원천징수세액이 가지급물에 포함되는지 여부(적극)

【판결요지】

[1] 소득세법은 현실적으로 소득이 없더라도 그 원인이 되는 권리가 확정적으로 발생한 때에는 소득의 실현이 있는 것으로 보고 과세소득을 계산하는 권리확정주의를 채택하고 있는데, 그와 같은 권리확정주의에서 말하는 '확정'의 개념을 소득의 귀속시기에 관한 예외 없는 일반원칙으로 단정하여서는 아니 되고, 구체적인 사안에 관하여 소득에 대한 관리·지배와 발생소득의 객관화 정도, 납세자금의 확보시기 등까지도 함께 고려하여 소득의 실현가능성이 상당히 높은 정도로 성숙·확정되었는지 여부를 기준으로 귀속시기를 판단하여야 한다. 나아가 구 국세기본법(2018. 12. 31. 법률 제16097호로 개정되기 전의 것) 제21조 제2항 제1호에 의하여 원천징수하는 소득세에 대한 징수의무자의 납부의무는 원칙적으로 소득금액을 지급하는 때에 성립하면서 그 세액이 확정되고, 이에 대응하는 수급자의 수인의무의 성립시기도 이와 같다.

[2] 수급자가 가집행선고부 승소판결에 의하여 지급자로부터 실제로 지연손해금에 상당하는 금전을 수령하였다면, 비록 아직 본안판결이 확정되지 않았더라도 특별한 사정이 없는 한 소득세법상 "기타소득"의 실현

가능성은 상당히 높은 정도로 성숙·확정된다고 할 것이다. 따라서 가집행선고부 승소판결에 따른 지연손해금의 현실적인 지급은 원천징수의무가 발생하는 소득금액의 지급에 해당하고, 지급자가 가집행선고부 승소판결에 따라 지연손해금을 실제로 지급하면서 공제한 원천징수세액도 가지급물에 포함된다고 보아야 한다.라고 판시했다.

⑤ 대법원 1988. 10. 24. 86다카2872 [양수금]판결

【판시사항】

가. 소득세법상 기타 소득에 해당하는 변상금채권의 양도와 소득세 등의 원천징수

나. 지급자가 소득금액을 지급하기 전에 원천세액을 징수공제할 수 있는지 여부

【판결요지】

가. 채권양도는 채권을 그 동일성을 유지한 채로 이전하는 것이므로 소득세법상 기타소득에 해당하는 변상금채권이 양도된 뒤에도 변상금채권의 성질에는 변함이 없고 따라서 위 변상금의 지급자는 채권양수인에게 위 변상금을 지급할 때에 이로부터 소득세등 원천세액을 징수하여 국가에 납부할 의무가 있는 반면 수급자인 채권양수인은 그 원천징수를 수인할 의무가 있다.

나. 국세기본법 제21조 제2항 제1호의 규정에 비추어 보면 원천징수하는 소득세 등에 대한 징수의무자의 납부의무는 그 소득금액을 실제로 지급하는 때에 성립하는 것이고 이에 대응하는 수급자의 수인의무의 성립시기 또한 같다고 할 것이므로 지급자가 위 소득금액의 실제 지급시기전에 미리 원천세액을 징수공제할 수는 없다.라고 판시했다.

⑥ 대법원 2016. 6. 23. 2012두28339 [종합소득세 부과처분 취소]

【판시사항】

채권자가 채무변제에 갈음한 채권양도로 원래 채권의 원리금을 넘는 새로운 채권을 양수함으로써 원래의 채권이 소멸한 경우, 구 소득세법 제21조 제1항 제10호에서 정한 기타소득이 발생하였다고 할 수 있는지 여부(원칙적 소극) 및 이때 기타소득의 발생시기(=양수한 채권에 기하여 채권자가 원래의 채권의 원리금을 초과하는 금액을 현실로 추심한 때)

【판결요지】

소득세는 사법상 성질이나 효력에 불구하고 일정한 경제적 이익을 지배·관리·향수하는 경우에 납세자금을 부담할 담세력이 있다고 보아 그에 대하여 부과하는 것이므로, 사법상 어떠한 소득이 생긴 것으로 보이더라도 그것이 계산상·명목상의 것에 불과할 뿐 실제로는 경제적 이익을 지배·관리·향수할 수 없고 담세력을 갖추었다고 볼 수 없다면, 소득세의 과세대상인 소득이 있다고 할 수 없다. 채무자가 양도하는 채권의 가액에서 원래 채권의 원리금을 넘는 금액을 채무불이행으로 인한 위약금 또는 배상금으로서 채권자에게 귀속시키려는 의사로 채무변제에 갈음한 채권양도를 한 경우, 채권자로서는 비록 채무자 및 채권 액면금액 등이 변경되기는 하지만 여전히 채권이라는 형태의 자산을 보유한 채 실질적·종국적인 만족을 얻지 못한 상태에 머물게 된다는 점에서 종전과 다름이 없다. 구 소득세법 시행령(2000. 12. 29. 대통령령 제17032호로 개정되기 전의 것) 제50조 제1항도 기타소득의 수입시기를 원칙적으로 '지급을 받은 날'로 규정하고 있다. 이러한 점들에 비추어 보면, 채권자가 채무변제에 갈음한 채권양도로 원래 채권의 원리금을 넘는 새로운 채권을 양수함으로써 원래의 채권이 소멸한 것만으로는 특별한 사정이 없는 한 아직 원래의 채권에 대한 기타소득이 발생하였다고 할 수 없고, 양수한 채권에 기하여 채권자가 원래의 채권의 원리금을 초과하는 금액을 현실로 추심한 때에 비로소 원래의 채권에 대한 기타소득이 발생한다. 라고 판시했다.

⑦ 대법원 2006. 1. 12. 2004두3984[환급거부처분취소]
【판시사항】
퇴직금지급채무의 이행지체로 인한 지연손해금이 소득세법 제21조 제1항 제10호의 '기타소득'에 해당하는지 여부(적극)

【판결요지】
근로계약은 근로자가 사용자에게 근로를 제공할 것을 약정하고 사용자는 이에 대하여 임금을 지급할 것을 약정하는 쌍무계약으로서, 근로와 임금이 서로 대가적인 관계를 갖고 교환되는 것이고, 근로계약의 효과로 지급되는 퇴직금은 그 자체가 퇴직소득으로서 소득세의 과세대상이 되는 것이며, 한편 금전채무의 이행지체로 인한 지연손해금을 본래의 계약의 내용이 되는 지급자체에 대한 손해라고 할 수는 없는 것이므로, 퇴직금지급채무의 이행지체로 인한 지연손해금은 소득세법 제21조 제1항 제10호 및 구 소득세법 시행령(2000. 12. 29. 대통령령 제17032호로 개정되기 전의 것) 제41조 제3항 소정의 '재산권에 관한 계약의 위약 또는 해약으로 인하여 받는 손해배상'으로서 기타소득에 해당한다.

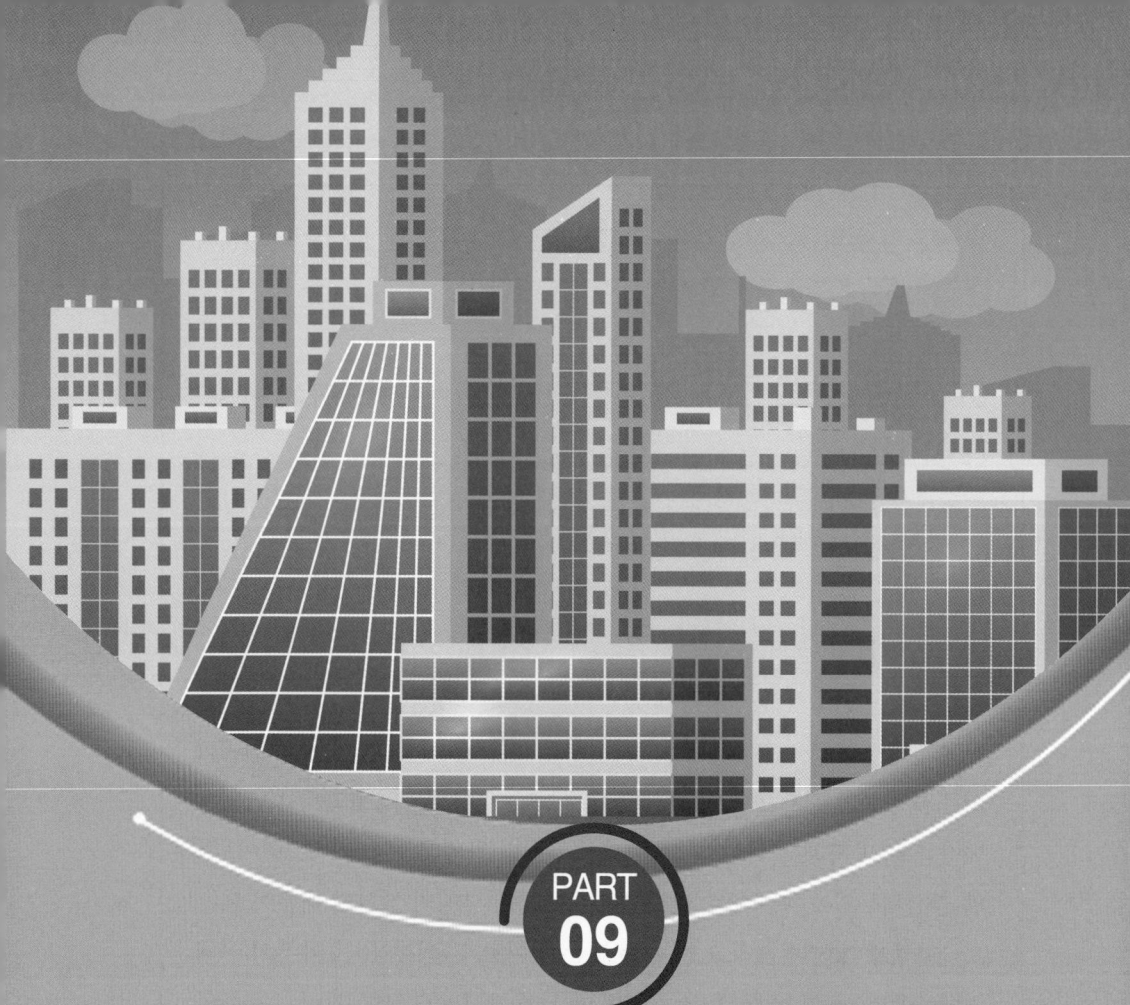

PART
09

NPL 배당금의 내용별 과세부담을 분석해 보자!

01 NPL 할인매입 후 배당내역(예시)

개인이 대출한 원리금 1억 5백만 원(NPL 원금 1억 원 + 정상이자 2백만 원 + 연체이자 3백만 원)의 NPL을 개인 NPL 투자자가 6백만 원을 할인해서 9천 9백만 원에 할인매입을 했다(NPL 1건만 취득한 것을 전제로 한다). 이후 개인인 NPL 양수인이 1억 5백만 원을 배당을 받아 6백만 원의 할인차익을 얻었다. 이 경우 양수인이 부담할 세금은 얼마나 될까요?

02 NPL배당금의 수익별 분석

배당금 1억 5백만 원(매입금액 9천 9백만 원)을 내용별로 분석하면
1) 원금할인 차익 1백만 원(1억 원 − 매입금액 9천 9백만 원) 배당
2) 정상이자 2백만 원 배당
3) 연체이자 3백만 원 배당

03. NPL배당 수익별 과세부과 분석

배당금 1억 5백만 원(매입금액 9천 9백만 원)의 내용별 과세부담을 분석하면,

◆ 원금할인 차익 1백만 원(1억 원 – 매입금액 9천 9백만 원)

업으로 하지 않은 경우 비과세하고, 업으로 수행할 경우 사업소득으로 과세한다.

◆ 정상이자 2백만 원 : 업으로 하지 않을 경우

"비영업대금 이자소득"으로 과세하고, 업으로 수행할 경우 "사업소득"으로 과세한다.

◆ 연체이자 3백만 원 : 개인에게 기타소득으로 과세한다!

사업자 또는 법인에게는 사업소득세 또는 법인세로 과세한다.

PART 10

NPL 지연손해금을 비영업대금 이자수익으로 과세하는 부당사례를 살펴보자!

NPL 지연손해금까지 일괄 비영업대금 이자수익으로 과세처분한 부당사례를 살펴보자!

개인 NPL 투자자가 수령하는 경매배당금에서 원금을 차감한 잔액을 비영업대금 이자소득으로 산정 후 종합소득세 신고를 통지하고 있다.

성남세무서

종합소득세 해명자료 제출 안내

문서번호 : 123-C-2017-0000209

○성명 : 조엄지   귀하   ○생년월일 : 19700305

안녕하십니까? 귀하의 사업이 번창하길 기원합니다.
 귀하의 종합소득과 관련하여 아래와 같이 과세자료가 발생하여 알려드리니 이에 대한 해명자료를 2017. 07. 31.까지 제출하여 주시기 바랍니다.

○과세자료 발생 경위

법원 경락대금 배당금에 대한 이자소득은 종합소득세 신고대상입니다
[이자소득 = 배당금액 - 원금]

○과세자료 내용

과세자료명	귀속연도	과세자료 발생처		과세자료금액	비고
		상호(성명)	사업자등록번호(생년월일)		
경락대금배당	2015-01			36,232,128	
소득합산표	2015-01			38,720,536	
경락대금배당	2014-01			38,497,877	

○제출할 해명자료
1. 원금 회수여부
2. 이자소득 지급받은 시기를 확인할 수 있는 자료

제출 기한까지 회신이 없거나 제출한 자료가 불충분할 때에는 과세자료의 내용대로 세금이 부과될 수 있음을 알려드립니다.

2017년 07워 20일

성남세무서장

(관인생략)

위 내용과 관련하여 문의 사항이 있을 때에는 담당자에게 연락하시면 친절하게 상담해 드리겠습니다. 성실납세자가 우대받는 사회를 만드는 국세청이 되겠습니다

■ 담당자 : 성남세무서 개인납세과 개인1팀 박대준 조사관 [전화 : 031-730-0288, 전송 : 070-3112-9522]

02. 우선수익권의 "이자 및 지연손해금의 할인차익"을 "비영업대금 이자소득"으로 부당 과세한 사례를 살펴보자! (조세심판원 조심 2018서0046호)

신탁 우선 수익권을 NPL 원금 100%만 주고 할인 매입하였다. 따라서 수익권 중 할인된 부분은 NPL의 이자 및 지연손해금 부분에 상당한 금액이 할인된 것이다. 이후 수익권 할인 매입자는 할인받은 이자 및 지연손해금까지 공매의 배분금으로 회수하였다. 이 경우 수익권 할인매입(사실상 NPL의 할인매입과 같음) 후 배분받은 할인차익인 정상이자 및 연체이자는 비영업대금 이자소득에 해당하여 과세한다는 조세심판원의 결정이다.

따라서 공매 배분금의 지급주체인 수탁회사는 신탁의 우선 수익자에게 공매대금 지급 시 정상이자 및 연체이자 상당 지급 금액에 대해서는 "비영업대금 이자소득(이익)"으로 보아 원천징수를 해야 된다고 결정하였다.

그러나 위 심판원의 결정은 부당하다. 그 이유는 할인받은 이자 부분만 비영업대금 이자소득으로 보고, 지연손해금(연체이자) 할인차익 부분은 기타소득으로 분리하여 각 해당하는 세율로 세금을 부과해야 타당한 것이다.

[사건번호] 조세심판원 조심2018서0046호 행정심판 결정

쟁점소득이 사업소득으로서 법인세법상 열거된 원천징수대상 소득에 해당하지 않는다는 청구주장의 당부 등

[결정요지]

쟁점소득은 AA가 쟁점우선수익권 등을 이전 우선수익자로부터 할인 취득함으로 인해 쟁점부동산의 매각에 따라 수령한 우선수익금과의 차이에 의해 발생한 것으로 채권양도소득이라기보다는 채권의 할인취득에 의해 발

생하는 이자소득의 일종으로 보는 것이 합리적인 점 등에서 쟁점소득을 법인세법상 원천징수대상으로 열거되지 아니한 국내원천 사업소득으로 보아야 한다는 청구주장은 받아들이기 어려움

[이 유]

1. 처분개요

가. 청구법인은 1998.12.8. 부동산신탁업을 영위할 목적으로 설립된 법인으로「자본시장과 금융투자업에 관한 법률」에 따라 금융위원회의 인가를 득하였다.

나. 청구외 OOO은 2010년 2월 OOO 등 OOO은행 11개사(이하 "OOO은행 등"이라 한다)로부터 약 OOO원(이하 "쟁점차입금"이라 한다)을 차입한 다음, 원리금 채무의 변제를 담보하기 위하여 자신과 청구법인을 위탁자 및 수탁자로 하고 OOO 대지 2,454.5㎡ 및 그 지상 건축물(이하 "쟁점부동산"이라 한다)을 신탁재산으로 하며 위 OOO은행 등을 1순위 우선수익자로 하는 내용의 부동산담보신탁계약(이하 "쟁점담보신탁계약"이라 한다)을 체결하였고, OOO은행 등은 2010.4.30.부터 2014.3.10.까지 우선수익권을 포함한 쟁점차입금 원본 등(이하 "쟁점우선수익권 등"이라 한다)을 OOO 6개사(이하 "OOO 등"이라 한다)에 양도하였다.

다. 이 후 위탁자인 OOO이 쟁점차입금 상환의무를 이행하지 못하자 2014.6.2. 쟁점부동산에 대한 공매절차가 개시되었고, 2014.6.17.부터 2014.6.26.까지 8회의 공매절차를 거치면서 최초 OOO원이던 최저입찰가격이 OOO원까지 하락하였으며, 2014.6.25. OOO 등은 쟁점우선수익권 등을 OOO에 양도하였고 (청구법인은 2014.10.12. 쟁점우선수익권 등의 양도에 동의하였

다), OOO는 2014.12.24. 쟁점우선수익권 등을 국내사업장이 없는 OOO 소재 법인인 OOO에게 매매가액을 OOO원으로 하여 양도하였으며, OOO는 쟁점우선수익권 등을 양수하면서 양수 후 가능한 한 한 달 내에 담보신탁의 대상 부동산을 취득할 계획이라는 내용이 기재된 확인서를 통지하였다.

라. 청구법인은 2015.2.13. OOO 법인인 OOO가 투자한 OOO(이하 편의상 "OOO"라 한다)의 수탁자인 OOO은행 주식회사(이하 "OOO은행"이라 한다)에 쟁점부동산을 OOO원에 매도하기로 하는 매매계약(수의계약)을 체결하였고, 2015.2.16. OOO은행은 쟁점부동산 매매계약서 제2조 제2항에 따라 매매대금 OOO원 중 OOO원은 신탁사무처리비용으로 청구법인 명의의 신탁계좌로 송금하고, 나머지 OOO원(이하 "쟁점정산액"이라 한다)은 1순위 우선수익자인 OOO명의의 OOO은행 계좌OOO로 송금하였다.

마. OOO국세청장(이하 "조사청"이라 한다)은 2017.4.6.부터 2017.5.25.까지 청구법인에 대한 법인세 통합조사를 실시하여 OOO은행이 OOO에게 지급한 쟁점정산액과 OOO가 쟁점우선수익권 등을 취득함에 있어 지급한 비용OOO과의 차액인 OOO원(이하 "쟁점소득"이라 한다)이 외국법인인 OOO의 국내원천 이자소득에 해당한다고 보았고, 청구법인이 쟁점소득에 대한 원천징수의무가 있다고 판단한 후 동 조사사항을 처분청에 자료로 통보하였다.

바. 처분청은 이에 따라 2017.8.28. 청구법인에게 2015년 귀속 법인원천징수분 이자소득세 OOO원 및 2015사업연도 법인세 OOO원(지급명세서제출불성실가산세)을 결정 및 경정·고지하였다.

사. 청구법인은 이에 불복하여 2017.11.13. 심판청구를 제기하였다.

2. 청구법인 주장 및 처분청 의견

가. 청구법인 주장

(1) 구 「법인세법」(2015.12.14. 법률 제13555호로 개정되기 전의 것) 제93조에서는 외국법인의 국내원천소득에 대하여 열거하고 있는데, 제1호에서는 이자소득을, 제5호에서는 사업소득에 대하여 규정하고 있고, 구체적으로 보면 제5호에서 외국법인이 경영하는 사업에서 발생하는 소득으로서 대통령령으로 정하는 것을 국내원천소득인 사업소득으로 규정하고 있으며, 「법인세법 시행령」제132조 제2항은 국내원천소득에 해당하는 사업소득의 종류를 제1호에서 제11호까지 열거하고 있고, 「법인세법」제98조 제1항은 외국법인에 대하여 법 제93조 제1호, 제2호 및 제4호부터 제10호까지의 규정에 따른 국내원천소득으로서 국내사업장이 없는 외국법인에게 지급되는 소득의 금액을 지급하는 자는 그 지급을 할 때에 해당 법인의 각 사업연도의 소득에 대한 법인세로 원천징수하여 그 원천징수한 날이 속하는 달의 다음 달 10일까지 대통령령으로 정하는 바에 따라 납세지 관할 세무서 등에 납부하여야 한다고 규정하고 있는바, 위 규정을 종합하면 쟁점소득이 법 소정의 '이자소득' 내지 '사업소득'에 해당하고, 청구법인이 쟁점소득을 OOO에게 지급하였다면 청구법인은 원천징수의무를 부담해야 할 것이다.

그러나, OOO는 OOO가 부실채권 등에 투자하여 투자수익을 얻기 위하여 OOO에 설립한 법인으로 OOO가 쟁점우선수익권 등에 투자하여 쟁점소득을 얻은 것은 OOO의 본래 사업목적에 따른 것으로서 쟁점우선수익권 등을 매입하여 그 행사차익에 해당하는 사업소득을 얻은 것이나, 「법인세법 시행령」제132조 제2항에서 부실채권(또는 우선수익권)의 투자 및 회수로 인하여 발생한 소득에 대하여 국내원천소득인 사업소득으로 열거하고 있지 아니하므로 쟁점소득은 국내원천소득에 해당하지 아니하고, 따라서 쟁점소득이 OOO의 국내원천소득임을 전제로 하는 원천징수의무는 존재할 수 없다.

(2) 전술한 바와 같이「법인세법」제93조 제1호, 제2호 및 제4호부터 제10호까지의 규정에 따른 국내원천소득으로서 국내사업장이 없는 외국법인에게 지급되는 소득의 금액을 "지급하는 자"는 "그 지급을 할 때"에 해당 법인의 각 사업연도의 소득에 대한 법인세로 원천징수하여 그 원천징수한 날이 속하는 달의 다음 달 10일까지 대통령령으로 정하는 바에 따라 납세지 관할 세무서 등에 납부하여야 하는데, 대법원에서는 외국법인에게 지급되는 국내원천 이자소득에 대하여 원천징수의무를 부담하는 소득금액 지급자(법 제98조 제1항)에 대해 "계약 등에 의하여 자신의 채무이행으로서 이자소득 금액을 실제 지급하는 자를 의미한다"고 하면서, 내국법인인 보증인이 주채무자를 위해 비거주자나 외국법인인 채권자에게 지급하는 채무 원리금의 경우에는 내국법인인 보증인이 법인세를 원천징수할 의무가 있다고 판단하였고(대법원 2009.3.12. 선고 2006두7904 판결, 대법원 2016.1.14. 선고 2013두10267 판결 참조), 본래 채무자와 본래 채무자의 동의를 받아 채권자에게 채무 원리금을 변제공탁하여 대위변제한 자(A) 중에서 원천징수의무자는 이자소득을 실제로 지급한 대위변제자(A)라고 판단(대법원 2014.12.11. 선고 2011두8246 판결 참조)한 사실이 있는바, 쟁점소득에 대한 원천징수의무자는 계약 등에 의하여 자신의 채무이행으로서 쟁점소득을 실제로 지급하는 자로 보아야 하므로, 설령 쟁점소득이 OOO의 국내원천소득에 해당한다고 하더라도 쟁점소득에 대한 원천징수의무자는 채권자인 OOO에게 실제로 지급한 OOO 법인인 OOO의 수탁자

인 OOO은행이며, 청구법인은 쟁점담보신탁계약상 신탁재산인 쟁점부동산의 처분·분배의무를 이행하기 위해 매매계약을 체결하고 관련 신탁사무처리비용 등 관련 비용을 지급받은 자에 불과하다.

또한 「법인세법」 제98조 제11항에서 원천징수의무자를 대리하거나 그 위임을 받은 자의 행위는 수권 또는 위임의 범위에서 본인 또는 위임인의 행위로 보아 원천징수의무를 부담한다고 규정하고 있는데, 대법원은 동 조항과 유사한 구「소득세법」(2005.5.31. 법률 제7528호로 개정되기 전의 것) 제127조 제2항의 해석과 관련하여 '원천징수의무자를 대리하거나 그 위임을 받은 자로서 그 수권이나 위임의 범위 안에서 원천징수의무를 부담하는 자'는 구「소득세법」제127조 제1항 각호의 소득금액을 지급해야 할 자로부터 원천납세의무자에 대한 소득금액의 지급과 아울러 원천징수업무, 즉 원천납세의무자로부터 소득세를 원천징수하는 업무와 원천징수한 소득세를 관할 세무서에 납부할 업무 등을 수권 또는 위임받은 자를 말하고 이러한 원천징수업무의 위임은 명시적으로뿐만 아니라 묵시적으로도 이루어질 수 있으나, 원천징수의 성격과 효과 등에 비추어 볼 때 묵시적 위임이 있다고 하기 위하여는 명시적 위임이 있는 경우와 동일시할 수 있을 정도로 위임 의사를 추단할 만한 사정이 있어야 하되, 다만 소득금액을 지급하여야 할 자를 대리하거나 그로부터 위임을 받아 원천징수대상 소득의 발생 원인이 되는 법률행위 등을 하고 소득금액을 지급한 경우에는 특별한 사정이 없는 한 적어도 원천징수업무의 묵시적인 위임이 있었다고 봄이 당사자의 의사에 부합한다."고 판시하였는바(대법원 2014.7.24. 선고 2010두21952 판결 참조), 이 건에 있어 쟁점담보신탁계약 특약사항 제3조는 "위탁자 OOO가 부동산에 대한 관리, 운영, 세무 등 일체의 업무수행 및 비용부담에 대한 책임을 지며, 수탁자(청구법인)는 이에 대한 일체의 민·형사상 책임을 지지 아니한다"고 약정한 점, 쟁점담보신탁계약이 체결될 시점의 우선수익자는 OOO은행 등 금융기관이었는데, 금융기관에 지급되는 이자소득은 원천징수의 대상에서 제외되므로(「법인세법」제73조 제1항, 같은 법 시행령 제111조 제2항, 제61조 제1항 제10호) 쟁점담보신탁계약을 체결할 당시 원천징수는 고려대상이 아니었던 점, 청구법인이 위탁자와 우선수익자 사이의 쟁점대여금 거래를 대리하거나 중개한 사실도 없는 점 등을 고려하면, 청구법인이 위탁자로부터 원천징수의무를 대리·위임받았다고 볼 수도 없으므로 청구법인이 쟁점소득에 대하여 원천징수의무를 부담할 이유가 없다.

(3) 처분청은 쟁점소득 전부를 OOO의 국내원천소득인 이자소득으로 보아 이 건 부과처분을 하였으나, 쟁점소득 중 이미「법인세법」상 귀속시기가 도래하여 기존 채권자(양도인)의 소득으로 인식된 소득금액은 동일 이자소득에 대한 법인세의 이중과세 문제가 있어 새로운 채권자(양수인 = OOO)의 이자소득으로 볼 수 없는바, 국세청 역시 외국은행이 국내지점(기간경과분 이자소득에 대한 법인세를 납부)을 폐쇄하고 내국법인에 대한 대출채권을 외국의 다른 지점으로 양도한 경우 외국은행 국내지점이 이미 이자소득으로 인식한 부분을 초과하는 이자소득에 대하여만 외국의 다른 지점에 귀속되는 소득으로 보아 원천징수를 하여야 한다고 회신한 바 있고(국세청 국업46017-125, 2000.3.9. 참조),「법인세법 시행령」제70조 제1항 제1호 및「소득세법 시행령」제45조 제1호에서 원칙적으로 약정에 의한 상환일이 속하는 사업연도를 이자소득의 귀속연도로 규정하면서 예외적으로 이자소득에 대하여 원천징수를 당하지 않는 금융기관이 결산을 확정함에 있어 이미 경과한 기간에 대응

하는 이자 및 할인액을 해당 사업연도의 수익으로 계상한 경우에는 이를 그 계상한 사업연도의 익금으로 인정하고 있다.

따라서, 쟁점차입금에 대한 이자 중 이미 약정에 따라 상환일이 도래한 부분 및 금융기관이 각 결산기에 이자소득으로 인식하여 법인세 과세표준을 신고한 부분의 경우에는 그 당시의 채권자(금융기관 등)에게 이자소득이 귀속된 것이므로, 쟁점소득 중 이를 초과하는 금액에 한하여만 OOO의 이자소득에 해당한다고 보는 것이 타당하다 할 것인바, OOO가 쟁점우선수익권 등을 취득(가액 OOO원)한 2014년 12월 당시 쟁점차입금의 원리금 합계액은 OOO원이었으므로(원금 OOO원, 미수이자 OOO원, 연체이자 OOO원), 쟁점정산액(OOO원) 전부가 원금 또는 약정에 따른 상환일이 도래한 부분에 해당하므로 청구법인이 원천징수해야 하는 이자소득은 없다고 보아야 한다.

나. 처분청 의견

(1) 채권양수도는 종래의 채권자(양도인)가 채무자에 대한 채권의 동일성을 유지한 채 새로운 채권자(양수인)에게 이전하는 종래의 채권자와 새로운 채권자 사이의 계약을 의미하고, 채권양도가 있더라도 채권의 세법상 성격이 바뀌지 않으며(OOO법원 2014.7.18. 선고 2014구합168 판결, 서울고등법원 2015.4.22. 선고 2014누60094 판결 참조), 이자채권이 만기 전에 양도·양수 되었더라도 채무자가 금전을 차용하여 사용한 사실 자체가 바뀌는 것은 아니므로 채무자가 지급하는 이자상당액은 세법상 이자소득에 해당한다.

또한, 유동화전문회사로부터 부실채권을 매수한 개인투자자가 채무자의 보증인으로부터 지급받는 이자상당액은 이자소득으로서 원천징수 대상에 해당(국세청 원천-1658, 2008.8.8. 참조)하므로 쟁점소득도 이자소득에 해당한다.

(2) 「법인세법」제98조 제1항에서 국내사업장이 없는 외국법인에게 소득을 지급하는 자는 그 지급을 할 때에 원천징수하도록 규정하고 있고, 같은 조 제11항에서 원천징수의무자를 대리하거나 그 위임을 받은 자의 행위는 수권 또는 위임의 범위에서 본인 또는 위임인의 행위로 보아 원천징수의무를 이행하도록 규정하고 있으며, 같은 법 시행령 제111조 제7항에서 "신탁업자가 신탁재산을 직접 운용하거나 보관·관리하는 경우 해당 신탁업자와 법 제73조 제1항 각호의 소득금액을 신탁재산에 지급하는 자 간에 대리 또는 위임관계가 있는 것으로 본다고 규정하고 있고, 국세청 유권해석에서도 부동산담보신탁의 수탁자가 위탁자가 지급해야 할 이자를 신탁재산의 매각대금에서 지급하는 경우 수탁자가 원천징수의무가 있다고 해석하고 있는바(국세청 서면법규과-808, 2013.7.15. 참조), 담보물인 쟁점부동산을 매각한 후 이자소득을 포함한 쟁점정산액을 우선수익자에게 지급한 청구법인은 쟁점소득에 대하여 원천징수의무를 가지는 것이다.

아울러 청구법인은 자신이 신탁사무처리비용 등 관련 비용을 지급받은 자일 뿐이고 이자소득을 포함한 쟁점정산액을 지급한 자는 ○○○은행이라고 주장하고 있으나, 이자소득을 지급하는 자라 함은 계약 등에 의하여 자신의 채무이행으로서 이자소득의 금액을 실제 지급하는 자이고(대법원 2009.3.12. 선고 2006두7904 판결 참조), 이 건과 유사한 보증인의 보증채무 이행에 대해 대법원은 소득의 발생원천에서 그 지급시점에 원천징수를 함으로써 과세편의와 세수확보를 기한다는 원천징수제도의 본질을 고려하여 보증인이 주 채무자의 이자채무를 직접 지급한 자로서 원천징수의무를 부담한다고 판단하였는바(대법원 2016.1.14. 선고 2013두10267 판결 참조) 쟁점담보신탁계약서 제22조 제1항에서 처분대금 정산의 주체를 수탁자인 청구법인으로 명시하고 있고, OOO은행은 쟁점부동산 매매계약시 청구법인과 약정한 대금지급방법에 따라 금융거래의 단축을 통해 OOO 계좌에 부동산매매대금을 지급한 것일 뿐 우선수익권을 정산하여 지급한 자라고 볼 수 없으며, 이 건 담보신탁은 위탁자의 우선수익자에 대한 대여금 및 이자채무 변제를 위해 설정된 것으로 우선수익자는 원금, 이자 및 지연손해금 상당의 수익권을 갖게 되고, 청구법인은 수탁자로서 우선수익자인 OOO에게 귀속되는 대여금의 원금과 이자를 쉽게 확인할 수 있는 지위에 있는 자로 현실적으로도 청구법인이 아니면 외국법인인 OOO에게 귀속되는 이자소득에 대한 원천징수를 이행할 수 있는 자가 없는 점 등을 보면 청구법인에게 원천징수의무가 있다고 판단한 당초 처분은 타당하다.

(3) 청구법인은 이미「법인세법」상 귀속시기가 도래하여 기존의 채권자가 인식한 이자소득은 원천징수대상에서 제외하여야 한다고 주장하나 OOO가 우선수익권자로서 수취한 OOO원은 담보물건을 처분한 매각대금으로 이 중 OOO가 지불한 원본 OOO원을 초과하여 수취한 금액인 쟁점소득OOO은 비영업대금의 이익(「소득세법」제16조 제1항 제11호)에 해당한다.

3. 심리 및 판단

가. 쟁 점

① 쟁점소득이 OOO의 사업소득으로서「법인세법」상 열거된 원천징수대

상 소득에 해당하지 않는다는 청구주장의 당부

② 청구법인이 쟁점소득을 실제 지급한 자로서 원천징수의무를 부담하는지 여부

③ 쟁점소득은 우선수익자가 이자소득(미수이자)으로 인식하여 기 법인세를 신고한 금액이므로 이 건 원천징수대상 소득금액으로 볼 수 없다는 청구주장의 당부

나. 관련 법령

(1) 법인세법(2015.12.14. 법률 제13555호로 개정되기 전의 것) 제93조 [국내원천소득] 외국법인의 국내원천소득은 다음 각 호와 같이 구분한다.

1. 다음 각 목에서 규정하는 소득으로서「소득세법」제16조제1항에 따른 이자소득(같은 항 제7호의 소득은 제외한다)과 그 밖의 대금의 이자 및 신탁의 이익. 다만, 거주자 또는 내국법인의 국외사업장을 위하여 그 국외사업장이 직접 차용한 차입금의 이자는 제외한다.

   가. 국가, 지방자치단체, 거주자, 내국법인 또는 외국법인의 국내사업장이나「소득세법」제120조에 따른 비거주자의 국내사업장으로부터 지급받는 소득

   나. 외국법인 또는 비거주자로부터 지급받는 소득으로서 그 소득을 지급하는 외국법인 또는 비거주자의 국내사업장과 실질적으로 관련하여 그 국내사업장의 소득금액을 계산할 때 필요경비 또는 손금에 산입되는 것

   2.~6. (생략)

7. 다음 각 목의 어느 하나에 해당하는 자산·권리의 양도소득. 다만, 그 소득을 발생하게 하는 자산·권리가 국내에 있는 경우로 한정한다.

가. 「소득세법」제94조 제1항 제1호·제2호 및 제4호 가목·나목에 따른 자산·권리

나. 내국법인의 주식 등(주식 등을 기초로 하여 발행한 예탁증서 및 신주인수권을 포함한다. 이하 이 장에서 같다) 중 양도일이 속하는 사업연도 개시일 현재의 그 법인의 자산총액 중 「소득세법」제94조 제1항 제1호 및 제2호의 자산가액의 합계액이 100분의 50 이상인 법인의 주식 등(이하 이 조에서 "부동산주식 등"이라 한다)으로서 「자본시장과 금융투자업에 관한 법률」에 따른 증권시장에 상장되지 아니한 주식 등

9. 다음 각 목의 어느 하나에 해당하는 주식 등(「자본시장과 금융투자업에 관한 법률」에 따른 증권시장에 상장된 부동산주식 등을 포함한다) 또는 그 밖의 유가증권(「자본시장과 금융투자업에 관한 법률」제4조에 따른 증권을 포함한다. 이하 같다)을 양도함으로써 발생하는 소득으로서 대통령령으로 정하는 소득

가. 내국법인이 발행한 주식 등과 그 밖의 유가증권

나. 외국법인이 발행한 주식 등(「자본시장과 금융투자업에 관한 법률」에 따른 증권시장에 상장된 것으로 한정한다)과 외국법인의 국내사업장이 발행한 그 밖의 유가증권

제98조 [외국법인에 대한 원천징수 또는 징수의 특례] ① 외국법인에 대하여 제93조 제1호·제2호 및 제4호부터 제10호까지의 규정에 따른 국내원천소득으로서 국내사업장과 실질적으로 관련되지 아니하거나 그 국내사업장에 귀속되지 아니하는 소득의 금액(국내

사업장이 없는 외국법인에 지급하는 금액을 포함한다)을 지급하는 자(제93조 제7호에 따른 소득의 금액을 지급하는 거주자 및 비거주자는 제외한다)는 제97조에도 불구하고 그 지급을 할 때에 다음 각 호의 구분에 따른 금액을 해당 법인의 각 사업연도의 소득에 대한 법인세로서 원천징수하여 그 원천징수한 날이 속하는 달의 다음 달 10일까지 대통령령으로 정하는 바에 따라 납세지 관할 세무서등에 납부하여야 한다. 다만, 제93조 제5호에 따른 소득 중 조세조약에 따라 국내원천사업소득으로 과세할 수 있는 소득은 제외한다.

1. 제93조 제4호 및 제5호에 따른 소득 : 그 지급액의 100분의 2

2. 제93조 제6호에 따른 소득 : 그 지급액의 100분의 20

3. 제93조 제1호·제2호·제8호 및 제10호에 따른 소득 : 그 지급액(제93조 제10호 다목의 소득에 대해서는 대통령령으로 정하는 금액)의 100분의 20. 다만, 제93조 제1호의 소득 중 국가, 지방자치단체 및 내국법인이 발행하는 채권에서 발생하는 이자소득의 경우에는 그 지급액의 100분의 14로 한다.

4. 제93조 제7호에 따른 소득: 그 지급액의 100분의 10. 다만, 양도한 자산의 취득가액 및 양도비용이 확인되는 경우에는 그 지급액의 100분의 10에 상당하는 금액과 그 자산의 양도차익의 100분의 20에 상당하는 금액 중 적은 금액으로 한다.

5. 제93조 제9호에 따른 소득: 그 지급액(제92조 제2항 제2호에 해당하는 경우에는 같은 호의 "정상가격"을 말하며, 이하 이 호에서 "지급액등"이라 한다)의 100분의 10. 다만, 제92조 제2항 제1호 단서에 따라 해당 유가증권의 취득가액 및 양도비용이 확인되는 경우에는 그 지급액등의 100분의 10에 상당하는 금액과

같은 호 단서에 따라 계산한 금액의 100분의 20에 상당하는 금액 중 적은 금액으로 한다.

⑪ 제1항 및 제5항부터 제10항까지의 규정에 따른 원천징수의무자를 대리하거나 그 위임을 받은 자의 행위는 수권 또는 위임의 범위에서 본인 또는 위임인의 행위로 보아 제1항 및 제5항부터 제10항까지의 규정을 적용한다.

다. 사실관계 및 판단

(1) 처분청 및 청구법인이 제출한 심리자료에 나타난 이 사건 처분 경위는 다음과 같다.

(가) 청구법인은 1998.12.8. 부동산신탁업을 영위할 목적으로 설립된 법인으로 쟁점차입금의 차주인 OOO은 2010년 2월 OOO은행 등 OOO은행 11개사로부터 OOO원을 차입하면서 원리금 변제를 담보하기 위해 자신을 위탁자로 하고 청구법인을 수탁자로 하며, 쟁점부동산을 신탁재산으로 하고 OOO은행 등을 우선수익자로 하는 쟁점담보신탁계약 체결하였다.

(나) 2010.4.30.부터 2014.3.10.까지 쟁점담보신탁계약상 우선수익자가 OOO은행 등에서 OOO 등 6개 OOO으로 변경(양도)되었고, OOO이 쟁점차입금 상환의무를 이행하지 못하자 OOO 등은 2014.6.2. 쟁점부동산에 대한 공매절차를 개시하였으며, 2014.6.17.부터 2014.6.26.까지 총 8차의 공매를 거쳐 OOO원에 최종 낙찰되었다(1차 최저입찰금액 OOO원, 감정평가액 OOO원).

(다) OOO 등은 공매가 진행중이던 2014.6.25. 쟁점담보신탁계약상의 쟁점우선수익권 등을 OOO에 양도하였고, OOO는

2014.12.24. 쟁점우선수익권 등을 OOO에 OOO원에 재양도 하였다.

(라) 청구법인은 2015.2.13. OOO 법인인 OOO의 수탁자인 OOO은 행에게 쟁점부동산을 OOO원에 매도하기로 하는 부동산매매계약 체결하였고, OOO은행은 2015.2.16. 매매대금 OOO원 중 OOO원을 신탁사무처리비용으로 하여 청구법인에게 지급하고, 쟁점정산액인 나머지 OOO원은 1순위 우선수익자인 OOO의 OOO은행 계좌OOO로 송금하였다.

(마) 조사청은 2017.4.6.부터 2017.5.25.까지 청구법인에 대한 2015사업연도 법인세 통합조사를 실시하여 쟁점정산액과 쟁점우선수익권 등 취득가액OOO의 차이인 쟁점소득(OOO)이 OOO의 국내원천소득에 해당하고, 청구법인이 쟁점소득의 원천징수의무자에 해당한다고 판단한 후, 동 조사내용을 처분청에 과세자료로 통보하였다.

(바) 처분청은 이에 따라 2017.8.28. 청구법인에게 2015년 귀속 법인원천징수분 이자소득세 OOO원 및 2015사업연도 법인세 OOO원(지급명세서제출불성실가산세)을 부과처분하였다.

(2) 조사청 조사담당자가 2017년 5월 작성한 청구법인에 대한 법인사업자 조사종결보고서의 주요 내용에 의하면, 업황은 1998년 12월에 설립된 민간 최초의 부동산신탁 전문회사로 신탁업무, 신탁대리업무, 리츠보수업무 등을 주요사업으로 영위하고 있고 외형이 증가하는 추세로 2016사업연도에 OOO원의 매출을 실현하였으며, 조사 적출내용으로 청구법인이 신탁재산의 우선수익자인 국내사업장이 없는 외국법인OOO에게 지급·정산한 OOO원(쟁점소득)에 대하여 원천징수의무를 불이행 하였다고 하고 있다.

(3) 청구법인의 주요 세부 주장 및 증빙의 제출사항은 다음과 같다.
 (가) 청구법인은 OOO의 사업현황과 관련하여 2002년 설립된 OOO(이하 "OOO"라 한다)가 부실채권 등에 투자하여 투자수익을 얻을 목적으로 OOO에 OOO를 설립하였으므로 OOO가 쟁점우선수익권 등에 투자하여 쟁점정산액을 얻은 것은 OOO의 본래 사업목적에 따른 것이라고 주장하면서 그 근거로 펀드투자 및 운용사항이 기술된 OOO 소개자료를 제시하였다.

 (나) 청구법인은 위탁자인 OOO로부터 원천징수의무를 대리·위임 받은 사실이 없다고 주장하면서 쟁점담보신탁계약서상 특약사항 제3조를 근거로 제시하였는바, 해당 조문에는 부동산 관리와 관련한 사항으로서 위탁자는 수탁자의 소유권 보전관리업무를 제외한 신탁부동산의 불법 점유 등 대상 부동산에 대한 관리, 운영, 세무 등 일체의 업무수행 및 비용부담에 대한 책임을 지며, 수탁자는 이에 대한 일체의 민·형사상 책임을 지지 아니한다고 되어 있다.

(4) 처분청의 주요 세부의견 및 관련 증빙의 제출사항은 다음과 같다.
 (가) 처분청은 청구법인과 위탁자간에 체결(2010년 2월)한 쟁점담보신탁계약서에서 처분대금 정산의 주체를 수탁자인 청구법인으로 명시하고 있으므로 청구법인이 쟁점소득의 원천징수의무자라는 의견을 제시하며 쟁점담보신탁계약서를 제출하였는바, 동 계약서의 제22조 제1항에서는 처분대금의 정산방법과 관련하여 수탁자는 처분대금 등에서 환가절차에 따른 정산을 함에 있어 신탁계약과 관련된 비용 및 보수, 우선수익자의 채권, 순차변제하고 잔여액이 있을 경우 그 잔여분을 수익자(수익자가 없으면 위탁자)에게 지급하는 순서로 한다고 정하고 있다.

(나) 또한 처분청은 OOO은행과 청구법인 간에 체결(2015.2.13.)한 부동산매매계약에 있어 원칙적으로는 OOO은행이 청구법인에 부동산 매매대금을 정산한 후 청구법인이 OOO에 쟁점우선수익권 등에 따른 정산을 하여야 하나, 동 계약서 제2조의 대금지급 방법에 따라 OOO은행이 청구법인의 OOO은행 계좌로 입금하기로 한 OOO원을 제외한 OOO원을 우선수익자인 OOO에게 편의상 단축하여 입금하기로 정하였으므로 OOO은행이 쟁점우선수익권 등을 정산하여 지급한 자가 아니라는 의견을 제시하며 쟁점부동산 매매계약서를 제출하였는바, 동 매매계약서의 제2조 제2항에서는 OOO의 수탁자인 OOO은행이 청구법인에게 지급해야 할 매매대금 OOO원 중 OOO원은 청구법인의 OOO은행 계좌OOO로 현금 납부하고, 차액 OOO원은 쟁점부동산에 대한 쟁점담보신탁계약상의 제1순위 우선수익자인 OOO 명의 계좌OOO에 현금 납부하며, 체약당사자는 OOO 명의 계좌에 대한 OOO원의 현금 납부가 OOO은행의 청구법인에 대한 매매대금의 지급으로 본다고 정하고 있다.

(5) 청구법인의 법인등기부등본에 의하면, 사업목적으로 토지와 그 정착물의 신탁 및 이와 관련된 건설·유지 관리업 등, 지상권·전세권 및 토지임차권의 신탁, 부동산의 담보신탁, 동산의 신탁 등을 정하고 있는 것으로 나타난다.

(6) 한편, 청구법인은 쟁점우선수익권 등을 이전(양도)한 선 우선수익자들이 쟁점차입금과 관련하여 기 발생한 이자를 미수이자로 하여 수익을 인식한 후 법인세를 신고하여 왔다고 주장하나 신고 사항은 확인되지 아니한다.

(7) 이상의 사실관계 및 관련 법령을 종합하여 먼저 쟁점①에 대하

여 살펴보면, 청구법인은 우선수익자의 우선수익권 취득과 담보부동산의 매각에 따라 발생한 쟁점소득이 OOO의 부실채권 투자 등 사업활동과 관련하여 발생한 것으로 사업소득에 해당하고, 관련 법령에서 규정하는 원천징수대상 국내소득에 해당하지 아니하므로 이 건 부과처분이 부당하다는 주장이나,

쟁점소득은 OOO가 쟁점우선수익권 등을 이전 우선수익자로부터 할인 취득함으로 인해 쟁점부동산의 매각에 따라 수령한 우선수익금과의 차이에 의해 발생한 것으로 채권양도소득이라기보다는 채권의 할인취득에 의해 발생하는 이자소득의 일종으로 보는 것이 합리적인 점, **쟁점정산금에는 쟁점차입금 원금 외에 미수이자와 연체이자가 포함되어 있고 동 미수이자 등에 대해 이전 우선수익권자가 법인세를 신고한 사실이 없는 점 등에서 쟁점차입금 원금을 초과하는 금액으로서 쟁점정산금과 할인 취득한 쟁점우선수익권 등의 가액과의 차이는 실질적으로 비영업대금의 이익에 해당한다고 보이므로 쟁점소득을 「법인세법」상 원천징수대상으로 열거되지 아니한 국내원천 사업소득으로 보아야 한다는 청구주장은 받아들이기 어렵다고 판단된다.**

(8) 다음으로 쟁점②에 대하여 살피건대, 이자소득을 지급하는 자라 함은 계약 등에 의하여 자신의 채무이행으로서 이자소득의 금액을 실제 지급하는 자라 할 것인바(대법원 2009.3.12. 선고 2006두7904 판결 참조), 쟁점담보신탁계약서 제22조 제1항에서 처분대금 정산의 주체를 수탁자인 청구법인으로 명시하고 있는 점, OOO은행은 쟁점부동산 매매계약시 청구법인과 약정한 대금지급방법에 따라 금융거래의 단축을 통해 OOO 계좌에 부동산매매대금을 지급한 것일 뿐 우선수익권을 정산하여 지급한 자라고 볼 수 없는 점, 청

구법인은 수탁자로서 우선수익자인 OOO에게 귀속되는 대여금의 원금과 이자를 쉽게 확인할 수 있는 지위에 있는 점 등을 고려하면 청구법인을 쟁점소득에 대한 원천징수의무자로 보는 것이 타당하다고 판단된다.

(9) 마지막으로 쟁점③에 대하여 살펴보면, 청구법인은 쟁점소득을 원천징수대상 이자소득으로 보는 경우에도 이미「법인세법」상 귀속시기가 도래하여 기존의 우선수익자가 미수이자로서 수익을 인식하였으므로 이를 원천징수대상에서 제외하여야 한다고 주장하나, 기존 우선수익권자가 미수이자 등을 법인의 각 사업연도 소득으로 인식하여 법인세를 신고한 사실이 확인되지 아니하므로 청구주장은 이유 없다고 판단된다.

4. 결 론

이 건 심판청구는 심리결과 청구주장이 이유 없으므로「국세기본법」제81조 및 제65조 제1항 제2호에 의하여 주문과 같이 결정한다.

PART 11

NPL 할인매입 및 고가 유입 낙찰하여 매각 시 양도세 폭탄을 맞을 수 있다

 고가로 유입낙찰을 받았음에도 낮은 NPL취득가를 경락 부동산의 취득가로 판결했다

NPL을 저가로 매입후 법원 감정가의 3배 이상으로 낙찰가를 쓴 사례에서 이는 실질과세의 원칙에 반하여 부동산의 취득가로 인정할 수 없다는 판결이다. 대부분의 NPL교육시 NPL을 저가로 매입후 고가로 유입낙찰을 받은 다음 낙찰가 상당 금액으로 재매각시 양도세를 절감할 수 있다고 가르치고 있다. 그런데 이는 실질과세 원칙에 반하므로 고가로 유입낙찰을 받아도 실질적으로는 NPL의 취득가가 부동산의 취득가로 인정될 수 있다. 이에 양도세 비과세가 아닌 폭탄을 맞을 수 있다.

NPL투자자가 NPL매입가 보다 통상적인 부동산의 등락폭인 20%~30%정도 높게 낙찰 받은 다음 동 낙찰가격 수준으로 매각한다면 낙찰가를 적정 취득가격으로 볼 여지가 있고 이 경우 양도세는 비과세가 될 가능성이 크다. 그러나 위와 같이 NPL취득가격 보다 3배 내지 10배 이상으로 낙찰가격을 쓸 경우 실질과세를 근거로 NPL취득가격에 실제 부담한 금액을 합산해서 부동산의 취득가로 인정하고 있다. 무엇이든 적당하게 해야 한다.

아래 판결은 형식상의 경락가는 실지거래 가액으로 양도소득세를 산정할 수 없다고 판시했다. 양도소득을 형식상의 경락가로 하는 것은 실질과세 원칙에 위배되므로 이를 기준으로 양도소득세를 산정할 수 없는 바, 토지의 양도소득을 확정할 수 없는 경우에 해당한다(소득세법 제96조 양도가액).

사　　　건	창원지방법원 2017구합50339 양도소득세경정거부처분취소
원　　　고	신○○
피　　　고	△△세무서장
변 론 종 결	2017.08.22.
판 결 선 고	2017.10.17.

[주 문]

1. 피고가 2016. 6. 13. 원고에게 한 2014년 귀속 양도소득세 ○○○,○○○,○○○원에 대한 경정청구 거부처분을 취소한다.
2. 소송비용은 피고가 부담한다.

[청 구 취 지]

주문과 같다.

[이 유]

1. 처분의 경위

가. 원고가 EEEE은행에 근저당권을 설정함

1) 원고는 2009. 3. 20. ○○시 ○○면 ○○리 ○○-○ 공장용지 632㎡(이하 '이 사건 토지'라 한다), 같은 리 △△-△ 답 694㎡, 같은 리 ㅁㅁ-ㅁ 답 151㎡(위 ㅁㅁ-ㅁ 답151㎡는 2014. 7. 28. 같은 리 △△-△ 답에 합병되었고, 위 두 토지를 합하여 '기타 토지'라 한다)를 합계 195,000,000원에 매수하였다.

2) 원고는, 주식회사 AAA(이하 'AAA'라 한다)가 EEEE은행으로부터 대출을 받을 때에 2010. 1. 26. 이 사건 토지에 관하여 채권최고액 각 △△△,000,000원, ㅁㅁ,000,000원, ☆☆☆,000,000원(합계

600,000,000원), 채무자 AAA, 근저당권자 각 EEEE은행으로 된 근저당권들을 설정하여 주었다(이하 위 각 근저당권을 합쳐서 '이 사건 근저당권'이라 한다).

나. 이 사건 근저당권부 대출채권의 양도

1) AAA가 대출채무를 변제하지 못하자 EEEE은행은 이 사건 토지에 관하여 임의경매를 신청하였고(○○지방법원 2013타경○○○○○호), 2013. 9. 26. BBB유한회사(이하 'BBB'라 한다)에게 구 자산유동화에 관한 법률(2016.1. 19. 법률 제13797호로 개정되기 전의 것)이 정한 유동화자산의 양도방법으로서 AAA에 대한 근저당권부 대출채권과 이 사건 근저당권을 양도하였고, BBB는 2014. 1. 17. 김aa에게 위 채권을 다시 양도하였다.

2) EEEE은행은 2014. 3. 3. BBB에게, BBB는 같은 날 김aa에게 이 사건 근저당권의 이전등기를 각 경료하여 주었다.

다. 법원의 임의경매절차

1) ○○지방법원의 이 사건 토지에 대한 임의경매절차에서 감정가액은 2013. 11.15. 기준 ○○○,○○○,○○○원(이하 '법원감정가'라 한다)으로 평가되었다.

2) 김aa, 강bb, 이cc, 최dd(이하 '김aa 등'이라 한다)은 위 임의경매절차에 참가하여 2014. 8. 8. ○○○,○○○,○○○원(이하 '이 사건 경락가'라 한다)에 이 사건 토지를 낙찰받아 각 1/4 지분을 취득하였고, 그 후의 배당절차에서는 김aa는 1순위 근저당권 자로서 위 채권최고액 합계에서 집행비용 등을 제외한 ○○○,○○○,224원을 배당받았다.

3) 김aa 등은 2014. 9. 3. CCC 주식회사에 이 사건 토지를 매도하고, 양도소득세를 신고하지 않았는데, 이cc의 관할 세무서장은 이 사건 토지의 취득가액을 이 사건 경락가로 보고 (그와 동시에 취득비용으로 보아) 과세미달로 결정하였다.

라. 이 사건 처분 및 불복

1) 원고는 2015. 5. ○○. 피고에게, 이 사건 경락가인 ○○○,○○○,○○○원과 기타토지에 대한 경락가액 ○○○,○○○,○○○원을 합하여 산정한 2014년 귀속 양도소득세 ○○○,○○○,○○○원을 신고하였다.

2) 원고는 2016. 4. ○○. 피고에게 이 사건 토지의 양도가액은 법원 감정가인 ○○○,○○,○○○원이므로 원고에 대한 양도소득세 부과액을 △△,△△△,△△△원으로 경정하여 달라고 청구하였다.

3) 피고는 2016. 6. ○○. 원고에게 당초 원고가 신고한 바와 같이 이 사건 경락가가 양도가액이라는 이유에서, 위 경정청구를 거부하였다(이하 '이 사건 처분'이라 한다).

4) 원고는 이에 불복하여 2016. 8. ○○. 국세청장에 심사청구를 제기하였으나, 2016.11. ○○. 기각되었다.

[인정 근거] 다툼 없는 사실, 갑 제1 내지 11호증의 각 기재, 변론 전체의 취지

2. 관계 법령

별지 기재와 같다.

3. 주장 및 판단

가. 원고의 주장

이 사건 토지의 경락가액이 ○억 원이어서 형식상은 소득세법 제96조 제1항의 '실지 거래가액'으로 보이지만, 이를 이 사건 토지의 실지거래가액으로 보는 것은, 다음과 같은 사정들 때문에 형평에 반하므로, 법원감정가를 기준으로 이 사건 토지에 대한 양도소득세를 산정하여야 한다.

1) 김aa 등은 BBB로부터 소위 금융권의 부실채권인 NPL채권(담보부 대출채권)을 저가에 양수한 후에 이를 행사한 것이다. 구체적으로 설명하면, 김aa 등은 이 사건 근저당권부 부실 대출채권을 매수한 후에, 근저당권의 임의경매로 인한 경낙절차에서는 법원감정가의 세배가 넘는 ○억 원에 이 사건 토지를 낙찰 받고, 그 이후 배당절차에서 근저당권자로서 6억원을 도로 배당받아 실제 아무런 비용을 지출함이 없이 이 사건 토지의 소유권을 취득하였다. 그럼에도 불구하고 CCC에 이 사건 토지를 양도할 때에는 다시 정상적인 가격에 매도하고, 취득비용을 ○억 원으로 함으로써 양도소득세를 납부하지 않았다. 따라서 김aa 등이 실제 이 사건 토지의 경매절차에서 지출한 비용은 BBB에 지급한 채권매수대금과 경매비용을 합한 금액이고, 경낙대금 ○억 원은 이와 같이 양도소득세를 회피하기 위한 작출된 외관에 불과하다.

2) NPL채권의 채무자(물상보증인 포함)는 변제자력이 없는데 경락가가 고가로 작출된 경우, 변제자력이 없는 채무자가 경락가를 기준으로 양도소득세를 부담하고, NPL 채권자들은 고가로 작출된 경낙가액을 양도소득시의 취득비용으로 하여 양도소득세를 감면받는 것은 형평에 반한다.

나. 판단

소득세법 제96조 제1항은 양수인과 양도인이 실제로 거래한 가액을 실지거래가액으로 하여 양도소득세 산정의 기준으로 하고 있어, 형식상은 이 사건 경낙가인 ○억 원은 위 조항에서 정한 실지거래가액으로 볼 수 있다. 하지만 다음과 같은 이유에서 이 사건 토지에 대한 양도소득을 이 사건 경낙가로 하는 것은 실질과세의 원칙을 위반하므로 이를 기준으로 양도소득세를 산정할 수 없으므로, 이 사건은 이 사건 토지의 양도소득을 확정할 수 없는 경우에 해당하므로, 이를 간과한 이 사건 처분은 취소되어야 한다.

1) 국세기본법 제14조 제1항은 "세법 중 과세표준의 계산에 관한 규정은 소득, 수익, 재산, 행위 또는 거래의 명칭이나 형식에 관계없이 그 실질 내용에 따라 적용한다"고 규정하고 있어 거래내용에 있어서 실질주의를 규정하고 있다.

이 사건의 경우 원고는 이 사건 경낙가인 ○억 원에 이 사건 토지를 매도한 형식을 띄기는 하지만 원고는 물상보증인으로서 이 사건 토지의 임의경매를 통하여 양도를 한 것이고 그 과정에서 원고가 거래에 관여를 한 사실은 전혀 없다. 이에 반하여 김aa 등은 근저당권자의 지위에서 자신들이 채권최고액을 전액 변제받는 것을 악용하여 향후에 이 사건 부동산을 낙찰 받은 후 전매할 때를 대비하여 과다한 취득비용를 공제받기 위한 외관을 만들기 위하여 이 사건 경락가를 작출한 것이므로, 이는 정상적 인 거래가 아님이 명백하다. 따라서 이 사건 경락가를 기준으로 양도소득세를 부과할 경우에는 위 실질과세의 원칙에 반한다.

2) 원고에게 귀속된 이익에 관하여 살피건대, 원고는 물상보증인으로서 그가 이 사건 경매절차를 통하여 얻은 이익은 물상보증인으로서

의 물적 부담을 면제받은 것인데 이는 통상 물적 담보의 시가와 일치한다. 그런데, 이 사건 토지의 시가는 집행법원의 감정결과에 따르면, ○○○,○○,○○○원에 불과하므로, 만일 김aa 등의 관여가 없었다면, 원고가 얻은 이익도 ○○○,○○,○○○원 이내이고 원고는 그 범위 내에서 세금을 부담할 정당한 기대를 가지게 된다.

그런데 김aa가 작출한 외관인 이 사건 경락가를 그대로 원고의 이익으로 볼 경우에는 원고는 담보로 제공한 부동산의 소유권을 상실함으로써 물적담보 책임을 면하는 점에서는 동일하지만, 실제 세금액수는 이 사건 토지의 법원감정가조차 초과하는 거액을 부담하게 되어 원고의 적법한 기대를 해친다.

3) 이 사건 경락가는 법원감정가의 3배를 초과하여 통상적인 시가를 전혀 반영하지 못한다.

4) 이 사건의 속성은, 김aa 등이 향후 이 사건 토지를 전매할 경우에 전매차액의 극대화를 위하여 거액의 이 사건 경락가를 형성하여 놓은 것이어서, 실제로는 김aa 등이 장래 부담할 세 부담을 현재의 원고에게 전가시킨 것에 불과하므로, 그 구조적인 모순은 시정될 필요가 있다.

5) 실제로 김aa 등이 이 사건 부동산을 임의경매에서 취득하는데 든 비용은 NPL채권의 구입대금과 임의경매의 집행비용을 합한 금액에 불과한대, 경매비용은 앞서 본 바와 같이 ○,○○○,776원이고(○○○,○○○,○○○원 - ○○○,○○○,224원), 채권의 구입비용은 알 수가 없으므로, 결국 이 사건 토지의 실지거래가액은 이를 알 수 없는 경우에 해당한다.

다만 원고는 김aa 등의 채권매입가를 알 수 없는 이상 이 사건 법원 감정가가 소득세법 제114조 제7항의 추계조사가격으로 볼 수 있다고 주장하는데, 피고는 아직까지 김aa 등의 채권매입가를 조사하여 실지거래가격을 확정한 사실이 없는 것으로 보이는 점에 비추어 이 사건 감정가를 바로 추계조사가격으로 인정하는 것은 바람직하지 않은 것으로 보인다.

4. 결론

그렇다면, 원고의 청구는 이유 있어 이를 인용하기로 하여, 주문과 같이 판결한다.

 **국세청도 낮은 NPL 취득가를 고가 경락 부동산의 취득가로 해석하고 있다**

국세청 2015-법령해석(재산-0019호, 2015.06.18)

[제목]
근저당권을 양수하여 담보된 부동산을 경락받은 경우 취득가액

[요지]
근저당권을 양수 후 경매에 참가하여 고가로 응찰한 해당 경매가액(8천8백만원)은 오로지 동일 과세기간의 다른 양도차익과 해당 부동산의 양도차

손을 통산할 목적의 형식적인 경매가액에 불과하여 실지 취득가액으로 인정될 수 없으며, 해당 부동산의 취득에 든 실지거래가액은 갑이 실제로 부담한 근저당채권 인수가액과 실질 경매대금의 합계액으로 하는 것임

[회 신]

양도소득세 과세대상 부동산의 양도차익을 계산할 때, 건전한 사회통념 및 상관행에 비추어 부당하다고 볼 만한 사유가 없는 등 통상적으로 성립된다고 인정되는 가액으로 응찰하여 낙찰받은 경매가액은 취득에 든 실지거래가액이 되는 것입니다.

그러나 귀 과세자문의 사실관계와 같이, 8회 유찰로 최저 입찰가액 3백만원의 유동화자산인 해당 부동산에 담보된 근저당채권(8천6백만원)을 인수한 자(이하 "갑"이라 함)가 해당 근저당권을 원인으로 개시된 해당 부동산의 경매 과정에서 다른 응찰자가 최저 입찰가액 수준으로 응찰하거나 또는 다른 응찰자가 전혀 없음에도 불구하고 현저히 높은 가액(8천8백만원)에 응찰하여 경락받음으로써 배당 1순위인 자기의 근저당채권(8천6백만원)과 상계하여 실질 경매 대금 2백만원에 해당 부동산을 취득한 후 다시 10백만원에 양도한 경우에는, 해당 경매가액(8천8백만원)은 오로지 동일 과세기간의 다른 양도차익과 해당 부동산의 양도차손을 통산할 목적의 형식적인 경매가액에 불과하여 실지 취득가액으로 인정될 수 없으며, 해당 부동산의 취득에 든 실지거래가액은 갑이 실제로 부담한 근저당채권 인수가액(5백만원)과 실질 경매대금(2백만원)의 합계액으로 하는 것입니다.

소득세법 제97조【양도소득의 필요경비 계산】

1. 질의내용

○ 담보부 부실채권(NPL, Non-Performing Loan)을 유동화전문회사 로부터 인수한 자가 해당 NPL에 따른 부동산 경매에 응찰하여 경락받은 부동산을 양도한 경우의 취득가액

2. 사실관계

○ NPL 인수 및 부동산 취득·양도 과정

'06.11.14.	'06.11.14.	'06.11.14.	'06.11.14.	'06.11.14.	'06.11.14.
근저당권 설정 - 채권최고액 9,160만원	확정채권 1차양도*	임의경매 개시결정	확정채권 2차양도**	임의경매 경락(취득)	양도

* ㈜백두한은행 ⇨ 한라산제100차유동화전문유한회사

** 한라산제100차유동화전문유한회사 ⇨ 홍길동(납세자)

○ NPL(Non-Performing Loan)* 투자거래 흐름도

	유동화전문회사	홍길동	홍길동
(NPL)	백두산은행에서 인수 후 경매개시	5백만원에 취득 ⇩	8천6백만원 배당
(쟁점 부동산)	8회 유찰로 최저 입찰가액 3백만원	8천8백만원에 입찰·경락** 상계로 실질부담 2백만원	1천만원에 양도

* 대출금과 이자상환이 3개월 이상 연체된 부실채권

** 경매시 감정가액은 6천만원, 공부상 판매시설이나 현황은 공용통로임

3. 관련 법령

○ **소득세법 제97조【양도소득의 필요경비 계산】**

(2014.1.1. 법률 제12169호로 개정된 것)

① 거주자의 양도차익을 계산할 때 양도가액에서 공제할 필요경비는 다음 각 호에서 규정하는 것으로 한다.

1. 취득가액
가. 제94조제1항 각 호의 자산 취득에 든 실지거래가액. 다만, 제96조 제2항 각 호 외의 부분에 해당하는 경우에는 그 자산 취득 당시의 기준시가
나. 가목 본문의 경우로서 취득 당시의 실지거래가액을 확인할 수 없는 경우에는 대통령령으로 정하는 매매사례가액, 감정가액 또는 환산가액
2. 자본적지출액 등으로서 대통령령으로 정하는 것
3. 양도비 등으로서 대통령령으로 정하는 것

② 제1항에 따른 양도소득의 필요경비는 다음 각 호에 따라 계산한다. 〈개정 2010.12.27〉
1. 취득가액을 실지거래가액에 의하는 경우의 필요경비는 다음 각 목의 금액에 제1항제2호 및 제3호의 금액을 더한 금액으로 한다.
가. 제1항제1호가목 본문에 따르는 경우에는 해당 실지거래가액
나. 제1항제1호나목 및 제114조제7항에 따라 환산가액에 의하여 취득 당시의 실지거래가액을 계산하는 경우로서 법률 제4803호 소득세법개정법률 부칙 제8조에 따라 취득한 것으로 보는 날(이하 이 목에서 의제취득일 이라 한다) 전에 취득한 자산(상속 또는 증여받은 자산을 포함한다)의 취득가액을 취득 당시의 실지거래가액과 그 가액에 취득일부터 의제취득일의 전날까지의 보유기간의 생산자물가상승률을 곱하여 계산한 금액을 합산한 가액에 의하는 경우에는 그 합산한 가액
다. 제7항 각 호 외의 부분 본문에 의하는 경우에는 해당 실지 거래가액

2. 그 밖의 경우의 필요경비는 제1항제1호가목 단서, 같은 호 나목(제1호나목이 적용되는 경우는 제외한다), 제7항(제1호다목이 적용되는 경우는 제외한다) 또는 제114조제7항(제1호나목이 적용되는 경우는 제외한다)의 금액에 자산별로 대통령령으로 정하는 금액을 더한 금액. 다만, 제1항제1호나목에 따라 취득가액을 환산가액으로 하는 경우로서 가목의 금액이 나목의 금액보다 적은 경우에는 나목의 금액을 필요경비로 할 수 있다.
  가. 제1항제1호나목에 따른 환산가액과 본문 중 대통령령으로 정하는 금액의 합계액
  나. 제1항제2호 및 제3호에 따른 금액의 합계액

③ 제2항에 따라 필요경비를 계산할 때 양도자산 보유기간에 그 자산에 대한 감가상각비로서 각 과세기간의 사업소득금액을 계산하는 경우 필요경비에 산입하였거나 산입할 금액이 있을 때에는 이를 제1항의 금액에서 공제한 금액을 그 취득가액으로 한다. 〈개정 2010.12.27〉

④ 삭제 〈2014.1.1〉

⑤ 취득에 든 실지거래가액의 범위 등 필요경비의 계산에 필요한 사항은 대통령령으로 정한다. 〈개정 2014.1.1〉

⑥ 삭제 〈2014.1.1〉

⑦ 제1항제1호가목 본문을 적용할 때 제94조제1항제1호 및 제2호에 따른 자산을 양도한 거주자가 그 자산 취득 당시 대통령령으로 정

하는 방법으로 실지거래가액을 확인한 사실이 있는 경우에는 이를 그 거주자의 취득 당시의 실지거래가액으로 본다. 다만, 다음 각 호의 어느 하나에 해당하는 경우에는 그러하지 아니하다.

1. 해당 자산에 대한 전 소유자의 양도가액이 제114조에 따라 경정되는 경우
2. 전 소유자의 해당 자산에 대한 양도소득세가 비과세되는 경우 로서 실지거래가액보다 높은 가액으로 거래한 것으로 확인한 경우

○ **소득세법 시행령 제163조[양도자산의 필요경비]**
(2014.2.21. 대통령령 제25193호로 개정된 것)

① **법 제97조제1항제1호 가목 본문에서 취득에 든 실지거래가액이란 다음 각 호의 금액을 합한 것을 말한다. 〈개정 2012.2.2〉**

1. 제89조제1항의 규정을 준용하여 계산한 취득원가에 상당하는 가액 (제89조제2항제1호의 규정에 의한 현재가치할인차금을 포함하되 부당행위계산에 의한 시가초과액을 제외한다)
2. 취득에 관한 쟁송이 있는 자산에 대하여 그 소유권등을 확보하기 위하여 직접소요된 소송비용·화해비용등의 금액으로서 그 지출한 연도의 각 소득금액의 계산에 있어서 필요경비에 산입된 것을 제외한 금액
3. 제1호를 적용할 때 당사자 약정에 의한 대금지급방법에 따라 취득 원가에 이자상당액을 가산하여 거래가액을 확정하는 경우 당해 이자상당액은 취득원가에 포함한다. 다만, 당초 약정에 의한 거래가액의 지급기일의 지연으로 인하여 추가로 발생하는 이자상당액은 취득원가에 포함하지 아니한다.
4. 제1호를 적용할 때 합병으로 인하여 소멸한 법인의 주주가 합병 후 존속하거나 합병으로 신설되는 법인(이하 이 호에서 합병법인

이라 한다)으로부터 교부받은 주식의 1주당 취득원가에 상당하는 가액은 합병 당시 해당 주주가 보유하던 피합병법인의 주식을 취득하는 데 든 총금액(「법인세법」 제16조 제1항제5호의 금액은 더하고 같은 호의 합병대가 중 금전이나 그 밖의 재산가액의 합계액은 뺀 금액으로 한다)을 합병으로 교부받은 주식수로 나누어 계산한 가액으로 한다.

② 제1항제1호에 따라 제89조제2항제1호에 따른 현재가치할인차금을 취득원가에 포함하는 경우에 있어서 양도자산의 보유기간 중에 그 현재가치할인차금의 상각액을 각 연도의 사업소득금액 계산 시 필요경비로 산입하였거나 산입할 금액이 있는 때에는 이를 제1항의 금액에서 공제한다. 〈개정 2010.2.18〉

③ 법 제97조제1항제2호에서 자본적지출액 등으로서 대통령령으로 정하는 것 이란 다음 각 호의 어느 하나에 해당하는 것을 말한다. 〈개정 2000.12.29, 2006.9.22, 2008.2.29, 2010.2.18〉

1. 제67조제2항의 규정을 준용하여 계산한 자본적 지출액
2. 양도자산을 취득한 후 쟁송이 있는 경우에 그 소유권을 확보하기 위하여 직접 소요된 소송비용·화해비용 등의 금액으로서 그 지출한 연도의 각 소득금액의 계산에 있어서 필요경비에 산입된 것을 제외한 금액
3. 양도자산의 용도변경·개량 또는 이용편의를 위하여 지출한 비용
3의2. 「개발이익환수에 관한 법률」에 따른 개발부담금(개발부담금의 납부의무자와 양도자가 서로 다른 경우에는 양도자에게 사실상 배분될 개발부담금상당액을 말한다)
3의3. 「재건축초과이익 환수에 관한 법률」에 따른 재건축부담금 (재

건축부담금의 납부의무자와 양도자가 서로 다른 경우에는 양도자에게 사실상 배분될 재건축부담금상당액을 말한다)
4. 제1호 내지 제3호, 제3호의2 및 제3호의3에 준하는 비용으로서 기획재정부령이 정하는 것

④ 삭제 〈2000.12.29〉

⑤ ~ ⑩ (생략)

⑪ 법 제97조제7항 각 호 외의 부분 본문에서 대통령령으로 정하는 방법 이란 다음 각 호의 어느 하나에 해당하는 방법을 말한다. 〈개정 2007.2.28, 2008.2.22, 2008.2.29, 2010.2.18〉
2. 거주자가 부동산 취득시 「공인중개사의 업무 및 부동산 거래신고에 관한 법률」 제27조제1항에 따른 부동산의 실제거래가격 (「주택법」 제80조의2에 따른 주택거래신고의 대상인 주택의 경우에는 동법 제80조의2제1항에 따른 주택거래가액을 말하며, 이하 이 호에서 실제거래가격 이라 한다)을 기획재정부령으로 정하는 방법에 의하여 확인하는 방법. 다만, 실제거래가격이 전소유자의 부동산양도소득과세표준 예정신고 또는 확정신고시의 양도가액과 동일한 경우에 한한다.

○ **소득세법 시행령 제89조[자산의 취득가액 등]**
(2014.2.21. 대통령령 제25193호로 개정된 것)
① 법 제39조제2항의 규정에 의한 자산의 취득가액은 다음 각호의 금액에 의한다. 〈개정 1998.12.31, 2000.12.29, 2008.2.29〉
1. 타인으로부터 매입한 자산은 매입가액에 취득세·등록세 기타 부대 비용을 가산한 금액

2. 자기가 행한 제조·생산 또는 건설등에 의하여 취득한 자산은 원재료비·노무비·운임·하역비·보험료·수수료·공과금(취득세와 등록세를 포함한다)·설치비 기타 부대비용의 합계액
3. 제1호 및 제2호의 자산으로서 그 취득가액이 불분명한 자산과 제1호 및 제2호의 자산외의 자산은 당해 자산의 취득당시의 기획재정부령이 정하는 시가에 취득세·등록세 기타 부대비용을 가산한 금액

(이하 생략)

○ **자산유동화에 관한 법률 제1조 [목적]**
이 법은 금융기관과 일반기업의 자금조달을 원활하게 하여 재무 구조의 건전성을 높이고 장기적인 주택자금의 안정적인 공급을 통하여 주택금융기반을 확충하기 위하여 자산유동화에 관한 제도를 확립하며, 자산유동화에 의하여 발행되는 유동화증권에 투자한 투자자를 보호함으로써 국민경제의 건전한 발전에 기여함을 목적으로 한다.

○ **자산유동화에 관한 법률 제2조 [정의]**
이 법에서 사용하는 용어의 정의는 다음과 같다. 〈개정 2012.12.18〉
1. 자산유동화 라 함은 다음 각목의 1에 해당하는 행위를 말한다.
   가. 유동화전문회사(자산유동화업무를 전업으로 하는 외국법인을 포함한다)가 자산보유자로부터 유동화자산을 양도받아 이를 기초로 유동화증권을 발행하고, 당해 유동화자산의 관리·운용·처분에 의한 수익이나 차입금 등으로 유동화증권의 원리금 또는 배당금을 지급하는 일련의 행위
   나. 「자본시장과 금융투자업에 관한 법률」에 따른 신탁업자(이하 신

탁업자 라 한다)가 자산보유자로부터 유동화자산을 신탁받아 이를 기초로 유동화증권을 발행하고, 당해 유동화자산의 관리·운용·처분에 의한 수익이나 차입금등으로 유동화증권의 수익금을 지급하는 일련의 행위

4. 유동화증권 이라 함은 유동화자산을 기초로 하여 제3조의 규정에 의한 자산유동화계획에 따라 발행되는 출자증권·사채·수익증권 기타의 증권 또는 증서를 말한다.

5. 유동화전문회사 라 함은 제17조 및 제20조의 규정에 의하여 설립되어 자산유동화업무를 영위하는 회사를 말한다.

○ **자산유동화에 관한 법률 제7조의2【근저당권에 의하여 담보된 채권의 확정】**
자산유동화계획에 의하여 양도 또는 신탁하고자 하는 유동화자산이 근저당권에 의하여 담보된 채권인 경우에는 자산보유자가 채무자 에게 근저당권에 의하여 담보된 채권의 금액을 정하여 추가로 채권을 발생시키지 아니하고 그 채권의 전부를 양도 또는 신탁하겠다는 의사를 기재한 통지서를 내용증명우편으로 발송한 때에는 통지서를 발송한 날의 다음날에 당해채권은 확정된 것으로 본다. 다만, 채무자가 10일이내에 이의를 제기한 때에는 그러하지 아니하다.

○ **자산유동화에 관한 법률 제13조【양도의 방식】**
유동화자산의 양도는 자산유동화계획에 따라 다음 각호의 방식에 의하여야 한다. 이 경우 이를 담보권의 설정으로 보지 아니한다. 〈개정 2000.1.21〉

1. 매매 또는 교환에 의할 것
2. 유동화자산에 대한 수익권 및 처분권은 양수인이 가질 것. 이 경우 양수인이 당해 자산을 처분하는 때에 양도인이 이를 우선적으로 매수할 수 있는 권리를 가지는 경우에도 수익권 및 처분권은 양수인이 가진 것으로 본다.
3. 양도인은 유동화자산에 대한 반환청구권을 가지지 아니하고, 양수인은 유동화자산에 대한 대가의 반환청구권을 가지지 아니할 것
4. 양수인이 양도된 자산에 관한 위험을 인수할 것. 다만, 당해 유동화자산에 대하여 양도인이 일정기간 그 위험을 부담하거나 하자담보책임(채권의 양도인이 채무자의 자력을 담보한 경우에는 이를 포함한다)을 지는 경우에는 그러하지 아니하다.

PART 12

NPL의 기타소득 (지연손해금 배당소득)을 구체적으로 분석해보자!

# 01 NPL 기타소득인 지연배상금의 범위를 살펴보자!

기타소득이라 함은 이자소득·배당소득·사업소득·근로소득·연금소득·퇴직 소득 및 양도소득 외의 소득 중 과세대상으로 열거한 소득을 말한다. NPL의 지연손해금(지연배상금, 연체이자)은 "계약의 위약이나 해약으로 인하여 받는 위약금과 배상금"으로서 NPL의 기타소득에 해당한다. 개인인 NPL 투자자는 NPL의 배당금 중 지연손해금 해당 부분 배당액에서 필요경비인 질권대출 이자를 차감한 잔액에 20%(지방세 포함 22%)의 세율을 곱하여 산출한 기타소득세를 납부해야 한다. 또는 종합소득이 있는 경우 NPL 지연손해금 해당 배당액에서 질권대출 이자를 차감한 수익을 종합소득에 합산하여 구간별 누진세율을 곱하여 산출된 종합소득세(6%~42%)를 납부해야 한다.

02. NPL 기타소득의 수입 시기를 살펴보자!

○ (원칙) 대가를 지급받은 날, 세법에 규정된 유형별 수입 시기

유 형	수입시기
광업권 · 어업권 · 산업재산권 · 산업정보, 산업상 비밀, 상표권 · 영업권(점포 임차권* 포함), 토사석(土砂石)의 채취허가에 따른 권리, 지하수의 개발 · 이용권, 그 밖에 이와 유사한 자산이나 권리를 양도하고 그 대가로 받는 금품 * 거주자가 사업소득(일부 사업소득 제외)이 발생하는 점포를 임차, 점포 임차인으로서의 지위를 양도함으로써 얻는 경제적 이익(점포임차권과 함께 양도하는 다른 영업권을 포함)	그 대금을 청산한 날, 자산을 인도한 날 또는 사용 · 수익일 중 빠른 날. 다만, 대금을 청산하기 전에 자산을 인도 또는 사용 · 수익하였으나 대금이 확정되지 아니한 경우 그 대금 지급일
계약금이 위약금 · 배상금으로 대체되는 경우의 기타소득	계약의 위반 또는 해약이 확정된 날
법인세법 제67조에 따라 기타소득으로 처분된 소득	그 법인의 해당 사업연도의 결산확정일
연금보험료 소득공제를 받은 금액 및 연금계좌의 운용실적에 따라 증가된 금액을 그 소득의 성격에도 불구하고 연금 외 수령한 소득	연금 외 수령한 날
그 밖의 기타소득	그 지급을 받은 날(배당기일)

참고로 종합소득세란 소득세 가운데 가장 대표적인 것이며 개인에게 귀속되는 각종 소득을 종합하여 과세하는 소득세이다. 1년 동안 발생한 이자소득, 배당소득, 부동산임대소득, 사업소득, 근로소득, 기타소득을 합산한 것이다.

 **NPL 기타소득의 원천징수 방법을 살펴보자!**

　원천징수의무자가 기타소득을 지급할 때에는 그 기타소득 금액에 원천징수세율을 적용하여 계산한 소득세를 원천징수한다. 다만 계약의 위약·해약으로 인하여 받는 위약금·배상금 중 계약금이 위약금·배상금으로 대체되는 경우 그 금액은 원천징수 대상에 해당하지 아니한다. 원천징수 제외대상 기타소득은 종합소득 과세표준 신고를 하여야 한다.

 **기타소득 원천징수에 대해 알아보자!**

◆ **원천징수액의 산정**

　원천징수의무자는 기타소득 금액에 원천징수 세율을 적용하여 계산한 소득세를 원천징수한다. 원천징수 시 적용되는 기타소득 금액은 당해 지급금액에서 이에 대응하는 필요경비로 당해 원천징수 의무자가 확인할 수 있는 금액 또는 소득세법 시행령 제87조의 규정에 따른 필요경비(NPL의 질권대출 이자)를 공제한 금액으로 한다.

◆ 기타소득 원천징수 세율

유 형	원천징수세율
일반적인 기타소득	20%
복권 당첨금과 승마투표권 등의 구매자가 받는 환급금, 슬롯머신 당첨금품 등의 소득금액이 3억 원을 초과하는 경우	30%
연금계좌에서 다음에 해당하는 금액을 연금 외 수령 하여 기타소득으로 과세하는 경우 • 세액공제를 받은 연금납입액 • 연금계좌의 운용실적에 따라 증가된 금액	15%

종합소득이 있는 경우 지연손해금의 배당수익에서 NPL 질권대출 이자를 차감한 배당차익을 기타소득 금액으로 산출 후 타 소득과 합산해서 종합소득세의 구간별 세율을 곱하여 산출한 종합소득세를 납부해야 한다.

05 기타소득 원천징수 영수증 교부

원천징수의무자는 기타소득을 지급할 때에 그 소득 금액과 기타 필요한 사항을 적은 원천징수영수증을 소득을 받는 사람에게 발급한다. 이 경우 해당 소득을 받는 자의 실지명의를 확인한다.

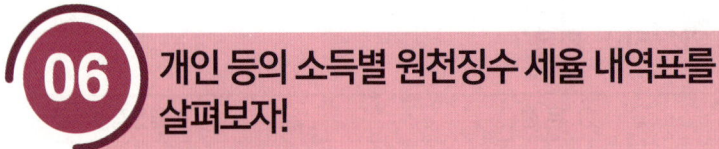

◆ 거주자 및 내국법인

		과세표준	구분	세액
개인	이자	비영업대금의 이익	25%	
		직장공제회초과반환금	기본세율	연분연승법 적용
		실지명의가 확인되지 아니하는 소득	40%	
		금융실명법(제5조)에 따른 비실명소득(차등과세)	90%	
		그밖의 이자소득	14%	
	배당	출자공동사업자의 배당소득	25%	
		실지명의가 확인되지 아니하는 소득	42%	
		금융실명법(제5조)에 따른 비실명소득(차등과세)	90%	
		그밖의 배당소득	14%	
	사업	원천징수 배당소득	3%	봉사료 5%
	근로	근로소득(연말정산)	기본세율	
		매월 분 근로소득	기본세율	간이세액표 적용
		일용근로자 근로소득	6%	
	연금	금.공무원연금 등	기본세율	강이세액표 적용
		이연퇴직소득의 연금수령	(이연퇴직소득세/이연퇴직소득)X 70%	
		퇴직연금.사적연금	3~5%, 4%	
	기타	복권당첨금	20%	3억원초과 30%
		연금계좌의 연금외수령	15%	
		종교인소득(연말정산)	기본세율	
		매월분 종교인소득	기본세율	간이세애기표 적용
		기타소득(봉사료수입금액 적용분 제외)	20%	봉사료 5%
	퇴직	퇴직소득	기본세율	연분연승법 적용
법인	이자	이자소득	비영업대금의 이익	25%
		그 외	14%	
	배당	투자신탁의 이익	14%	

◈ 개인 NPL 투자자의 비영업대금 이자소득 및 세율(27.5%)

개인 NPL 투자자가 NPL 1건만 비영업 적으로 취득 시 정상이자 2개월분의 배당수익에 대해서는 "비영업대금 이자수익의 27.5%"를 세금으로 부담한다(지방소득세 10%포함).

이자소득의 범위
○ 채권 또는 증권의 이자와 할인액
- 국가나 지방자치단체가 발행한 채권 또는 증권의 이자와 할인액
- 내국법인이 발행한 채권 또는 증권의 이자와 할인액
- 외국법인의 국내 지점 또는 국내영업소에서 발행한 채권 또는 증권의 이자와 할인액
- 외국법인이 발행한 채권 또는 증권의 이자와 할인액

○ 예금의 이자 등
- 국내에서 받는 예금(적금·부금·예탁금과 우편대체 포함)의 이자
- 상호저축은행법에 따른 신용계 또는 신용부금으로 인한 이익
- 국외에서 받는 예금의 이자
- 채권 또는 증권의 환매조건부매매차익
- 저축성보험의 보험차익
- 직장공제회 초과반환금

○ 비영업대금의 이익
- 금전의 대여를 사업목적으로 하지 아니하는 자가 일시적·우발적으로 금전을 대여함에 따라 받는 이자 등

○ 금전 사용에 따른 대가와 이자소득 발생상품과 이를 기초로 한 파생상품이 실질상 하나의 상품과 같이 운용되는 파생상품[*] 이익

  [*] 이자소득이나 이자소득 등의 가격·이자율·지표·단위 또는 이를 기초로 하는 지수 등에 의하여 산출된 금전 등을 거래하는 계약

◆ 개인 NPL 투자자의 지연손해금 상당의 기타소득 및 세율(22%)

2개월 이상 연체하여 기한이익이 상실된 후부터 발생한 "지연손해금 부분 배당수익에 대해서는 기타소득의 22%"를 세금으로 부담하여야 한다. 원천징수 의무자가 소득세, 법인세를 원천징수한 경우 소득세액의 10% 상당의 지방소득세를 소득세 등과 동시에 특별징수를 해야 하므로 이를 포함하여 징수하여야 한다.

◆ 개인의 배당소득 및 세율(15.4%~27.5%)

배당소득의 범위

○ 법인으로부터 받는 이익이나 잉여금의 배당 또는 분배금
  - 내국법인으로부터 받는 이익이나 잉여금의 배당 또는 분배금
  - 외국법인으로부터 받는 이익이나 잉여금의 배당 또는 분배금
  - 법인으로 보는 단체로부터 받는 배당금 또는 분배금

○ 배당으로 간주 또는 처분되는 소득 등
  - 의제배당
  - 법인세법에 따라 배당으로 처분된 금액
  - 국제조세조정에 관한 법률 제17조에 따라 배당받은 것으로 간주된 금액

○ 국내 또는 국외에서 받는 소득세법시행령 제26조 1항에서 규정하는 집합투자기구로부터의 이익

○ 소득세법 제43조에 따른 공동사업에서 발생한 소득금액 중 같은 조 제1항에 따른 출자공동사업자의 손익분배비율에 해당하는 금액

○ 수익분배의 성격이 있는 것과 배당소득 발생상품과 이를 기초로 한 파생상품이 실질상 하나의 상품과 같이 운용되는 파생상품 이익

◆ 사업소득 원천징수 세율(3.3%) 및 징수방법

원천징수할 세액은 원천징수 의무자가 원천징수대상 사업소득을 지급하는 때에는 그 지급금액에 100분의 3을 곱한 금액을 원천징수한다.

> ○ A보험모집인의 2016.5월 사업소득 금액이 5,000,000원인 경우 사업소득 원천징수금액은 얼마인가?
> ☞ 150,000원 = 5,000,000원 × 3/100

원천징수 의무자는 원천징수한 소득세를 그 징수일이 속하는 달의 다음 달 10일까지 원천징수 관할세무서 · 한국은행 또는 체신관서에 납부한다. 반기별 원천징수 의무자는 원천징수한 소득세를 그 징수일이 속하는 반기의 마지막 달의 다음 달 10일까지 납부한다.

◆ 종합소득세 신고 시 원천징수는 배제된다

원천징수 대상 소득을 지급하면서 원천징수를 하지 않았으나 해당 소득자가 그 소득 금액을 이미 종합소득 또는 법인세 과세표준에 합산하여 신고하였거나 과세관청에서 소득세 등을 부과 징수한 경우에는 원천징수는 배제된다(소득세법 제85조제3항).

07 종합과세와 분리과세를 알아보자!

○ **원천징수된 경우** : 무조건 분리과세, 선택적 분리과세, 종합과세

○ **원천징수되지 아니한 경우** : 종합소득 과세표준에 합산

○ **무조건 분리과세(완납 적 원천징수)**
다음의 기타소득은 원천징수에 의해 납세의무 종결
- 서화·골동품의 양도로 발생하는 기타소득
- 복권 및 복권기금법 제2조에 규정된 복권의 당첨금
- 승마투표권, 승자투표권, 체육진흥투표권 등의 구매자가 받는 환급금
- 슬롯머신 등을 이용하는 행위에 참가하여 받는 당첨금품 등
- 연금 외 수령한 기타소득

○ **선택적 분리과세**
- 무조건 분리과세·종합과세 대상을 제외한 기타소득 금액의 합계액이 300만 원 이하이면서 원천징수된 경우 종합소득 과세표준에 합산할 것인지 분리과세로 납세의무를 종결할 것인지 선택 가능
- ※무조건 분리과세를 제외한 기타소득 금액 합계액이 300만 원을 초과하는 경우 종합소득 과세표준을 계산할 때 합산하며, '18년 1~3월, 4월 이후 지급액에 대해 별도의 필요경비율을 적용

○ **무조건 종합과세**
다음의 기타소득은 원천징수 대상이 아니므로 종합소득 과세표준을 계산할 때 합산
- 계약의 위약 또는 해약으로 인하여 받는 위약금·배상금으로 계약금이 위약금·배상금으로 대체되는 경우
- 뇌물, 알선수재 및 배임수재에 의하여 받는 금품

08 기타소득 지급명세서 제출

○ **제출자**
- 소득세 납세의무가 있는 개인에게 기타소득에 해당하는 금액을 국내에서 지급하는 자*
* 법인 포함, 소득의 지급을 대리하거나 지급권한을 위임 또는 위탁받은 자, 원천징수세액의 납세지를 본점 등의 소재지를 하는 자와 사업자단위과세 사업자 포함

○ **지급명세서 제출 제외대상**
- 소득세법 제12조 5호의 규정에 따라 비과세되는 기타소득
- 복권·경품권 그 밖의 추첨권에 당첨되어 받는 금품에 해당하는 기타소득으로서 1건당 당첨금품의 가액이 10만 원 이하인 경우
- 승마투표권, 승자투표권, 소싸움경기투표권 및 체육진흥투표권의 구매자가 받는 환급금으로서 1건당 환급금이 500만 원 미만(체육진흥투표권의 경우 10만 원 이하)인 경우
- 과세최저한*이 적용되는 기타소득
* 소득 금액 건별 5만 원 이하, 승마투표권 등의 환급금 중 일정기준 이하 환급금, 슬롯머신 등의 당첨금품이 건별로 200만 원 이하인 경우

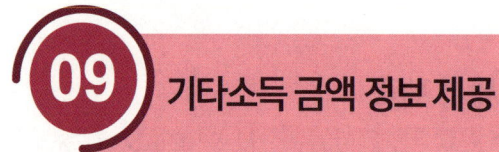
기타소득 금액 정보 제공

○ **국세 정보 통신망을 이용한 정보 제공**
  - 국세청장은 다음에 해당하는 기타소득에 대한 지급명세서를 제출받은 경우에는 거주자가 종합소득 과세표준 확정신고를 하는 데 사용할 수 있도록 국세 정보 통신망을 이용하여 해당 기타소득 금액에 내역을 정보통신망을 이용하여 제공
    - 원고료
    - 고용관계 없이 다수인에게 강연을 하고 강연료 등의 대가를 받는 용역
    - 라디오·텔레비전방송 등을 통하여 해설·계몽 또는 연기의 심사 등을 하고 보수 또는 이와 유사한 성질의 대가를 받는 용역

○ **국세 정보 통신망을 이용하여 제공하는 정보 변동**
  - 오류 등으로 국세 정보 통신망을 이용하여 제공하는 정보의 변동이 발생한 때에는 이를 정정하고 해당 납세의무자에게 통지하여야 함

PART
13

NPL 기타소득의 필요경비(질권대출 이자)를 알아보자!

 ## 기타소득 금액 계산방식을 배워보자!

기타소득 금액은 해당 과세기간의 총수입금액에서 이에 소요된 필요경비를 공제한 금액으로서 그 산식은 『기타소득금액 = 총수입금액 − 필요경비』이다.

필요경비에 포함할 금액은 해당 과세기간의 총수입금액에 대응하는 비용으로서 일반적으로 용인되는 통상적인 것의 합계금액이다(소득세법 제37조).

 ## 지연손해금(연체이자) 배당수익과 질권대출 이자 (필요비)의 수익·비용 대응관계를 살펴보자!

◉ NPL자산담보 질권대출 이자도 NPL취득으로 배당수익을 얻는데 필요한 필요경비로 보아야 할 것이다

부동산 임대업에 사용된 담보대출 차입금의 이자비용은 필요경비에 해당한다(대법원 2009두11874호, 2000두1799호 판결 참조). 이와 같이 부동산 임대업에 사용된 담보대출 차입금의 이자비용이 월세 상당의 임대수익에 대한 필요경비에 해당하듯이 NPL자산담보 질권대출 이자도 NPL취득으로 지연손해금 등 배당수익을 얻는데 필요한 필요경비로 보아야 할 것이다.

질권대출 채무는 NPL의 배당수익을 얻는데 필요한 NPL자산취득에 대응한 부채로서 NPL취득(대위변제 또는 채권양도)에 직접 사용된 부채에 해당한다고 보아야 하고, 따라서 그 차입금의 지급이자는 배당수입 금액을 얻기 위하여 직접 사용된 부채에 대한 지급이자로서 필요경비에 해당한다고 보아야 할 것이다.

한편 투자원금 30억 원을 마련하기 위해 대출을 받음으로써 발생한 이자비용도 필요경비로 수입금액에서 공제되어야 한다는 판결(인천지방법원 2010구합1143호)로 미루어 볼 때, NPL대위변제 투자 원금을 마련하기 위해 질권대출을 받음으로써 발생한 질권대출 이자비용도 필요경비로 배당수입 금액에서 공제되어야 할 것이다.

◆ 제3자를 질권대출 차주로 할 경우 그 이자는 NPL취득자가 납부해야 필요경비로 공제받을 수 있다

부동산 매매업자가 타인명의로 대출을 받아 고정자산 매입자금으로 사용하고 대출금 이자를 상환하였다면 이는 필요경비로 공제받아야 한다. 즉 부동산 매매업자가 타인명의 대출금으로 타 부동산취득 후 그 이자 부담 시 대출이자는 필요경비로 공제해야 한다(대전지방법원2012구합4007 종합소득세부과처분취소, 원고 임00, 피고 서산세무서장).

상기 판결을 감안하면 NPL 취득 시 질권대출을 받으면서 질권대출의 차주를 NPL취득자가 아닌 신용상태가 양호하거나 변제자력이 있는 가족 등 제3자를 대출의 차주로 하고 그 이자를 NPL취득자가 부담할 경우 추후 NPL배당차익에서 질권대출 이자를 필요비로 공제받게 될 것이다. 따라서 NPL의 승계 근저당권자가 아닌 제3자를 차주로 하여 질권대출을 받을 경우 반드시 NPL취득자가 질권대출 이자를 납입해야 추후 배당수익에서 필요비로 공제받을 수 있다.

◆ 전년도에 발생한 질권대출 연체이자는 전년도에 배당받은 지연손해금 수익에 대해 필요경비로 인정된다

대법원 91누8814호 판결을 비추어 보면, 전년도에 발생한 월납조건의 질권대출 연체이자는 비록 당해년도에 배당되어 변제충당 시에도 전년도에 배당받거나 회수한 지연손해금의 수익이 없으면 지연손해금 배당수익에서 필요경비로 공제할 수 없다고 보아야 할 것이다.

또한 조세심판원의 조심 2017중0152호(2017.3.16)결정에 따르면, 경정청구인인 채권자가 2014년에 지급받은 OOO원 중 OOO원은 당초 약정이자(2012.5.9.부터 약정변제기일인 2012.6.8.까지의 기간)를 지급받지 못하다가 이를 수령한 것이므로 동 금액을 약정이자로 보아 **2012년 귀속 이자소득(약정이자의 수입시기는 지급약정일)**으로 하여 과세함이 타당하고, 나머지 OOO원은 청구인이 변제기일 이후에 채무자의 이행지체에 따라 지급받은 지연손해금으로 보이므로 동 금액은 **2014년 귀속의 기타소득(지연손해금의 수입시기는 그 지급을 받은 날)**으로 보아 과세처분을 경정함이 타당하다고 판단했다.

이에 NPL투자자는 질권대출 이자도 지연손해금을 배당받는 연도에 귀속되도록 대출취급 시에 월납조건이 아닌 일괄 납부조건으로 정해서 배당 직전에 그 이자를 일괄 납부하는 조건으로 약정하는 것이 좋다. 이 경우 NPL배당수익과 질권대출 이자비용 지급의 귀속 년도가 일치되어 필요비를 최대한 공제할 수 있어 배당수익도 극대화된다.

◈ NPL 지연손해금 배당수익과 질권대출 이자는 동일기간 동안 대응하는 수익·비용이라고 할 것이다

NPL취득 시부터 배당기일까지 기간 동안 발생한 지연손해금 등 배당수익과 질권대출 이자는 동일한 기간 동안 상호 대응하는 수익·비용이다. 이에 NPL의 지연손해금 배당수익에서 질권대출 이자를 필요비로 공제 후 기타소득을 산출한 다음 여기에 세율 22%를 적용해야 할 것이다. 동 기타소득을 타 소득과 합산과세할 경우에는 종합소득세의 누진세율(6%~42%)이 적용된다.

위와 같이 NPL 질권대출 이자는 필요경비로 보아야 한다. 개인이 NPL 대위변제 시 지연손해금 상당의 배당이익을 얻기 위해 질권대출을 받고 그 이자비용을 지급하기 때문에 동 이자를 수익에 대응되는 필요경비로 보아야 한다.

NPL 대위변제자는 변제자대위로 승계한 대출채권인 NPL자산에서 연체이자(이자가 아닌 지연손해금으로서 이하 같음) 수익을 얻기 위해 연체이자 채권을 담보로 질권대출을 받아 질권대출 이자비용을 지급하고 있다. 따라서 연체이자 배당수익을 얻기 위해 질권대출 이자비용이 반드시 필요한 것이다.

참고로 연체이자는 법률상 지연손해금이지 이자가 아니다. 여기서는 편의상 연체이자라고 칭하나 이는 지연손해금을 의미한다.

연체이자 수익과 질권대출 이자 비용이 상호 대응하는 견련관계에 있으므로 질권대출 이자는 연체이자 이익을 얻기 위한 필요비에 해당하는 것이다. 질권대출이 없었다면 개인이 대위변제 시 원리금 전액을 현금으로 변제하여야 하나 질권대출 상품을 활용해서 NPL 대위변제 투자가 쉬워진 깃이다. NPL 대위변제 연체이자 수익이 있는 곳에는 반드시 질권대출에 따른 질권대출 이자가 전제되고 수반된다.

NPL 대위변제 시 부터 배당기일까지 대위승계 대출의 연체이자가 쌓이는 기간 동안 이에 대응, 병행해서 질권대출 이자비용도 지급된다.

대위변제자는 질권대출 은행이 질권대출 이자 등을 우선으로 변제충당 하도록 경매법원에 질권대출 은행에 대한 우선배당 동의서를 제출한다. 이를 근거로 질권대출 은행은 담보로 잡은 대위변제 대출의 연체이자를 우선으로 배당받아 질권대출의 이자 등에 변제충당 하는 것이다. 결국, 대위변제자의 연체이자 수익창출은 질권대출 이자가 디딤돌 및 뒷받침을 해주므로 연체이자 수익을 얻기 위해서는 반드시 질권대출 이자가 필수 불가결의 요소가 된다.

# 03 부동산임대업에 사용된 차입금 채무의 이자비용은 필요경비에 해당한다

임대부동산 취득비용으로 사용된 차입금을 다른 차입금으로 상환한 경우는 물론이고, 자기 자본으로 임대부동산을 취득하였다가 투하자본의 회수를 위하여 새로 차입한 금원을 자본인출금으로 사용한 경우에도, 초과인출금 상당의 부채에 해당한다는 등의 특별한 사정이 없는 한, 그 차입금채무는 부동산임대업을 영위하는 데 필요한 자산에 대응한 부채다.

원심판결을 파기하고, 사건을 대전고등법원으로 환송한다.

[이 유]
상고이유를 살펴본다.

1. 원심판결의 요지
가. 인정사실

원고는 2005. 9. 4. 주식회사 BBBB(GG점)에 성남시 GG구 GG동 159 지하층 제72호(이하 '이 사건 점포'라 한다)를 월 차임을 1,596,810원으로 하고, 임대기간을 정하지 아니한 채 임대하면서 월 임료는 매월 25일에 지급받기로 약정하였는데, 2006. 6. 30. 주식회사 BBBB GG점에 임료연체를 이유로 위 임대차계약의 해지를 통보하였다.

피고는 2008. 1. 22. 원고에 대하여 원고가 2006년 귀속 종합소득세를 신고·납부하지 않았다는 이유로 원고의 이 사건 점포에 관한 부동산임대소득 8,709,870원에 대한 추계소득 5,792,063원과 그 밖의 사업소득 및 근로소득을 합산한 금액을 과세표준으로 하여 산출한 2006년 귀속 종합소득세 2,877,890원을 부과·고지하였다(이하 '이 사건 처분'이라 한다).

나. 판단

(1) 원고는, 이 사건 점포의 임차인인 주식회사 BBBB(GG점)로부터 임료의 일부를 지급받은 외에 그동안 차임을 전혀 지급받지 못하였는바, 이러한 경우에는 그 임대소득이 실현되지 아니하여 이에 대하여 소득세를 부과할 수 없다고 주장한다.

그러나 이 사건 처분의 과세대상인 임대소득은 원고가 임차인인 주식회사 BBBB(GG점)로부터 2005. 10.부터 매월 25일에 월 1,596,810원씩의 임료를 지급받기로 약정함으로써 그 임료채권의 실현 가능성이 상당히 높은 정도로 성숙, 확정되어 임료 상당의 수입이 매월 약정 지급일에 원고에게 귀속된 것으로 봄이 상당하다. 2007. 9. 30. 주식회사 BBBB(GG점)이 폐업한 사실은 인정되나, 이와 같은 사정만으로는 이 사건 과세대상인 부동산임대소득의 수입시기인 2006. 1.부터 2006. 6.까지 동안에 그 임대소득의 실현 가능성이 전혀 없게 된 것이 객관적으로 명백하다고 할 수 없다.

(2) 원고는, 2005. 9.경 이 사건 점포를 매수할 당시 지출한 개발비, 취득세·등록세 및 2005. 9.부터 매수자금으로 사용된 금융기관 대출금에 대한 이자(2006. 12. 27. 지급한 중도상환 수수료 포함)를 필요경비로서 공제하여야 한다고 주장한다.

원고 주장의 위 각 비용 중 개발비, 취득세·등록세에 관하여 보건대, 위 각 비용이 총수입금액에서 공제할 필요경비에 해당하는지 여부에 관하여 살필 필요 없이, 이 사건 처분의 과세대상인 2006년 귀속 총수입금액과는 그 귀속연도를 달리함이 명백한 이상 이를 공제할 수 없다.

대출금 지급이자 및 중도상환 수수료에 관하여 보건대, 위 지급이자 등이 부동산 임대소득에 대응하는 필요경비에 해당한다고 볼 자료가 없으므로 역시 이를 공제할 수 없다.

2. 대법원의 판단

가. 부동산임대소득의 실현가능성에 관한 법리오해 여부

소득세법은 현실적으로 소득이 없더라도 그 원인이 되는 권리가 확정적으로 발생한 때에는 그 소득이 실현된 것으로 보고 과세소득을 계산하는 이른바 권리확정주의를 채택하고 있고, 다만 소득의 원인이 되는 채권이 발생한 경우라 하더라도 그 과세대상이 되는 채권이 채무자의 도산 등으로 인하여 회수불능이 되어 장래 그 소득이 실현될 가능성이 전혀 없게 된 것이 객관적으로 명백한 때에는 그 경제적 이득을 대상으로 하는 소득세는 전제를 잃게 되고, 따라서 그와 같은 소득을 과세소득으로 하여 소득세를 부과할 수는 없다. 그런데 이러한 경우에는 납세의무자가 그와 같은 사정을 주장·입증하여 과세할 소득이 없다는 것을 밝혀야 한다(대법원 2002. 10. 25. 선고 2001두1536 판결 등 참조).

위와 같은 법리와 기록에 비추어 살펴보면, 원심이 이 사건 임료채권의 실현 가능성이 상당히 높은 정도로 성숙, 확정되었고, 원고가 주장하는 사정만으로는 임대소득의 실현 가능성이 전혀 없게 된 것이 객관적으로 명백하다고 할 수 없다고 판단한 것은 정당하고, 거기에 상고이유에서 주장하는 바와 같은 부동산임대소득의 실현가능성에 관한 법리오해 등의 잘못이 없다.

나. 필요경비의 공제에 관한 법리오해 여부

(1) 먼저 취득세·등록세에 관하여 보건대, 구 소득세법(2006. 12. 30. 법률 제8144호로 개정되기 전의 것, 이하 '법'이라 함) 제39조 제2항, 구 소득세법 시행령(2007. 2. 28. 대통령령 제19890호로 개정되기 전의 것) 제89조 제1항 제1호에 의하면, 취득세·등록세는 사업용 자산인 이 사건 점포의 취득가액에 포함되는 것이어서 필요경비로서 공제될 성질의 것이 아니다. 원심이 그 이유는 다르나 원고의 이 부분 공제 주장을 배척한 것은 결과적으로 정당하고, 거기에 판결에 영향을 미친 법리오해 등의 잘못이 없다.

(2) 다음으로 대출금 지급이자 등에 관하여 보건대, 거주자가 부동산임대업을 자기 자본에 의하여 경영할 것인지 차입금에 의하여 경영할 것인지는 거주자 개인의 선택에 달린 문제이므로, 거주자의 부동산임대소득금액을 계산함에 있어, 임대용 부동산의 취득비용으로 사용된 당초의 차입금을 그 후 다른 차입금으로 상환한 경우는 물론이고, 당초 자기 자본으로 임대용 부동산을 취득하였다가 그 후 투하자본의 회수를 위하여 새로 차입한 금원을 자본인출금으로 사용한 경우에도, 초과인출금(필요경비 불산입 항목인 사업용 자산의 합계액이 부채의 합계액에 미달하는 경우에 그 미달하는 금액) 상당의 부채에 해당한다는 등의 특별한 사정이 없는 한, 그 차입금채무는 부동산임대업을 영위하는 데 필요한 자산에 대응한 부채로서 사업에 직접 사용된 부채에 해당한다고 보아야 하고, 따라서 그 차입금의 지급이자는 총수입금액을 얻기 위하여 직접 사용된 부채에 대한 지급이자로서 필요경비에 해당한다고 보아야 한다(대법원 2002. 1. 11. 선고 2000두1799 판결 참조).

기록에 의하면, 원고가 제1심의 변론종결 후 '추가 증빙 자료 제출' 이라는 서면에 '대출금 이자 지급내역'(2006. 1.부터 2006. 12.까지 대출이자 등으로 지급한 금액이 합계 5,937,338원이라는 취지로서 원고가 직접 정리한 것으로 보인다)과 '통장사본'(2005. 9. 15. 110,000,000원을 담보대출받으면서 발급받은 것으로 보이는데, 2005. 11.부터 2007. 8.까지 지급이자가 기재되어 있으며 그중 2006년분은 위 지급내역과 기재내용이 일치한다)을 첨부하여 제출하였는데, 원심은 이러한 증빙서류들에 관하여 정식으로 증거조사를 거치지 아니하였음을 알 수 있다.

이처럼, 원고가 명시적으로 2006년에 지급한 대출이자를 필요경비로 공제하여야 한다는 주장을 하였고 그러한 주장에 부합하는 증빙서류들을 법원에 제출하였다면, 원심은 법률전문가가 아닌 원고 본인이 소송수행을 하는 점을 참작하여 마땅히 위 증빙서류들에 대하여 정식으로 증거로서 제출할 것을 촉구하는 등 석명권을 적절히 행사함으로써 실체적 진실 발견의 노력을 다하였어야 한다. 그런데도 원심이 이러한 조치를 하지 아니한 채 위 지급이자 등이 부동산 임대소득에 대응하는 필요경비에 해당한다고 볼 자료가 없다고 판단한 것은 석명권 불행사 또는 심리미진으로 판결에 영향을 미친 잘못을 저지른 것이라 하지 않을 수 없다[위 통장사본의 기재에 의하면 대출 일자가 2005. 9. 15.로서 원고가 2005. 9. 4. 이 사건 점포에 관한 분양계약을 체결한 직후이고, 대출 다음날 대출금액과 거의 일치하는 111,400,000원을 한국자산신탁 주식회사에 지급한 정황이 엿보이는바, 만약 위 기재가 실제 원고의 이 사건 점포의 취득자금 마련 경위와 일치한다면 원고가 위 대출금의 지급이자로 지출한 비용 등은 총수입금액을 얻기 위하여 직접 사용된 부채에 대한 지급이자로서 필요경비에 해당한다고 볼 여지가 충분하고, 따라서 적어도 2006년에 지급한 대출이자는 필요경비로서 공제되어야 할 것이다].

(3) 끝으로, '개발비'에 관하여 보건대, 원심은 위 비용이 총수입금액에서 공제할 필요경비에 해당하는지 여부에 관하여 살필 필요 없이 이 사건 처분의 과세대상인 2006년 귀속 총수입금액과는 그 귀속연도를 달리함이 명백한 이상 이를 공제할 수 없다고 보았는바, 이는 모든 비용은 그 지출한 당해 연도에 귀속한다는 점을 전제로 하는 것이다. 그러나 법 제27조는 기간손익 계산의 원칙 및 수익·비용 대응의 원칙을 아울러 규정하고 있는 것으로 해석되고, 법 제33조 제1항 제14호는 선급비용은 당해 연도의 필요경비에 산입하지 않는 것으로 규정하고 있으므로, 모든 비용이 그 지출한 당해 연도에 귀속되는 것은 아니다. 따라서 원심으로서는 원고가 주장하는 '개발비'의 정확한 용도와 지출경위에 관하여 구체적으로 심리를 하여 그것이 필요경비에 산입되어야 할 성질의 비용인지의 여부를 살펴볼 필요가 있음도 아울러 지적하여 둔다.

3. 결론

그러므로 원심판결을 파기하고, 이 사건을 다시 심리·판단하게 하기 위하여 원심법원으로 환송하기로 하여, 관여 대법관의 일치된 의견으로 주문과 같이 판결한다.

04 타인명의 차입금의 이자비용 필요경비 해당여부
(국세청 질의회신, 소득세과-370, 2014.06.24)

    차입금의 명의인과 실질적인 차용인이 다른 경우에는 실질적인 차용인의 차입금으로 하는 것이며, 이 경우 실질적인 차용인의 여부는 금전대차계약의 체결, 담보의 제공, 차입금의 수령, 각종 비용의 부담 등 차입에 관한 업무의 실질적인 행위내용과 차입한 금액의 용도 등을 종합적으로 고려하여 사실 판단할 사항이다.

[회 신]
귀 질의의 경우, 유사 해석사례(서면인터넷방문상담1팀-1251, 2007.9.7)를 참조하시기 바라며, 실질적인 차용인 여부는 금전 대차계약의 체결, 담보의 제공, 차입금의 수령, 각종 비용의 부담 등의 내용을 종합적으로 고려하여 사실 판단할 사항이다.

○ **서면인터넷방문상담 1팀-1251 (2007.9.7)**
    차입금의 명의인과 실질적인 차용인이 다른 경우에는 실질적인 차용인의 차입금으로 하는 것이며, 이 경우 실질적인 차용인의 여부는 금전대차계약의 체결, 담보의 제공, 차입금의 수령, 각종 비용의 부담 등 차입에 관한 업무의 실질적인 행위 내용과 차입한 금액의 용도 등을 기준으로 판단하는 것으로, 귀 질의의 사업자가 실질적인 차용인인지는 당해 판단 기준과 구체적인 정황 등을 종합적으로 고려하여 사실판단 할 사항이다.

1. 질의내용 요약 및 사실관계
○ **질의내용**
    타인 명의로 지급한 이자를 본인의 부동산 임대소득 금액 계산 시 필요경비로 계상할 수 있는지 여부.

○ **사실관계**

민원인 A가 신규로 부동산을 구매하여 임대업을 영위하기 위해 부족한 자금을 은행으로부터 대출을 받아 잔금을 지급하고자 하는 상황에서 A의 명의로 대출을 실행하면 이자율이 높아서 이자율이 낮은 남편 명의의 주택담보 대출을 받음.

2. 질의내용에 대한 자료

가. 관련 조세법령(법률, 시행령, 시행규칙, 기본통칙)

○ **소득세법 제27조【사업소득의 필요경비의 계산】**

① 사업소득금액을 계산할 때 필요경비에 산입할 금액은 해당 과세기간의 총수입금액에 대응하는 비용으로서 일반적으로 용인되는 통상적인 것의 합계액으로 한다.

② 해당 과세기간 전의 총수입금액에 대응하는 비용으로서 그 과세기간에 확정된 것에 대해서는 그 과세기간 전에 필요경비로 계상하지 아니한 것만 그 과세기간의 필요경비로 본다.

③ 필요경비의 계산에 필요한 사항은 대통령령으로 정한다.

○ **소득세법 시행령 제55조【사업소득의 필요경비의 계산】**

① 사업소득의 각 과세기간의 총수입금액에 대응하는 필요경비는 법 및 이 영에서 달리 정하는 것 외에는 다음 각 호에 규정한 것으로 한다.

13. 총수입금액을 얻기 위하여 직접 사용된 부채에 대한 지급이자

○ **국세기본법 제14조【실질과세】**

① 과세의 대상이 되는 소득, 수익, 재산, 행위 또는 거래의 귀속이 명의(명의)일 뿐이고 사실상 귀속되는 자가 따로 있을 때에는 사실상 귀속되는 자를 납세의무자로 하여 세법을 적용한다.

② 세법 중 과세표준의 계산에 관한 규정은 소득, 수익, 재산, 행위 또는 거래의 명칭이나 형식에 관계없이 그 실질 내용에 따라 적용한다.

나. 관련 예규(예규, 해석사례, 심사, 심판, 판례)
○ 서면1팀-1251, 2007.09.07

【제목】
차입금의 명의인과 실질적인 차용인이 다른 경우에는 실질적인 차용인의 차입금으로 하는 것임

【질의】
아내가 신규로 부동산을 구입하여 임대업을 하고자 하는 바, 부족한 자금을 은행으로부터 대출을 받아 잔금을 지급하고자 하나 아내를 채무자로 하여 사업자금으로 대출을 받으면 이자율이 높기 때문에 이자율이 낮은 주택담보대출을 남편 명의로 받아 동 부동산 구입 잔금을 지급한 후 아내가 직접 남편 명의의 이자를 부담하는 경우 남편 명의로 지급한 이자를 아내의 부동산임대 소득금액 계산시 필요경비로 계상할 수 있는지 여부 및 가능하다면 남편에 대한 과세 여부

【회신】
차입금의 명의인과 실질적인 차용인이 다른 경우에는 실질적인 차용인의 차입금으로 하는 것이며, 이 경우 실질적인 차용인의 여부는 금전대차계약의 체결, 담보의 제공, 차입금의 수령, 각종 비용의 부담 등 차입에 관한 업무의 실질적인 행위내용과 차입한 금액의 용도 등을 기준으로 판단하는 것으로, 귀 질의의 사업자가 실질적인 차용인인지 여부는 당해 판단기준과 구체적인 정황 등을 종합적으로 고려하여 사실판단할 사항임.

○ 국심2006중3729, 2008.02.04

차입금의 명의인과 실질적인 차용인이 다른 경우에는 실질적인 차용인의 차입금으로 하는 것으로 이 경우 실질적인 차용인은 차입시의 명의자를 말하는 것이 아니라 금전대차계약의 체결, 차입금의 수령, 각종 비용의 부담 등에 의하여 확인되는 차입자를 말하는 것이라 할 것인 바, 위 사실관계로 미루어 청구인이 실질적인 차용인인 것으로 인정된다 할 것이므로 이와 관련하여 지급된 쟁점이자는 쟁점상가의 총수입금액에 대응되는 비용으로서 2003년 귀속연도의 필요경비로 인정되어야 할 것으로 판단됨

부동산 매매업자가 타인명의 대출금으로 타 부동산취득 후 그 이자 부담 시 대출이자는 필요경비로 공제해야 한다

(대전지방법원2012구합4007 종합소득세부과처분취소,
원고 임OO, 피고 서산세무서장)

부동산매매업자가 타인 명의로 대출을 받아 고정자산매입자금으로 사용하고 대출금 이자를 상환하였다면 필요경비로 공제받아야 하며, 매수인이 부동산을 다시 매매하면서 취득원가를 잘못 신고하여 수정된 매매계약서에 의하여 양도소득세를 수정신고 납부하였다면 수정된 매매계약서의 수입금액을 양도가액으로 보아야 한다.

[주 문]

1. 피고가 2011. 1. 3. 원고에게 한 2005년 종합소득세 ○○○○원(가산세 포함)의 부과처분 중 ○○○○원을 초과하는 부분을 취소한다.
2. 원고의 나머지 청구를 기각한다.
3. 소송비용 중 2/3은 원고가, 나머지는 피고가 각 부담한다.

[청구 취지]

피고가 2010. 12. 28.('2011. 1. 3.'의 오기로 보인다) 원고에게 한 2005년 종합소득세 ○○○○원의 부과처분 중 ○○○○원을 초과하는 부분을 취소한다.

[이 유]

1. 처분의 경위

가. 원고는 최BB, 주식회사 CC와 공동으로 2002. 7. 5. ○○도 ○○군 ○○면 ○○리 130-2 잡종지 19,751㎡ 등 ○○리 일대의 9필지 토지 합계 775,321㎡를 ○○○○원에 매수하고, 2003. 4. 15. 공동매수인들과의 사이에 그 중 ○○리 산 181 임야 484,283㎡ 중 3분의 1 지분과 ○○리 130-2 잡종지 19,751㎡, ○○리 산 165-1 임야 18,545㎡, ○○리 산 180-1 임야 66,637㎡ 등을 원고의 소유로 하기로 합의하였다.

나. 원고는 2005년경 그의 단독소유가 된 토지들을 분할하여 그 중 아래 순번 1 내지 8의 토지들(이하 '2005년 양도토지'라고 한다)을 매도하고는(모두 '○○리'의 토지들로 지번만을 기재하고, 연도는 생략하고 월일만 기재한다), 종합소득세를 신고하지 아니하였다. 이에 피고는 2010. 10. 25.부터 2010. 12. 22.까지 원고에 대한 조세범칙조사를 실시하여, 원고가 아래 표와 같이 매도하였다는 조사결과를 얻었다.

[표] 생략

다. 피고는 2011. 1. 3. 위 조사결과를 바탕으로 매도가격 합계 ○○○○원을 2005년 총 수입금액으로 하고, 여기에서 그 취득가격 ○○○○원, 취득세 등 제세공과금 ○○○○원, 중개수수료 ○○○○원, 온천개발비의 2분의 1인 ○○○○원 등을 필요경비로 공제하여 과세표준을 ○○○○원으로 산정하고, 이를 기초로 종합소득세 ○○○○원, 신고불성실가산세 ○○○○원, 납부불성실가산세 ○○○○원, 합계 ○○○○원을 산출한 후 기납부세액 ○○○○원을 공제한 나머지 ○○○○원을 2005년 종합소득세로 경정·고지하였다.

라. 원고는 이에 불복하여 2011. 2. 22. 조세심판원에 심판청구를 하였고, 조세심판원은 2012. 6. 27. 위 부과처분 중 온천개발비의 나머지 2분의 1인 ○○○○원 및 원고 명의로 DD(계좌번호 ○○○-○○-○○○○○○) 및 EE은행(계좌번호 ○○○○-○○○-○○○○○○)으로부터 대출받은 각 ○○○○원, 합계 ○○○○원(이하 '원고대출금'이라 한다)에 대한 지급이자 ○○○○원을 필요경비에 추가로 산입하여 그 과세표준과 세액을 경정한다는 결정을 하였다.

마. 조세심판원의 결정에 따라 피고는 2012. 7. 5. 위 금액들을 필요경비에 추가로 반영하여 그 과세표준을 ○○○○원으로 산정하고, 이를 기초로 총 ○○○○원을 감액하여 2005년도 귀속 종합소득세로 종합소득세 ○○○○원, 신고불성실가산세 ○○○○원, 납부불성실가산세 ○○○○원, 합계 ○○○○원을 재경정·고지하였다(2011. 1. 3.자 부과처분 중 위와 같이 감액경정하고 남은 부과처분을 이하 '이 사건 처분'이라 한다).

【인정근거】 다툼 없는 사실, 갑 제1 내지 6호증, 을 제1 내지 4호증의 각 기재(가지번호 있는 것은 각 가지번호 포함), 변론 전체의 취지

2. 처분의 적법여부

가. 원고의 주장

1) 중개수수료 필요경비 추가 산입

원고는 2005년 양도토지 중 순번 1 내지 5의 토지(가지번호 포함)를 김FF에게 매도 의뢰하면서 평당 〇〇〇〇원만을 원고가 취득하고 나머지는 김FF의 컨설팅 비용과 중개수수료로 하기로 한 것이므로, 순번 1 내지 5의 토지의 총매매대금 〇〇〇〇원에서 원고에게 지급된 〇〇〇〇원(2,895평×평당 〇〇〇〇원)을 제외한 나머지 〇〇〇〇원은 모두 중개수수료이다. 이 중 김FF에게 지급된 것으로 이미 인정된 〇〇〇〇원을 제외한 나머지 〇〇〇〇원(이하 '이 사건 중개수수료'라 한다)은 심GG, 이HH, 김II에게 지급된 중개수수료로서 필요경비에 반영되어야 한다.

2) 최BB 명의의 차용금 이자

원고는 2002년 최BB 명의로 합계 〇〇〇〇원을 대출받아 이를 사업용 토지 취득에 사용한 후 그 이자를 대신 납부해왔으므로 2002년부터 2005년까지 원고가 지급한 차용금 이자 합계 〇〇〇〇원(이하 '이 사건 지급이자'라 한다)도 필요경비에 반영되어야 한다.

3) 황PP에게 양도한 토지의 가액

2005년 양도토지 중 황PP에게 양도한 순번 6번의 토지(가지번호 포함)의 양도가액은 〇〇〇〇원 아니라 〇〇〇〇원이므로, 양도가액의 차액 〇〇〇〇원은 총수입금액에 산입되어서는 아니 된다.

4) 가산세 산정 오류

가산세가 잘못 산정되었을 가능성이 있다.

나. 관계법령

별지와 같다.

다. 판단

1) 이 사건 중개수수료에 관하여

살피건대, 원고의 위 주장에 부합하는 듯한 증거로는 심GG(○○○○원), 이HH(○○○○원), 김II(○○○○원) 명의의 각 영수증과 김FF의 사실확인서(을 제4호증) 및 증인 김FF의 증언 등이 있으나, 위 영수증은 첨부된 인감증명서와 영수인의 주소가 발행일인 2005. 6. 25.의 것이 아니므로 이를 그대로 믿기 어렵고, 앞서 채택한 증거 및 변론 전체의 취지에 의해 인정되는 다음의 각 사정, 즉, 원고는 심GG 등을 직접 알지 못하고 매도를 위임한 사실도 없는 점, 세무조사 당시 2005년 양도토지의 매수인들은 김FF과 거래했다고 진술할 뿐 심GG 등을 언급한 바 없는 점, 국세청 전산망에 심GG 등이 2005년 경에 부동산 컨설팅 관련 업종에 종사한 것으로 등록되어 있지 않은 점, 세무조사 과정에서 심GG 등의 금융자료를 추적한 결과 위 금액 상당의 수수료를 지급받았다고 볼만한 자료가 전혀 확인되지 않은 점, 원고와 김FF 사이에 아무런 약정서 등이 존재하지 않는 점, 원고나 김FF이 달리 심GG 등으로부터 중개수수료의 영수증 등을 교부받은 사실도 없다고 하는 점 등에 비추어 보면, 나머지 증거만으로는 위 주장을 인정하기에 부족하다.

따라서 원고의 위 주장은 이유 없다.

2) 이 사건 지급이자에 관하여

가) 부동산매매업자에 대한 종합소득세액의 계산을 종합소득세 과세방식에 의할 때에는 부동산매매업자의 판매용 토지와 건물은 사업용 고정자산에 해당하지 아니하여 구 소득세법(2006. 12. 30. 법률 제8144호로 개정되기 전의 것, 이하 '구 소득세법'이라 한다) 제33조 제10호, 같은 법 시행령(2006. 2. 9. 대통령령 제19327호로 개정되기 전의 것) 제75조 제1항 소정의 건설자금 이

자의 계산대상에서 제외되므로, 그 토지 등의 매입·건설에 드는 차입금에 대한 지급이자 등이 토지대금의 완납일 또는 건물의 준공일 이후에 그 발생 사실이 확정되었다고 하더라도 이는 필요경비로서 매매가액에서 공제되어야 한다(대법원 2003. 4. 25. 선고 2000두10724 판결 등 참조). 그리고 구 소득세법 제27조 제1항이 규정하는 이른바 기간손익계산의 원칙 및 손익비용 대응의 원칙에 따라 필요경비에 포함할 금액은 총수입금액과 같은 기간에 발생 사실이 확정된 비용 중 총수입금액에 대응하는 비용으로 한정된다(대법원 1992. 7. 14. 선고 91누8814 판결 참조).

이 사건에서 살피건대, 갑 제12 내지 21, 27, 33호증(각 가지번호 포함)의 각 기재, 증인 최BB의 증언, 이 법원의 목포시장에 대한 사실조회 결과에 변론 전체의 취지를 더하여 보면, 다음 사실을 각 인정할 수 있다.

① 원고 외 5인은 2002. 11. 29. OO시로부터 매매대금 중 10%는 계약체결일에, 30%는 2002. 3. 1.에, 나머지 60%는 10%씩 나누어 2002. 5. 29.부터 매 3개월마다 각 지급하기로 약정하고, 용도가 '일반상업용지'인 OO시 OO동 1121 대 6,517.5㎡(이하 '분할전 OO토지'라고 한다)를 매매대금 OOOO원에 매수하였다. 그 중 원고의 지분은 6,517.5분의 2,443.7이었다.

② 위 매매대금 중 계약금 10%을 제외한 나머지 90%(2002. 3. 1.자 중도금에 대한 지연이자 포함)인 OOOO원은 약정된 기일에 앞서 2002. 3. 15.에 모두 납부되었는데, 그 납부대금 중 OOOO원은 DD JJ지점(당시는 KK동지점이었다. 이하 'JJ지점'이라 한다) 발행 수표번호 OO OOOOOOO 액면금 OOOO원의 자기앞수표(이하 'LLL수표'라 한다)로, OOOO원은 같은 JJ지점 발행 수표번호

OO OOOOOOO 액면금 OOOO원의 자기앞수표(이하 'MMM수표'라 한다)로 각 납부되었다.

③ 위 LLL수표는 최BB이 2002. 3. 15. JJ지점으로부터 분할전 OO토지 중 원고의 지분에 근저당권을 설정하여 주고 대출받은 OOOO원(이하 '최BB대출금'이라 한다)의 대출금계좌에서 출금된 것이고, 위 MMM수표는 원고의 JJ지점 계좌번호 OOO-OO-OOOOOO의 보통예금계좌(이하 '원고계좌'라 한다)에서 출금된 것이다.

④ 한편 분할전 OO토지는 2002. 3. 15. 공동매수인들 명의로 소유권이전등기가 된 후, 2002. 3. 29.과 2002. 4. 4. 두 번에 걸쳐 공동매수인들 간에 공유물분할이 되었다. 분할된 토지 중 OO시 OO동 1121-7 대 886㎡(이하 '원고소유OO토지'라 한다)는 최종적으로 원고의 단독소유가 되었고, JJ지점의 최BB대출금에 대한 담보물도 2002. 3. 29. 분할전 목포토지의 원고지분에서 원고소유OO토지로 변경되었다.

⑤ 이후 최BB대출금은 2002. 4. 30.에 OOOO원, 2002. 5. 7.에 OOOO원이 각 상환되어 OOOO원으로 감소되었다. 최BB은 2002. 5. 8. JJ지점으로부터 원고소유OO토지를 담보로 다시 OOOO원을 대출한 후, 같은 날 이를 원고계좌에 입금하였다(이하 최BB대출금 OOOO원과 추가대출금 OOOO원을 '원고토지담보대출금'이라 한다).

⑥ 원고는 2002년경부터 2008년경까지 본인 또는 가족들의 명의로 매월 원고토지담보대출금 OOOO원에 대한 이자를 지급하여 왔고, 원고토지담보대출금에 대한 2005년도 발생이자액은 합계 OOOO원(= 최BB대출금 OOOO원에 대한 이자 합계 OOOO원 +

추가대출금 OOOO원에 대한 이자 합계 OOOO원)이다.

⑦ 원고는 2008. 5. 9. 주식회사 NN에게 원고소유OO토지를 OOOO원에 매도하고 2008. 5. 22. 그 소유권이전등기를 경료하여 주었다. 원고토지담보대출금은 2009. 8. 14.에 이르러 모두 상환되었고, 원고소유OO토지에 대한 JJ지점의 근저당권도 같은 날 말소되었다.

위 인정사실을 종합하면, 원고토지담보대출금 OOOO원은 모두 원고의 분할전 OO토지 매입자금으로 사용되었다고 봄이 상당하고, 원고가 그에 대한 이자를 실제 부담하였으므로, 원고토지담보대출금에 대한 이자 중 2005년도에 발생한 OOOO원은 원고의 사업인 부동산매매업의 '총수입금액을 얻기 위하여 직접 사용된 부채에 대한 지급이자' 중 '총수입금액과 같은 기간 동안에 발생사실이 확정된 비용 중 총수입금액에 대응하는 비용'이라고 할 것이다. 따라서 이 금액은 필요경비로서 사업소득에서 공제되어야 할 것이다.

나) 이에 대하여 피고는, 가사 원고토지담보대출금 OOOO원에 대한 이자 중 2005년도 발생분이 필요경비에 해당한다고 하더라도, 앞서 처분의 경위에서 본 바와 같이 잘못된 조세심판원결정에 따라 피고가 원고대출금 OOOO원에 대한 2002년부터 2005년까지의 발생이자 OOOO원 전부를 필요경비로 잘못 산입하여 종합소득세를 감액경정하였으므로, 원고토지담보대출금에 대한 2005년도 발생이자 OOOO원이 원고 대출금 OOOO원에 대한 2002년부터 2004년까지의 발생이자를 넘지 않는 이상, 이를 다시 필요경비로서 공제할 것은 아니라고 주장한다.

살피건대, 과세처분에 관한 불복절차과정에서 과세관청이 그 불복사유가 옳다고 인정하고 이에 따라 필요한 처분을 하였을 경우에는, 불복제도와 이에 따른 시정방법을 인정하고 있는 국세기본법 제55조 제1항, 제3항, 제65조, 제80조, 제81조 등 관계규정들의 취지에 비추어 동일 사항에 관하여 특별한 사유 없이 이를 번복하고 다시 종전의 처분을 되풀이할 수는 없다(대법원 2010. 9. 30. 선고 2009두1020 판결 등 참조).

이 사건에서 보건대, 조세심판원은 원고대출금 ○○○○원에 대한 2002년부터 2005년까지의 발생이자 ○○○○원 모두를 필요경비에 추가로 산입하여 그 과세표준과 세액을 경정한다는 취지의 결정을 한 사실, 피고가 위 결정의 취지에 따라 이를 모두 필요경비로 공제하고 소득세를 재산출하여 이 사건 처분을 하기에 이른 사실은 앞서 본 바와 같다.

이러한 사정을 앞서 본 법리에 비추어 보면, 피고가 이 사건에 이르러 위 경정이 잘못된 것이라고 주장하면서 이를 번복하고 감액 전 과세처분의 정당성을 주장할 수는 없다고 할 것이므로, 피고의 이 부분 주장은 받아들일 수 없다.

다) 따라서, 원고의 이 부분 주장은 원고토지담보대출금에 대한 발생이자 중 2005년도 발생분의 범위 내에서 이유 있고, 나머지 부분은 이유 없다.

3) 황PP에게 양도한 토지 가액에 관하여

살피건대, 갑 제7호증의 16, 갑 제11호증의 1, 2, 갑 제30호증의 1, 2의 각 기재, 증인 황PP의 증언 및 변론 전체의 취지를 종합하면, 원고는 유QQ을 통해 황PP에게 2005년 양도토지 중 순번 6-1, 6-2 토지인 ○○도 ○○군 ○○면 ○○리 130-25, 같은 리 130-26의 각 토지를 전매한 사실, 당시 원고는 유QQ에 대한 채무금 OOOO원을 면제받기로 한 사실, 한편 황PP은 처음에 유QQ으로부터 위 토지를 OOOO원에 매수할 것을 제안받았으나 결국 매수대금을 OOOO원으로 정하여 위 토지를 매수하였으면서도 양도소득세 납부의무를 면하기 위해 매매가액이 OOOO원으로 기재된 계약서를 첨부하여 신고하였다가, 후에 원고와 유QQ의 항의를 받고 새로이 매매대금을 OOOO원으로 기재한 계약서를 작성하여 2009. 10. 29. 수정신고를 하고 이에 따라 양도차익에 대한 양도소득세 OOOO원, 주민세 OOOO원 등을 납부한 사실을 인정할 수 있다.

위 인정 사실에 의하면, 위 토지의 양도가액 및 이에 따른 원고의 수입은 OOOO원이라 할 것이므로, 당초 피고가 수입금액에 산입한 OOOO원과의 차액 OOOO원은 총수입금액에 불산입되어야 한다. 원고의 이 부분 주장은 이유 있다.

4) 가산세에 관하여

이 사건 처분 중 가산세 부분은, 앞서 본 최BB 명의의 차용금에 관한 2005년 지급이자 OOOO원을 필요경비로 인정하여 공제하는 부분과, 황PP에게 양도한 토지의 가액 중 OOOO원을 총수입금액에 불산입하는 부분에 따라 아래와 같이 추가로 감액되어야 하는 부분 [OOOO원 상당액(=신고불성실 가산세 OOOO원 + 납부불성실 가산세 OOOO원)]에 한하여는 이유 있으나, 나머지에 부분에 관하여는 가산세의 산정이 잘못되었다는 등의 구체적인 주장·입증이 없고, 달리 가산세가 잘못 산정되었다고 볼만한 자료가 없으므로, 이 부분 주장은 위 인정범위 내에서 이유 있다.

5) 이 사건 처분이 위법한지에 관하여

앞서 본 제반 사정을 종합하여 정당한 2005년 종합소득세를 산정한 결과는 다음 표와 같다.(단위는 원).

[표] 생략

따라서 위 표에서 보는 바와 같이 이 사건 처분 중 총결정세액(가산세 포함) ○○○○원을 초과하는 부분은 수입금액과 필요경비를 잘못 산정하여 부과된 것이어서 위법하다고 할 것이다.

3. 결론

그렇다면, 원고의 청구는 위 인정범위 내에서 이유 있으므로 이를 인용하고 나머지 청구는 이유 없으므로 이를 기각하기로 하여, 주문과 같이 판결한다.

전년도 발생 연체이자는 당해년도에 지급 시에도 당해년도 수입금의 필요경비로 볼 수 없다

(대법원91누8814호, 1992.07.14)

비용으로서의 지급이자는 소득세법이 규정하는 권리의무 확정주의의 원칙상 실제로 그 지급을 한 날이 속하는 해가 아닌 정상적으로 그 지급을 하여야 하는 날이 속하는 해가 그 귀속연도가 된다.

가. 소득세법 제31조의 규정취지 및 총수입금액을 얻기 위하여 직접 사용된 부채에 대한 연체이자의 비용 귀속연도

나. 전년도에 발생한 연체이자는 비록 당해년도에 와서 지급되었지만 당해년도에 있었던 수입금의 필요경비로 볼 수 없다고 한 사례

다. 소득세법 제58조 제1항, 구 소득세법(1988.10.26. 법률 제4019호로 개정되기 전의 것) 제58조 제2항 및 소득세법시행령 제113조 제1항의 각 규정취지 및 같은 시행령 조항 소정의 적법한 조사, 결정절차를 거쳐 결손금으로 확정된 바 없는 전년도 연체이자를 개별적으로 위 법 소정의 이월결손금으로 보아 당해년도 종합소득 금액을 계산함에 있어서 필요경비로 공제할 수 있는지 여부(소극)

【판결요지】

가. 소득세법 제31조 제1항은 과세기간에 관한 같은 법 제8조, 총수입금액과 필요경비의 귀속년도에 관한 같은 법 제51조 등의 규정과 관련하여 볼 때, 필요경비에 산입할 금액은 총수입금액과 같은 기간 동안에 발생사실이 확정된 비용 중 총수입금액에 대응하는 비용으로 한다는 이른바 기간손익계산의 원칙 및 손익비용대응의 원칙을 아울러 규정한 것으로 해석되고, 같은 법 제31조 제2항은 당해년도에 확정된 비용은 당해년도 전의 수입에 대응하는 비용이라도 이를 수입귀속년도의 비용이 아닌 당해년도의 필요비용으로 본다는 뜻으로 해석되며, 나아가 소득세법시행령 제60조 제1항 제10호는 총수입금액을 얻기 위하여 직접 사용된 부채에 대한 지급리자를 총수입금액에 대응하는 비용으로 규정하고 있는바, 여기에서의 비용으로서의 지급이자는 소득세법이 규정하는 권리의무확정주의의 원칙상 실제로 그 지급을 한 날이 속하는 해가 아닌 정상적으로 그 지급을 하여야 하는 날이 속하는 해가 그 귀속년도가 됨이 분명하다.

나. 은행에 대하여 전년도에 발생한 연체이자는 그 발생일이 속하는 전년도에 이미 그 발생사실이 확정된 비용으로서 비록 그것이 당해년도에 와서 지급되었지만 당해년도에 있은 수입금의 필요경비로 볼 수 없다고 한 사례.

다. 소득세법 제58조 제1항, 구 소득세법(1988.10.26. 법률 제4019호로 개정되기 전의 것) 제58조 제2항 및 소득세법시행령 제113조 제1항의 각 규정은 계속적인 기업의 보호, 육성 및 조세공평의 견지에서 어느 사업의 결손금을 종합소득세과세표준의 산정이나 그 후 일정기간 내의 소득금액계산에 있어서 반영하여 주되 이는 소득세법이 채택하고 있는 기간손익계산의 원칙에 대한 특례이므로 그 결손금의 범위를 일정한 요건하에 엄격하게 제한하고 있는 것으로 해석되고 위 규정취지 및 내용에 비추어 위 소득세법시행령 소정의 적법한 조사, 결정절차를 거쳐 결손금으로 확정된 바 없는 전년도 연체이자를 개별적으로 위 법 소정의 이월결손금으로 보아 당해년도 종합소득금액을 계산함에 있어서 필요경비로 공제할 수 없으며 이는 위 이자지급비용의 발생년도에 수입이 전혀 없어 그 비용이 실제상 결손금에 해당하고 당해년도에는 소득세확정신고를 할 수 없어 결손금에 대한 조사, 결정을 받을 수 없는 사정이 있었으며 또한 금융기관 등의 자료 등에 의하여 그 비용발생사실이 객관적으로 증명되는 경우라고 하여 달라지는 것이 아니다.

【참조조문】
가. 나. 소득세법 제31조, 같은법시행령 제60조 제1항 제10호
다. 소득세법 제58조 제1항, 구 소득세법(1988.10.26. 법률 제4019호로 개정도기 전의 것) 제58조 제2항, 소득세법시행령 제113조 제1항,

【원심판결】
대구고등법원 1991.7.24. 선고 90구722 판결

【주 문】
상고를 기각한다. 상고비용은 원고의 부담으로 한다.

【이 유】

원고소송대리인의 상고이유를 본다.

1. 소득세법 제31조 제1항은 부동산소득금액, 사업소득금액, 기타소득금액, 양도소득금액 또는 산림소득금액의 계산에 있어서 필요경비에 산입할 금액은 당해 연도의 총수입금액에 대응하는 비용의 합계액으로 한다고 규정하고 있고 같은 조 제2항은 당해 연도 전의 총수입금액에 대응하는 비용으로서 당해연도에 확정된 것에 대하여는 당해 연도 전에 필요경비로 계상하지 아니한 것에 한하여 당해 연도의 필요경비로 본다고 규정하고 있는바, 위 법 제31조제1항은 과세기간에 관한 같은 법 제8조, 총수입금액과 필요경비의 귀속년도에 관한 같은 법 제51조 등의 규정과 관련하여 볼 때, 필요경비에 산입할 금액은 총수입금액과 같은 기간에 발생사실이 확정된 비용 중 총수입금액에 대응하는 비용으로 한다는 이른바 기간손익계산의 원칙 및 손익비용대응의 원칙을 아울러 규정한 것으로 해석되고, 같은 법 제31조 제2항은 당해 연도에 확정된 비용은 당해 연도 전의 수입에 대응하는 비용이라도 이를 수입귀속년도의 비용이 아닌 당해 연도의 필요비용으로 본다는 뜻으로 해석된다.

나아가 소득세법시행령 제60조 제1항 제10호는 총수입금액을 얻기 위하여 직접 사용된 부채에 대한 지급이자를 총수입금액에 대응하는 비용으로 규정하고 있는바, 여기에서의 비용으로서의 지급이자는 소득세법이 규정하는 권리의무확정주의의 원칙상 실제로 그 지급을 한 날이 속하는 해가 아닌 정상적으로 그 지급을 하여야 하는 날이 속하는 해가 그 귀속연도가 됨이 분명하다.

원심이 위와 같은 취지에서 1986년도에 발생한 한국주택은행에 대한 이 사건 연체이자는 그 발생일이 속하는 1986년도에 이미 그 발생사실이 확정된 비용으로서 비록 그것이 1987년도에 와서 지급되었지만 이 사건 아파트의 분양수입금과는 그 확정 및 귀속년도를 달리하여 소득세법 제31조 제1항 소정의 필요경비가 아님은 물론 그 제2항 소정의 필요경비로도 볼 수 없다고 판시한 것은 정당하고 거기에 지적하는 바와 같은 위 규정의 해석에 관한 법리오해의 위법이 있다 할 수 없다. 주장은 이유 없다.

2. 소득세법 제58조 제1항, 제2항(1990.12.31.법률 제4281호로 개정되기 전의 것)은 사업자가 비치기장한 장부에 의하여 당해 연도의 소득별소득금액을 계산함에 있어서 발생하는 소득별결손금은 당해 소득별소득금액 및 종합소득과세표준의 계산에 있어서 이를 통산하고, 위 소득별결손금으로서 각 연도개시일 전 3년 내에 개시된 연도에 발생한 것 중 그 후의 연도의 소득별소득금액의 계산에 있어서 공제하지 아니한 결손금은 당해 연도의 소득별소득금액의 계산에 있어서 이를 공제한다고 규정하고 같은법 시행령 제113조 제1항은 위 결손금은 정부가 소득세법 제118조의 실지조사결정이나 제119조의 서면조사결정에 의하여 조사, 결정한 결손금을 말한다고 규정하고 있는바, 위 각 규정은 계속적인 기업의 보호, 육성 및 조세공평의 견지에서 어느 사업의 결손금을 종합소득세과세표준의 산정이나 그 후 일정기간 내의 소득금액계산에 있어서 반영하여 주되 이는 소득세법이 채택하고 있는 기간손익계산의 원칙에 대한 특례이므로 그 결손금의 범위를 일정한 요건하에 엄격하게 제한하고 있는 것으로 해석된다. 위와 같은 규정취지 및 내용에 비추어 볼 때, 위 법 소정의 적법한 조사, 결정절차를 거쳐 결손금으로 확정된 바 없는 이 사건 1986년도 연체이자를 개별적으로 위 법 소정의 이월결손금으로 보아 원고의 1987년도 종합소득 금액을 계산함에 있어서 필요경비로 공제할 수 없음은 명백하고 이는 원고가 주장하는 바와 같이 위 이자지급비용의 발생년도에 수입이 전혀 없어 그 비용이 실제 결손금에 해당하고 당해 연도에는 소득세확정신고를 할 수 없어 결손금에 대한 조

사, 결정을 받을 수 없는 사정이 있었으며 또한 금융기관 등의 자료 등에 의하여 그 비용 발생 사실이 객관적으로 증명되는 경우라고 하여 달라지는 것이 아니라고 할 것이다.

같은 취지의 원심의 판단은 정당하고 거기에 주장하는 바와 같은 법리오해의 위법이 없다. 주장은 이유 없다. 그러므로 상고를 기각하고 상고비용은 패소자의 부담으로 하여 관여 법관의 일치된 의견으로 주문과 같이 판결한다.

07 수탁보증인의 대출금 이자는 총수입 금액에 대응하는 필요경비로 볼 수 없다

(창원지방법원 2015구합 378호, 2015.10.27, 피고 세무서장)

수탁보증인이 주채무자의 채무를 변제하기 위하여 금융기관으로부터 대출받은 이자는 배당에서 발생한 이자상당액의 총수입금액에 대응하는 필요경비로 볼 수 없다.

[주 문]
1. 원고의 청구를 기각한다.
2. 소송비용은 원고가 부담한다.

[청구취지]
피고가 2014. 2. 10. 원고에 대하여 한 2012년 귀속 종합소득세 0,000,000원(가산세 포함)의 부과처분을 취소한다.

[이 유]

1. 처분의 경위

가. 원고는 BBB을 상대로 구상금 00,000,000원 및 이에 대한 이자의 지급을 구하는 지급명령을 신청하여, 2002. 2. 22. ○○지방법원 ○○지원 ○○법원 0000차000호로 "BBB은 원고에게 00,000,000원 및 이에 대하여 지급명령정본 송달 다음날부터 다 갚는 날까지 연 25%의 비율로 계산한 돈을 지급하라."는 내용의 지급명령을 받았고, 위 지급명령은 2002. 3. 12. 확정되었는데(이하 '이 사건 지급명령'이라 한다), 원고가 그 지급명령 신청서에 기재한 청구원인의 주요 내용은 아래와 같다.

원고는 1998. 9. 19.경 BBB의 요청으로 BBB의 CCC(이하 'CCC'이라 한다)에 대한 0,000만 원의 대출금채무에 관하여 보증을 하였는데, BBB이 대출금채무를 변제하지 아니하여 원고가 2001. 6. 18.경 원금 일부 및 이자로 0,000,000원을, 2002. 1. 17.경 나머지 대출원리금 전액 00,000,000원을 대위변제하였으므로, BBB은 원고에게 위와 같이 대위변제한 돈을 지급할 의무가 있다.

나. 그 후 원고는 이 사건 지급명령에 기하여 BBB 소유의 ○○ ○○군 ○○면 ○○리 산000-0 임야, 같은 리 산000-00 임야, 같은 리 00-0 대지, 같은 리 00-0 임야, 같은 리 00-0, 산000-00 지상 단독주택 등에 관하여 ○○지방법원○○지원 0000타경0000호로 부동산강제경매 신청을 하였고, 위 경매절차의 배당기일인 2012. 1. 30. 신청채권자로서 원금 00,000,000원 및 이자 00,000,000원(이하 위 00,000,000원을 '이 사건 쟁점 금액'이라 한다) 합계 00,000,000원을 배당받았다.

다. 피고는 이 사건 쟁점금액을 소득세법 제16조 제1항 제11호가 규정한 이자소득(비영업대금의 이익)으로 보아 2014. 2. 10. 원고에게, 2012년 귀속 종합소득세 0,000,000원(가산세 포함)을 경정·고지하는 이 사건 처분을 하였다.

라. 원고는 이 사건 처분에 불복하여 이의신청을 거쳐 조세심판원에 심판청구를 하였으나, 조세심판원은 2014. 12. 12. 위 심판청구를 기각하였다.

마. 피고는 이 사건 소송계속 중 이 사건 쟁점금액이 구 소득세법(2014. 12. 23. 법률 제12852호로 개정되기 전의 것, 이하 같다) 제21조 제1항 제10호가 규정한 기타소득(계약의 위약 또는 해약으로 인하여 받는 위약금과 배상금)에 해당한다는 취지로 처분사유를 변경하였다.

2. 이 사건 처분의 적법 여부

가. 원고의 주장

원고는 BBB이 연체한 대출금채무를 변제하는 조건으로 2002. 1. 17. CCC으로부터 0,000만 원을 대출받아 같은 날 BBB의 대출원리금 00,000,000원을 대위변제하였고, 위 대출금 0,000만 원에 대한 2002. 1. 17.부터 2011. 12. 16.까지의 이자 0,000,000원(이하 '이 사건 대출이자'라 한다)을 추가로 지출하였으므로, 원고가 위 1.의 나.항 기재 배당으로 인하여 얻은 실질적인 소득은 이 사건 쟁점금액 00,000,000원에서 이 사건 대출이자 0,000,000원을 공제한 나머지 0,000,000원에 불과하다. 따라서 이 사건 쟁점 금액 전체가 원고의 소득에 해당함을 전제로 한 이 사건 처분은 위법하다.

나. 관계 법령

별지 기재와 같다.

다. 판단

1) 이 사건 쟁점금액의 법적 성격

수탁보증인이 그 출재로 주채무를 소멸하게 한 다음, 주채무자를 상대로 제기한 구상금 청구소송에서 그 출재액과 이에 대한 면책일 이후 소장송달일까지의 연 5%의 민사법정이율에 의한 법정이자와 그 다음날부터 다 갚는 날까지의 소송촉진 등에 관한 특례법 소정의 연 20%의 비율에 의한 지연손해금에 관한 승소판결을 받고 그 확정판결에 기하여 법정이자와 지연손해금을 수령한 경우, 그 지연손해금은 구 소득세법 제21조 제1항 제10호, 소득세법 시행령 제41조 제7항에서 기타소득의 하나로 정하고 있는 '계약의 위약 또는 해약으로 인하여 받는 위약금과 배상금'에 해당하는바(대법원 1997. 9. 5. 선고 96누16315 판결 등 참조), 앞서 본 사실관계에 따르면, 이 사건 쟁점금액은 이 사건 지급명령에 따라 '구상금 원금(00,000,000원)에 대한 지급명령정본 송달 다음날부터 다 갚는 날까지 연 25%의 비율로 계산한 돈'으로서 원고에게 배당된 것이므로, '이자'라는 명칭과 상관없이 그 법적 성격이 '지연손해금'에 해당한다고 할 것이다. 따라서 이 사건 쟁점금액은 소득세법상 기타소득에 해당한다고 봄이 타당하다.

2) 처분사유 변경의 적법 여부

과세처분취소소송에서의 소송물은 과세관청의 처분에 의하여 인정된 과세표준 및 세액의 객관적 존부이고, 과세관청으로서는 소송 도중이라도 사실심 변론종결시까지 그 처분에서 인정한 과세표준 또는 세액의 정당성을 뒷받침하기 위하여 처분의 동일성이 유지되는 범위 내에서 처분사유를 교환·변경할 수 있으며, 과세관청이 종합소득세부과처분의 정당성을 뒷받침하기 위하여 합산과세되는 종합소득의 범위 안에서 그 소득의 원천만을 달리 주장하는 것은 처분의 동일성이 유지되는 범위 내의 처분사유 변경에 해당하여 허용되는바(대법원 2011. 1. 27. 선고 2009두1617 판결 등 참조), 피고는 당초 원고가 배당받은 이 사건 쟁점금액을 비영업대금의 이익으로 보아 이 사건 처분을 하였으나, 이 사건 소송계속 중 이 사건 처분의 사유를 '기타소득'으로 변경하였고, 위 법리에 비추어 보면 이와 같이 피고가 이 사건 처분사유를 변경한 것은 처분의 동일성이 유지되는 범위 내에서의 처분사유 변경에 해당하므로 허용된다고 할 것이다.

3) 이 사건 대출이자가 필요경비에 해당하는지 여부

구 소득세법 제21조 제2항은 "기타소득금액은 해당 과세기간의 총수입금액에서 이에 사용된 필요경비를 공제한 금액으로 한다."고 규정하고 있는바, 원고가 이 사건 쟁점금액을 배당받음으로써 얻은 실질적인 소득은 이 사건 쟁점금액에서 이 사건 대출이자를 공제한 금액에 불과하다는 취지의 원고 주장을 이 사건 대출이자가 기타소득을 얻기 위해 지출한 필요경비로서 공제되어야 한다는 것으로 선해하여 살펴본다.

갑 제3, 4호증의 기재에 따르면, 원고가 2002. 1. 17. CCC으로부터 0,000만 원을 대출받아 위 대출금에 대한 2002. 1. 17.부터 2011. 12. 16.까지의 이자 0,000,000원을 변제한 사실, 원고가 2002. 1. 17. BBB의 CCC에 대한 대출원리금 채무 00,000,000원을 대위변제한 사실은 알 수 있으나,

한편 구 소득세법 제37조 제2항은 "해당 과세기간의 총수입금액에 대응하는 비용으로서 일반적으로 용인되는 통상적인 것의 합계액을 기타소득의 필요경비에 산입한다."고 규정하고 있는바, 위 규정은 과세기간에 관한 같은 법 제5조, 총수입금액과 필요경비의 귀속연도 등에 관한 같은 법 제39조의 규정과 관련하여 볼 때 필요경비에 산입할 금액은 총수입금액과 같은 기간에 확정된 비용 중 총수입 금액에 대응하는 비용으로 한다는 이른바 기간손익계산의 원칙 및 수익비용대응의 원칙을 아울러 규정한 것으로 해석되고(대법원 1992. 7. 14. 선고 91누8814 판결 등 참조),

은행에 대하여 전년도에 발생한 이자는 그 발생일이 속하는 전년도에 이미 그 발생사실이 확정된 비용이라고 할 것이므로, 앞서 본 바와 같이 2002. 1. 17.부터 2011. 12. 16.까지의 기간에 발생한 이 사건 대출이자는 '총수입금액(이 사건 쟁점금액)과 같은 기간(2012년)에 발생사실이 확정된 비용 중 총수입금액에 대응하는 비용'에 해당하지 아니하여 기타소득에서 공제되어야 하는 필요경비에 해당한다고 볼 수 없다. 따라서 이와 다른 전제에 선 원고의 주장은 이유 없다.

3. 결론

그렇다면, 원고의 이 사건 청구는 이유 없으므로 이를 기각하기로 하여, 주문과 같이 판결한다.

08 투자원금을 마련하기 위한 이자비용은 필요비로 수입금액에서 공제되어야 한다

(인천지방법원 2010구합1143호, 2010.11.25)

30억원을 투자하고 계약해지에 따라 40억원을 수령한 경우 10억원은 위약금으로 기타소득에 해당하고, 10억원이 투자원금을 마련하기 위한 이자비용일 경우 이는 필요비용이라고 판시했다.

상기 판례를 인용하면, NPL대위변제 또는 채권양도시 투자원금을 마련하기 위한 질권대출의 이자비용은 필요비로서 기타소득인 지연손해금의 배당수익에서 공제되어야 한다.

[주 문]
1. 원고들의 청구를 모두 기각한다.
2. 소송비용은 원고들이 부담한다.

[청구취지]
피고가 2008. 12. 15. 원고 김AA에 대하여 한 2006년도 귀속 종합소득세 78,940,940 원의 부과처분 및 원고 김BB에 대하여 한 2006년도 귀속 종합소득세 83,198,670원의 부과처분을 모두 취소한다.

[이 유]
1. 처분의 경위
가. 원고들과 김CC은 2003. 9.경 이DD과 사이에, 인천 E구 FF동 56-1 등 2필지 토지(이하 '이 사건 토지'라 한다)에 주상복합아파트를 신축하여 분양하는 사업을 하기 위해 이DD에게 30억 원을 투자하면서, 이에 대한 담보로 이 사건 토지에 관하여 채권최고액을 50억 원으로 하는

근저당권을 설정하는 내용의 계약을 체결하였다(이하 '이 사건 투자 계약'이라 한다).

나. 2006. 5. 30. 이DD으로부터 이 사건 토지를 매수한 주식회사 GGGG은 원고들과 김CC에게 위 근저당권을 해지하는 대가로 40억 원을 지급하였는데, 피고는 위 40억 원과 투자 원금 30억 원의 차액인 10억 원(이하 '이 사건 10억 원'이라 한다)을 원고들과 김CC이 얻은 비영업대금의 이익으로 보고 2008. 12. 15. 원고 김AA에 대하여 2006년도 귀속 종합소득세 138,432,880원, 원고 김BB에 대하여 2006년도 귀속 종합소득세 144,286,640원을 각 부과하였다.

다. 원고들은 2009. 2. 20. 이의신청을 제기하였고 2009. 3. 20. 이 사건 10억 원은 비영업대금의 이익이 아니라 기타소득으로 보는 것이 타당하다는 결정이 있자, 피고는 이 사건 10억 원에 대한 필요경비로 4억 8,800만 원을 인정하여 원고 김AA에 대하여는 78,940,940원, 원고 김BB에 대하여는 83,198,670원의 종합소득세를 부과하는 것으로 당초 종합소득세 부과처분을 감액경정하였다(이하 이와 같이 감액경정된 종합소득세 부과처분을 '이 사건 처분'이라 한다).

라. 원고들은 이에 불복하여 심판청구를 제기하였으나 2009. 12. 9. 기각되었다.

[인정근거] 다툼 없는 사실, 갑 제1, 2, 4 내지 7호증, 을제1호증(가지번호 포함)의 각 기재, 변론 전체의 취지

2. 이 사건 처분이 적법한지 여부
가. 원고들의 주장
원고들은 다음과 같은 사유를 들어 이 사건 처분이 위법하다고 주장한다.

(1) 이DD은 이 사건 주상복합아파트 신축사업을 진행할 의사나 능력이 없음에도 원고들과 김CC으로부터 30억 원을 투자받은 것인바, 이 사건 10억 원은 이 사건 투자 계약의 위약 또는 해약과는 무관하게 위와 같은 이DD의 기망행위(불법행위)에 의한 손해배상금일 뿐만 아니라 주식회사 GGGG과 사이의 독립적인 자금 거래에 의해 지급받은 것이고, 가사 위 10억 원이 이 사건 투자 계약의 위약 또는 해약으로 인한 것이라 하더라도 이는 원고들과 김CC에게 현실적으로 발생한 손해를 보전하기 위한 것이어서 '본래의 계약의 내용이 되는 지급 자체에 대한 손해'에 불과하고 이를 넘는 손해로 볼 수 없으므로 기타 소득에 해당하지 않는다.

(2) 원고들이 대출받아 마련한 투자 원금 30억 원에 대한 이자비용 및 원고들과 김CC이 이 사건 주상복합아파트 신축사업을 위한 소송비용으로 사용하게 하기 위하여 남HH에게 지급한 1억 원은 필요경비로 인정되어야 한다.

나. 관계법령

별지 관계법령 기재와 같다.

다. 인정사실

(1) 이DD은 주상복합아파트 신축사업을 하기 위해 2003. 1. 23. 주식회사 JJJJ신용금고로부터 이 사건 토지를 27억 원에 매수하기로 하는 매매계약을 체결하였으나 계약금 2억 7,000만 원만을 제외한 나머지 매매대금을 지급하지 못하고 있었다.

(2) 이DD은 나머지 매매대금을 마련하기 위해 2003. 9.경 원고들 및 김CC과 사이에 이 사건 투자 계약을 체결하였는데, 그 주된 내용은 아래와 같다(위 계약서에는 투자자가 원고 김AA이 아닌 김KK

으로 기재되어 있으나 실질적인 투자자는 원고 김AA이다).

(가) 제1조(원칙)

원고들 및 김CC은 이DD에게 30억 원을 투자하고 이DD은 소유권이전등기를 경료함과 동시에 원고들 및 김CC을 근저당권자로 하여 채권최고액 50억 원의 근저당권을 설정한다.

(나) 제2조(투자금에 대한 보장 및 그 방법)

투자금에 대한 회수는 투자일부터 만 1년으로 하되, 6개월 이내에 80%가 분양될 경우 이DD은 바로 위 투자금이 회수될 수 있도록 책임지고, 투자금에 대한 보장은, 6개월 내 회수 시에는 45억 원을, 6개월 초과 후 회수 시에는 50억 원을 원고들 및 김CC에게 지급한다.

(3) 이DD은 원고들 및 김CC으로부터 30억 원을 투자받아 전 소유자인 주식회사 JJJJ신용금고에 나머지 매매대금을 모두 지급하고 2003. 9. 9. 이 사건 토지의 소유권을 취득하였다.

(4) 한편 이DD이 이 사건 토지의 소유권을 취득하기 전에 위 토지에서 주상복합아파트 공사가 진행되다가 중단된 상태였는데, 이DD은 주상복합아파트 신축사업을 계속 진행하기 위해 종전 시공사들을 상대로 지장물 철거 소송을 제기하여 승소 판결을 선고받았으나, 종전 공사로 인해 이 사건 토지에 설정된 유치권 문제를 해결하지 못하여 위 신축사업을 진행하지 못하였다.

(5) 원고들 및 김CC은 이 사건 투자 계약상 약정일이 지났음에도 이DD으로부터 투자금을 회수하지 못하자 두 차례에 걸쳐 이 사건 토지에 대해 임의경매를 신청 하였다가, 이후 모두 취하하였다.

(6) 주식회사 GGGG은 이DD으로부터 위 주상복합아파트 신축사업을 이어받아 진행하기 위해 2006. 5. 4. 이DD으로부터 이 사건 토지

를 31억 원에 매수하기로 하는 매매계약을 체결하면서, 위 토지에 설정된 근저당권을 해지하는 대가로 원고들 및 김CC에게 40억 원을 지급하였다.

[인정근거] 다툼 없는 사실, 갑 제5, 7, 12, 13, 14호증, 을 제2 내지 6호증(가지번호 포 함), 증인 남HH의 일부 증언, 변론 전체의 취지

라. 판단

(1) 이 사건 10억 원이 기타소득에 해당하는지 여부에 대한 판단

소득세법(2006. 12. 30. 법률 제8144호로 개정되기 전의 것) 제21조 제1항 제10호에 의하면, 계약의 위약 또는 해약으로 인하여 받는 위약금과 배상금을 기타 소득의 하나로 규정하고 있고, 소득세법 시행령(2007. 2. 28. 대통령령 제19890호로 개정되기 전의 것) 제41조 제2항에 의하면, 위 규정상 "위약금 또는 배상금"이라 함은 재산권에 관한 계약의 위약 또는 해약으로 인하여 받는 손해배상으로서 그 명목 여하에 불구하고 본래의 계약의 내용이 되는 지급 자체에 대한 손해를 넘는 손해에 대하여 배상하는 금전 또는 기타 물품의 가액을 말하고, 이 경우 계약의 위약 또는 해약으로 인하여 반환받은 금전 등의 가액이 계약에 의하여 당초 지급한 총 금액을 넘지 아니하는 경우에는 지급 자체에 대한 손해를 넘는 금전 등의 가액으로 보지 아니하는 것으로 규정하고 있다.

그러므로 살피건대 위 인정사실에 의한 다음과 같은 사정, 즉, ① 이DD이 당초 약속한 수익금을 원고들 및 김CC에게 지급하지 못한 것은 처음부터 계약 체결의 의사나 능력이 없음에도 원고들 및 김CC을 기망하여 위 금원을 편취한 것이라기 보다는 이 사건 투자 계약 이후 발생한 사정에 의해 주상복합아파트 신축사업이 중단됨으로써 이 사건 투자 계약상 채무가 이행불능된 것인 점, ② 주식

회사 GGGG은 이 사건 투자 계약의 당사자는 아니지만 이DD을 대신하여 이 사건 10억 원을 원고들 및 김CC에게 지급한 것으로 보아야 하는 점, ③ 이 사건에서 '본래의 계약의 내용이 되는 지급 자체에 대한 손해'는 본래의 계약에 의하여 당초 지급한 총 금액이라고 해석함이 상당한바, 원고들 및 김CC이 이 사건 투자 계약에 따라 이DD에게 지급한 총 금액은 30억 원인 점(원고들은, 원고들 및 김CC이 **투자원금 30억 원을 마련하기 위해 대출을 받음으로써 발생한 이자비용도 '본래의 계약의 내용이 되는 지급 자체에 대한 손해'에 포함되어야 한다고 주장하지만, 그와 같은 이자비용은 필요경비에 해당할 뿐 지급 자체에 대한 손해로 볼 수는 없으므로**, 원고들의 위 주장은 받아들이지 않는다) 등에 비추어 보면, 이 사건 10억 원은 이 사건 투자 계약의 위약으로 인하여 받는 손해배상으로서, '본래의 계약의 내용이 되는 지급 자체'인 30억 원을 초과하는 손해에 대하여 배상하는 금전이므로, 소득세법상의 기타 소득에 해당한다.

(2) 필요경비 인정 여부에 대한 판단

살피건대, 을 제8호증의 기재 및 증인 남HH의 일부 증언에 의하면, 원고 김BB이 부담하는 **이자비용 142,240,197원은 이미 필요경비로 반영된 사실, 남HH**이 지급받은 1억 원은 이 사건 투자 계약과 무관하게 남HH이 김AA의 남편인 김LL으로부터 개인적으로 차용한 사실을 인정할 수 있을 뿐만 아니라 원고 김AA이 이자비용을 부담하고 있음을 인정할 증거도 없으므로, 원고들의 위 주장 또한 받아들이지 않는다.

3. 결론

그렇다면, 원고들의 청구는 모두 이유 없어 이를 기각하기로 하여 주문과 같이 판결 한다.

09 제3자로부터 차입하여 대출 시 차입금의 이자 및 연체이자는 필요경비에 해당한다

대여금이 제3자로부터의 대출금을 재원으로 하여 이자 상당액이 지출되었다거나 지연손해금을 추가 지급하였다면 필요경비에 산입할 사항이다(부산고등법원 2011누3777 종합소득세등 부과처분 취소, 원고 정OO, 피고 서부산세무서장, 대법원2012두23051호 심리불속행 기각).

대여금이 제3자로부터의 대출금을 재원으로 하여 이자 상당액이 지출되었다거나 지연손해금을 추가 지급하였다면 필요경비에 산입할 사항으로 이자수입 자체가 발생하지 않은 것으로 볼 수 없고, 이 사건 대여금 외에 추가대여금을 회수하지 못하였다는 사정 역시 이자수입의 존부를 좌우할 사유가 되지 아니한다.

[주 문]
1. 가. 제1심 판결 중 피고 서부산세무서장 패소부분을 취소한다.
나. 위 취소부분에 대한 원고의 청구를 기각한다.
2. 원고의 피고들에 대한 항소를 각 기각한다.
3. 원고와 피고 서부산세무서장 사이에 생긴 소송총비용은 그 중 50%는 원고가, 나머지는 피고 서부산세무서장이 각 부담하고, 원고와 피고 부산진세무서장 사이의 항소비용은 원고가 부담한다.

[청구취지 및 항소취지]
1. 청구취지
원고에 대하여, 피고 서부산세무서장이 2007. 6. 15. 한 별지 조세부과내역(최종) 종합소득세란 기재 종합소득세 합계 000원의, 피고 부산진세무서장이 2007. 6. 14. 한 별지 조세부과내역(최종) 부가가치세란 기재 부가가치세 합계 000원의 각 부과처분을 취소한다(당심에 이르러 피고 서부산세무서장이 종합소득세 부과처분 감액경정을 함에 따라 원고는 피고 서부산세무서장에 대한 청구취지를 일부 감축하였다).

2. 항소취지

가. 원고 : 제1심 판결 중 원고 패소부분을 취소한다. 원고에 대하여, 피고 서부산세무서장이 2007. 6. 15. 한 별지 조세부과내역(최종) 종합소득세란 기재 1998년분과 1999년분 합계 204,674,450원의, 피고 부산진세무서장이 2007. 6. 14. 한 별지 조세부과내역(최종) 부가가치세란 기재 부가가치세 합계 000원의 각 부과처분을 취소 한다.

나. 피고 서부산세무서장 : 주문 제1항과 같다.

이 유
1. 처분의 경위

가. 원고는 2003. 8. 15.부터 부산 중구 XX가 12에서 'XX'라는 상호로 대부업을, 1992. 10. 1.부터 부산 동구 XX동 377-3 소재 상가건물(이하 '이 사건 건물'이라 한다)의 임대업을 각 영위한 사업자이다.

나. 부산지방국세청은 원고에 대하여 세무조사를 실시한 결과 원고가 1998년부터 2005년까지 귀속 종합소득세 신고시 대부업과 임대업으로 취득한 수입 중 일부를 누락시키고 2001년부터 2006년까지 귀속 부가가치세 신고시 임대업으로 취득한 수입(공급가액) 중 일부를 누락시켜 조세를 포탈하였다는 내용의 과세자료를 피고들에게 송부 하였다. 그에 따라 피고 서부산세무서장은 2007. 6. 15. 위 각 해당연도분 종합소득세 (각 가산세 포함, 이하 같다)를, 피고 부산진세무서장은 2007. 6. 14. 위 각 해당기분 부가가치세를 각 아래 표 기재와 같이 경정·고지하였다.

(아래 표 생략)

다. 원고는 2007. 9. 11. 피고들의 위 각 종합소득세, 부가가치세 경정처분에 불복하여 조세심판원에 심판을 청구하였다. 조세심판원은 2008. 11. 7. 피고 서부산세무서장이 원고에 대하여 한 2004년 귀속 종합소득세 000원의 부과처분에 대하여 000원을 수입금액에서 차감하여 그 과세표준과 세액을 경정한다는 결정을 하였고, 피고 서부산세무서장은 위 결정에 따라 2004년 귀속 종합소득세를 000원으로 감액 경정하였다.

라. 피고 서부산 세무서장은 제1심 소송 진행 중, 원고에 대하여 한 2003년 귀속 종합소득세 000원의 부과처분에 관하여 별지 대부업 관련 이자수입 신고 누락 내역 목록(이하 '별지 목록'이라고만 한다) 2003년 순번 8, 10, 18항 기재와 같이 합계 000원을 총수입금액에서 차감하여 2003년 귀속 종합소득세를 000원으로 감액 경정하였다.

마. 피고 서부산 세무서장은 당심 소송 진행 중, 원고에 대하여 한 2001년부터 2005년까지의 종합소득세 부과처분에 관하여 오AA에 대한 대여소득을 제외한 나머지 대여소득(아래 3.의 나.항의 '잔고증명 관련 등 그 밖의 사업소득'을 말한다)부분과 관련 하여 그 중 주식회사 OO통신장BB에 대한 어음할인대출부분(별지목록 2005년 순번 1)을 2005년 수입금액에서 제외하여 2003년 수입금액으로 산업하고 원고의 대여소득을 일부 감액하여 별지 조세부과내역(최종)기재와 같이 감액경정하였다(이하 위 나.항과 같이 경정되고 위 다. 라.항과 이 항에서 다시 각 감액경정된 연도별 종합소득세와 기별 부가가치세의 부과처분을 모두 합하여 '이 사건 처분'이라 한다).

[인정근거] 다툼 없는 사실, 갑1, 2호증, 을1, 2, 3, 9, 11, 26호증(각 가지번호 포함, 이하 같다)의 각 기재, 변론 전체의 취지

2. 관계법령

제1심 판결의 해당란 기재와 같다.

3. 판단에 앞서 인정하는 사실(원고의 사업소득, 임대소득 누락 및 적출경과와 이 사건 처분경위)

가. 오AA에 대한 대여금 관련 사업소득(이하 '이 사건 대여소득'이라 한다) 부분

1) 원고는 1997. 8. 22. 오AA로부터 그 소유의 고양시 덕양구 XX동 110-5 임야 127,737㎡, 같은 동 273-30 전 3,167㎡, 같은 동 273-31 도로 486㎡ 등 3필지(이하 '이 사건 토지'라 한다)를 담보로 제공받기로 하고 000원을 이율은 연 24%, 변제기는 1년 후로 정하여 대여(이하 '이 사건 대여금'이라 한다)하면서 같은 날 이 사건 토지에 관한 채권최고액 000원의 근저당권(이하 '이 사건 근저당권'이라 한다)을 설정 받았다.

2) 원고는 그 후 오AA에게 1998. 5. 29. 000000원을 이자 없이, 1998. 10. 29. 000원과 1998. 12. 28. 000원을 각 이율을 연 24%로 하여 그 변제기를 대략 3개월 후로 정하여 추가대여(이하 위 합계 000원을 '추가대여금'이라 한다)하 였다.

3) 그 후 서대문세무서장은 이 사건 토지 중 273-30 토지에 대하여 오AA가 체납 한 양도소득세에 기하여 공매처분을 하였고, 원고는 그 공매절차에서 1999. 10. 13. 이 사건 근저당권자로서 000원을 배당받았다.

4) 원고는 또한 이 사건 토지 중 나머지 토지들에 대하여 진행된 임의경매(이하 '이 사건 경매'라 한다)절차에서, 위 공매 배당액을 도외시한 채 이 사건 근저당권자로 서 이 사건 대여원금 000원과 그에 대한 대여일인 1997. 8. 22. 이후 연 24%의 비율 에 의한 약정이자

와 지연손해금의 채권을 신고하였다[원고는 위 경매절차에서 이 사건 대여금 및 추가대여금 합계 000원과 그에 대한 이자채권을 청구하였다고 주장한다. 그러나 위 경매절차 진행 중이었던 2003. 11. 8. 원고가 대여원금 000원과 그에 대한 1997. 8. 22.부터의 이자를 자선의 채권으로 신고하였던 점(을14호증, 기록 551면), 원고가 위 000원과 그에 대한 이자 등을 청구한 것은 2003. 5.경으로 그보다 약 5개월 후인 2003. 11. 8. 신고된 위 채권내역이 보다 정확할 것으로 보이는 점 등에 비추어 갑23호증의 1, 2의 각 기재만으로는 원고 주장의 사실을 인정하기 어렵다]. 그리고 원고는 2004. 3. 11. 이 사건 근저당권 채권최고액 000원을 배당받았다.

5) 한편 이 사건 토지에 관하여 후순위 근저당권을 가지고 있던 주식회사 YY저축은행(이하 '소외 은행'이라 한다)의 파산관재인은 2007. 4. 30. 인천지방법원 2007가합5911호로 원고를 상대로, 원고가 위 공매 시 000원을 배당받았음에도 불구하고 다시 이 사건 경매 시 채권최고액 전액인 000원을 배당받음으로써 결국 000원을 초과배당받아 부당이득하였다며 그 반환을 구하는 소송을 제기하였고, 원고는 2007. 5. 31. 소외 은행의 파산관재인에게 000원을 지급하였다. 위 소송에서 위 법원은 2008. 4. 24. 원고에 대하여 위 부당이득금 외에 그에 대한 지연손해금으로서 000원을 지급하라는 판결을 선고하였고, 원고는 2008. 5.경 소외 은행의 파산관재언에게 위 돈을 지급하였다.

6) 피고 서부산세무서장은 이 사건 공매 배당금 000원을 이 사건 대여금의 이자수입으로 보아 그 중 000원(= 000원 x 24%)은 1998년 귀속 수입금액으로, 나머지 000원은 1999년 귀속 수입금액으로 각 결정하였고, 이 사건 경매배당금 000원 중 000원은 이 사건 대여원금의 변제로, 나머지 000원은 이자수입으로 보아 2004년 귀속 수입금액으로 결정하여, 위 1.의 나.항과 같이 1998년, 1999년 및

2004년 귀속 종합소득세를 경정・고지하였다. 그 후 위 2004년 귀속 이자수입 000원 중 앞서 본 바와 같이 소외 은행에 반환한 000원에 대하여는 조세심판을 거쳐 이를 수입금액에서 차감하였고, 그 결과 2004년 귀속 이자수입을 000원(000원 - 000원)으로 보아 위 1.의 다.항과 같이 2004년 귀속 종합소득세를 감액경정하였다.

나. 잔고증명 관련 등 그 밖의 사업소득(이하 '그 밖의 대여소득'이라 한다)과 이 사건 건물의 임대소득 관련 부분

1) 원고는 2001년부터 2005년까지 사이에 SS신용금고로부터의 대출금 등을 재원으로 하여 지인 등에게 장, 단기로 돈을 빌려주고 이자를 받거나, 신문광고를 내거나 중간알선업자들을 통하여 연결되어 법인설립 등과 관련하여 초단기로 잔고증명자금이 필요한 사람들에게 직접 또는 그 아들인 정CC, 직원 이DD 등을 통하여 초단기 (주로 1일)로 돈을 빌려주고 고리의 이자를 받는 등 대부업을 영위하였으나 위 기간 동안의 종합소득세 신고시 신고수입액에서 이를 누락하였다.

2) 원고는 1992. 10. 1.부터 2008. 12. 14.까지 박EE에게 이 사건 건물 중 1층 일부 15㎡를 약국(KK약국) 용도로, 2000. 8. 4.부터 2002. 8. 31.까지 공FF에게 이 사건 건물 중 1층 다른 일부 15㎡를 편의점(FF) 용도로, 2002. 9. 1.부터는 강GG에게 이 사건 건물 중 1층 다른 일부 15㎡를 미용실(BB) 용도로(위 공FF와 강GG이 각 임차한 편의점과 미용실 부분은 같은 점포로 순차 임차한 것으로 보인다), 2001. 4. 1.부터 김HH에게 이 사건 건물 중 2층 30㎡를 피자집(RR 피자) 용 도로 각 임대하여 오고 있다(이하 위 각 임대부분을 '약국 부분', '편의점 및 미용실 부분', '피자집 부분'으로 구분한다). 원고는 2001년부터 2006년까지 귀속 부가가치세 신고시, 약국 부분의 임대차는 보증금 000만 원에 월임료 000원, 편의점 및 미용실 부분의 임대차는 월임료 없이 보증금 000원, 피자집 부분의

임대차는 월임료 없이 보증금 000원인 것으로 신고하였다.

그런데 위 신고내용과는 달리 위 공FF(편의점)는 보증금 외에 월세로 000원을, 강GG(미용실)은 보증금 000원에 월세 000원(2004. 11.분까지) 또는 000원(2004. 12.분부터)을 각 지급하였으며, 박EE(약국)는 2001. 3. 이후 매월 000원 씩을, 김HH(피자집)는 2001. 5. 이후 매월 000원씩을 원고에게 지급하여 왔다.

3) 부산지방 국세청은 원고에 대한 세무조사과정에서 원고 계좌에서의 출금액을 수령한 상대방들에 대하여 이자지급액 등을 포함하여 어떠한 내용의 거래가 있었는지를 확인해달라고 요청하는 내용의 거래사실확인서를 송부하고, 그에 대하여 상대방들 중 일부로부터 원고와의 사이에 위와 같이 장기대여나 초단기 잔고증명자금대여 등의 거래행위가 있었다는 내용의 회신을 받거나 현장확인 등을 통하여 원고가 별지 목록 기재와 같이 대부업과 관련한 이자수입의 신고를 누락하였고, 이 사건 건물의 임대수입 중 위 2)항 판시와 같이 신고수입부분을 넘어 지급받은 보증금과 월세 등 지급액의 신고를 누락하였다고 보았다. 그에 따라 피고 서부산세무서장은 원고의 해당연도별 신고 수입에 위와 같이 적출한 누락수입을 가산하여 수입액을 경정한 후 원고가 그 대부 및 임대사업과 관련한 수입금액과 필요경비 등을 확인하여 과세표준을 계산하는 데 필요한 장부와 증빙서류가 없거나 중요한 부분이 미비 또는 허위라고 보아 세법에서 정한 기준경비율 등에 의한 필요경비를 산출한 후 소득금액을 추계결정하고, 피고 부산진세무서장은 위 기간동안의 부가가치세 과세표준을 상향조정하여, 앞서 본 바와 같은 내용으로 각 해당연도의 종합소득세와 부가가치세 부과처분을 하였다(다만, 별지 목록 중 2003년 순번 8, 10, 18항의 이자수입금액은 그 후 위 1.의 라.항에서 보는 바와 같이 일부 차감, 경정되었다).

[인정근거] 앞서 든 증거들, 갑4, 5(갑5호증의 1, 2는 을6호증의 1, 2와 같다), 7, 13호증, 을5, 7, 8, 10, 12 내지 16, 19 내지 22호증(각 가지번호 포함)의 각 기재, 제1심 증인 박EE, 정KK의 각 일부 증언, 변론 전체의 취지

4. 이 사건 처분의 적법 여부

이하, 이 사건 처분의 적법 여부를 원고의 주장과 대비하여 살피되, 이 사건 처분 모두에 공통되는 것을 먼저 살피고, 개개 처분에 특유한 것을 나중에 살피기로 한다.

가. 부과제척 기간 도과 여부

이 부분에 관하여 이 법원이 적을 이유는 제1심판결의 해당란 기재와 같다.

나. 각 종합소득세부과처분에 있어 소득 금액 추계조사 결정의 적법 여부

이 부분에 관하여 이 법원이 적을 이유는 제1심판결의 해당란 기재와 같다.

다. 적법절차 위배 여부

이 부분에 관하여 이 법원이 적을 이유는 제1섬 판결의 해당란 기재와 같다.

라. 이 사건 대여소득에 대한 종합소득세 부과처분의 적법 여부

1) 이자수입의 발생과 귀속

가) 원고의 주장

(1) 이 사건 대여금과 추가대여금은 원고가 SS신용금고로부터 대출받아 한 것으로서, 원고가 이 사건 경매에서 배당받을 때까지 위 금고에 지급한 위 대출금의 이자가 000원에 이르렀고 위 이자를 감안할 때 이 사건 공매와 경매 배당금만으로는 위 대여원금조차 회수하지 못한 셈이고, 오AA는 이 사건 각 종합소득세 부과처분 당시 이미 경제적 능력을 상실하여 위 대여금들을 회수할 가능성도 없었으므

로 위 배당금들을 이자수입으로 볼 수 없으며, 그렇지 않더라도 소외 은행에 추가로 지연손해금 000원을 반환한 이상 그 부분만큼은 수입이 없었으므로 이를 이자 수입에서 공제하여야 한다.

(2) 이 사건 공매 배당금 000원은 부당이득으로 반환되었으므로 원고의 이자수입은 이 사건 경매 배당금 부분에 한정되고(이는 공매 배당금을 1998년, 1999년의 이자수입으로 보아 과세한 해당년도 종합소득세 부과처분이 위법하다는 취지이다), 오AA에 대한 대여원금 합계액은 이 사건 대여금과 추가대여금을 합한 000원이므로 경매 배당금 중 위 대여원금을 제외한 나머지 000원만이 2004년의 이자수입이다(이는 피고가 1998년, 1999년 및 2004년 종합소득세부과처분을 통틀어 합계 000원의 이자수입이 있다고 보아 과세한 것이 위법하다는 취지이다).

나) 판단

(1) 이 사건 공매, 경매 배당금을 이자수입으로 보아 과세함의 적부

이 사건 대여금 등이 제3자로부터의 대출금을 재원으로 한 까닭에 대출금 이자 상당액이 지출되었다거나 소외은행의 부당이득반환청구에 따라 지연손해금을 추가지급하였다는 원고 주장사정은 필요경비의 문제가 될 수 있을지언정 그러한 사정이 있다 하여 막바로 그 대출금 이자에 상당한 이자수입 자체가 발생하지 않은 것으로 볼 수 없고(아래에서 보는 바와 같이 소외 은행에 대하여 지급한 지연손해금은 원고의 이자수입과 무관하기도 하다), 이 사건 대여금 외에 추가대여금을 회수하지 못하였다는 사정 또한 이 사건 대여 자체로 인하여 발생한 이자수입의 존부를 좌우할 사유가 되지 않는다. 따라서 원고의 이 부분 주장은 그 자체로 이유 없다.

(2) 이 사건 공매, 경매 배당금을 이 사건 대여금의 이자수입으로만 보아 과세함의 적부

(가) 이 사건 대여금만의 이자수입인지 여부

앞서 든 증거들과 갑21호증의 기재에 의하면, 원고가 이 사건 대여와 추가대여 이후 1999. 9. 1. 오AA와 사실혼 관계에 있는 김LL으로부터, 이 사건 대여금을 포함한 1999. 8. 23.까지의 오AA에게 대한 대여원리금 합계 000원을 6개월 후에 변제 받기로 약정하고, 같은 날 충주시 앙성면 XX리 산14-3 임야 12,723㎡와 산14-11 임야 25㎡에 대한 김LL의 지분에 관하여 채권최고액 000원의 근저당권을 설정받은 사실이 인정된다. 이처럼 원고가 이 사건 근저당권 외에도 위 XX리 부동산에 대한 추가적인 근저당권을 가지고 있었던 점, 앞서 본 바와 같이 이 사건 경매절차 에서 원고가 이 사건 대여금과 이자를 그 채권으로 신고하였던 점[3. 가. 4)항 부분], 앞서 본 이 사건 대여와 근저당권 설정 약정 경위와 내용, 근저당권 설정시기와 채권 최고액 등의 사정을 종합하면, 이 사건 근저당권의 피담보채무는 이 사건 대여원리금 에 한정된다고 할 것이고, 원고 주장과 같이 추가대여금 000원 또한 이 사건 근저당권의 피담보채무로 되었다고 볼 수는 없다.

따라서 원고가 이 사건 근저당권에 기하여 수령한 이 사건 공매, 경매 배당금은 이 사건 대여금에 대한 원금변제나 이자수입이라고 할 것이다. 이와 같이 이 사건 공매, 경매 배당금을 이 사건 대여금에 대한 원금변제나 이자수입으로 볼 경우 원고는 이 사건 대여원금 000원을 초과하는 000원을 회수한 셈이 되므로 오AA가 무자력인 관계로 대여원금을 회수할 가능성이 없었다는 취지의 원고 주장은 이유 없다.

(나) 추가판단

위에서 본 바와 같이 이 사건 공매, 경매 배당금은 이 사건 대여금에 대한 변제라고 할 것이나, 원고가 이 사건 공매, 경매 배당금은 이 사건 대여금뿐만 아 니라 이 사건 추가 대여금에 대한 변제이고 그렇게 볼 경우 오AA에 대한 대여원금을 회수할 가능성이 없어 오AA에 대한 이자수입에 관하여 과세함은 부적법하다고 주장 하고 있으므로 이 점에 관하여도 추가적으로 살펴 보기로 한다.

앞서 본 바와 같이 원고는 오AA에 대하여 이 사건 대여금 000원, 이 사건 추가대여금 000원 합계 000원의 채권을 가지고 있었다. 그런 데 원고는 이 사건 부동산에 대한 근저당권을 통하여 이 사건 공매, 경매배당금으로 000원을 수령하였고, 그 외에도 위 XX리 부동산에 대한 근저당권을 가지고 있었다. 그리고 을24호증의 1: 2의 각 기재, 이 법원의 한국감정원에 대한 시가감정촉탁결과 및 변론 전체의 취지에 의하면 XX리 부동산의 가액은 1999. 10. 13.을 기준으로 000원 상당이고 (2009. 1. 7.을 기준으로 하여도 000원을 상회할 것으로 보인다), 원고는 2009. 1. 8. 임MM에게 2009. 1. 6. 확정채권양도를 원인으로 하여 위 XX리 부동산의 근저당권을 이전해 준 사실이 인정된다.

이처럼 원고가 이 사건 부동산 및 XX리 부동산에 대한 근저당권을 가지고 있었고 이 사건 부동산에 대한 근저당권을 통하여 000원을 회수한 점, XX리 부동산에 대한 근저당권을 임MM에게 양도함으로써 대여금 중 상당 부분을 추가로 회수하였을 것으로 추인되는 점 등을 고려해 볼 때 원고가 오AA에 대한 대여원금을 회수할 가능성이 없었다고 볼 수 없다.

따라서 이 사건 공매, 경매 배당금을 이 사건 대여금 빛 이 사건 추가 대여금에 대한 변제로 본다고 하더라도 오AA에 대한 대여원금을 회수할 가능성이 없었다는 원고의 주장은 이유 없다.

(3) 이 사건 공매 배당금을 1998년, 1999년 이자수입으로 보아 과세함의 적부

앞에서 보았듯이 원고는 이 사건 토지의 일부에 대하여 진행된 공매절차에서 근저당권자로서 배당금 000원을 배당받고도 나머지 토지에 대하여 진행 된 경매절차에서 다시 채권최고액 000원의 범위 내에서 신고채권액 중 원금 000원과 이자와 지연손해금조로 000원 등 합계 000원을 배당받았다가, 주식회사 KK저축은행에 경매배당금 중 위 공매배당금 상당액을 부당이득으로 반환하였다. 따라서 이 사건 경매 배당금은 000원임(그에 따라 피고는 그 중 이 사건 대여 원금 000원을 제외한 나머지 000원만을 이자수입으로 보았다)이 명백하고, 1999. 10. 13. 수령한 공매배당금 000원은 앞서 본 바와 같이 이 사건 대여금 000원에 대한 1998년분 이자 000원(= 000원 x 24%)과 1999년분 일부 이자 000원{= 000원×24%×(9개 월 + 12/31개 월)/12개 월} 중 일부로 귀속 됨이 상당하다.

따라서 위 이자수입을 모두 2004년 귀속분으로 봐야 한다는 원고의 주장은 이유 없고, 이를 각 귀속연도별로 구분하여 1998년, 1999년, 2004년별로 귀속시킨 각 종합소득세부과처분은 적법하다.

2) 필요경비의 공제 여부

이 부분에 관하여 이 법원이 적을 이유는 제1심 판결의 해당란 기재와 같다.

(2) 필요경비의 공제 여부 원고의 주장

앞서 본, 소외 은행의 파산관재인에게 지급한 지연손해금 40, 220, 517원 외에 이 사건 대여를 위하여 EEEE신용금고로부터 자금을 대출받았고 그에 대하여 이자 9억 7, 200만 원을 지급하였으며, 대부업을 영위하면서 할인하여 주었다가 1992년부터 2005년까지 합계 76억 여원의 어음, 수표가 부도났으므로, 이들 또한 대손금 등 필요 경비에 포함시켜 소득금액을 산출하여야 한다.

(가) 판단

원고가 소외 은행측에 부당이득금에 대한 지연손해금으로 40,220,517원을 지급한 사실은 앞에서 본 바와 같고, 앞서 든 증거들과 갑 11호증의 기재에 의하면 원고 가 그 주장과 같이 EEEE 신용금고로부터 상당한 금액의 대출을 받았으며, 원고가 소지하거나 배서하였던 어음과 수표가 1992년부터 1999년까지와 2004년 및 2005년에 부도난 산실은 인정된다. 그러나 더 나아가 위 인정의 대출금이나 부도어음 등이 (적어도 어떤 특정 가능한 범위내에서라도) 원고가 대부업을 영위하면서 그 자금원천으로 차용한 것이라거나 어음할인 등의 방법에 의한 자금융통거래와 관련한 회수불능채권으로서 대손금 등 필요경비에 산입될 성질의 것이라는 점에 대하여는 원고가 제출한 모든 증거들에 의하여도 이를 인정하기 부족하며, 나아가 앞에서 본 바와 같이 단일한 과세대상의 총비용금액을 결정함에 있어 실지조사와 추계조사를 혼합하여 과세표준액을 산정하는 것은 허용되지 않는다 할 것이므로(대법원 1992. 9. 14. 92누1353 판결 참조) 위 지연손해금 부분(혹은 어느 범위내에서 대출금 중 일부가 자금원천으로서 특정 가능하다고 볼 경우의 해당 대출금에 대한 이자부분)만을 별도로 필요경비에 포함시켜 공제할 수도 없다. 따라서 위 주장도 이유 없다.

마. 임대수입 내지 소득(2001년부터 2006년까지)에 대한 부가가치세와 종합소득세 부과처분의 적법 여부

이 부분에 관하여 이 법원이 적을 이유는 제1심 판결의 해당란 기재와 같다.

바. 2004년 종합소득세 부과처분에 있어서 수입과 소득 산정의 적부

[원고는 당심에서 그 밖의 대여소득에 대한 종합소득세(2001년부터

2005년까지 종합소득세 중 이 사건 대여소득 관련 부분 제외) 부과처분에 관하여 근거과세의 원칙에 위배되어 위법하다는 주장을 철회하였으므로 이에 관하여는 판단하지 아니한다]

1) 2004년 신고수입 중 000원을 공제하여야 하는지 여부

원고는, 2004년 신고수입 중 000원은 자신이 실지 수입을 정확히 파악하지 못한 채 잔고증명대출 관련 이자수입으로 신고한 것이므로 이를 피고가 적출한 누락수입에서 공제하여야 한다고 주장한다.

살피건대 앞서 든 증거들에 의하면 원고는 2004년 종합소득세 사업소득 신고시 대여관련 수입으로 000원을 신고한 사실이 인정될 뿐 더 나아가 그 중 000원이 실제 수입이 아니라고 볼 아무런 자료가 없다. 한편 피고가 원고의 신고수입에 적출한 누락수입을 가산하여 경정한 전체 수입에 대하여 추계조사의 방법으로 소득을 산출하였음은 앞서 본 바와 같으므로, 2004년 종합소득세 신고 수입금액 중 000원은 실제 수입과 무관한 것이고 그 신고소득 또한 추계소득임을 전제로 각 피고가 경정한 수입이나 소득에서 공제되어야 한다는 원고 주장은 이유 없다.

2) 2004년 수입 산정의 적부

원고는 2004년도 종합소득세 신고 시 아래 표와 같은 내역으로 사업(대부업)수입과 임대수입을 신고하였고, 피고 서부산세무서장이 위 판시와 같은 세무조사와 조세심판 등을 거쳐 최종적으로 아래 표와 같은 내역으로 사업수입과 임대수입을 경정하였음은 앞서 본 바와 같다.

(아래 표 생략)

위 사업수입 경정액 000원이 적법한지에 관하여 보기로 한다. 앞서 든 증거들에 의하면, 피고가 적출한 누락사업수입은 이 사건 대여금 관련 수입 000원, 그 밖의 장단기대출 관련 수입 000원, 차입자 정OO, 김PP 등과 관련된 수입 000원[갑8호증의 2(잡기장 장부)에 기재된 수입금액]이고, 여기에 원고의 최초 신고사업수입 000원을 더하면 그 사업수입은 000원이 되어 위 사업수입 경정액 000원을 초과한다. 피고의 사업수입 경정은 적법하다.

3) 따라서 2004년도 종합소득세 부과처분에 있어서 수입과 소득 산정은 적법하다.

5. 결론

그러므로 원고의 피고들에 대한 청구는 모두 이유 없어 이를 기각할 것이다. 제1심 판결 중 피고 서부산세무서장에 대한 부분은 이와 일부 결론을 달리하여 부당하므로 피고 서부산세무서장 패소부분을 취소하고 그 부분에 해당하는 원고의 청구를 기각하며(다만 소송비용에 관하여는 제1심 및 당심 소송 중 위 피고가 감액경정을 한 사정을 고려하여 위 피고에게도 일부 소송비용의 부담을 명한다), 제1심 판결 중 나머지 부분은 이와 결론을 같이하여 정당하므로 원고의 피고들에 대한 항소는 이유 없어 기각하기로 하여, 주문과 같이 판결한다.

10 채권자가 부담한 근저당설정 비용이 채무자의 기타 소득에 해당하는지 여부

(국세청 질의회신, 소득 46011-21387호, 2000.11.30)

부동산 담보대출 시 근저당권 설정비용 등 금융거래와 관련하여 발생하는 부대비용은 소득세법 제27조의 규정에 따라 그 부담한 자의 필요경비에 포함한다.

그 비용을 채권자가 부담할 것인지, 채무자가 부담할지 또는 나누어 부담할지는 거래당사자의 약정에 따라 결정할 사항이며, 채권자가 부담하는 경우에는 채권자의 필요경비에 포함하고 채무자가 부담하는 경우에는 채무자의 필요경비에 포함한다.

 법인이 채권양도 시 발생하는 채권 양도차익은 법인세만 부담하고 부가가치세는 부담하지 않는다

(국세청 질의회신, 2015-부가-1721, 부가가치세과-1542호, 2016.07.15)

채권의 매매에 대하여는 「부가가치세법」 제4조의 규정에 따른 부가가치세 과세대상에 해당하지 않는다.

1. 사실관계

가. 당사는 금융기관으로부터 3개월 이상 연체된 채권(부실채권-NPL)을 매입하여 채권투자자에게 매각하는 회사로 당사가 금융기관으로부터 채권을 양수하여 채권투자자에게 양도하고 있다.

나. 업무 내용

① 채권양수도 계약 : 채권매각 금융기관(A)과 당사(B)간에 채권양수도 계약체결(계약금 일부 지급 또는 계약금 없이 계약 체결)

② 채권양수도 계약 : 당사(B)와 채권투자자(C)간에 채권양수도 계약 체결(계약금 일부 지급 또는 계약금 없이 계약 체결)

③ 질권대출 약정 : 채권투자자(C)와 질권대출 금융기관(D)간에 질권대출 약정체결

④ 대출 : 질권대출 금융기관(D)에서 채권투자자(C)에게 채권매입 대금의 약 80%를 질권대출금 지급

⑤ 채권매입대금 : 채권투자자(C)가 당사(B)에게 채권매입대금 지급
⑥ 채권매입대금 : 당사(B)는 채권매각 금융기관(A)에게 채권매입 대금 지급
⑦ 저당권설정등기 이전 : 채권매각 금융기관(A)의 저당권설정등기를 당사(B)에게 이전등기
⑧ 저당권설정등기 이전 : 당사(B)의 저당권설정 등기를 채권투자자(C)에게 이전등기

2. 질의내용

○ 당사는 채권양수, 양도에 따른 매각차익에 대하여 연말에 법인세를 신고, 납부하고 있는데 당사(B)가 채권투자자(C)에게 채권양도 시 발생하는 채권 양도차익에 대하여 법인세 이외의 별도의 세금 신고(부가가치세 등)사항이 있는지 여부

3. 관련법령

○ **부가가치세법 제4조 [과세대상]**
부가가치세는 다음 각 호의 거래에 대하여 과세한다.
1. 사업자가 행하는 재화 또는 용역의 공급
2. 재화의 수입

○ **재소비46015-17, 2003.01.14**
채권의 매매거래는 부가가치세법 제1조의 규정에 의한 부가가치세 과세대상에 해당되지 않는다.

○ **서삼46015-10232, 2001.09.18**
자산유동화에 관한 법률에 의한 유동화 전문회사가 자산보유자로부터 매입한 부실채권을 매각하는 경우, 당해 채권매각은 부가가치세 과세대상 거래에 해당하지 않는다.

PART 14

종합소득세 신고·납부방법을 알아보자!

 **종합소득세 신고·납부는 어떻게 하는가?**

▣ **종합소득이 있는 사람은 다음해 5월 1일부터 5월 31일(성실신고확인서 제출자는 6월 30일)까지 종합소득세를 신고 · 납부하여야 한다.**
- 종합소득 : 이자 · 배당 · 사업(부동산임대) · 근로 · 연금 · 기타소득
※ 신고납부기한이 공휴일, 토요일인 경우 그 다음날까지 신고납부 가능

▣ **다음의 경우에 해당되면 종합소득세를 확정 신고하지 않아도 된다.**
- 근로소득만 있는 사람으로서 연말정산을 한 경우
※ 다만, 다음에 해당하는 경우는 확정신고 하여야 한다.
   - 2인 이상으로부터 받는 근로소득 · 공적연금소득 · 퇴직소득 또는 연말정산대상 사업소득이 있는 경우(주된 근무지에서 종된 근무지 소득을 합산하여 연말정산에 의하여 소득세를 납부함으로써 확정신고 납부할 세액이 없는 경우 제외)
   - 원천징수의무가 없는 근로소득 또는 퇴직소득이 있는 경우(납세조합이 연말정산에 의하여 소득세를 납부한 자와 비거주연예인 등의 용역제공과 관련된 원천징수절차특례 규정에 따라 소득세를 납부한 경우 제외)
   - 연말정산을 하지 아니한 경우
- 직전 과세기간의 수입금액이 7,500만원 미만이고, 다른 소득이 없는 보험모집인 · 방문판매원 및 계약배달 판매원의 사업소득으로서 소속회사에서 연말정산을 한 경우
- 퇴직소득과 연말정산대상 사업소득만 있는 경우
- 비과세 또는 분리과세 되는 소득만 있는 경우
- 연말정산 한 종교인소득(기타소득)만 있는 경우
- 연 300만 원 이하인 기타소득이 있는 자로서 분리과세를 원하는 경우 등

▣ 개인지방소득세도 함께 신고하여야 한다. 소득세 신고서에 개인지방소득세 신고 내용도 함께 기재하여·신고하고, 세금은 별도의 납부서에 의해 5월31일(성실신고확인서 제출자는 6월 30일)까지 납부하면 된다.

※ 신고납부기한이 공휴일, 토요일인 경우 그 다음날까지 신고납부 가능

 **장부의 비치·기장을 한다**

▣ 소득세는 사업자가 스스로 본인의 소득을 계산하여 신고·납부하는 세금이므로, 모든 사업자는 장부를 비치·기록하여야 한다.

▣ 간편장부대상자
- 해당 과세기간에 신규로 사업을 시작하였거나
- 직전 과세기간의 수입금액(결정 또는 경정으로 증가된 수입금액을 포함)의 합계액이 아래에 해당하는 사업자를 말한다.

업 종 구 분	직전 과세기간 수입금액
① 농업·임업 및 어업, 광업, 도매 및 소매업(상품중개업 제외), 부동산매매업, 그 밖에 아래 ②, ③에 해당하지 아니하는 사업	3억원 미만
② 제조업, 숙박 및 음식점업, 전기·가스·증기 및 수도사업, 하수·폐기물처리·원료재생 및 환경복원업, 건설업(비주거용 건물 제외), 운수업, 출판·영상·방송통신 및 정보서비스업, 금융 및 보험업, 상품중개업, 욕탕업	1억5천만원 미만

③ 부동산임대업, 부동산관련서비스업, 전문·과학·기술서비스업, 임대업(부동산임대업 제외), 사업시설관리·사업지원서비스업, 교육서비스업, 보건 및 사회복지서비스업, 예술·스포츠 및 여가관련 서비스업, 협회 및 단체, 수리 및 기타 개인서비스업(욕탕업 제외), 가구내 고용활동	7천500만원 미만

※ 단, 전문직사업자는 2007. 1. 1 이후 발생하는 소득분부터 수입금액에 상관없이 복식부기 의무가 부여됨.

▣ 복식부기의무자

- 간편장부대상자 이외의 모든 사업자는 재산상태와 손익거래 내용의 변동을 빠짐없이 거래 시마다 차변과 대변으로 나누어 기록한 장부를 기록·보관하여야 하며, 이를 기초로 작성된 재무제표를 신고서와 함께 제출하여야 한다.

▣ 장부를 기장하지 않는 경우의 불이익

- 복식부기의무자가 장부를 기장하지 않아 추계신고 할 경우 무신고가산세[수입금액의 0.07%와 무신고납부세액의 20%(부정무신고시 40%, 국제거래 수반한 부정무신고시 60%) 중 큰 금액]와 무기장가산세(산출세액의 20%)중 큰 금액을 가산세로 부담하게 된다.
- 간편장부대상자는 산출세액의 20%를 무기장가산세로 부담하게 된다.(다만, 직전 과세기간의 수입금액이 4,800만원 미만인 사업자 등은 제외)
- 결손금액이 발생하더라도 이를 인정받지 못한다.

03 소득금액 계산은 어떻게 하는가?

▣ 장부를 비치·기록하고 있는 사업자는 총수입금액에서 필요경비를 공제하여 계산한다.

▣ 장부를 비치·기장하지 않은 사업자의 소득금액은 다음과 같이 계산한다.

1) 기준경비율적용 대상자(①, ② 중 작은금액)
① 소득금액 = 수입금액 − 주요경비* − (수입금액 × 기준경비율1))
   * 주요경비 = 매입비용 + 임차료 + 인건비
② 소득금액 = {수입금액 − (수입금액 × 단순경비율)} × 배율2)
   (1) 복식부기의무자의 경우 추계과세 시 기준경비율의 1/2을 적용하여 계산
   (2) 2018년 귀속 배율 : 간편장부대상자 2.6배, 복식의무자 3.2배

2) 단순경비율적용 대상자
   소득금액 = 수입금액 − (수입금액 × 단순경비율)

04 신고하지 않을 경우의 불이익을 알아보자!

▣ 각종 세액공제 및 감면을 받을 수 없다.

▣ 무거운 가산세를 부담하게 된다.

종 류	부과사유	가산세액
무신고 가산세	일반무신고	무신고납부세액×20%
	일반무신고 (복식부기의무자)	MAX[①, ②] ① 무신고납부세액×20% ② 수입금액×0.07%
	부정무신고	무신고납부세액×40%(국제거래 수반 시 60%)
	부정무신고 (복식부기의무자)	MAX[①, ②] ① 무신고납부세×40%(국제거래 수반 시 60%), ② 수입금액×0.14%
납부불성실 가산세	미납·미달납부	미납·미달납부세×미납기간×0.025% *미납기간 : 납부기한 다음날~자진납부일(납세고지일)

※무신고가산세와 무기장가산세(산출세액의 20%)와 동시에 적용되는 경우에는 그 중 가산세액이 큰 가산세를 적용한다.

종합소득세 신고납부 기한 및 제출서류

법정신고기한	제 출 대 상 서 류
다음연도 5월1일 ~ 5월31일 − 성실신고확인서 제출자는 다음연도 5월1일 ~ 6월30일 　* 신고납부기한이 토요일, 공휴일인 경우 그 다음날 − 거주자가 사망한 경우 : 상속개시일이 속하는 달의 말일부터 6개월이 되는 날까지 − 국외이전을 위해 출국하는 경우 : 출국일 전날까지	1. 종합소득세 · 농어촌특별세 · 지방소득세 과세표준확정신고 및 납부계산서 2. 소득공제, 세액공제를 적용받는 경우 　• 소득공제신고서, 세액공제신고서 　• 인적공제, 연금보험료공제, 주택담보노후연금 이자비용공제, 특별소득공제, 자녀세액공제, 연금계좌세액공제 및 특별세액공제임을 증명하는 다음의 서류 　　− 입양관계증명서 또는 입양증명서 (동거 입양자가 있는 경우) 　　− 수급자증명서 　　− 가정위탁보호확인서 (위탁아동이 있는 경우) 　　− 가족관계증명서 또는 주민등록표등본 　　− 장애인증명서 또는 장애인등록증 (장애인공제 대상인 경우) 　　− 일시퇴거자 동거가족상황표 (일시퇴거자가 있는 경우) 　　− 주택담보노후연금 이자비용증명서 　　− 보험료납입증명서 또는 보험료납입영수증 　　− 의료비지급명세서 　　− 교육비납입증명서, 방과후 학교 수업용 도서 구입 증명서 　　− 주민등록표등본, 장기주택저당차입금이자상환 증명서, 분양계약서 또는 등기사항증명서 　　− 기부금명세서, 기부금영수증 3. 재무상태표 · 손익계산서와 그 부속서류, 합계잔액 시산표 및 조정계산서 (복식부기의무자) 　간편장부 소득금액계산서 (간편장부대상자) 　추계소득금액계산서 (기준 · 단순경비율에 의한 추계신고자) 　성실신고확인서, 성실신고확인비용 세액공제신청서(성실신고확인대상사업자) 4. 공동사업자별 분배명세서 (공동사업자) 5. 영수증수취명세서 6. 결손금소급공제세액환급신청서 7. 세액감면신청서 8. 소득금액계산명세서, 주민등록등본

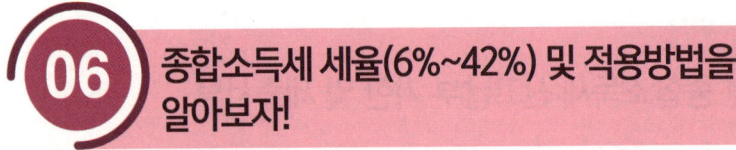
06 종합소득세 세율(6%~42%) 및 적용방법을 알아보자!

과세표준 × 세율 – 누진공제액

〈예시〉 2018년 귀속

과세표준 30,000,000원 × 세율 15% – 1,080,000원 = 3,420,000원

종합소득세 세율 (2018년 귀속)		
과세표준	세율	누진공제
12,000,000원 이하	6%	–
12,000,000원 초과 46,000,000원 이하	15%	1,080,000원
46,000,000원 초과 88,000,000원 이하	24%	5,220,000원
88,000,000원 초과 150,000,000원 이하	35%	14,900,000원
150,000,000원 초과 300,000,000원 이하	38%	19,400,000원
300,000,000원 초과 500,000,000원 이하	40%	25,400,000원
500,000,000원 초과	42%	35,400,000원

07 종합소득세 세액계산 흐름도를 살펴보자!

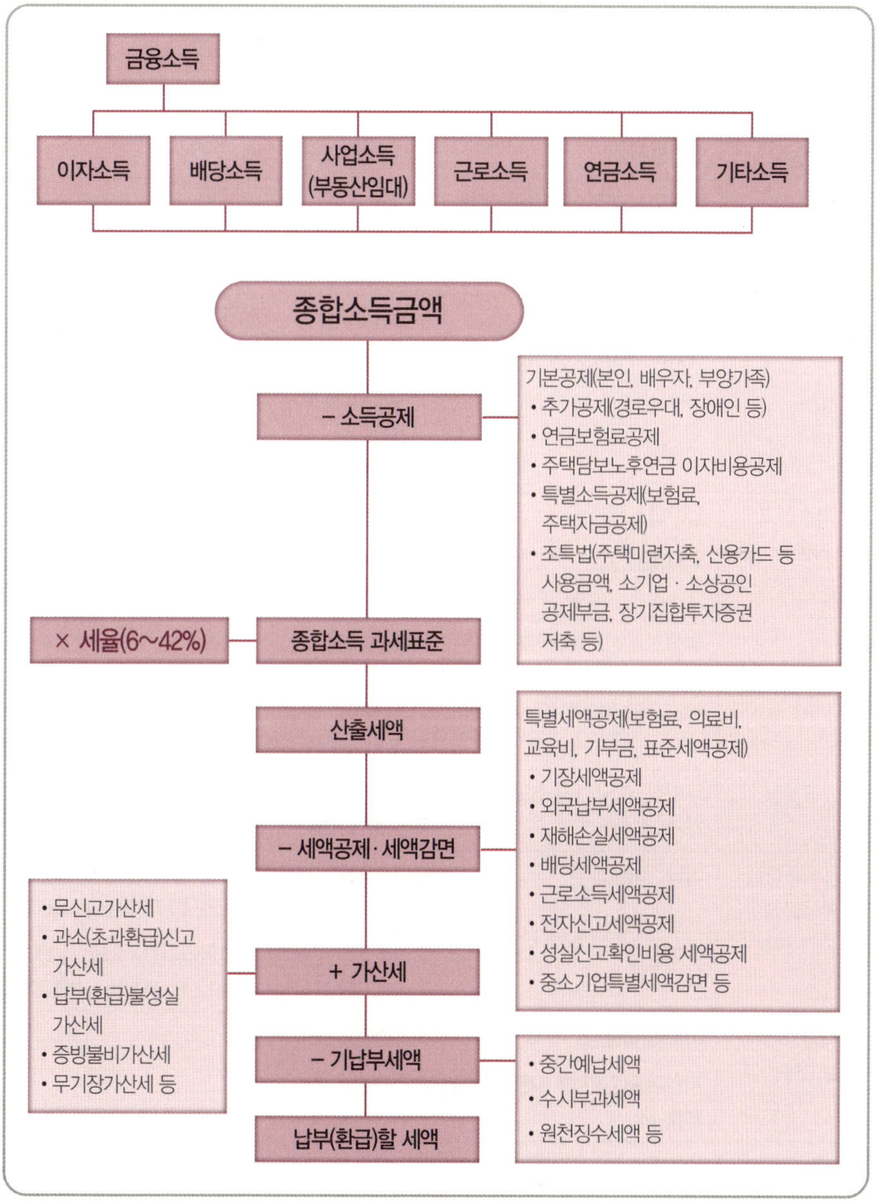

```
                            금융소득
           ┌──────┬──────┬────┴────┬──────┬──────┐
        이자소득 배당소득  사업소득  근로소득 연금소득 기타소득
                        (부동산임대)

                         종합소득금액
                              │
                          − 소득공제 ──── 기본공제(본인, 배우자, 부양가족)
                              │           • 추가공제(경로우대, 장애인 등)
                              │           • 연금보험료공제
                              │           • 주택담보노후연금 이자비용공제
                              │           • 특별소득공제(보험료,
                              │             주택자금공제)
                              │           • 조특법(주택마련저축, 신용카드 등
                              │             사용금액, 소기업·소상공인
  × 세율(6~42%) ── 종합소득 과세표준       공제부금, 장기집합투자증권
                              │             저축 등)
                           산출세액
                              │           특별세액공제(보험료, 의료비,
                              │           교육비, 기부금, 표준세액공제)
                              │           • 기장세액공제
                              │           • 외국납부세액공제
                              │           • 재해손실세액공제
                       − 세액공제·세액감면  • 배당세액공제
                              │           • 근로소득세액공제
  • 무신고가산세              │           • 전자신고세액공제
  • 과소(초과환급)신고         │           • 성실신고확인비용 세액공제
    가산세                    │           • 중소기업특별세액감면 등
  • 납부(환급)불성실 ──── + 가산세
    가산세                    │
  • 증빙불비가산세             │           • 중간예납세액
  • 무기장가산세 등     − 기납부세액 ──── • 수시부과세액
                              │           • 원천징수세액 등
                        납부(환급)할 세액
```

08 종합소득세 가산세 요약표 (2018년)

종합소득세 가산세 요약표 (2018년)

종 류	부과사유	가 산 세 액
무신고	일반무신고	무신고납부세액×20%
	일반무신고(복식부기의무자)	MAX[①, ②] ① 무신고납부세액×20 ② 수입금액×0.07%
	부정무신고	무신고납부세액×40%(국제거래 수반 시 60%)
	부정무신고(복식부기의무자)	MAX[①, ②] ① 무신고납부세액×40%(국제거래 수반시 60%), ② 수입금액×0.14%
과소신고, 초과환급신고	일반과소신고	일반과소신고납부세×10%
	부정과소신고	부정과소신고납부세액×40%(국제거래 수반시 60%)
	부정과소신고(복식부기의무자)	MAX[①, ②] ① 부정과소신고납부세액×40%(국제거래 수반 시 60%) ② 부정과소신고 수입금액×0.14%
무기장	무기장. 미달기장(소규모사업자제외)	산출세액×(무기장, 미달기장 소득금액/종합소득금액)×20%
납부불성실, 환급불성실	미납·미달납부	미납·미달납부세액×미납기간×2.5/10,000* *납부기한 다음날~2019.2.11.까지는 3/10,000
	초과환급	초과환급받은세액×초과환급기간×2.5/10,000 *납부기한 다음날~2019.2.11.까지는 3/10,000
지급명세서 보고불성실	미제출(불분명)	미제출(불명)금액×1%
	지연제출(기한 후 3개월 이내 제출 시)	지연제출금액×0.5%

계산서보고 불성실	계산서 허위·누락기재	허위·누락기재 공급가액×1%
	계산서합계표미제출, 허위·누락기재	미제출, 허위·누락기재액×0.5%(기한 후 1월 이내 제출 시 0.3%)
	계산서 미발급, 가공(위장)수수가산세	공급가액×2%
	중도매인에 대한 계산서 보고불성실가산세	[(총매출액×연도별 교부비율)-교부금액]×1%
전자계산서 관련 가산세	전자계산서 외 발급	전자계산서 외의 계산서를 발급한 공급가액×1%
	전자계산서 미전송	미전송 공급가액×1%(직전과세기간 총수입금액 10억원 이상인 개인: 0.3%)
	전자계산서 지연전송	지연전송 공급가액×0.5%(직전과세기간 총수입금액 10억원 이상인 개인: 0.1%)
매입처별 세금계산서 합계표	미제출, 불분명(복식부기의무자만 해당)	미제출, 불분명분 공급가액×0.5%
	지연제출 (복식부기의무자만 해당)	지연제출(기한 후 1월 이내 제출)공급가액×0.3%
증빙불비	정규증명 미수취, 허위수취 (소규모사업자 및 추계자 제외)	미수취, 허위수취 금액×2%
영수증 수취명세서 미제출	영수증수취명세서 미제출, 불분명(소규모사업자 및 추계자 제외)	미제출. 불분명금액×1% (기한 후 1월 이내 제출 시 0.5%)
사업장현황 신고 불성실	의료업, 수의업, 약사업 사업자가 사업장현황 무신고, 수입금액 과소신고	무신고, 과소신고×0.5%
공동사업장 등록 불성실	사업자미등록·허위등록	미등록·허위등록 과세기간의 총수입금액×0.5%(기한 후 1월 이내 등록 시 0.25%)
	손익분배비율허위신고 등	허위신고한 과세기간의 총수입금액×0.1%

사업용 계좌 미사용등	미신고가산세 (복식부기의무자만 해당)	MAX[①, ②] ① 해당과세기간수입금액×미신고기간/365×0.2% ② 미사용금액×0.2%
	미사용가산세 (복식부기의무자만 해당)	미사용금액×0.2%
신용카드거부	신용카드에 의한 거래를 거부 또는 사실과 다르게 발급	거부금액 또는 사실과 다르게 발급한 금액×5%(건별 5천원 미만 시 5천원)
현금영수증 불성실	가맹점 미가입	수입금액×미가입 기간/365×1%
	발급거부 또는 사실과 다르게 발급	발급 거부 또는 차액×5% (건별 5천원 미만 시 5천원)
기부금영수증 불성실	기부금 영수증을 사실과 다르게 발급	불성실기재금액×2%
	기부자별 발급내역 미작성, 미보관 * 상증세법에 의해 가산세가 부과된 경우 제외	미작성, 미보관금액×0.2%
성실신고 확인서 미제출	성실신고확인대상사업자가 기한 내 성실신고확인서를 미제출	산출세액×(사업소득금액/종합소득금액)×5%
유보소득계산 명세서 제출 불성실 가산세	유보소득명세서 미제출·불분명	배당가능 유보소득금액×0.5%
원천징수납부 등 불성실	원천징수세액의 미납. 미달납부	미납·미달납부세액×(3%+미납일수×2.5/10,000*) * 납부기한 다음날~2019.2.11.까지는 3/10,000(한도: 미납·미달납부세액×10%)

※ 신고불성실가산세와 무기장가산세, 성실신고확인서미제출가산세가 동시에 적용되는 경우 큰 금액을 적용하고 같을 경우에는 신고불성실가산세만을 적용한다.

09 법인세율 내역표(2018년 이후)

소득종류 법인종류	각사업연도 소득			청산소득		
	과세표준	세율	누진공제	과세표준	세율	누진공제
영리법인	2억 이하	10%	–	2억 이하	10%	–
	2억 초과 200억 이하	20%	2,000만원	2억 초과 200억 이하	20%	2,000만원
	200억 초과 3,000억 이하	22%	42,000만원	200억 초과 3,000억 이하	22%	42,000만원
	3,000억 초과	25%	942,000만원	3,000억 초과	25%	942,000만원
비영리법인	2억 이하	10%	–	–	–	–
	2억 초과 200억 이하	20%	2,000만원	–	–	–
	200억 초과 3,000억 이하	22%	42,000만원	–	–	–
	3,000억 초과	25%	942,000만원	–	–	–
조합법인 (조특법§72 적용)	20억 이하	9%	–	–	–	–
	20억 초과	12%	6,000만원	–	–	–

* 2018.1.1. 이후 개시하는 사업연도 분부터 적용

	구 분	등 기	미등기
토지등 양도소득	대통령령이 정하는 주택(부수토지 포함)을 양도한 경우	10%	40%
	비사업용토지를 양도한 경우	10%	40%

* 2014.1.1. 이후 양도하는 경우

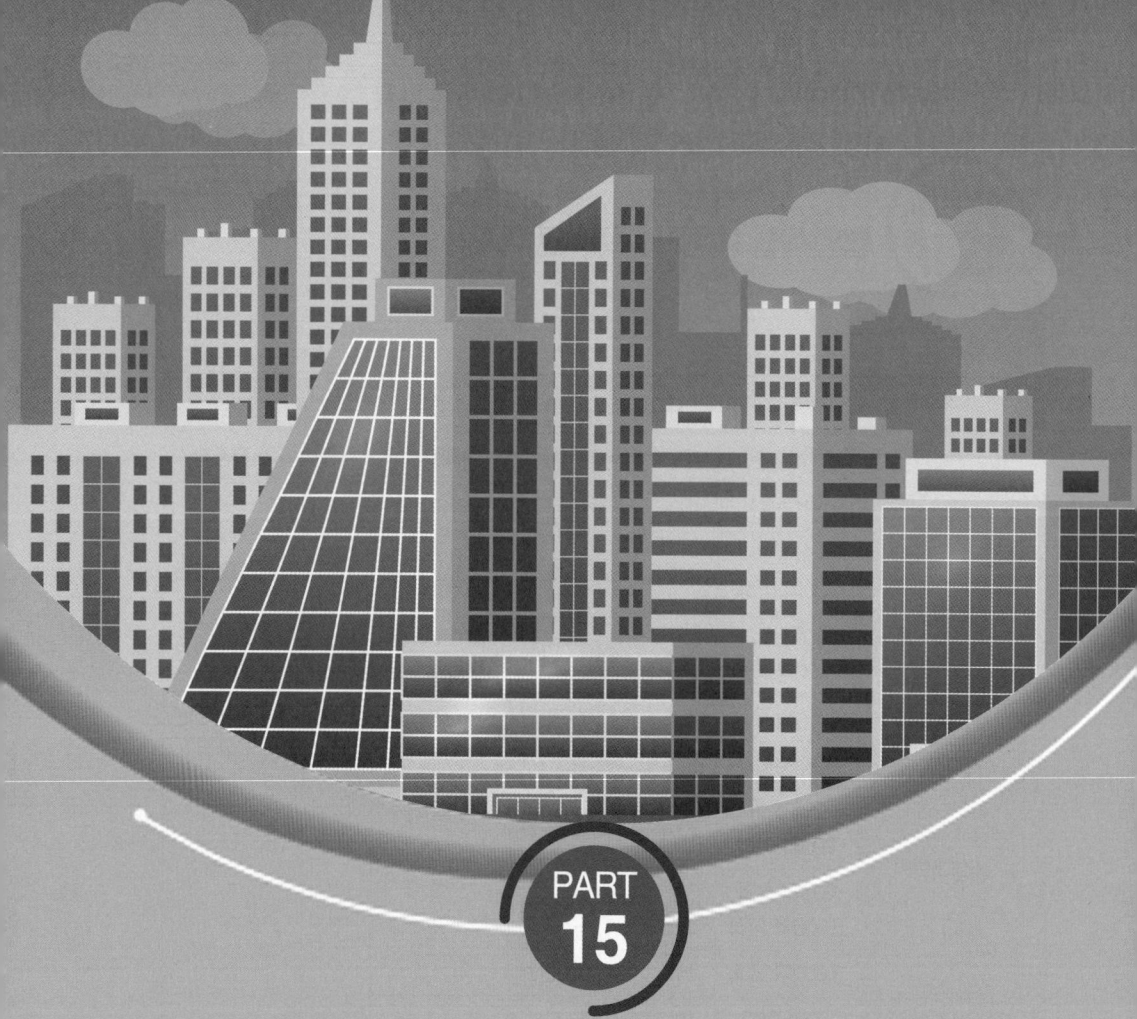

PART 15

국세 불복청구 업무처리 절차를 알아보자!

01 국세 불복청구 처리절차도 (이의신청, 심사청구, 심판청구, 행정소송)

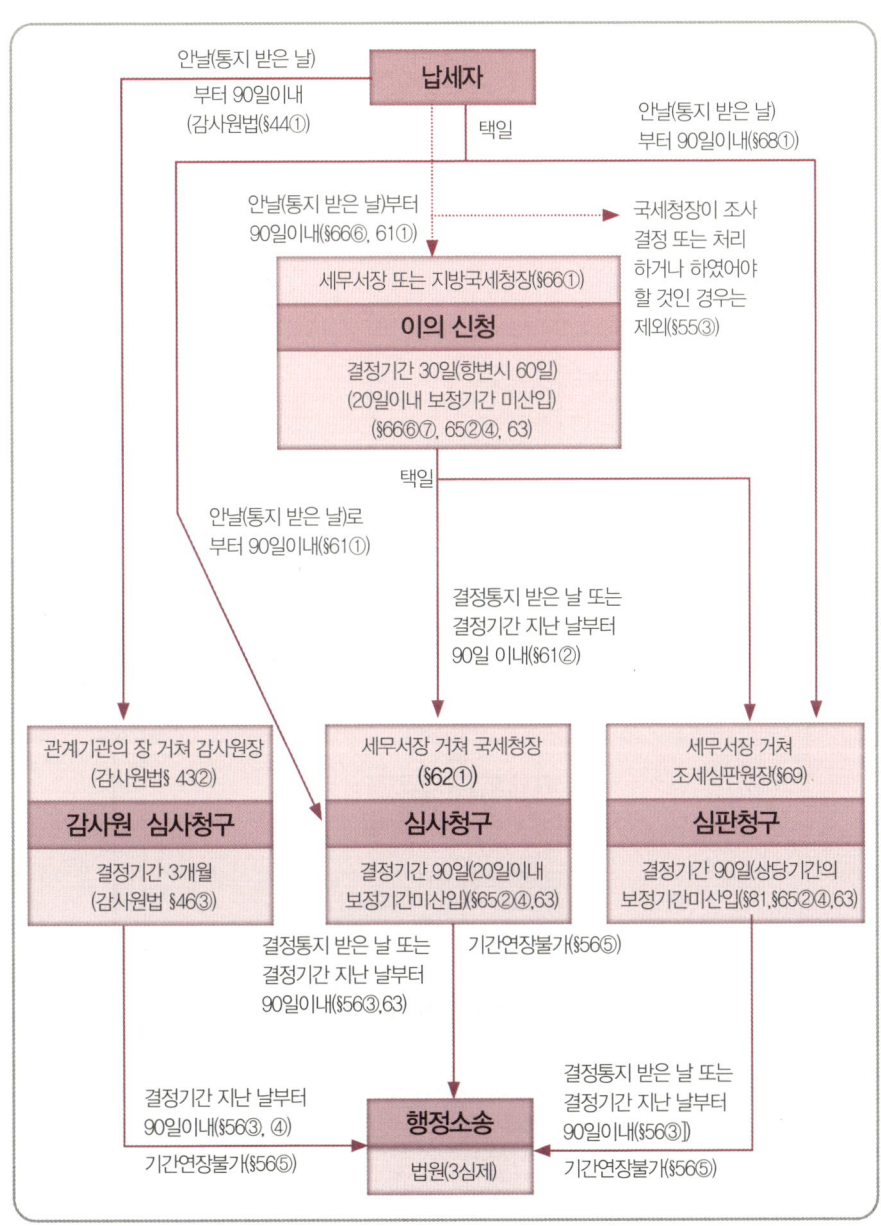

02 세무서장에 대한 이의신청 업무 처리절차도 (세무서분)

■ 개인 NPL투자자는 대부분 세무서에 이자소득 과세처분에 이의신청 필요

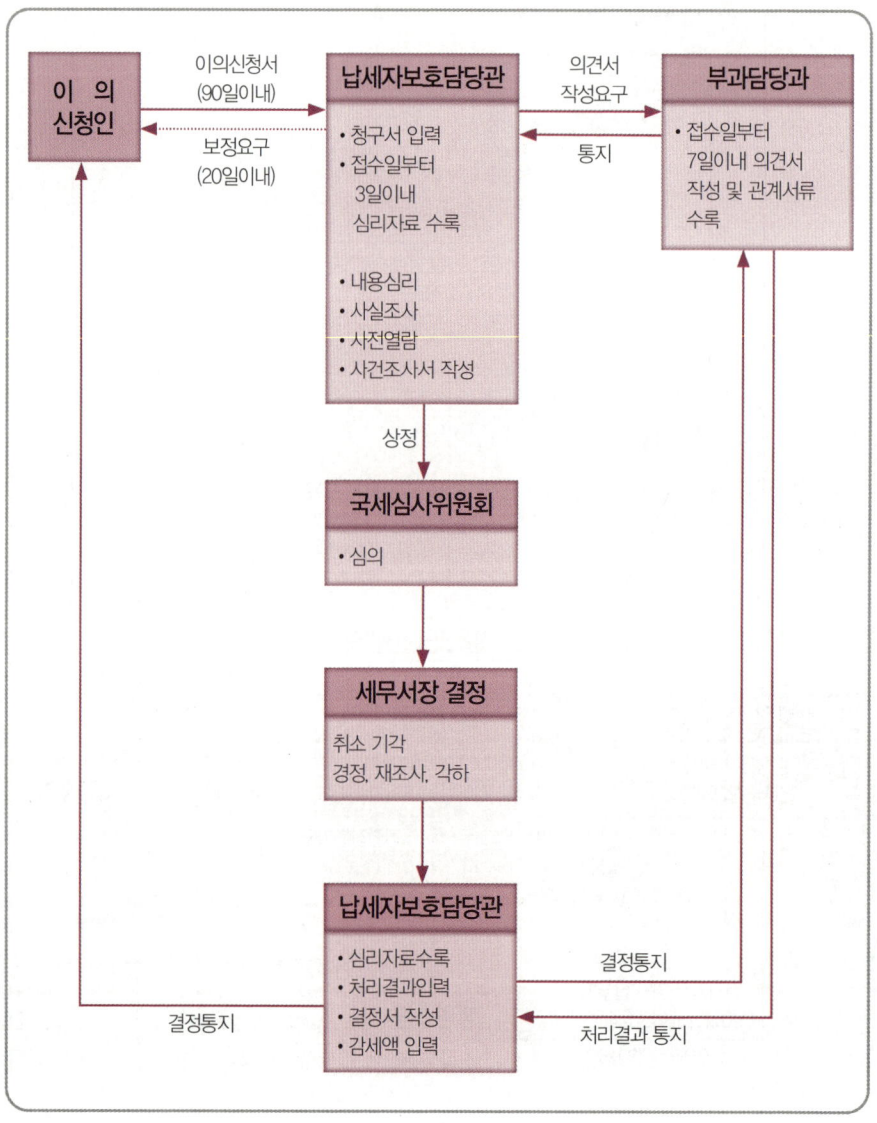

03 지방국세청장에 대한 이의신청 업무 처리절차도 (지방국세청분)

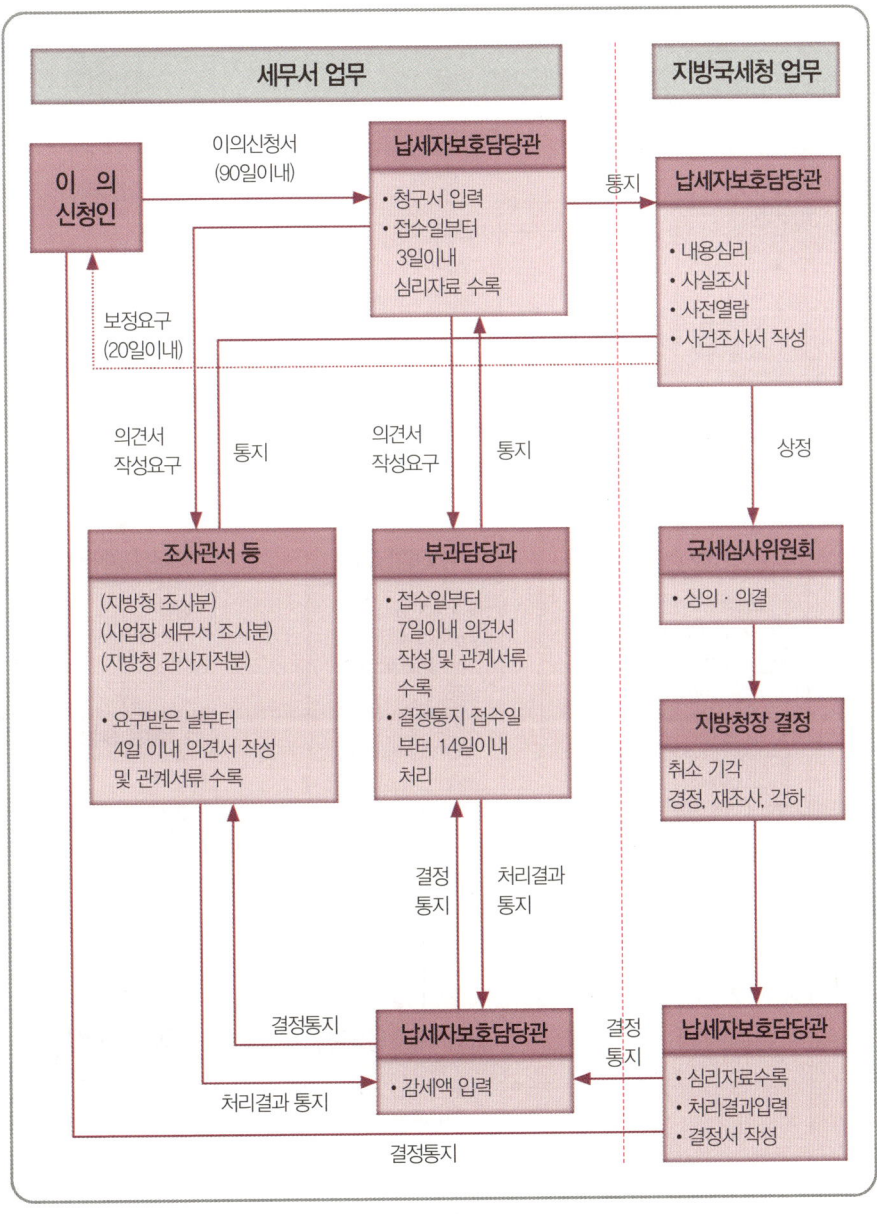

04 국세청장에 대한 심사청구 업무 처리절차도

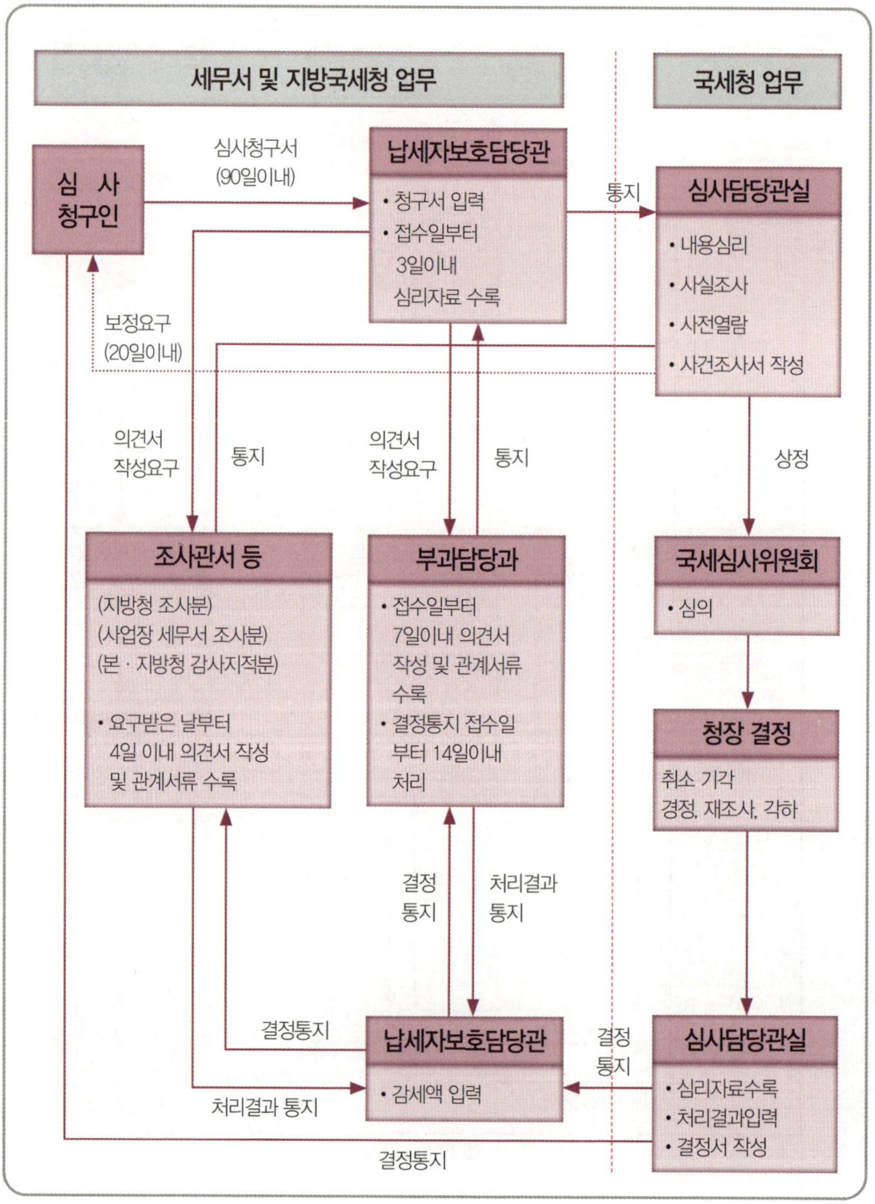

세무서 및 지방국세청 업무

심사청구인 → 심사청구서 (90일이내) → **납세자보호담당관**
- 청구서 입력
- 접수일부터 3일이내 심리자료 수록

보정요구 (20일이내)

조사관서 등
(지방청 조사분)
(사업장 세무서 조사분)
(본·지방청 감사지적분)
- 요구받은 날부터 4일 이내 의견서 작성 및 관계서류 수록

의견서 작성요구 / 통지

부과담당과
- 접수일부터 7일이내 의견서 작성 및 관계서류 수록
- 결정통지 접수일부터 14일이내 처리

의견서 작성요구 / 통지

결정통지 / 처리결과통지

납세자보호담당관
- 감세액 입력

처리결과 통지 / 결정통지

국세청 업무

통지 → **심사담당관실**
- 내용심리
- 사실조사
- 사전열람
- 사건조사서 작성

상정 ↓

국세심사위원회
- 심의

↓

청장 결정
취소 기각
경정, 재조사, 각하

↓ 결정통지

심사담당관실
- 심리자료수록
- 처리결과입력
- 결정서 작성

05 감사원장에 대한 심사청구 업무 처리절차도

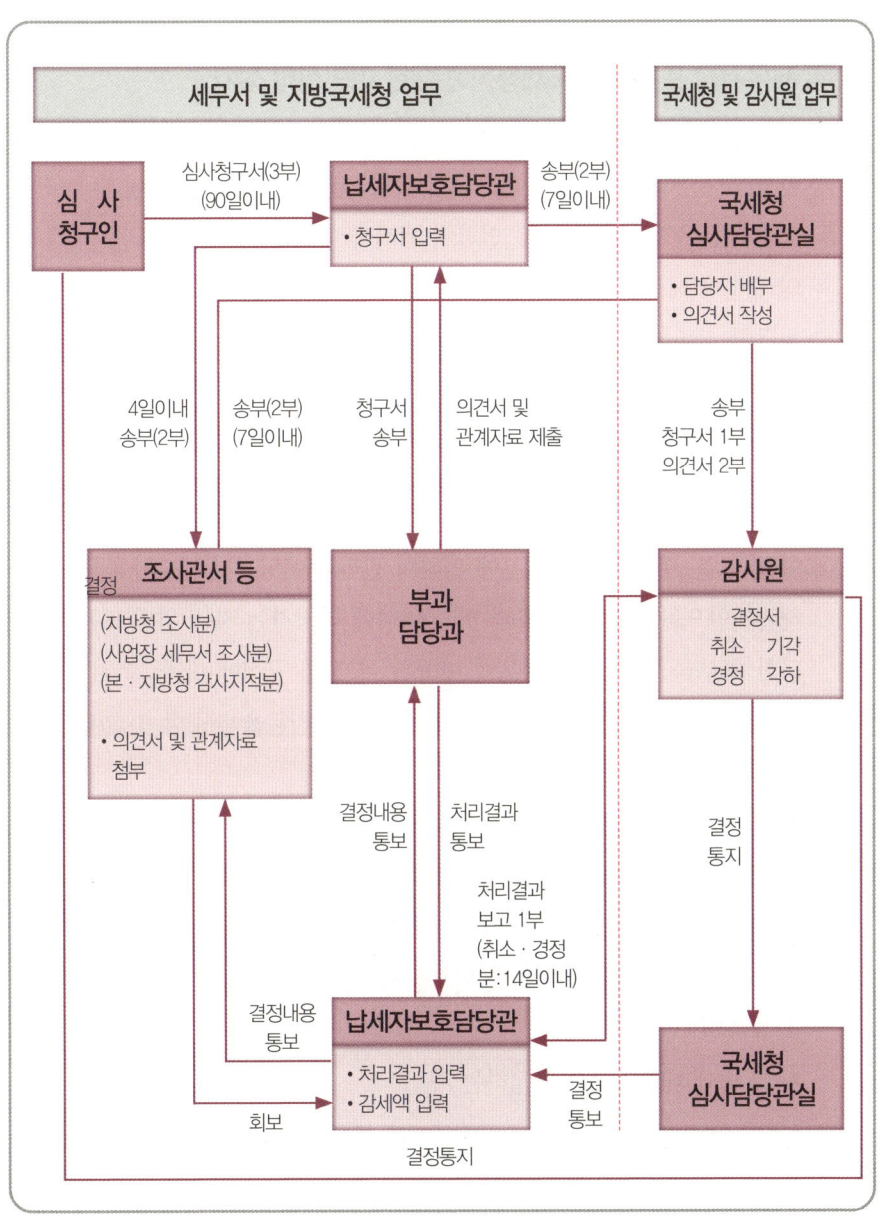

06 불복청구 절차 근거법률을 살펴보자!

▣ 세무서장 또는 지방국세청장에 대한 이의신청 절차

국세기본법 제55조(불복)

① 이 법 또는 세법에 따른 처분으로서 위법 또는 부당한 처분을 받거나 필요한 처분을 받지 못함으로 인하여 권리나 이익을 침해당한 자는 이 장의 규정에 따라 그 처분의 취소 또는 변경을 청구하거나 필요한 처분을 청구할 수 있다. 다만, 다음 각 호의 처분에 대해서는 그러하지 아니하다. 〈개정 2010.1.1, 2016.12.20〉

1. 「조세범 처벌절차법」에 따른 통고처분
2. 「감사원법」에 따라 심사청구를 한 처분이나 그 심사청구에 대한 처분

② 이 법 또는 세법에 따른 처분에 의하여 권리나 이익을 침해당하게 될 이해관계인으로서 다음 각 호의 어느 하나에 해당하는 자는 위법 또는 부당한 처분을 받은 자의 처분에 대하여 이 장의 규정에 따라 그 처분의 취소 또는 변경을 청구하거나 그 밖에 필요한 처분을 청구할 수 있다. 〈개정 2010.1.1, 2017.12.19〉

1. 제2차 납세의무자로서 납부통지서를 받은 자
2. 제42조에 따라 물적납세 의무를 지는 자로서 납부통지서를 받은 자
2의2. 「부가가치세법」 제3조의2에 따라 물적납세의무를 지는 자로서 같은 법 제52조의2제1항에 따른 납부통지서를 받은 자
3. 보증인
4. 그 밖에 대통령령으로 정하는 자

③ 제1항과 제2항에 따른 처분이 국세청장이 조사·결정 또는 처리하거나 하

였어야 할 것인 경우를 제외하고는 그 처분에 대하여 심사청구 또는 심판청구에 앞서 이 장의 규정에 따른 이의신청을 할 수 있다. 〈개정 2010.1.1〉

④ 삭제 〈1999.8.31〉

⑤ 이 장의 규정에 따른 심사청구 또는 심판청구에 대한 처분에 대해서는 이의신청, 심사청구 또는 심판청구를 제기할 수 없다. 다만, 제65조제1항제3호 단서(제81조에서 준용하는 경우를 포함한다)의 재조사 결정에 따른 처분청의 처분에 대해서는 해당 재조사 결정을 한 재결청에 대하여 심사청구 또는 심판청구를 제기할 수 있다. 〈개정 2016.12.20〉

⑥ 이 장의 규정에 따른 이의신청에 대한 처분과 제65조제1항제3호 단서(제66조제6항에서 준용하는 경우를 말한다)의 재조사 결정에 따른 처분청의 처분에 대해서는 이의신청을 할 수 없다. 〈신설 2016.12.20〉

⑦ 삭제 〈2010.1.1〉

⑧ 삭제 〈2010.1.1〉

⑨ 동일한 처분에 대해서는 심사청구와 심판청구를 중복하여 제기할 수 없다. 〈개정 2010.1.1〉

제66조(이의신청)

① 이의신청은 대통령령으로 정하는 바에 따라 불복의 사유를 갖추어 해당 처분을 하였거나 하였어야 할 세무서장에게 하거나 세무서장을 거쳐 관할 지방국세청장에게 하여야 한다. 다만, 다음 각 호의 경우에는 관할 지방국세청장(제2호의 경우 과세처분한 세무서장의 관할 지방국세청장)에게 하여야 하며, 세무서장에게 한 이의신청은 관할 지방국세청장에게 한 것으로 본다. 〈개정 2010. 1. 1., 2013. 1. 1.〉

1. 지방국세청장의 조사에 따라 과세처분을 한 경우
2. 조사한 세무서장과 과세처분한 세무서장이 서로 다른 경우
3. 세무서장에게 제81조의15에 따른 과세전적부심사를 청구한 경우

② 세무서장은 이의신청의 대상이 된 처분이 지방국세청장이 조사·결정 또는 처리하였거나 하였어야 할 것인 경우에는 이의신청을 받은 날부터 7일 이내에 해당 신청서에 의견서를 첨부하여 해당 지방국세청장에게 송부하고 그 사실을 이의신청인에게 통지하여야 한다. 〈개정 2010. 1. 1.〉

③ 제1항에 따라 지방국세청장에게 하는 이의신청을 받은 세무서장은 이의신청을 받은 날부터 7일 이내에 해당 신청서에 의견서를 첨부하여 지방국세청장에게 송부하여야 한다. 〈개정 2010. 1. 1.〉

④ 제1항 및 제2항에 따라 이의신청을 받은 세무서장과 지방국세청장은 각각 국세심사위원회의 심의를 거쳐 결정하여야 한다.

⑤ 삭제 〈2008. 12. 26.〉

⑥ 이의신청에 관하여는 제61조제1항·제3항 및 제4항, 제62조제2항, 제63조, 제63조의2, 제64조제1항 단서 및 제2항과 제65조제1항 및 제3항부터 제6항까지, 제65조의2 및 제65조의3을 준용한다. 〈개정 2010. 1. 1., 2016. 12. 20., 2017. 12. 19., 2018. 12. 31.〉

⑦ 제6항에서 준용하는 제65조제1항의 결정은 이의신청을 받은 날부터 30일 이내에 하여야 한다. 다만, 이의신청인이 제8항에 따라 송부받은 의견서에 대하여 이 항 본문에 따른 결정기간 내에 항변하는 경우에는 이의신청을 받은 날부터 60일 이내에 하여야 한다. 〈신설 2016. 12. 20.〉

⑧ 제1항의 신청서를 받은 세무서장 또는 제1항부터 제3항까지의 신청서 또는 의견서를 받은 지방국세청장은 지체 없이 이의신청의 대상이 된

처분에 대한 의견서를 이의신청인에게 송부하여야 한다. 이 경우 의견서에는 처분의 근거·이유, 처분의 이유가 된 사실 등이 구체적으로 기재되어야 한다.

■ **국세청장에 대한 심사청구 절차(국세기본법 제62조)**

① 심사청구는 대통령령으로 정하는 바에 따라 불복의 사유를 갖추어 해당 처분을 하였거나 하였어야 할 세무서장을 거쳐 국세청장에게 하여야 한다.

② 제61조에 따른 심사청구기간을 계산할 때에는 제1항에 따라 세무서장에게 해당 청구서가 제출된 때에 심사청구를 한 것으로 한다. 해당 청구서가 제1항의 세무서장 외의 세무서장, 지방국세청장 또는 국세청장에게 제출된 때에도 또한 같다.

③ 제1항에 따라 해당 청구서를 받은 세무서장은 이를 받은 날부터 7일 이내에 그 청구서에 처분의 근거·이유, 처분의 이유가 된 사실 등이 구체적으로 기재된 의견서를 첨부하여 국세청장에게 송부하여야 한다. 다만, 다음 각 호의 어느 하나에 해당하는 심사 청구의 경우에는 그 지방국세청장의 의견서를 첨부하여야 한다. 〈개정 2015.12.15〉

 1. 해당 심사청구의 대상이 된 처분이 지방국세청장이 조사·결정 또는 처리하였거나 하였어야 할 것인 경우

 2. 지방국세청장에게 이의신청을 한 자가 이의신청에 대한 결정에 이의가 있거나 그 결정을 받지 못한 경우

④ 제3항의 의견서가 제출되면 국세청장은 지체 없이 해당 의견서를 심사청구인에게 송부하여야 한다. 〈신설 2015.12.15〉

07 이의신청 및 심사청구에 대한 국세청 훈령의 주요내용을 알아보자!

(2017. 7. 1.시행 국세심사 사무처리규정 제2211호)

제1조(목적) 이 규정은「국세기본법」제7장, 같은 법 시행령 제6장 및 같은 법 시행규칙 제5장에 따른 이의신청·심사청구와「감사원법」제3장에 따른 심사청구의 처리에 관한 사항을 규정함으로써 국세에 관한 불복청구를 신속하고 공정하게 처리하는 데 이바지함을 목적으로 한다.

▣ 제2절 불복청구가 중복 제기된 경우의 처리

제4조(이의신청과 심사청구가 중복 제기된 경우) ① 같은 처분에 대한 이의신청을 세무서장과 지방국세청장에게 중복 제기한 경우에는 지방국세청장에게 이의신청을 제기한 것으로 본다. 다만, 지방국세청장에게 제기한 이의신청이 청구기간이 지났을 때에는 청구기간에 세무서장에게 제기된 이의신청을 심리한다.

② 같은 처분에 대하여 이의신청과 심사청구를 중복 제기하였을 경우에는 심사청구를 제기한 것으로 본다. 다만, 심사청구가 청구기간이 지났을 때에는 청구기간 내에 제기된 이의신청을 심리한다.

③ 영 제44조의2에 따라 이의신청이 배제되는 처분 및 「감사원법」에 따른 시정요구에 의한 처분에 대하여 이의신청을 한 경우에는 심사청구를 한 것으로 본다.

④ 세무서장이 이의신청서 또는 심사청구서를 접수한 때에는 제1항 및 제2항에 따른 중복 제기의 여부를 확인하고, 중복 제기의 사실을 확인한

때에는 즉시 그 사실을 지방국세청장 및 국세청장에게 전자문서로 보고하여야 한다.

제5조(이의신청·심사청구와 심판청구·감사원심사청구가 중복 제기된 경우)

① 같은 처분에 대하여 이의신청 또는 심사청구와 감사원심사청구를 중복 제기한 경우에는 감사원심사청구를 제기한 것으로 본다. 다만, 이의신청 또는 심사청구가 청구기간 내에 제기되고 감사원심사청구가「감사원법」제44조제1항의 청구기간이 지난 후에 제기된 때에는 이의신청 또는 심사청구를 제기한 것으로 본다.

② 같은 처분에 대하여 이의신청과 심판청구를 중복 제기한 경우에는 불복청구인의 의사를 문서로 확인하여 처리한다. 다만, 이의신청과 심판청구 중 어느 하나가 청구기간 내에 제기되고 다른 하나가 법 제66조·제68조에 따른 청구기간이 지난 후에 제기된 경우에는 청구기간이 지나지 아니한 불복청구를 제기한 것으로 본다.

③ 심판청구를 제기한 이후 심사청구를 제기(같은 날 제기한 경우도 포함)한 경우에는 심사청구를 각하하는 결정을 하며, 심사청구를 제기한 후 심판청구를 제기한 경우에는 심판청구가 각하 대상이므로 심사청구 절차를 속행한다.

④ 세무서장이 심판청구서 또는 감사원심사청구서를 접수한 때에는 제1항부터 제3항에 따른 중복 제기 여부를 확인하여야 한다.

⑤ 세무서장이 심사청구서를 국세청장에게 송부한 후에 제1항부터 제3항에 따른 중복 제기의 사실을 확인한 때에는 즉시 국세청장에게 전자문서로 보고하여야 한다.

제6조(이의신청의 심사청구 등으로의 변경내용 통지) 제4조 또는 제5조에 따른 처리를 한 세무서장은 즉시 불복청구인에게 심사청구, 심판청구 또는 감사원심사청구 등으로 변경되었다는 사실을 서면으로 통지하여야 한다.

▣ 제2장 이의신청의 처리

제11조(재결청)
① 세무서장에게 제기한 이의신청의 재결은 해당 처분을 하였거나 하였어야 할 세무서장이 한다.

② 세무서의 관할구역 변경으로 이의신청의 대상이 된 처분을 한 세무서와 불복청구를 할 때의 세무서가 다른 경우, 이의신청 재결은 불복청구를 할 때의 납세지를 관할하는 세무서장이 한다.

③ 납세자가 납세지를 변경함에 따라 이의신청의 대상이 된 처분을 한 세무서와 불복청구를 할 때의 세무서가 다른 경우, 이의신청 재결은 해당 처분을 한 세무서장이 한다.

④ 지방국세청장에게 제기한 이의신청의 재결은 제1항부터 제3항까지의 규정에 따른 세무서장을 관할하는 지방국세청장이 한다.

제12조(접수절차)
① 이의신청은 이의신청의 대상이 된 처분을 하였거나 하였어야 할 세무서장에게 하거나 그 세무서장을 거쳐 소관 지방국세청장에게 하여야 한다.

② 이의신청서가 해당 처분을 하였거나 하였어야 할 세무서장 이외의 세무서장에게 제출된 경우에는 그 이의신청서를 접수한 관서의 장은 즉시 정당한 관할세무서장에게 이송하고, 이를 신청인에게 서면으로 통지하여야 한다.

③ 지방국세청장에게 제기하는 이의신청서를 직접 접수한 지방국세청장은 그 이의신청서를 즉시 관할세무서장에게 전자문서로 이송하여야 한다.

④ 제2항과 제3항의 경우 최초로 세무관서에 접수된 날에 이의신청을 한 것으로 본다.

제29조(이의신청에 대한 결정)

① 이의신청은 원칙적으로 법 제66조제7항의 본문에 따라 30일 이내에 결정하여야 하고, 이의신청인이 당초 결정기간(30일) 내에 처분청 의견서에 대한 '항변서(별지 제32호 서식)'를 제출하는 경우에는 법 제66조제7항의 단서에 따라 60일 이내에 결정하여야 한다. 다만, '경미한 사건'은 가능하면 20일 이내에 결정한다.

② 이의신청에 대한 결정서는 '시행규칙 별지 제34호 서식'에 의하여 작성한다.

③ 결정서의 이유는 다음 순서에 따라 작성하되, 내용이 명확하고 논리의 일관성이 유지되도록 작성하여야 한다. 이 경우 신청인 이외의 사람에 관한 정보에 대해서는 필요한 경우 익명으로 처리할 수 있다.

   1. 처분내용
   2. 청구주장
   3. 처분청 의견
   4. 심리 및 판단
      가. 쟁점
      나. 관련법령
      다. 사실관계 및 판단
   5. 결론

④ 세무서장은 이의신청에 대한 결정을 하는 즉시 그 결정내용을 '결정서(시행규칙 별지 제34호 서식)'에 의하여 신청인(대리인이 있는 경우에는 대리인)에게 통지하여야 한다.

⑤ 지방국세청장은 이의신청에 대한 결정을 하는 즉시 그 결정내용을 '결정서(시행규칙 별지 제34호 서식)'에 의하여 신청인(대리인이 있는 경우에는 대리인)과 납세지 관할세무서장(이의신청 결정에 따라 취소, 경정 또는 필요한 처분을 하여야 할 세무서장을 말한다. 이하 이 장에서 같다)에게 송부하여야 한다. 이때 납세지 관할세무서장에 대한 결정서 송부는 '국세청 대내포털시스템'에 불복결정결과를 수록하는 것으로 갈음할 수 있다.

제33조(지방국세청장 결정에 대한 처리)

① 지방국세청장으로부터 이의신청의 대상이 된 처분의 취소, 경정 또는 필요한 처분을 한다는 결정통지를 받은 세무서장은 결정통지를 받은 날부터 14일 이내에 제31조제1항 및 제2항을 준용하여 처리하여야 한다.

② 이의신청의 대상이 된 처분이 지방국세청장이나 제15조제4항에 따른 사업장 관할세무서장 등이 조사·결정 또는 처분하였거나 하였어야 할 것인 경우, 그 결정통지를 받은 납세지 관할세무서장은 즉시 이의신청 결정서 사본과 취소, 경정 또는 필요한 처분을 위해 필요한 사항을 3일 이내에 지방국세청장이나 사업장 관할세무서장 등에게 통보하여야 한다.

③ 제2항의 통보를 받은 지방국세청장이나 사업장 관할세무서장 등은 통보받은 날부터 7일 이내에 이의신청 결정에 따라 취소, 경정 또는 필요한 처분을 하고 결의서(안), 조사서 사본 등을 납세지 관할세무서장에게 회보하여야 한다.

④ 이의신청의 대상이 된 처분을 재조사한다는 결정통지를 받은 경우 그에 대한 처리는 제32조를 준용한다.

■ 제3장 심사청구의 처리

제38조(접수절차)

① 심사청구는 심사청구의 대상이 되는 처분을 하였거나 하였어야 할 세무서장을 거쳐 국세청장에게 하여야 한다.

② 심사청구서가 해당 처분을 하였거나 하였어야 할 세무서장 이외의 세무서장에게 제출된 경우에는 그 심사청구서를 접수한 관서의 장은 즉시 정당한 관할세무서장에게 이송하고, 심사청구서가 국세청장에게 직접 제출된 경우에는 국세청장은 즉시 이를 관할세무서장에게 전자문서로 이송하여야 한다.

③ 제2항의 경우 최초로 세무관서에 접수된 날에 심사청구를 제기한 것으로 본다.

제41조(지방국세청장, 사업장 관할세무서장, 감사관의 심리자료 전산수록)

① 심사청구의 대상이 된 처분이 지방국세청장이 조사·결정 또는 처리하였거나 하였어야 할 경우, 국세청장 또는 지방국세청장의 감사 결과 시정지시(현지시정 포함)에 따른 처분인 경우, 제15조제4항에 따른 사업장 관할세무서장 등이 조사·결정한 것인 경우에 심사청구서를 접수한 납세지 관할세무서장은 제10조제1항 및 제2항을 준용하여 업무를 처리한다.

② 제1항의 경우에도 세무서장은 심사청구서 정본을 접수일부터 3일 이내에 국세청장에게 송부하고, 접수한 날부터 7일 이내에 처분에 관계된

서류를 '국세청 대내포털시스템'에 전자문서로 수록한 후 제10조제1항에 따라 국세청장에게 그 수록사실을 통지하여야 한다.

③ 제1항의 지방국세청장, 감사관, 사업장 관할세무서장은 제1항에 따라 통보받은 날부터 4일 이내에 제42조제1항에 따른 심리자료를 '국세청 대내포털시스템'에 전자문서로 수록한 후 제10조제2항에 따라 국세청장에게 그 수록사실을 통지하여야 한다.

제56조(직권시정 요구)

① 국세청장은 심사청구의 대상이 된 처분이 명백히 위법·부당하다고 판단되는 경우에는 관할세무서장으로 하여금 직권시정하도록 할 수 있다.

② 제1항에 따른 직권시정 요구는 문서에 의한다.

③ 제1항에 따른 직권시정은 직권시정요구를 받은 날부터 7일 이내에 하여야 하며 그 결과를 직권시정한 결의서를 첨부하여 국세청장에게 보고하여야 한다.

제60조(심사청구에 대한 결정)

① 심사청구는 법 제65조제2항에 따른 결정기간 내(90일)에 결정하여야 한다. 다만, '경미한 사건'은 가능하면 45일 내에 결정한다.

② 심사청구에 대한 결정서는 '시행규칙 별지 제31호 서식'에 의하여 작성한다.

③ 결정서의 이유는 다음 순서에 따라 작성하되, 내용이 명확하고 논리의 일관성이 유지되도록 작성하여야 한다. 이 경우 청구인 이외의 사람에 관한 정보에 대해서는 필요한 경우 익명으로 처리할 수 있다.
1. 처분내용

2. 청구주장

3. 처분청 의견

4. 심리 및 판단

   가. 쟁점

   나. 관련법령

   다. 사실관계 및 판단

5. 결론

④ 국세청장은 심사청구에 대한 결정을 하는 즉시 그 결정내용을 '결정서(시행규칙 별지 제31호 서식)'에 의하여 심사청구인(대리인이 있는 경우에는 대리인)과 납세지 관할세무서장(심사청구 결정에 따라 취소, 경정 또는 필요한 처분을 하여야 할 세무서장을 말한다. 이하 이 장에서 같다)에게 송부하여야 한다. 이때 납세지 관할세무서장에 대한 결정서 송부는 '국세청 대내포털시스템'에 불복결정결과를 수록하는 것으로 갈음할 수 있다.

제62조(취소결정 등의 처리)

① 국세청장으로부터 심사청구의 대상이 된 처분의 취소, 경정 또는 필요한 처분을 한다는 결정통지를 받은 세무서장은 결정통지를 받은 날부터 14일 이내에 제33조제1항을 준용하여 처리하여야 한다.

② 심사청구의 대상이 된 처분이 지방국세청장이나 제15조제4항에 따른 사업장 관할세무서장 등이 조사·결정 또는 처분하였거나 하였어야 할 것인 경우, 그 결정통지를 받은 납세지 관할세무서장은 즉시 심사청구 결정서 사본과 취소, 경정 또는 필요한 처분을 위해 필요한 사항을 3일 이내에 지방국세청장이나 사업장 관할세무서장 등에게 통보하여야 한다.

③ 제2항의 통보를 받은 지방국세청장이나 사업장 관할세무서장 등은 통보받은 날부터 7일 이내에 심사청구결정에 따라 취소, 경정 또는 필요한 처분을 하고 결의서(안) 및 조사서 사본 등을 납세지 관할세무서장에게 회보하여야 한다.

▣ 제4장 감사원 심사청구의 처리

제67조(접수절차) 세무서장은 감사원심사청구서 정본 외에 부본 2부(불복이유서에 한정한다)를 제출받을 수 있다. 이 경우 감사원심사청구서 부본의 제출이 없는 경우에도 감사원심사청구서는 접수하여야 한다.

제68조(시정조치)

① 감사원심사청구서를 접수한 세무서장과 제69조제2항에 따라 감사원심사청구서를 송부받은 지방국세청장이「감사원 심사규칙」제5조제1항제1호에 따라 시정조치하는 절차는 제17조를 준용한다.

② 제1항에 따라 시정조치를 한 세무서장 또는 지방국세청장은 '감사원 심사청구서 송부서(별지 제20호 서식)'에 다음 각 호의 서류를 첨부하여 심사청구일부터 7일 이내에 국세청장에게 송부하여야 한다.

　1. 감사원심사청구서 정본과 부본
　2. 결정통지에 대한 처리결과 보고서(별지 제22호 서식) 2부
　3. 제29조제3항에 준하여 작성한 청구에 대한 처리이유서 2부
　4. 시정조치에 관계된 결의서 및 조사서 2부

③ 국세청장은 제2항에 따라 송부 받은 감사원심사청구서 정본과 제2항제2호부터 제4호까지의 규정에 따른 1부를 감사원장에게 송부하여야 한다.

제69조(송부절차)

① 제67조에 따라 감사원심사청구서를 접수한 세무서장은 감사원심사청구서 정본과 부본 1부에 다음 각 호의 서류를 각 2부씩 첨부하여 접수일부터 7일 이내에 '감사원심사청구서 송부서(별지 제20호 서식)'에 의하여 국세청장에게 송부하여야 한다.

1. 「감사원 심사규칙」제5조제1항제2호에 따른 변명서 다만, 불복청구에 대한 의견서로 변명서를 갈음할 수 있다.

2. 제15조제1항제2호부터 제6호까지의 규정에 따른 심리자료

3. 감사원의 처분요구에 의하여 행한 처분인 경우에는 시정요구서 사본

② 감사원심사청구의 대상이 된 처분이 제16조제3항부터 제5항까지의 규정에 따른 처분에 해당하는 경우에 처분을 한 세무서장은 감사원심사청구서에 처분과 관계된 서류의 사본을 첨부하여 접수일부터 3일 이내에 제16조제3항부터 제5항까지의 규정에 따른 의견서를 작성하여야 할 부서의 담당과장 또는 사업장 관할세무서장에게 송부하여야 한다.

③ 제16조제3항부터 제5항까지의 규정에 따른 의견서를 작성하여야 할 부서의 담당과장 또는 사업장 관할세무서장은 제2항에 따라 송부받은 날부터 4일 이내에 감사원심사청구서 정본 및 부본에 제1항에 따른 심리자료를 첨부하여 '감사원심사청구 심리자료 송부서(별지 제21호 서식)'에 의하여 국세청장에게 송부하여야 한다.

④ 국세청장은 제1항과 제3항에 따라 송부 받은 감사원심사청구서 정본에 「감사원 심사규칙」제5조제2항에 따라 작성한 '감사원심사청구에 대한 의견서'와 제1항에 따른 심리자료를 첨부하여 감사원장에게 지체 없이 송부하여야 한다.

⑤ 세무서장과 지방국세청장이 감사원심사청구에 대한 심리자료를 수집하는 절차에 관하여는 제15조를 준용한다.

⑥ 이 규정에 따라 관계공무원이 감사원심사청구에 대한 심리자료로 제출하는 문서의 사본에는 관계공무원이 사본문서의 여백에 반드시 다음과 같이 원본에 의하여 등사하였다는 문언, 등사연월일, 직급 및 성명을 기록하고 확인자의 서명을 하거나 도장을 찍어야 한다.

제72조(결정서 송부절차) 감사원장으로부터 감사원심사청구에 대한 심사결정서를 송부받은 국세청장은 청구의 대상이 된 처분을 하였거나 하였어야 할 세무서장에게 송부한다.

제73조(감사원 심사결정에 대한 처리 및 보고) 감사원심사청구의 대상이 된 처분을 취소, 경정 또는 필요한 처분을 하여야 하는 심사결정서를 받은 세무서장 또는 지방국세청장은 제29조, 제33조 및 제62조를 준용하여 처리하고 감사원장에게 '(감사원심사청구) 결정통지에 대한 처리결과보고서(별지 제22호 서식)'를 제출하여야 한다.

제81조(국세정보통신망을 이용한 불복청구)

① 위법 또는 부당한 처분 등으로 납세자가 권리나 이익의 침해를 입었을 경우 국세정보통신망(국세청 홈택스)을 이용하여 이의신청서·심사청구서를 제출할 수 있으며, 불복관련 민원신청과 불복청구 진행상황 등을 조회할 수 있다.

② 제1항에 따라 납세자가 불복청구와 불복 관련 민원신청을 한 경우에는 납세자가 국세정보통신망에 불복청구서 등을 입력한 때에 접수한 것으로 본다.

PART 16

과세처분에 대한 심판청구 절차를 알아보자!

01 심판청구 제도란?

위법하거나 부당한 조세 관련 처분을 받은 경우 또는 필요한 처분을 받지 못한 경우 조세심판원에 심판청구를 제기하여 잘못된 세금을 바로잡을 수 있는 제도이다. 이하 그림설명 등은 조세심판원의 공시자료를 인용했다.

권리 또는 이익의 침해를 당한 납세자가 징세 기관인 국세청, 관세청 및 지방자치단체와는 독립된 조세심판원에 제기하는 불복절차다.

이의신청, 심사청구와는 달리 심판결정에는 "심판관의 독립성 보장", "준사법적 심판절차" 등 납세자의 권리구제를 위하여 여러 가지 제도적 장치를 마련하고 있는 것이 특징이다.

심판청구는 당해 처분이 있은 것을 안 날(처분의 통지를 받은 때에는 그 받은 날)부터 90일 이내에 제기하여야 하며, 이의신청을 거친 후 심판청구를 할 때는 이의신청에 관한 결정의 통지를 받은 날로부터 90일 이내에 제기하여야 한다. 다만, 이의신청 결정 기간인 30일(지방세는 90일) 내에 결정의 통지를 받지 못한 경우에는 그 결정 기간이 경과한 날부터 심판청구를 할 수 있다.

심판청구는 그 처분을 하거나 하였어야 할 세무서장(세관장), 지방자치단체의 장을 거쳐 조세심판원장에게 하거나 세무서장 등을 거치지 않고 직접 조세심판원장에게 할 수 있으며(우편 또는 사이버심판청구 가능), 조세심판원장은 심판청구를 받은 날로부터 90일 이내에 결정해야 한다.

심판청구서 원본(청구인 인장 또는 서명 날인)과 이유에 대한 증거서류 각 2부를 접수한다.

조세심판 사건의 접수, 심판 및 결정절차는 아래와 같다.

02 조세심판 청구절차를 살펴보자!

심판청구서를 세무서·세관·지방자치단체의 장
또는 조세심판원에게 제출

◆ 심판청구 절차 근거법률

국세기본법 제69조(청구절차)

① 심판청구를 하려는 자는 대통령령으로 정하는 바에 따라 불복의 사유 등이 기재된 심판청구서를 그 처분을 하였거나 하였어야 할 세무서장이나 조세심판원장에게 제출하여야 한다. 이 경우 심판청구서를 받은 세무서장은 이를 지체 없이 조세심판원장에게 송부하여야 한다. 〈개정 2018. 12. 31.〉

② 제68조에 따른 심판청구기간을 계산할 때에는 심판청구서가 제1항 전단에 따른 세무서장 외의 세무서장, 지방국세청장 또는 국세청장에게 제출된 경우에도 심판청구를 한 것으로 본다. 이 경우 심판청구서를 받은 세무서장, 지방국세청장 또는 국세청장은 이를 지체 없이 조세심판원장에게 송부하여야 한다. 〈개정 2018. 12. 31.〉

③ 조세심판원장은 제1항 전단 또는 제2항 후단에 따라 심판청구서를 받은 경우에는 지체 없이 그 부본을 그 처분을 하였거나 하였어야 할 세무서장에게 송부하여야 한다. 〈신설 2018. 12. 31.〉

④ 제1항 전단에 따라 심판청구서를 받거나 제3항에 따라 심판청구서의 부본을 받은 세무서장은 이를 받은 날부터 10일 이내에 그 심판청구서에 대한 답변서를 조세심판원장에게 제출하여야 한다. 다만, 제55조제3항 및 제62조제3항 단서에 해당하는 처분의 경우에는 국세청장 또는 지방국세청장의 답변서를 첨부하여야 한다. 〈개정 2010. 12. 27., 2018. 12. 31.〉

⑤ 제4항의 답변서에는 이의신청에 대한 결정서(이의신청에 대한 결정을 한 경우에만 해당한다), 처분의 근거·이유 및 처분의 이유가 된 사실을 증명할 서류, 청구인이 제출한 증거서류 및 증거물, 그 밖의 심리자료 일체를 첨부하여야 한다. 〈개정 2018. 12. 31.〉

⑥ 제4항의 답변서가 제출되면 조세심판원장은 지체 없이 그 부본(副本)을 해당 심판청구인에게 송부하여야 한다. 〈개정 2018. 12. 31.〉

⑦ 조세심판원장은 제4항 본문에 따른 기한까지 세무서장이 답변서를 제출하지 아니하는 경우에는 기한을 정하여 답변서 제출을 촉구할 수 있다. 〈신설 2018. 12. 31.〉

> ⑧ 조세심판원장은 세무서장이 제7항에 따른 기한까지 답변서를 제출하지 아니하는 경우에는 제56조제1항 단서에 따른 증거조사 등을 통하여 심리절차를 진행하도록 할 수 있다. 〈신설 2018. 12. 31.〉

◆ 심판청구 기간

조세심판 청구는 납세자가 세금 고지가 있음을 알거나 세금 고지서를 받은 날로부터 90일 이내에 하여야 하며, 이의신청을 거친 경우에는 이의신청 결정서를 받은 날로부터 90일 이내에 청구해야 한다.

◆ 심판청구서 제출

심판청구서 서식은 조세심판원 홈페이지(www.tt.go.kr) 또는 처분청 등의 민원실에서 교부받아 작성한 후 처분청 또는 조세심판원에 2부를 제출하여야 하며, 조세심판원 홈페이지를 이용하여 사이버 접수를 할 수도 있다.

◆ 항변자료의 제출

청구인은 심판청구서를 제출한 이후에도 처분청의 답변내용에 대한 반박이나 자신의 주장을 보완하는 항변자료(증거서류 또는 증거물)를 제출할 수 있다.

03 정상이자와 지연손해금을 분리 기재해서 채권계산서를 제출하라!

개인이 NPL 투자 후 배당금을 수령 시 지연손해금 상당의 배당액은 기타소득으로서 20%(지방세 포함 22%)의 원천징수 세율이 적용된다. 그러나 세무서에서는 비영업대금 이자소득으로 보아 25%(지방세 포함 27.5%)의 세율을 일괄적으로 적용하고 있다. 이는 NPL 투자자들이 국세심판 등을 통해 적극적으로 다투어서 시정시켜야 할 것이다.

한편 채권계산서를 경매법원에 제출 시 추후 과세처분에 대한 행정심판 등에 대비해서 원금, 정상이자(약정이자, 약정이 없는 경우 법정이자), 지연손해금(연체이자로서 약정 지연손해금 및 소송촉진 등에 관한 특례법상 지연손해금의 합계액)을 분리 기재해서 제출해야 한다.

채권계산서에 지연배상금인 연체이자(법률적으로는 이자가 아님)까지 포함해서 그냥 이자 금액으로 기재함으로써 국세청은 지연손해금까지 이자로 간주해서 일괄적으로 비영업대금 이자수익의 세율인 27.5%의 고율을 부과하는 데 있어 하나의 빌미가 되고 있다.

정상이자는 비영업대금의 이자소득 세율인 27.5%가 적용되고, 지연손해금(연체이자)은 필요비 공제 후 22%의 세율이 적용된다. 그러므로 이자와 지연손해금의 분리기재 필요성은 매우 크다. 대부분의 NPL 투자자는 기한이익이 상실된 후 NPL을 대위 취득하므로 지연손해금인 연체이자 이익을 얻고 이는 기타소득으로서 질권대출 이자비용이 필요비로 공제되고 여기에 22%의 세율이 적용되어야 한다.

04 채권 매매차익 비과세가 아닌 이자 또는 지연손해금의 세율을 쟁점(프레임)으로 부각시켜라!

◆ 채권양수로 배당수익이 발생된 경우의 쟁점(프레임)

개인으로부터 할인 양수한 NPL의 원금 할인차익은 기존 판례에 비추어 볼 때 개인 또는 일반법인 투자자에게 비과세 된다. 그러므로 이 경우에 해당하면 할인차익에 대해 적극적으로 비과세를 주장해야 한다.

한편 개인으로부터 NPL을 양수하여 원리금 100% 이상 회수 시 NPL 수익에 대한 세금을 다툴 경우에는 동 NPL의 "매매차익에 관한 비과세"를 주장하기 보다는 이자부분과 지연손해금 부분을 분리해서 "비영업대금 이자수익(세율 27.5%)과 기타소득(지연손해금으로서 질권대출 이자 공제 및 세율 22%)에 대응하는 세율을 분리해서 적용"해야 한다고 주장해야 한다.

개인 NPL투자자가 세금부과 경정심판 청구 시 쟁점을 "채권매매차익 비과세" 주장이 아닌 "수익(정상이자 수익, 지연손해금 수익)에 대한 세율을 분리해서 적용하고 필요비 공제"의 주장을 주요 쟁점으로 부각시켜 다투어야 한다. 물론 원금 할인차익은 비과세를 적극 주장해야 한다.

원리금 100% 이상 회수되는 채권의 매매차익에 대해 비과세 주장을 심판의 프레임(쟁점)으로 씌우면 세무서와 조세심판원에서는 채권 매매차익 비과세는 인정하지 않고 대부분 비영업대금 이자수익으로 결정한다. 이처럼 분쟁의 프레임(쟁점)을 매매차익 비과세로 하면 지연손해금 부분은 묻히고 거의 패소하게 된다. 그러므로 개인 NPL투자자는 원리금 100% 이상 회수되는 NPL 사건에서는 심판의 쟁점을 "채권 매매차익의 비과세" 주장보다는 비영업대금 이자소득 과세처분을 "이자와 지연손해금 수익 부분으로 분리해서 각각 다른 세율을 적용"해야 한다고 주장해야 한다.

◆ NPL 대위변제로 배당수익이 발생된 경우의 쟁점(프레임)

NPL대위변제는 할인 대위변제 제도가 없다. 개인 NPL대위변제 투자자가 배당수익을 얻어 비영업대금 이자소득으로 과세처분이 내려질 경우 대위변제자는 정상이자 부분과 지연손해금 부분을 분리해서 다른 세율이 적용되어야 한다고 주장해야 한다. 물론 부동산의 낙찰가가 하락하여 NPL대위변제 당시 변제한 원리금보다 배당액이 적은 경우 배당수익이 없으므로 세금도 발생하지 않는다.

조세심판 결정 과정을 알아보자!

심판청구가 접수되면 조세 심판관회의에서 결정하여 원칙적으로 90일 이내에 청구인과 처분청에 통지하며 90일이 초과하는 경우에는 90일 초과 시점부터 행정소송 제기가 가능하다.

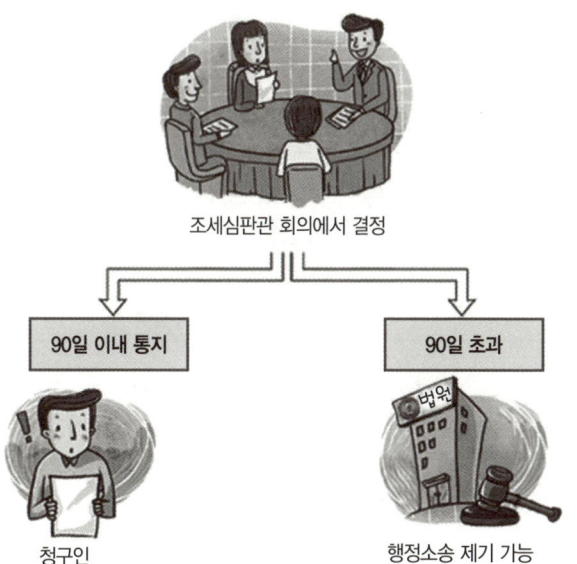

청구인이 주장하지 않은 사항도 직권으로 심리하며, 청구인은 신청에 따라 심판관회의에 참석하여 의견진술을 하거나 전화를 이용한 진술도 가능하다. 심판결정은 교수·변호사 등 민간인 전문가가 참여하여 합의제로 결정한다.

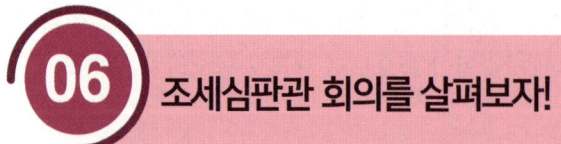
06 조세심판관 회의를 살펴보자!

의견진술신청   전화를 이용한 진술신청

심판청구에 관한 결정에 공정성과 객관성을 도모하기 위하여 조세심판원장이 지정하는 주심 1인과 배심 2인 이상의 조세심판관으로 조세심판관 회의를 구성하고 사건을 조사·심리하여 결정한다.

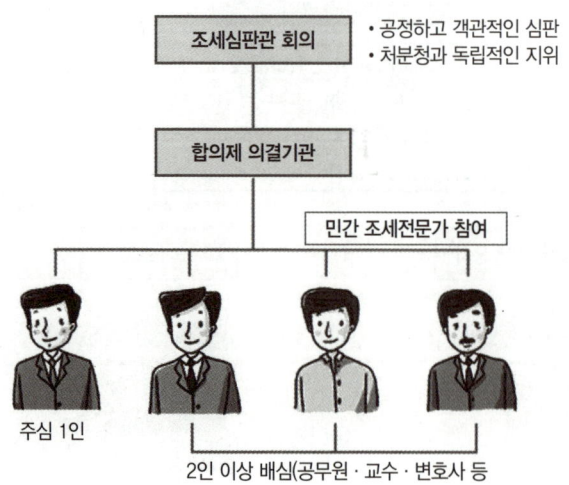

조세심판관 회의는 주심 조세심판관이 그 의장이 되며 당해 조세심판관 3분의 2 이상의 출석으로 개의하고 출석 조세심판관 과반수의 찬성으로 의결한다.

조세심판관 회의는 의결기능을 수행하므로 국세청의 국세심사 위원회가 국세청장의 심사 결정에 대한 필요적 자문기관인 것과 차이가 있다.

담당 조세심판관은 심판청구에 관한 조사와 심리를 위하여 필요한 때에는 직권 또는 심판청구인의 신청에 따라 다음의 질문·검사권을 행사할 수 있다.
- 심판청구인, 처분청, 관계인 또는 참고인에 대한 질문
- 위에 게기하는 자의 장부, 서류 기타 물건의 제출요구
- 위에 게기하는 자의 장부, 서류 기타 물건의 검사 또는 감정기관에 대한 감정 의뢰

심판청구인은 조세심판원에 신청하여 조세심판관 회의에 참석하여 의견을 진술할 수 있다.

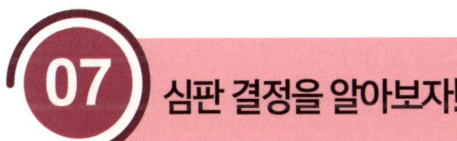

07 심판 결정을 알아보자!

심판청구 사건은 조세심판관 회의에서 심리 및 의결을 거쳐 결정한다. 다만 심판청구의 대상이 소액(국세·관세 : 3천만 원, 지방세 : 1천만 원)인 것 또는 경미한 것인 경우나 청구 기간을 경과한 청구에 대하여는 조세심판관 회의의 심리를 거치지 아니하고 주심 조세심판관이 단독으로 심리하여 결정한다.

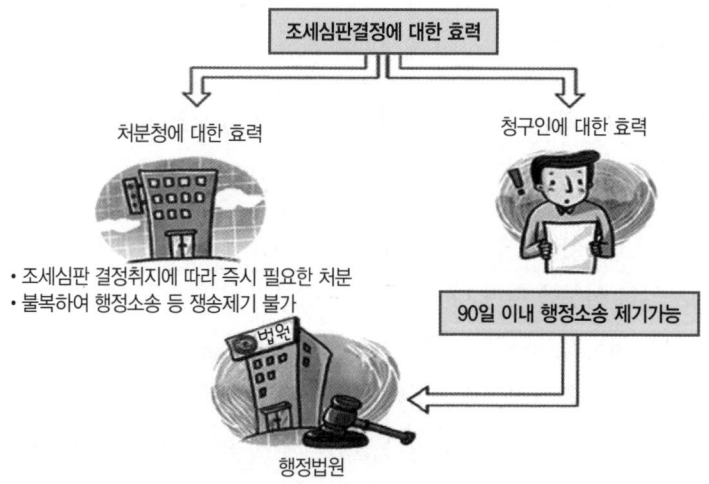

　종전의 심판 결정례를 변경하는 경우 등에는 조세심판원장, 상임 조세심판관 전원, 원장이 지정하는 상임 조세심판관과 동수 이상의 비상임 조세심판관으로 구성되는 "조세심판관 합동회의"의 의결을 거쳐 결정한다.

　심판 결정은 관계 행정청을 기속하며 당해 행정청은 결정 취지에 따라 즉시 필요한 처분을 해야 한다. 처분청은 심판 결정에 불복하여 행정소송 등 쟁송을 제기할 수 없다. 조세심판원장으로부터 심판 결정의 통지를 받은 관계 행정기관의 장은 그 받은 날로부터 14일 이내 그 처리 결과를 조세심판원장에게 보고해야 한다. 심판 결정은 행정처분의 일종이므로 행정처분에 인정되는 공정력, 불가쟁력이 있고 쟁송절차를 거친 재결의 효력으로서 불가변력, 기속력 및 형성력이 있다.

08 심리는 불이익 변경 금지의 원칙이 적용된다

심판 결정을 함에 있어서 심판청구를 한 처분보다 청구인에게 불이익이 되는 결정은 하지 못한다.

따라서 청구인은 과세표준의 증가, 세액의 증가, 이월결손금의 감소, 환급세액의 감소 등과 같은 불이익을 당하지 아니하며, 불이익 변경금지의 원칙은 납세자가 안심하고 불복절차를 제기할 수 있도록 불복청구권을 보장하기 위한 것이다.

◆ 불고불리(不告不理)의 원칙

심판 결정을 함에 있어서 심판청구를 한 처분 이외의 처분에 대하여는 그 처분의 전부 또는 일부를 취소 또는 변경하거나 새로운 처분의 결정을 할 수 없다.

이는 심판의 범위를 규정하는 것이며 그 범위는 불복의 대상이 된 처분에 국한하고 그 이외의 처분에 대하여는 심판할 수 없다.

◆ 자유 심증주의(自由心證主義)

조세심판관은 심판청구에 관한 조사 및 심리의 결과와 과세의 형평을 참작하여 자유 심증으로 사실을 판단한다.

자유 심증주의는 본래 소송법에서 발달한 증거법 원칙으로서 재판관이 증거자료에 의하여 사실을 인정할 때 증거의 범위나 그 신빙성의 정도를 검토하고 인정함에 있어서 법률상 아무런 구속이나 제한도 받지 않고 자유로이 판단함을 뜻한다.

자유 심증주의는 심사청구와는 달리 심판청구의 심리 절차에서만 명문으로 규정하고 있다. 이는 심판청구에서 조세심판관의 독립성을 보장하여 권리구제의 범위를 확대하기 위한 것이다.

심판 결정의 종류를 살펴보자!

심판청구에 관한 결정은 그 결정된 내용에 따라 다음과 같이 각하, 기각, 인용(취소·경정 또는 재조사)으로 분류한다.

◆ 각하(却下)결정

요건 심리를 한 결과 청구요건이 불비한 경우에 청구인이 주장한 이유 등 내용을 심리하지 않고 신청 자체를 배척하는 결정. 즉 본안심리를 하지 않고 신청 자체가 부적법하다고 판단하는 결정을 말한다.

◆ 기각(棄却)결정

청구요건을 구비했으므로 본안심리에 의하여 청구 주장의 내용 및 이유 등을 검토·심리하고 그 불복의 내용이 이유 없다고 판단하는 결정으로 청구인의 불복을 받아들이지 아니하고 처분청의 처분 등을 정당하다고 인정하여 청구의 대상이 된 처분을 유지하는 결정을 말한다.

◆ 인용(認容) 결정

본안심리 결과 불복의 내용이 이유 있다고 판단하는 결정으로 청구인의 불복을 받아들여 처분청의 처분을 취소, 경정, 재조사하도록 하는 결정을 말한다.

10 심판청구 관련 안내

◆ 심판청구 상담

심판청구 절차 등에 대하여 문의할 사항은 조세심판원 행정실에 문의하면 된다.

◆ 상담방법

서면 · 전화 · 인터넷 · 방문상담 모두 가능하다.

☞ **서면으로 할 경우**

연락 가능한 전화번호를 기재하여 다음 주소로 질의요지를 보내면 빠른 시일 내에 답변을 해준다.

우편번호 30108
세종특별 자치시 다솜 3로 95 정부세종청사 2동 4층 조세심판원 행정실(435호)

☞ **전화로 할 경우**

조세심판원 홈페이지(www.tt.go.kr)의 심판원 소개 Site에 있는 사무실 위치를 참고하면 된다.

PART 17

과세처분에 대한
심판청구 이유서의
작성요령을 알아보자!

과세관청의 위법·부당한 부과처분으로 인하여 권리나 이익을 침해받은 납세자는 심판청구를 제기할 때 법정 서식(국세기본법 시행규칙 별지 제35호 서식)에 따른 조세심판청구서 1장을 작성하고 그 뒤에 조세심판청구 이유서를 첨부한다.

처분청으로부터 세금을 부과받게 되면 먼저 처분청(관할세무서장·지방국세청장·국세청장, 세관장, 지방자치단체장 등)의 과세담당자와 연락하여 처분의 근거에 관련된 자료(경정결의서, 조사내용 등)를 확인한 후 조세심판청구 이유서를 작성하는 것이 좋다.

서면심리를 원칙으로 하는 심판청구에서 조세심판 청구 이유서는 심리자료의 기초가 되는 중요한 문서로서, 이유서가 논리적이고 설득력 있게 잘 작성되어야 청구인으로서는 좋은 결과를 기대할 수 있다.

조세심판청구 이유서 등의 기재방법에 대하여 국세기본법 등에서 어떻게 기술해야 하는지의 명문규정은 없지만, 청구인이 주장하는 사실 내용이 정확히 전달될 수 있도록 명확하고 논리적으로 작성되어야 하고, 그 주장이 객관적인 증빙으로 뒷받침되어야 한다.

① 청구취지와 ② 청구이유를 구분하여 작성하고 청구이유를 입증할 수 있는 적절한 증거서류를 첨부하는 등 아래에서 제시한 구체적인 작성요령을 참고하면 된다.

01 청구취지의 기재요령을 알아보자!

가. 청구인이 불복한 결과 얻고자 하는 결론 부분이며, 받아들여지면 심판결정서의 주문이 되는 부분이다. 따라서 처분청이 한 부과처분 중 어느 부분이 부당한지를 특정해야 한다. 부과처분 세액 전부를 취소하는 것인지 아니면 부과처분 세액 중 청구인이 잘못이라고 주장하는 일부분에 대한 세액을 취소해 달라는 것인지를 특정해서 기재한다.

나. 청구취지는 대략 다음과 같은 순서로 특정하여 기술한다.
① 처분한 세무서장
② 처분받은 송달일
③ 처분된 대상자
④ 처분된 과세기간
⑤ 처분된 세목
⑥ 처분된 내용의 요약
⑦ 불복의 범위

다. 청구취지 작성례
① 종합소득세
- "××세무서장이 2018.8.20. 청구인에게 한 2015년 귀속 종합소득세 300,000,000원의 부과처분은 이를 취소한다"라는 결정을 구함.

- "××세무서장이 2017.3.1. 청구인에게 한 2015년 귀속 종합소득세 15,000,000원의 부과처분은 2015.2.16.부터 2015.5.18.까지의 청구인 계좌인출액 합계 21,000,000원을 필요경비에 산입하여 과세표준 및 세액을 경정한다"라는 결정을 구함.

- "××세무서장이 2018.11.1. 청구인에게 한 2016년 귀속 종합소득세 102,000,000원의 부과처분은 청구인의 2016년 귀속 사업소득금액을 「소득세법 시행령」 제143조에 의한 추계조사 결정방법으로 그 과세표준과 세액을 경정한다"라는 결정을 구함.

- "××세무서장이 2018.9.10. 청구인에게 한 2017년 귀속 종합소득세 48,000,000원의 부과처분은 청구인이 2017.3.10. 주식회사 ○○으로부터 받은 120,000,000원 중 55,000,000원은 기타소득(사례금)이 아닌 것으로 보아 그 과세표준 및 세액을 경정한다"라는 결정을 구함.

- "××세무서장이 2018.7.10. 청구인에게 한 2014년~2016년 귀속 종합소득세 합계 40,000,000원(2014년 귀속분 15,000,000원, 2015년 귀속분 15,000,000원, 2016년 귀속분 10,000,000원)에 대한 경정청구 거부처분은, 청구인이 2014년~2016년의 기간 동안 판매직원에게 지급한 인건비 및 광고비 등 15,000,000원을 필요경비로 인정하여 과세표준 및 세액을 경정한다"라는 결정을 구함.

- "××세무서장이 2017.12.1. 청구인에게 한 2011년 귀속 종합소득세 15,000,000원의 부과처분은 경기도 ○○시 ○○읍 소재 주유소의 실사업자를 △△△으로 보아 과세표준 및 세액을 경정한다"라는 결정을 구함.

- "××세무서장이 2017.7.5. 청구인들에게 한 2015년 귀속 종합소득세 800,000,000원 및 2015년 제2기 부가가치세 400,000,000원(〈별지〉 참조)의 각 부과처분은 현금 매출취소금액 20,000,000원을 수입금액 등에서 차감하여 그 과세표준 및 세액을 경정한다"라는 결정을 구함.

- "××세무서장이 2016.9.2. 청구인에게 한 종합소득세 2014년 귀속분 48,000,000원 및 2015년 귀속분 28,000,000원의 각 부과처분은 청구인이 특수관계자 소유의 광주광역시 ○○구 ○○동 ×××-×× 소재 ○○빌딩 일부를 임차한 것과 관련하여 부당행위계산 부인으로 종합소득세 필

요경비불산입한 80,000,000원(2014년 귀속분 44,000,000원, 2015년 귀속분 36,000,000원) 중에 14,000,000원(2014년 귀속분 10,000,000원, 2015년 귀속분 4,000,000원)을 필요경비에 산입하여 각 과세기간의 과세표준 및 세액을 경정한다"라는 결정을 구함.

② 양도소득세

- "××세무서장이 2018.5.20. 청구인에게 한 2015년 귀속 양도소득세 3,000,000원의 부과처분은 이를 취소한다"라는 결정을 구함.

- "××세무서장이 2018.7.1. 청구인에게 한 2017년 귀속 양도소득세 10,000,000원의 부과처분은 청구인이 경기도 ○○시 ○○읍 ○○리 답 ○○㎡의 양도 시 △△△에게 중개수수료로 지급한 5,000,000을 필요경비에 산입하여 그 과세표준 및 세액을 경정한다"라는 결정을 구함.

- "××세무서장이 2018.6.10. 청구인에게 한 2017년 귀속 양도소득세 15,000,000원의 부과처분은「국세기본법」제47조의3 제1항의 일반과소신고가산세를 적용하여 그 세액을 경정한다"라는 결정을 구함.

- "××세무서장이 2017.11.15. 청구인에게 한 2016년 귀속 양도소득세 43,000,000원의 부과처분은 경기도 ○○시 ○○구 ○○동 ××-×× 외 5필지 ××, ×××㎡를「소득세법」제104조의3 제1항 제1호 가목 단서 및 같은 법 시행령 제168조의8 제3항 제7호에 따라 비사업용토지에서 제외하는 토지로 하여 그 과세표준 및 세액을 경정한다"라는 결정을 구함.

- "××세무서장이 2018.8.1. 청구인에게 한 2016년 귀속 양도소득세 9,000,000원의 부과처분은 인천광역시 ○○구 ○○동 ×××-×× ○○빌라 ×××호의 2010.1.10. 취득가액을 50,000,000원으로 보아 그 과세표준 및 세액을 경정한다"라는 결정을 구함.

- "××세무서장이 2018.3.9. 청구인에게 한 2014년 귀속 양도소득세

33,000,000원의 부과처분은 「소득세법」 제114조 제5항·제7항 및 같은 법 시행령 제176조 제5항 제2호 가목에 따라 등기부기재가액(200,000,000원)을 취득가액으로 하여 그 과세표준 및 세액을 경정한다"라는 결정을 구함.

- "××세무서장이 2017.7.12. 청구인에게 한 2017년 귀속 양도소득세 330,000,000원의 부과처분은 명도비용 300,000,000원을 기타필요경비로 보아 양도가액에서 공제하여 그 과세표준 및 세액을 경정한다"라는 결정을 구함.

- "××세무서장이 2016.10.17. 청구인에게 한 2015년 귀속 양도소득세 120,000,000원의 부과처분은 배우자 망 박○○이 2015.3.30. 양도한 경상북도 ○○군 ○○읍 ○○리 ×××-×× 토지 ××,×××㎡ 중 이○○에게 임대한 부분(××,×××㎡)을 제외한 면적에 대하여 「조세특례제한법」 제69조 제1항에 의한 자경농지에 대한 양도소득세 감면을 적용하여 그 세액을 경정한다"라는 결정을 구함.

③ 법인세

- "××세무서장이 2018.2.1. 청구법인에 한 2016사업연도 법인세 57,000,000원의 부과처분은 이를 취소한다"라는 결정을 구함.

- "××세무서장이 2018.4.20. 청구법인에 한 2015사업연도 법인세 15,000,000원의 부과처분은 비업무용부동산과 관련하여 손금불산입한 지급 이자금액 3,000,000원을 손금에 산입하여 그 과세표준 및 세액을 경정한다"라는 결정을 구함.

- "××세무서장이 2018.10.01. 청구법인에 한 2015사업연도 법인세 20,000,000원 및 2015년 귀속 소득금액변동통지 60,000,000원의 부과(통지)처분은, 청구법인이 계상한 가공노무비 중 △△△ 등이 개인적인 용도로 사용한 30,000,000원은 부당과소신고가산세가 아닌 일반과소신고가

산세를 적용하여 그 세액을 경정하고 소득금액변동통지 대상에서 제외한다"라는 결정을 구함.

- "××세무서장이 2018.6.12. 청구법인에 한 2016사업연도 법인세 66,000,000원의 부과처분은 청구법인이 ㅇㅇ주식회사로부터 임가공 용역을 시가보다 고가에 매입하지 아니한 것으로 하여 그 과세표준 및 세액을 경정한다"라는 결정을 구함.

- "××세무서장이 2017.5.1. 청구법인에 한 2015사업연도 법인세 20,000,000원의 부과처분은 「조세특례제한법」 제6조의 창업중소기업 등에 대한 세액감면을 적용하여 그 세액을 경정한다"라는 결정을 구함.

- "××세무서장이 2017.12.01. 청구법인에 한 2013~2015사업연도 법인세 150,000,000원의 환급을 구하는 경정청구의 거부처분은 같은 사업연도에 지출한 컴퓨터그래픽 특수효과비용 55,000,000원, 의상디자인비용 50,000,000원, 미술디자인비용 25,000,000원 합계 130,000,000원을 연구·인력개발비에 대한 세액공제대상인 고유디자인 개발을 위한 비용으로 보아 그 세액을 경정한다"라는 결정을 구함.

- "××세무서장이 2017.6.20. 청구법인에 한 2012사업연도 법인세 125,000,000원의 부과처분은 계약보증금 및 하자이행보증금 관련 가지급금 인정이자 익금산입액 102,000,000원 및 지급이자 손금불산입액 105,000,000원과 공사대금 조기결제 관련 가지급금 인정이자 익금산입액 50,000,000원 및 지급이자 손금불산입액 10,000,000원을 제외하여 그 과세표준과 세액을 경정한다"라는 결정을 구함.

④ 상속세 및 증여세

- "××세무서장이 2018.5.1. 청구인에게 한 2017.1.10. 증여분 증여세 27,000,000원 및 2017.12.10. 상속분 상속세 150,000,000원의 부과처분은 이를 취소한다"라는 결정을 구함.

- "××세무서장이 2018.4.20. 청구인들에게 한 2015.3.3. 상속분 상속세(증여분 증여세) 25,000,000원의 부과처분은 ○○○에 대한 채무 10,000,000원을 공제하여 그 과세표준 및 세액을 경정한다"라는 결정을 구함.

- "××세무서장이 2018.2.1. 청구인에게 한 2016.3.1. 상속분 상속세(증여분 증여세) 310,000,000원의 부과처분은 상속개시일(증여일) 현재 경상북도 ○○시 ○○읍 ○○리 ××× 전 ×,×××㎡, 같은 리 ××× 답 ××× ㎡에 대한 시가를 개별공시지가에 따라 평가하여 그 과세표준 및 세액을 경정한다"라는 결정을 구함.

- "××세무서장이 2018.1.16. 청구인에게 한 2016.5.31. 상속분 상속세(증여분 증여세) 45,000,000원의 부과처분은 납부불성실가산세 12,000,000원을 차감하여 그 세액을 경정한다"라는 결정을 구함.

- "××세무서장이 2017.10.1. 청구인에게 한 2015.1.1. 상속분 상속세(증여분 증여세) 경정청구 거부처분은 전라남도 ○○시 ○○읍 ○○리 산 ××× 임야 ×,×××㎡ 중 ×××㎡를 금양임야로 보아 상속(증여)재산가액에서 제외하여 그 과세표준과 세액을 경정한다"라는 결정을 구함.

- "××세무서장이 2017.12.10. 청구인에게 한 증여세 2013.12.1. 증여분 63,000,000원, 2014.6.30. 증여분 48,000,000원의 부과처분은, 2013.12.1. 및 2014.6.30. 증여분 증여재산가액을 산정함에 있어 ○○주식회사 주식의 평가액을 ×××,×××원으로 하여 과세표준 및 세액을 각각 경정한다"라는 결정을 구함.

⑤ 부가가치세

- "××세무서장이 2018.3.10. 청구법인에 한 2017년 제2기 부가가치세 37,000,000원의 부과처분은 이를 취소한다"라는 결정을 구함.

- "××세무서장이 2018.2.18. 청구인에게 한 2015년 제2기 부가가치세

30,000,000원의 부과처분은 2015.9.8.~2015.10.13. 기간 동안 ○○○으로부터 매입한 물품의 공급가액 5,000,000원과 관련한 매입세액을 매출세액에서 공제하여 세액을 경정한다"라는 결정을 구함.

- "××세무서장이 2018.1.15. 청구인에게 한 2016년 제2기 부가가치세 18,000,000원의 부과처분은 청구인이 2016.8.10.부터 2016.10.25.까지의 기간 동안 △△△으로부터 받은 금액 150,000,000원에서 같은 기간 동안 ㅁㅁㅁ에게 지급한 금액 합계 100,000,000원을 차감한 50,000,000원을 공급대가로 하여 과세표준 및 세액을 경정한다"라는 결정을 구함.

- "××세무서장이 2018.9.10. 청구법인에 한 부가가치세 2016년 제1기분 13,000,000원, 2016년 제2기분 17,000,000원의 부과처분은, 청구법인이 2016년 제1기부터 2016년 제2기까지의 과세기간에 ○○산업의 유치 및 행사지원과 관련하여 매입한 재화나 용역의 매입세액 상당액 15,000,000원을 공통매입세액으로 보아 안분계산하여 그 과세표준 및 세액을 경정한다"라는 결정을 구함.

- "××세무서장이 2018.3.16. 청구인에게 한 2017년 제2기 부가가치세 352,300,000원의 부과처분은 청구인이 주식회사 ○○으로부터 수취한 공급가액 100,000,000원의 세금계산서(작성일 2017.8.25.)의 공급시기를 2017년 제2기로 하여 세액을 경정한다"라는 결정을 구함.

- "××세무서장이 2017.11.1.~2017.11.2. 〈별지〉 기재와 같이 청구인 ○○○에게 한 2013년 제1기~2017년 제1기 부가가치세 합계 3,000,000,000원의 부과처분과 청구인 △△△에게 한 2014년 제2기~2017년 제1기 부가가치세 합계 2,000,000,000원의 부과처분은 청구인들이 ㅁㅁㅁ 주식회사, 주식회사 ◇◇◇로부터 수취한 매입세금계산서가 사실과 다른 세금계산서가 아닌 것으로 하여 그 과세표준 및 세액을 각 경정한다"라는 결정을 구함.

- "××세무서장이 2018.2.9. 청구인에게 한 부가가치세 2017년 제1기 70,000,000원의 부과처분은 전라북도 ○○군 ○○면 ○○리 ×××-×× 외 3필지 지상에서 숙박업용 건물(지하 1층 ×××.××㎡, 1층 여관 ×××.××㎡, 2층 여관 ×××.××㎡, 3층 ×××.××㎡, 합계 ×××.××㎡)의 양도를 「부가가치세법」 제10조 제8항 제2호 및 같은 법 시행령 제23조에 따른 사업의 양도로 하여 그 과세표준 및 세액을 경정한다"라는 결정을 구함.

⑥ 지방세

- "경기도 ○○시장이 2017.2.22. 청구인에게 한 취득세 10,000,000원, 지방교육세 1,000,000원, 농어촌특별세 2,000,000원 합계 13,000,000원의 부과처분은 이를 취소한다"라는 결정을 구함.

- "부산광역시 ○○구청장이 2017.10.17. 청구인에게 한 경정청구 거부처분은 청구인이 부산광역시 ○○구 ○○동 ×××-×× 토지 ×××.×㎡ 및 건물 ×××.×㎡에서 영위하는 제조업을 창업으로 보아 제조업을 영위하는 면적에 대하여 취득세 등을 감면하는 것으로 과세표준 및 세액을 경정한다"라는 결정을 구함.

- "광주광역시 ○○구청장이 2017.10.2. 청구인에게 한 경정청구 거부처분은 광주광역시 ○○구 ○○동 ×××-×× 토지 ×××.×㎡ 및 건물 ×××.×㎡ 중 건물 4층 ××.×㎡ 및 그 부속토지를 제외한 나머지 부분의 취득세를 면제하는 것으로 하여 그 과세표준 및 세액을 경정한다"라는 결정을 구함.

- "충청북도 ○○시장이 2017.2.17. 청구인에게 한 취득세 130,000,000원, 농어촌특별세 12,000,000원의 부과처분은 옥외전기·통신공사비를 취득세 과세대상에서 제외하는 것으로 하여 과세표준과 세액을 경정한다"라는 결정을 구함.

- "경기도 ○○시장(○○구청장)이 2017.9.10. 청구법인에 한 재산세 21,000,000원, 지방교육세 3,000,000원 합계 24,000,000원의 부과처분은 경기도 ○○시 ○○구 ○○동 ×××토지 ×,×××㎡를 별도합산과세 대상으로 구분하여 그 과세표준 및 세액을 경정한다"라는 결정을 구함.

- "경상북도 ○○시장이 2016.8.11. 청구인에게 한 재산세 117,810원, 지방교육세 13,970원 합계 131,780원의 부과처분은 경상북도 ○○시 ○○동 ×××-×토지 ×××㎡ 및 같은 동 ×××-×토지 ×××㎡를 「지방세특례제한법」 제84조 제2항의 재산세 감면(100분의 50) 대상 토지로 보아 그 과세표준 및 세액을 경정한다"라는 결정을 구함.

⑦ 기타

- "××세무서장이 2018.4.20. 청구인에게 한 청구의 ○○물산(주)의 체납액에 대하여 제2차 납세의무자로 지정하고 30,000,000원을 납부 통지한 처분은 이를 취소한다"라는 결정을 구함.

- "××세무서장이 2017.11.1. 청구인이 소유한 경기도 ○○시 ○○동 xxx-xx 대지 ○○○㎡를 압류한 처분은 이를 취소한다"라는 결정을 구함.

- "××세무서장이 2017.12.10. 청구인에게 한 2016년 귀속 근로 장려금 1,000,000원 및 자녀장려금 1,500,000원 합계 2,500,000원의 지급신청 거부처분은 이를 취소한다"라는 결정을 구함.

- "××세무서장이 2017.7.31. 청구인에게 한 포상금 지급신청에 대한 거부처분은 이를 취소한다"라는 결정을 구함.

- "××세무서장이 2018.7.15. 청구법인에 한 3개월의 주류 판매정지 처분은 2017년 제2기 과세기간의 매출누락액 70,000,000원을 세금계산서 발급의무 위반 금액에서 제외하여 위반비율을 재산정하고 그 결과에 따라 주류 판매정지 기간을 경정한다"라는 결정을 구함.

02 청구이유의 기재요령을 알아보자!

◆ 청구이유란?

　청구취지의 목적달성을 위한 것이므로 쉽게 이해될 수 있도록 조리 있게 서술하고 그에 따른 입증을 하여야 합니다. 이유에는 단순히 이유의 기재만으로는 부족하고 그에 따른 합리적인 증거자료를 첨부해야 한다.

　그리고 조세심판의 사건 심리에 있어서는 사실관계 검토 및 법령의 해석을 한 후에 해당 사건에 관한 판단의 순서로 검토하므로 심판청구 시에도 이런 순서로 구분하여 이유를 기재하는 것이 좋다.

◆ 청구이유의 기재순서 및 작성요령을 알아보자!

(1) 처분개요

　처분의 대상이 되는 사실과 과세요건 사실에 대한 처분 내용을 간결하게 정리하여 명확하게 기재하되 처분이유, 과세방법, 처분 일자, 처분대상자, 세목 및 세액 등이 포함되도록 기재한다.

　먼저 처분청이 세금을 부과하는 데 있어 대상이 되는 사실관계를 기재한다. 사업자의 경우는 청구인의 사업명·사업종목·사업의 수입사실 등 과세요건에 관계되는 사실들을 기재하고, 양도소득세의 경우는 양도재산의 소재지·양도 자산의 지목·지적·취득일자와 양도 일자 등을, 법인세의 경우는 법인의 소재지·법인의 목적·사업종목·사업내용 등을 기재한다.

- "청구인은 서울특별시 ○○구 ○○로 ○○○에서 건축자재 도매업을 경영하는 자로서 2015년 귀속 도매수입에 관하여 2016.5.30. 장부 및 증빙서류에 따라 종합소득세를 신고하였다."

- "청구법인은 서울특별시 ○○구 ○○로 ○○○에서 전자부품을 제조·판매하는 법인으로서 2015.1.1.~2015.12.31. 사업연도 법인세 신고 시 조세특례제한법 제7조의 규정에 따라 중소기업에 대한 특별세액감면 5,000,000원을 신청하였다"등과 같다.

다음으로 위 처분대상 사실 및 신고내용에 대하여 처분청이 어떠한 사유 및 원인으로 과세하게 되었는지를 구체적으로 확인하여 명백하게 기재한다.
- 법인세의 경우 : 감면을 배제한 사유, 손금 불산입한 사유 등
- 양도소득세의 경우 : 실지거래 가액에 의하여 소득 금액을 계산하게 된 사유 등
- 상속세의 경우 : 채무액을 공제 부인한 사유 등
- 부가가치세의 경우 : 매입세액을 불공제한 사유 등

이와 같은 기준에 의하여 작성된 예를 보면

- "… 서울지방국세청장(이하 "조사청"이라 한다)은 2014.12.30.~2015.4.20. 기간 동안 청구법인에 대한 통합조사를 한 결과, 청구법인이 2012사업연도 중 김○○에게 지급한 급여 500,000,000원(이하 "쟁점급여"라 한다)에 대하여 근로제공 사실이 입증되지 아니하므로 손금불산입하도록 하는 등의 과세자료를 처분청에 통보하였고, 처분청은 이에 따라 2015.3.27. 청구법인에 2012사업연도 법인세 300,000,000원을 경정·고지하였다.",

- "… 청구인의 도매업에 대하여 첫째, 상품수불부가 불비하고 세금계산서를 발행하지 아니하여 장부에 신빙성이 없다는 이유로 장부기재 내용을 부인하고 추계조사 결정하여 2015년 귀속 종합소득세 5,000,000원을 결정·고지하였다.",

- "… 처분청은 청구인이 ○○○와 △△△로부터 실물거래 없이 세금계산서를 발급받은 것으로 보아 관련 매입세액을 불공제하고, 쟁점 금액을 가공

원가로 보아 필요경비 불산입하여 2015.2.7. 청구인에게 2012년 귀속 종합소득세 15,000,000원 및 2013년 귀속 종합소득세 8,000,000원을 각 경정·고지하였다.",

- "… 처분청은 청구인에 대한 양도소득세를 조사하여 청구인이 자본적 지출액으로 신고한 쟁점 부동산의 공사비용 70,000,000원(간판 공사, 컴퓨터 구매, 객실관리시스템 공사 등으로 이하 "쟁점 공사비용"이라 한다)이 수익적 지출 또는 내장공사비용에 해당하는 것으로 보아 필요경비를 부인하여 2016.5.16. 청구인에게 2014년 귀속 양도소득세 30,000,000원을 경정·고지하였다."

- "… 처분청은 2015.2.21.~2015.2.26. 청구법인의 2014년 제2기 부가가치세 환급신고와 관련하여 현장확인을 한 결과, 청구법인이 이 건 하도급 공사와 관련하여 이 건 하도급업체들로부터 2014년에 수취한 쟁점 세금계산서는 공급 시기 이후에 발행된 사실과 다른 세금계산서에 해당한다고 보고 매입세액 불공제하여, 청구법인에 2015.3.30. 2014년 제2기 부가가치세 14,000,000원을 감액하여 환급하고, 2015.5.4. 2014년 제1기 부가가치세 23,000,000원을 경정·고지하였다."와 같다.

(2) 쟁점

쟁점은 사실관계, 처분내용 및 청구인의 주장을 요약하여 표현하되, 일반적·추상적 표현을 피하고 구체적으로 기재한다. 쟁점이 여러 개인 경우 쟁점별로 번호를 부여하여 작성한다.

청구인은 주위적 청구로서 주요 청구원인을 먼저 주장하고, 주위적 청구가 기각될 경우를 대비하여 다른 청구원인을 예비적 청구로서 주장할 수 있다.

【쟁점 기재 예시】

■ 신고수입금액과 회사 전산상 기록된 매출액의 차이 금액은 단순 오류일 뿐 누락된 매출금액이 아니고, 신고누락금액이 맞다 하더라도 대표자에게 실제 귀속된 것이 아니라고 주장하는 경우
 ① 쟁점 금액을 매출 누락한 것으로 볼 수 있는지 여부
 ② 쟁점 금액이 대표이사에게 귀속된 것으로 보아 청구법인에 소득 금액 변동 통지에 따른 원천징수분 근로소득세를 과세할 수 있는지 여부

■ 청구인의 매출신고 누락은 단순 신고누락에 해당한다고 주장하는 경우
 청구인이 쟁점 금액을 매출신고 누락한 행위가 사기나 그 밖의 부정한 행위에 해당하는지 여부

■ 청구인 사업과 관련하여 지출한 금액을 필요경비로 인정해 달라고 주장하는 경우

 쟁점 부동산 판매 업무를 수행한 직원들의 판매수당, 직원 급여, 사무실 임차료, 사무실 운영비를 부동산 매매업의 필요경비로 인정할 수 있는지 여부

■ 청구인이 고의로 배우자 등에 대한 가공 인건비를 계상하였다고 보아 부당 과소신고 가산세를 적용하여 과세한 경우
 ① (주위적 청구) 배우자 등에게 지급한 인건비를 사업소득의 필요경비로 인정할 수 있는지 여부
 ② (예비적 청구) 쟁점 인건비에 대하여 부당 과소신고 가산세가 아닌 일반과소 신고가산세를 적용할 수 있는지 여부

■ 사실과 다른 세금계산서를 수취하여 부가가치세가 과세하였으나, 정상거래 및 선의의 거래당사자임을 주장하는 경우
 ① 쟁점 거래가 정상거래에 해당하는지 여부
 ② 청구인이 쟁점 매입처로부터 세금계산서를 수취함에 있어서 선량한

> 　　관리자로서의 주의의무를 다하였는지 여부
>
> ■ 청구인이 사실상 쟁점 사업장의 실사업자가 아니라고 주장하는 경우
> 　청구인은 쟁점사업장의 실지 사업자인지 아니면 명의 사업자인지 여부
>
> ■ 처분청이 청구인 소유토지의 8년 이상 자경을 부인하여 과세한 경우
> 　청구인이 쟁점 토지를 8년 이상 자경하였는지 여부

(3) 청구인 주장(부과처분의 위법성)

부과처분의 대상과 원인에 잘못이 있는 경우 그 사실을 주장하여 기술하면서 주장 내용을 인정받게 할 증거자료를 제시한다.

부과처분의 잘못을 지적할 때도 처음부터 끝까지 서술식으로 기재하기보다는 주장의 요점을 잘 정리하여 3~4줄로 압축하여 기재한 다음 그에 따른 세부적 내용을 그다음에 주장하면 된다.

이의신청을 거친 경우 심판청구 판단의 대상은 처분청의 부과처분이지 이의신청 결정 이유가 아니므로 당초 부과처분의 부당성을 먼저 기재하고 나중에 추가하여 이의신청 결정 이유의 부당성을 기재한다.

부과처분 이유에 근거법령이 제시된 경우에는 청구인이 판단하고 있는 법령의 해석에 관한 기준을 제시하고 대법원 판례, 심판 결정례, 예규해석 등을 제시한다.

부과처분 이유에 근거법령이 제시되어 있지 않은 경우에는 처분대상과 주장에 적용될 법령을 청구인이 제시하여 부과처분이 근거법령에 위반된 것이라든지, 주장 내용이 청구인이 제시한 근거법령에 따른 것이어서 타당하다는 내용을 기재한다.

(4) 관련 법령

관련 법령이 이유서에 필수적으로 기재하여야 할 항목은 아니지만, 관련 법령을 명확하게 기재해야 사건담당자가 사건의 실체를 빨리 쉽게 이해할 수 있어, 사건을 신속히 처리하게 하고 청구주장을 설득력 있게 전달하는 데 도움이 된다.

청구주장의 근거가 되는 법령은 빠짐없이 정확하게 기재하되, 관련 법령이 여러 개인 경우 법률, 시행령, 시행규칙 순으로 기재한다. 법령 기재 시 조·항·호·목 등 사이는 띄어 쓰되, 조, 항, 호는 "제1조"와 같은 방법으로 숫자 앞에 "제" 자를 붙인다. 각 세법의 기본통칙, 예규, 질의회신 등은 법령이 아니므로 이를 기재하지 않는다.

세법은 1년에 1차례 이상 빈번하게 개정된다. 이유서에 부과처분 당시 법령을 기재하는 경우가 많이 있는데, 세법 개정이 있는 경우 개정 전·후의 법령 중에서 납세자의 납세의무가 성립될 당시의 법령을 적용해야 하므로, 납세의무 성립시기를 확인하여 해당 사건에 적용되는 법령을 기재할 필요가 있다.

- 소득세 : 해당 과세기간이 끝나는 때(12.31.)
- 법인세 : 해당 과세기간이 끝나는 때
- 부가가치세 : 해당 과세기간이 끝나는 때(1기분 : 6.30., 2기분 : 12.31.)
- 상속세 : 상속이 개시되는 때
- 증여세 : 증여로 재산을 취득하는 때
- 법령 검색은 다음에 기재된 법제처가 운영하는 '국가법령 정보센터' 사이트 또는 조세심판원이 운영하는 '법령검색' 사이트를 이용할 수 있다.
  ☞ (법제처 국가법령정보센터) www.law.go.kr
  ☞ (조세심판원 법령검색) www.tt.go.kr/mUser/law/LawList.do

【법령 기재 예시】

(1) 부가가치세법(2013.6.7. 법률 제11873호로 전부개정된 것)

제38조(공제하는 매입세액)

① 매출세액에서 공제하는 매입세액은 다음 각 호의 금액을 말한다.
   1. 사업자가 자기의 사업을 위하여 사용하였거나 사용할 목적으로 공급받은 재화 또는 용역에 대한 부가가치세액
② 제1항 제1호에 따른 매입세액은 재화 또는 용역을 공급받는 시기가 속하는 과세기간의 매출세액에서 공제한다.

제39조(공제하지 아니하는 매입세액)

① 제38조에도 불구하고 다음 각 호의 매입세액은 매출세액에서 공제하지 아니한다.
   7. 면세사업등에 관련된 매입세액(면세사업등을 위한 투자에 관련된 매입세액을 포함한다)과 대통령령으로 정하는 토지에 관련된 매입세액

(2) 부가가치세법 시행령(2013.6.28. 대통령령 제24638호로 전부개정된 것)

제80조(토지에 관련된 매입세액) 법 제39조 제1항 제7호에서 "대통령령으로 정하는 토지에 관련된 매입세액"이란 토지의 조성 등을 위한 자본적 지출에 관련된 매입세액으로서 다음 각 호의 어느 하나에 해당하는 경우를 말한다.
  2. 건축물이 있는 토지를 취득하여 그 건축물을 철거하고 토지만 사용하는 경우에는 철거한 건축물의 취득 및 철거 비용과 관련된 매입세액

(1) 소득세법

제89조(비과세 양도소득)

① 다음 각 호의 소득에 대해서는 양도소득에 대한 소득세(이하 "양도소득세"라 한다)를 과세하지 아니한다.

   3. 다음 각 목의 어느 하나에 해당하는 주택(가액이 대통령령으로 정하는 기준을 초과하는 고가주택은 제외한다)과 이에 딸린 토지로서 건물이 정착된 면적에 지역별로 대통령령으로 정하는 배율을 곱하여 산정한 면적 이내의 토지(이하 이 조에서 "주택부수토지"라 한다)의 양도로 발생하는 소득

      가. 1세대가 1주택을 보유하는 경우로서 대통령령으로 정하는 요건을 충족하는 주택

(2) 소득세법 시행령(2017.9.19. 대통령령 제28293호로 일부개정된 것)

제154조(1세대1주택의 범위)

① 법 제89조제1항제3호가목에서 "대통령령으로 정하는 요건"이란 1세대가 양도일 현재 국내에 1주택을 보유하고 있는 경우로서 해당 주택의 보유기간이 2년(제8항제2호에 해당하는 거주자의 주택인 경우는 3년) 이상인 것[취득 당시에 제2항에 따른 조정지역에 있는 주택의 경우에는 해당 주택의 보유기간이 2년(제8항제2호에 해당하는 거주자의 주택인 경우에는 3년) 이상이고 그 보유기간 중 거주기간이 2년 이상인 것]을 말한다. 다만, 1세대가 양도일 현재 국내에 1주택을 보유하고 있는 경우로서 제1호부터 제3호까지의 어느 하나에 해당하는 경우에는 그 보유기간 및 거주기간의 제한을 받지 아니하며 제4호 및 제5호에 해당하는 경우에는 거주기간의 제한을 받지 아니한다.

   5. 거주자가 제2항 단서에 따른 지역의 공고가 있은 날 이전에 매

> 매계약을 체결하고 계약금을 지급한 사실이 증빙서류에 의하여 확인되는 경우로서 해당 거주자가 속한 1세대가 계약금 지급일 현재 주택을 보유하지 아니하는 경우

(5) 심판 결정례 및 판례 등

해당 심판청구사건과 관련된 조세심판원의 선결 정례, 법원의 판례, 기획재정부장관·국세청장·관세청장의 예규해석 등을 기재한다. 이 경우 원문을 그대로 인용하여 기재한다.

【선결정례 및 판례, 예규해석 기재방법 예시】

> **(1) 조심 2018서○○○○, 2018.××.××.**
>
> 청구인은 쟁점주식의 실소유자는 청구인이므로 쟁점주식이 명의신탁된 것으로 보아 증여세를 부과한 이 건 부과처분이 취소되어야 한다고 주장하나, 청구인이 아닌 ○○○이 쟁점주식 취득자금을 조달한 것으로 확인되었고, 이후 △△△이 위 자금 상당액을 인출한 점, 청구인은 ○○○으로부터 쟁점주식 취득자금을 차용하였다고 주장하나, 차용증 또는 금전소비대차계약서 등을 제시하지 못하고 있고, 차용금에 대한 이자 지급내역도 불분명하여 이러한 주장을 신뢰하기 어려운 점, ○○○은 쟁점주식 등 양도대금 중 정산되고 남은 잔액을 자신의 건물 신축자금으로 사용하였다고 확인한 점, 이와 달리 청구인은 쟁점주식이 명의신탁된 것이 아님을 입증할만한 구체적·객관적 증빙을 충분히 제시하지 못하고 있는 점 등에 비추어 청구주장을 받아들이기 어려운 것으로 판단된다.

(2) 대법원 2008.××.××. 선고 2007두○○○○○ 판결

법인의 실질적 경영자인 대표이사 등이 법인의 자금을 유용하는 행위는 특별한 사정이 없는 한 애당초 회수를 전제로 하여 이루어진 것이 아니어서 그 금액에 대한 지출 자체로서 이미 사외유출에 해당한다고 할 것이다(대법원 1999.12.24. 선고 98두7350 판결, 대법원 2001.9.14. 선고 99두3324 판결 등 참조). 여기서 그 유용 당시부터 회수를 전제하지 않은 것으로 볼 수 없는 특별한 사정에 대하여는 횡령의 주체인 대표이사 등의 법인 내에서의 실질적인 지위 및 법인에 대한 지배 정도, 횡령 행위에 이르게 된 경위 및 횡령 이후의 법인의 조치 등을 통하여 그 대표이사 등의 의사를 법인의 의사와 동일시하거나 대표이사 등과 법인의 경제적 이해관계가 사실상 일치하는 것으로 보기 어려운 경우인지 여부 등 제반 사정을 종합하여 개별적·구체적으로 판단하여야 하며, 이러한 특별한 사정은 이를 주장하는 법인이 입증하여야 한다.

(3) 기획재정부 법인세제과-○○○, 2017.××.××.

기존 건축물의 잔존가액을 해당 사업연도의 손금에 산입할지 또는 토지의 자본적 지출로 처리할지는 사업내용, 건축물의 취득 목적 및 경위, 취득 후 사용 현황 등을 종합적으로 고려하여 사실을 판단할 사항이다.

【검색 방법 예시】 심판결정례 및 판례 등은 조세심판원이 운영하는 다음의 판례 등 검색 사이트를 이용할 수 있다.

☞ (심판결정례) www.tt.go.kr/mUser/law/searchLawList.do

⇒ 검색사이트의 "심판결정례"에서 최근 심판결정례, 주요 심판결정례, 세목별 심판결정례 등을 각각 조회할 수 있다. 사이트의 "조세법령·판례"에서 심판결정례 뿐 아니라 대법원 판례, 질의회신(예규) 등을 통합 검색할 수 있고, 주요세법 및 관련 법령 등도 조회할 수 있다.

■ 처분청이 청구인 소유토지의 8년 이상 자경을 부인하여 과세한 경우

① 상기 검색사이트의 "조세법령·판례"의 "통합검색"에서 "8년 자경"을 검색어로 입력합니다. 경우에 따라 "자경농지", "자기노동력" 등 다양한 검색어를 입력하여 찾아볼 수 있고, "8년 자경 자기노동력"과 같이 동시에 2개 이상의 검색어를 사용할 수도 있다.

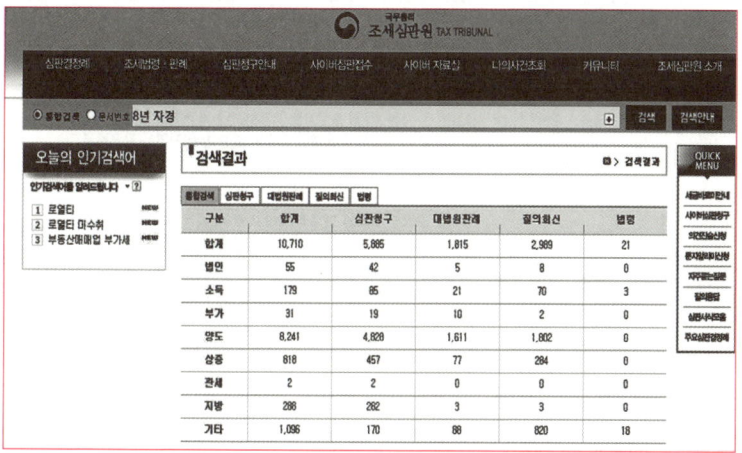

② 통합검색에서 "8년 자경" 키워드로 검색하시면 심판결정례에 8년 자경 양도소득세 감면과 관련된 선 결정례들이 순서(날짜순, 정확도 순 선택 가능)대로 나타나므로, 청구인의 경우와 유사한 사례들에 대한 조세심판원 결정례를 참고하거나 활용할 수 있다.

③ 동시에 "8년 자경" 키워드와 관련된 법원 판례 및 질의회신(예규), 법령 등도 함께 검색되므로 이유서 작성에 참고하거나 청구주장을 뒷받침하는 자료로 활용할 수 있다.

● 대법원판례 검색결과 총1,815건

정확도순 | 날짜순▼ | 10건 ✓ 보기

번호	세목	결정	결정일	제목 및 요지	사건번호
1	양도	국승	2019.11.05	이 사건 토지는 중과세율이 적용되는 비사업용토지에 해당함. ... 실제 소유자는 원고로서 원고가 동생에게 명의신탁한 것이며, 원고는 이 사건 2토지 소재지에 거주하거나 자경하지 아니한 사실을 인정할 수 있으므로 특별한 사정이 없는 한 비사업용 토지로서 중과세 대상이 된다.	서울행정법원-2018-구단-57141 (2019.11.05)
2	기타	국승	2019.10.31	이 사건 토지는 양도일 현재 농지라고 볼 수 없으므로 감면을 적용할 수 없고, 취득가액에 대한 감정평가액을 시가로 인정할 수 없음. 이 사건 토지는 항공사진에 의하면, 일시적으로 휴경상태에 있었다고 보기 어렵고 양도일 현재 농지라고 볼 수 없으므로 양도소득세 감면규정을 적용할 수 없고, 이 사건 토지의 취득가액...	부산지방법원-2018-구합-25111 (2019.10.31)

◆ 청구이유 작성 시 유의사항을 살펴보자!

우선 심판청구의 대상인지를 판단한 후 조세심판 청구서를 작성한다. 신고납부 세목(부가가치세, 법인세, 소득세)의 경우 납세자가 스스로 과세표준을 신고하였으나, 납부하지 아니한 것에 대하여 처분청이 납부 통지한 경우는 경정청구를 우선 거쳐야 하고, 경정청구가 거부된 경우에 이를 근거로 심판청구를 하여야 하며, 그렇지 않을 경우 심판청구가 각하될 수 있다.

또한, 심판청구는 의견진술 신청 시 구두로 진술할 기회가 주어지지만, 서면심리 위주로 진행되므로, 문장으로 청구인의 주장을 설득력 있게 전달하는 것이 중요하다.

따라서 사실관계는 시간적 순서에 따라 작성하고 가급적 누가 언제 무엇을 어떻게 왜 하였다는 식으로 작성하며, 문장 말미에 이러한 사실관계를 뒷받침하는 증거를 표시하여 청구인의 주장이 증거에 의하여 뒷받침되고 있음을 표시해 준다.

예를 들면, '청구인은 2015.12.14. 서울특별시 ○○구 ○○로 ○○○ 대지 ○○㎡를 취득하였다(청구인 제2호증 매매계약서·등기부등본).'라고 기재하면 된다.

또한, 유사 사건에 대하여 대법원 판결 및 심판결정례가 있는 경우에는 이를 적시해 준다. 이때 사건번호, 선고일 또는 결정일 등을 정확하게 기재한다.

◆ 증거자료의 제출

"청구이유"란 "청구취지"라는 목적을 달성하기 위한 수단으로서, 쟁점이 사실판단 사항인 경우 청구이유를 논리적으로 잘 작성한다고 하더라도 객관적인 증거자료가 뒷받침되지 못하면 의미가 없다.

증거자료는 청구인의 주장 사실에 대한 입증자료로서 이유서 본문에 기술한 내용 순서에 따라 번호를 부여한다. 모든 증거자료는 이유서 뒤에 증거목록(국세기본법 시행규칙 별지 제36호의2 서식, 2019.3.20. 신설)을 작성하고 그 뒤에 첨부한다.

증거자료는 가급적 객관적 자료를 제출한다. 각 증거자료의 신빙성에는 차이가 있을 수 있으므로, 등기부 등본, 호적등본 등 공문서, 공공기관의 문서, 예금거래내역, 재무제표 기타 장부 등을 중심으로 제출하는 것이 좋다. 관련인의 인우보증서, 확인서 등 증인의 진술을 기재한 서면을 제출할 경우에는 실존인물인지 확인할 수 있도록 확인서 후면에 인감증명서 또는 주민등록증 사본, 전화번호 등 연락처를 첨부한다.

한편, 증거자료는 가급적 원본으로 제출하여야 하며, 증거자료 중 청구대상 사실관계와 관련이 있는 부분은 명확히 인식할 수 있도록 밑줄 등으로 표시하여 제출한다.

제출할 증거자료를 청구인이 소지하지 않고 타 기관이 가지고 있는 경우에는 청구인은 조세심판원에 증거소지 기관에게 질문을 하게 하거나 증거물의 제출을 요구하도록 요청할 수 있고, 경우에 따라서 현장을 방문하여야 사실판단이 가능한 때에는 현지 확인조사를 요구할 수 있다.

【증거목록 작성 예시】

번호	명칭	작성일	작성자	입증취지
청구인 제1호증	납세고지서	20××.××.××.	○○세무서장	처분근거
청구인 제4호증	쟁점거래처 통장사본	20××.××.××.	○○은행	거래처 사전확인 실시
청구인 제6호증	거래건별 계량증명서 (○○매)	20××.××.××.	○○○	각 거래 시마다 거래건별로 계량증명서 발급

◆ 청구 변경 시 유의사항을 살펴보자!

심판청구 후 청구인이 청구취지 및 이유를 변경하는 경우가 있다. 이 경우 기존 청구를 대체하는 주장인지 또는 기존 주장에 대하여 추가하는 경우인지를 명확하게 해야 한다.

청구인은 청구 변경 시 국세기본법 시행규칙 별지 제25호의9의 청구변경 신청서를 작성하여 조세심판원에 제출하면 된다.

◆ 그 밖의 참고사항을 살펴보자!

조세심판원은 대리인을 선임하지 못한 영세납세자(종합소득금액 5천만 원 이하, 소유재산가액 5억 원 이하)를 대상으로 무료로 전문가의 조력을 받을 수 있도록 국선심판 청구대리인(변호사·세무사·공인회계사) 제도를 운용하고 있다. 조세심판원 홈페이지(www.tt.go.kr)에 국선심판 청구대리인 제도에 관한 내용이 자세히 기재되어 있으니 참고하기 바란다.

심판청구는 해당 처분이 있음을 안 날(처분의 통지를 받은 때에는 그 받은 날)부터 90일 이내에 제기하여야 하며, 이를 초과하는 경우 '각하' 결정되니 유의해야 한다. 만약, 이유서를 작성하는 데 시간이 많이 소요되어 90일이 경과될 우려가 있는 경우에는 우선 조세심판 청구서를 접수한 후 담당자와 협의하여 담당자가 요구하는 기간까지 이유서를 별도로 제출할 수 있다.

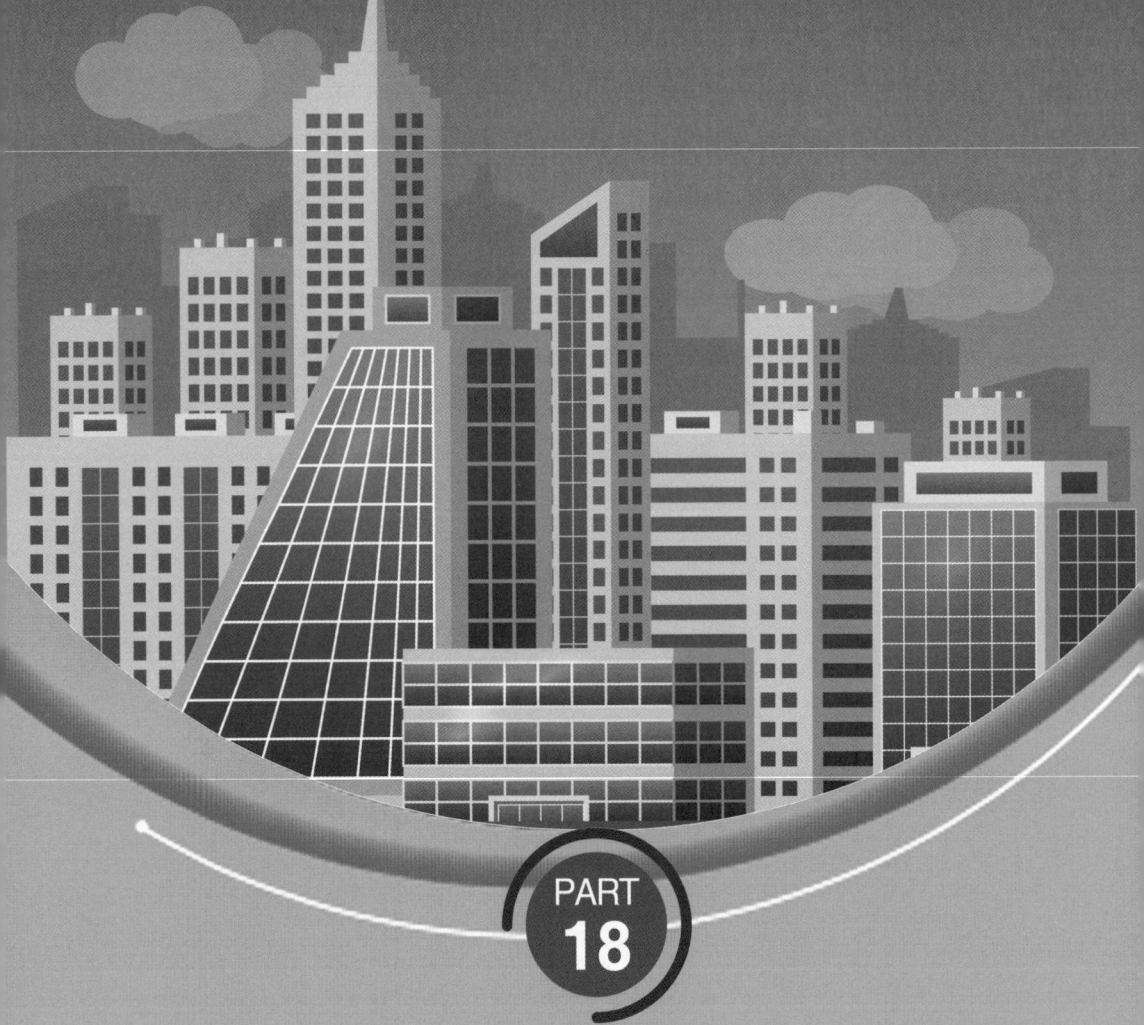

PART 18

조세심판 청구 서식

01 조세심판 청구서

접수번호		접수일		처리기간	90일
청구인	성 명		주민등록번호 (사업자등록번호)	ㅇㅇㅇㅇㅇㅇ-ㅇ****** (주민번호 앞 7자리만 기입)	
	상 호		전화번호 (휴대전화번호)		
	주소 또는 사업장 소재지	전자우편(e-mail) :		전송(Fax) :	
	처 분 청		조 사 기 관		

처분통지를 받은 날(또는 처분이 있은 것을 처음으로 안 날) :   년 월 일
  ※ 결정 또는 경정의 청구에 대해 아무런 통지를 받지 못한 경우에는 결정 또는 경정 기간이 경과한 날

처분의 내용 또는 통지된 사항
  ※_____년도 _____기분 _____세 _____원

조세심판청구 취지 및 이유
(별지에 적어 주십시오)

이의신청을 한 날	년 월 일	이의신청의 결정통지를 받은 날	년 월 일

국선대리인 선정 신청 여부 : 여 [ ] 부 [ ]
[신청 시 국선대리인 선정 신청서(「국세기본법 시행규칙」 별지 제28호의2서식)를 첨부하여 주십시오]

「국세기본법」 제69조에 따라 위와 같이 조세심판청구를 합니다.

                                                              년 월 일
                        청구인   (서명 또는 인)

조세심판원장 귀하

위임장	「국세기본법」 제59조제1항(관세에 관한 사항인 경우에는 「관세법」 제126조제1항)에 따라 아래 사람에게 위 조세심판청구에 관한 사항(조세심판청구 취하는 제외)을 위임합니다.				
	위임자 (청구인)	대리인			
		구분	성명	사업장 소재지	사업자등록번호 (전자우편)	연락처 (휴대전화, Fax)
	(서명 또는 인)	세 무 사 [ ] 공인회계사 [ ] 변 호 사 [ ] 관 세 사 [ ] 배우자 등 [ ]	(서명 또는 인)	(㊞ -)		
첨부서류	1. 조세심판청구 이유서 2부 2. 조세심판청구 이유에 대한 증거자료 2부 3. 2번 자료에 대한 증거목록(「국세기본법 시행규칙」 별지 제36호의2서식) 2부				수수료 없음

210㎜×297㎜(백상지 80g/㎡)(재활용품)

결정경정 신청서

■ 조세심판운영규정 [별지 제5호서식]

청구번호				
청구인	성명		주민등록번호	○○○○○○-○****** (사업자등록번호)(주민번호 앞 7자리만 기입)
	상호		전화번호	
	주소또는소재지			
처분청				
결정일				
신청 취지				
신청 이유				

「국세기본법」 제81조, 제65조의2 및「조세심판원운영규정」제30조에 따라 위와 같이 결정의 경정을 신청합니다.

년　　월　　일

청구인　　　　　(서명 또는 인)

조세심판원장 귀중

03 항변서

■ 국세기본법 시행규칙 [별지 제37호의2서식]

청구번호 :					
청구인	성 명		생년월일 (사업자등록번호)		
	상 호		전화번호 (휴대전화번호)		
	주소 또는 사업장 소재지	(우 –)			
		전자우편(e-mail) :		전송(Fax) :	
처분청의 (추가)답변서를 받은 날 :　　　　년　　　월　　　일					
항변 내용	(내용이 많은 경우에는 별지에 적어 주십시오)				
「국세기본법」 제71조제1항에 따라 위와 같이 항변서를 제출합니다.					
			년	월	일
	청구인(또는 대리인)			(서명 또는 인)	
	조세심판원장	귀하			
첨부서류	1. 항변서 2부(항변내용을 별지에 적은 경우에 한정하여 첨부합니다) 2. 항변내용에 대한 증거자료 2부 3. 2번 자료에 대한 증거목록(「국세기본법 시행규칙」 별지 제36호의 2서식) 2부			수수료 없 음	

210mm×297mm(백상지 80g/㎡(재활용품))

04 의견진술 신청서

■ 국세기본법 시행규칙 [별지 제26호서식] 〈개정 2015.3.6.〉 (앞쪽)

접수번호		접수일		처리기간	
성 명 (의견진술 신청인이 처분청인 경우 명칭)		주민등록번호 (사업자등록번호)		○○○○○○-○****** (주민번호 앞 7자리만 기입)	
주소 또는 영업소 (의견진술 신청인이 처분청인 경우 소재지)		전화번호			
상 호					
신청 또는 청구일자	년 월 일 시				
진술하고자 하는 요지					

「국세기본법」 제58조 및 같은 법 시행령 제47조제1항에 따라 위와 같이 신청합니다.

년   월   일

신청인   (서명 또는 인)

귀하

210㎜×297㎜(백상지 80g/㎡(재활용품))

05 심판청구사건 우선처리 신청서

청구번호			
청구인	성명		생년월일 (사업자등록번호)
	상호		전화번호 (휴대전화번호)
	주소또는 사업장 소재지		
처분청			
우선처리 신청이유			

※ 별첨 : 심판청구사건 우선처리의 신청인 적격(중소기업 여부) 및 신청이유를 증명할 수 있는 서류

위와 같이 심판청구사건의 우선처리를 신청합니다.

년 월 일

신청인 (서명 또는 인)

조세심판원장 귀중

210㎜×297㎜[일반용지 60g/㎡]

증거 목록

■ 국세기본법 시행규칙 [별지 제36호의2서식]

청구번호 또는 접수번호	청구인		처분청
	성명	상호	

제출자 :

제출일 :

번호	명칭	작성일	작성자	입증취지

※ 번호 : 청구인이 제출하는 증거자료는 '청구인 제1호증', '청구인 제2호증'의 순서로, 처분청이 제출하는 증거자료는 '처분청 제1호증', '처분청 제2호증'의 순서로 적고, 이후 추가로 증거자료를 제출하는 경우에는 이미 제출한 증거자료의 다음 번호부터 순서대로 적습니다.

※ 입증취지 : 제출하는 증거서류 및 증거물을 통해 입증하려는 내용을 간단히 적습니다.

210mm×297mm(백상지 80g/㎡(재활용품))

■ 국세기본법 시행규칙 [별지 제25호의9서식] 〈개정 2011.4.11〉

처리기간
14일

① 심사(심판) 청구번호	제 호		
② 청구인		③ 처분청	
④ 변경하려는 부분	☐ 청구 취지 ☐ 청구 이유		
⑤ 변경내용			
⑥ 근거법령	「국세기본법」 제56조제1항 단서 「행정심판법」 제29조제1항부터 제3항까지		

위와 같이 신청하오니 허가하여 주시기 바랍니다.

년   월   일

신청인   주소
         성명   (서명 또는 인)

귀하

※ 첨부서류: 신청서 부본

수수료
없음

210mm×297mm[일반용지 70g/㎡(재활용품)]

「전화진술」 신청서

처리기간
3일

① 심판청구번호			
② 성 명		③ 주민등록번호	○○○○○○-○****** (주민번호 앞 7자리만 기입)
④ 주소 또는 영업소		⑤ 전화번호	
⑥ 상 호			
⑦ 진술하고자 하는 요지			

위와 같이 전화진술을 신청합니다.

년 월 일

신청인   (인)

귀하

※ 이 용지는 무료로 배부합니다.	수수료
	없음

PART
19

조세 부과처분 취소 행정소송의 제기 절차를 알아보자!

01 행정심판 전치주의란?

　법령에 따라 위법·부당한 행정행위에 대한 심사청구 또는 행정심판이 인정되고 있는 경우에는 그 행정심판의 재결을 거칠 것을 행정소송(行政訴訟)의 제기요건(提起要件)으로 하는 제도이다. 행정소송을 제기하면서 행정심판 등을 먼저 거치도록 하는 것은 행정관청이 그 행정처분을 다시 검토하게 하여 시정할 수 있는 기회를 줌으로써 행정권의 자주성을 존중하고 아울러 소송사건의 폭주를 피함으로써 법원의 부담을 줄이고, 납세자의 권리를 신속하게 구제하고자 하는 데 그 취지가 있다고 하겠다(국세기본법 제56조제2항).

02 행정심판 전치주의의 근거법률을 살펴보자!

국세기본법 제56조(다른 법률과의 관계)

① 제55조에 규정된 처분에 대해서는 「행정심판법」의 규정을 적용하지 아니한다. 다만, 심사청구 또는 심판청구에 관하여는 「행정심판법」 제15조, 제16조, 제20조부터 제22조까지, 제29조, 제36조제1항, 제39조, 제40조, 제42조 및 제51조를 준용하며, 이 경우 "위원회"는 "국세심사위원회", "조세심판관회의" 또는 "조세심판관합동회의"로 본다.

② 제55조에 규정된 위법한 처분에 대한 행정소송은 「행정소송법」 제18조제1항 본문, 제2항 및 제3항에도 불구하고 이 법에 따른 **심사청구 또는**

심판청구와 그에 대한 결정을 거치지 아니하면 제기할 수 없다. 다만, 심사청구 또는 심판청구에 대한 제65조제1항제3호 단서(제81조에서 준용하는 경우를 포함한다)의 재조사 결정에 따른 처분청의 처분에 대한 행정소송은 그러하지 아니하다.

③ **제2항 본문에 따른 행정소송은「행정소송법」제20조에도 불구하고 심사청구 또는 심판청구에 대한 결정의 통지를 받은 날부터 90일 이내에 제기하여야 한다.** 다만, 제65조제2항 또는 제81조에 따른 결정기간에 결정의 통지를 받지 못한 경우에는 결정의 통지를 받기 전이라도 그 결정기간이 지난날부터 행정소송을 제기할 수 있다.

④ 제2항 단서에 따른 행정소송은「행정소송법」제20조에도 불구하고 다음 각 호의 기간 내에 제기하여야 한다.

1. 이 법에 따른 심사청구 또는 심판청구를 거치지 아니하고 제기하는 경우 : 재조사 후 행한 처분청의 처분의 결과 통지를 받은 날부터 90일 이내. 다만, 제65조제5항(제81조에서 준용하는 경우를 포함한다)에 따른 처분기간(제65조제5항 후단에 따라 조사를 연기하거나 조사기간을 연장하거나 조사를 중지한 경우에는 해당 기간을 포함한다. 이하 이 호에서 같다)에 처분청의 처분 결과 통지를 받지 못하는 경우에는 그 처분기간이 지난 날부터 행정소송을 제기할 수 있다.

2. 이 법에 따른 심사청구 또는 심판청구를 거쳐 제기하는 경우 : 재조사 후 행한 처분청의 처분에 대하여 제기한 심사청구 또는 심판청구에 대한 결정의 통지를 받은 날부터 90일 이내. 다만, 제65조제2항(제81조에서 준용하는 경우를 포함한다)에 따른 결정기간에 결정의 통지를 받지 못하는 경우에는 그 결정기간이 지난 날부터 행정소송을 제기할 수 있다.

⑤ 제55조제1항제2호의 심사청구를 거친 경우에는 이 법에 따른 심사청구

또는 심판청구를 거친 것으로 보고 제2항을 준용한다.

⑥ 제3항의 기간은 불변기간(不變期間)으로 한다.

 심판청구 기간 또는 제소 기간 90일 도과로 각하된 사례를 살펴보자!

◆ **납세고지서 수취 90일 경과 후 심판청구로 심판이 각하되었다 (조심 2012서4652호 2012.12.28)**

[제 목] 적법한 심판청구인지 여부

[요 지] 청구인은 납세고지서를 수취한 날로부터 90일 이내에 이의신청 등 불복을 제기하지 아니하였고 고충민원은 정식의 불복절차가 아니며, 그 결과 통지 역시 단순한 민원서류에 대한 회신에 불과하므로 이 건 심판청구는 불복청구 기간이 이미 경과한 부적법한 청구에 해당한다.

[결정내용] 결정 내용은 붙임과 같습니다.

[관련법령] 국세기본법 제55조【불복】

[주 문]
심판청구를 각하한다.

[이 유]

1. 본안 심리에 앞서 심판청구가 적법한지에 대하여 본다.

가. 청구인의 이 건 양도소득세 납세고지서에 대한 우체국등기우편물 수령증에 의하면, 처분청은 2011.10.7. OOO 우체국에서 납세고지서를 청구인에게 등기(번호 OOO로 발송한 것으로 나타나고 반송된 사실이 없는 것으로 나타난다.

나. 청구인은 취득계약서와 건축공사계약서를 제출하면서 이를 인정하여 양도소득세를 취소하여 줄 것을 2012.9.5. 처분청에 고충민원으로 접수하였으나 2012.9.19. 인용 불가로 결정되어 통지된 것으로 나타난다.

다. 청구인은 처분청이 2011.10.7. 발송한 납세고지서를 수취한 이후 이의신청을 신청하지 아니하였고 2012.9.5. 처분청에 고충민원을 제기한 것으로 나타난다.

라. 「국세기본법」제55조 제1항은 "이 법 또는 세법에 의한 처분으로서 위법 또는 부당한 처분을 받거나 필요한 처분을 받지 못함으로써 권리 또는 이익의 침해를 당한 자는 이 장의 규정에 의한 심사청구 또는 심판청구를 하여 그 처분의 취소 또는 변경이나 필요한 처분을 청구할 수 있다"라고 규정하고 있고, 같은 법 제68조 제1항은 "심판청구는 해당 처분이 있음을 안 날(처분의 통지를 받은 때에는 그 받은 날)부터 90일 이내에 제기하여야 한다"라고 규정하고 있으며, 제2항은 "이의신청을 거친 후 심판청구를 하려면 이의신청에 대한 결정의 통지를 받은 날부터 90일 이내에 제기하여야 한다"고 규정하고 있다.

마. 위 사실관계 및 관련 법령을 종합하면, 청구인은 고충민원을 제기하여 인용 불가결정이 되자 이 건 심판청구를 제기하였으나, 청구인은 납세고지서를 수취한 날로부터 90일 이내에 이의신청이나 심

판청구를 제기하지 아니하고 고충민원을 제기한 점, 처분청이 2011.10.7. 납세고지서를 발송한 이후 382일이 지난 2012.10.23. 심판청구를 제기한 점, 청구인이 2012.9.5. 제기한 고충민원은 국세기본법에서 정하는 정식의 불복절차가 아니고, 처분청의 2012.9.19.자 고충민원 결과 통지는 단순한 민원서류에 대한 회신에 불과한 것으로서「국세기본법」제55조 제1항에서 규정하는 불복청구의 대상이 되는 처분에 해당되지 아니한 점 등으로 보아, 이 건 심판청구는 불복청구 기간이 이미 경과한 처분에 대하여 제기한 부적법한 청구에 해당된다고 판단된다.

2. 결론

이 건 심판청구는 부적합한 청구에 해당하므로「국세기본법」제81조 및 제65조 제1항 제1호에 의하여 주문과 같이 결정한다.

◆ 이의신청 결정 송달 90일 경과 후 제기된 심판청구를 각하하였다 (조심 2017중0637호, 2017. 6. 28)

청구인은 처분청이 이의신청 결정서를 송달한 날부터 90일이 경과한 후 심판청구를 제기하였으므로 이 건 심판청구는 청구기간을 도과한 부적법한 청구에 해당한다.

[주 문]
심판청구를 각하한다.

[이 유]
1. 본안심리에 앞서 심판청구가 적법한 청구인지 살펴본다.

가. 관련 법률

국세기본법 제61조(청구기간)
② 이의신청을 거친 후 심사청구를 하려면 이의신청에 대한 결정의 통지를 받은 날부터 90일 이내에 제기하여야 한다.(단서 생략)

제68조(청구기간)
① 심판청구는 해당 처분이 있음을 안 날(처분의 통지를 받은 때에는 그 받은 날)부터 90일 이내에 제기하여야 한다.
② 이의신청을 거친 후 심판청구를 하는 경우의 청구기간에 관하여는 제61조 제2항을 준용한다.

나. 사실관계 및 판단

(1) 청구인은 2004년~2005년의 기간 동안 망 OOO에게 OOO원을 대여하였다.

(2) 처분청은 망 OOO의 상속인이자 배우자인OOO(이하 "채무자"라 한다)가 2008.11.7. OOO의 지급명령OOO에 따라 2010.3.4. 청구인의 계좌에 이자 OOO원과 지연손해금 OOO원 합계OOO원을 입금하였다고 보아 이를 각 청구인의 이자소득 및 기타소득으로 총수입금액에 산입하여 2016.5.26. 청구인에게 2010년 귀속 종합소득세 OOO원을 결정·고지하였다.

(3) 청구인은 이에 불복하여 2016. 8.16.이의신청을 제기하였고 이의신청 결정서를 2016.10.20.수령하였으며, 이에 대한 심판청구를 2017. 1.19. 제기하였다.

(4) 심판청구 제기일 이후인 2017. 2.14.채무자에게 채무가 존재하지 않음을 청구인이 인낙OOO함에 따라 청구인은 2017. 3.13.경정청구를 하였고 처분청은 2017. 4.24.청구인의 경정청구가 이유가 있다하여 이건 처분을 취소하였다.

(5) 이상의 사실관계 및 관련 법률 등을 종합하여 살피건대, 청구인은 처분청이 이의신청 결정서를 송달한 날인 2016.10.20.부터 90일 이내에 심판청구를 제기하여야 하나, 이를 경과한 2017. 1.19. 심판청구를 제기하였으므로 이건 심판청구는 청구기간을 도과한 부적법한 청구에 해당한다고 판단된다.

2. 결 론

이건 심판청구는 심리결과 부적법한 청구에 해당하므로「국세기본법」제81조 및 제65조 제1항 제1호에 의하여 주문과 같이 결정한다.

◆ 행정심판 청구기간 도과로 심판청구 각하 후에는 행정소송 제기도 각하된다

[제 목] 심판청구 기간이 경과되어 심판청구가 제기됨으로써 부적법하다.

[요 지] 심판청구기간이 경과되어 심판청구가 제기됨으로써 부적법하여 더 이상 취소를 구할 수 없는 처분에 대하여 달리 적법한 전심절차 경유 없이 그 취소를 구하는 소 또한 부적법하므로 각하되어야 한다(상기 조심 2012서4652호, 2012.12.28.관련 행정소송 제기 사건임).

[판결내용] 판결 내용은 붙임과 같습니다.
[사 건] : 서울행정법원 2013구단11171 양도소득세 부과처분 취소
[원 고] : AAA
[피 고] : 성북세무서장

[변론종결] : 2013. 9. 4.
[판결선고] : 2013. 9. 11.

[주 문]

1. 이 사건 소를 각하한다.
2. 소송비용은 원고가 부담한다.

[청구취지]

피고가 2011. 10. 7. 원고에게 한 2009년도분 귀속 양도소득세 0000원의 부과처분을 취소한다.

[이 유]

1. 처분의 경위

가. 원고는 OO시 OO면 OO리 603-5 소재 토지를 2002. 5. 24.경부터 매수하여 보유하다가 2009. 2. 26경 위 토지가 임의경매로 매각되었음에도 양도소득세를 신고, 납부하지 아니하여 피고로부터 2011. 10. 7. 2009년도 귀속 양도소득세 0000원의 부과처분(이하 '이사건 처분'이라 한다)을 받았다.

나. 원고는 이 사건 처분에 불복하여 2012. 10. 23 조세심판원에 심판청구를 했으나 불복기간이 경과하였다는 이유로 2012. 12. 28. 심판청구가 각하되었다(한편, 원고는 2012. 9. 5피고에게 고충민원을 제기한 바 있다).

【인정근거】 다툼 없는 사실, 갑제2내지 5호증, 을제1호증의 각 기재, 변론 전체의 취지

2. 판단

이 사건 소의 적법여부에 대하여 살펴본다. 과세처분에 대한 심판청구는 해당 처분이 있음을 안 날(처분의 통지를 받은 때에는 그 받은 날)부터 90일 이내에 제기하여야 하는바(국세기본법 제68조 제1항), 앞에서 든 증거들 및 을제2호증의 기재에 의하면 이 사건 처분의 통지가 등기우편으로 2011. 10. 12.원고에게 도달하였음에도 원고는 그로부터 90일 이내에 심판청구 등 적법한 불복절차를 경유하지 아니한 사실을 인정할 수 있다.

그렇다면 심판청구 기간이 경과되어 심판청구가 제기됨으로써 부적법하여 더 이상 취소를 구할 수 없는 이 사건 처분에 대하여 달리 적법한 전심절차 경유 없이 그 취소를 구하는 이 사건 소 또한 부적법하므로 더 나아가 살펴볼 필요 없이 각하되어야 할 것이다.

3. 결론

그렇다면, 이 사건 소는 부적법하므로 각하하기로 하여 주문과 같이 판결한다.

◆ 조세심판 결정 수령 90일 경과 후에 소제기로 각하되었다

[요 지] 국세기본법 제56조 제3항은 과세처분을 다투는 행정소송은 심판청구에 대한 결정의 통지를 받은 날부터 90일 이내에 제기하여야 한다.

[판결내용] 판결내용은 붙임과 같습니다.
[사 건] 수원지방법원 2018구합63663 종합소득세부과처분취소
[원 고] 서**

[피 고] AA세무서장
[변 론] 종 결 2018. 7. 10.
[판 결] 선 고 2018. 8. 21.

[주 문]
1. 이 사건 소를 각하한다.
2. 소송비용은 원고가 부담한다.

[청 구 취 지]
피고가 2017. 1. 3. 원고에 대하여 한 2012년 귀속 종합소득세 11,922,770원, 2013년 귀속 종합소득세 3,618,560원의 부과처분을 각 취소한다.

[이 유]
1. 기초사실

가. 피고는, 원고가 한국*** 유한회사 직원으로 근무하던 중 2012년 22,497,003원, 2013년 9,910,176원의 스톡옵션 행사이익을 얻은 사실을 확인하고, 2017. 1. 3.원고에게 2012년 귀속 종합소득세 11,922,770원, 2013년 귀속 종합소득세 3,618,560원을 경정·고지(이하 '이사건 처분'이라 한다)하였다.

나. 원고는 이에 불복하여 이의신청을 거쳐 2017. 8. 21.조세심판원에 심판청구를 하였으나, 2017. 12. 5.기각결정을 받았다. 위 심판결정문은 2017. 12. 12.익일특급 등기우편으로 발송되어 2017. 12. 13. 17:46경 원고의 배우자에게 송달되었다.

[인정근거] 다툼 없는 사실, 갑 제14호증, 을 제1 내지 3호증(가지번호 포함)의 각 기재, 변론 전체의 취지

2. 피고의 본안전 항변에 대한 판단

가. 피고는, 이 사건 소가 제소기간을 도과하여 제기된 것이므로 부적법하다고 본안 전 항변을 한다.

나. 국세기본법 제56조 제3항은 과세처분을 다투는 행정소송은 심판청구에 대한 결정의 통지를 받은 날부터 90일 이내에 제기하여야 한다고 규정하고 있다. 그런데 앞서 본바와 같이 원고의 배우자가 2017. 12. 13. 조세심판결정 통지를 수령하였고(국세기본법제10조 제4항은 '송달할 장소에서 서류를 송달하여야 할 자를 만나지 못하였을 때에는 그 동거인으로서 사리를 판별할 수 있는 사람에게 서류를 송달할 수 있다'고 규정하고 있다. 원고의 배우자가 위 규정에서 말하는 '사리를 판별할 수 있는 사람'이 아니라고 인정할 자료는 없다), 원고는 그로부터 90일이 경과한 2018. 4. 23. 이 사건 소를 제기하였다.

다. 따라서 이 사건 소는 국세기본법에 정해진 제소기간을 도과하여 부적법하다.

3. 결론

그렇다면 이 사건 소는 부적법하므로 이를 각하하기로 하여 주문과 같이 판결한다.

■ 심사청구 또는 심판청구 등 전심 절차 없이 행정소송 제기 시 부적법하여 각하된다

[요 지] 국세 행정소송은 국세청장에 심사청구, 조세심판원에 심판청구와 그에 대한 결정을 거치지 아니하면 제기할 수 없다.

[판결내용] 판결 내용은 붙임과 같습니다.

[관련법령] 국세기본법 제56조 제2항
[사 건] 서울행정법원 2018구합7037 종합소득세부과처분취소
[원 고] AAA
[피 고] RR세무서장
[변론종결] 2019.05.17
[판결선고] 2019.06.07

[주 문]
1. 이 사건 소를 각하한다.
2. 소송비용은 원고가 부담한다.

[청 구 취 지]
피고가 2018. 7. 2.원고에게 한 2016년 종합소득세 24,280,520원(가산세 포함)의 부과처분을 취소한다.

[이 유]
1. 처분의 경위
가. 원고는 2016. 4. 13. 서울시 OO구 OO동 329-1 OOO 202호에서 'AA에너지'라는 상호로 주유소 용역업을 영위하다가 2017. 10. 30.폐업하였다.

나. 원고는 2017. 4. 19.AA에너지에 관한 2016년 귀속 사업소득에 대하여 총수입금액 50,000,000원, 필요경비 40,800,550원, 종합소득금액 9,199,450원으로 하여 2016년 귀속 종합소득세 375,467원을 신고하였다.

다. 원고는 2017. 9. 12.AA에너지에 관한 2016년 귀속 사업소득에 대하여 총수입금액 150,000,000원, 필요경비 108,611,070원, 종합소득금액 41,388,930원, 총 세액 4,903,016원으로 하여 2016년 귀속 종합소득세 수정신고를 하였다.

라. 피고는 원고에게 2016년 귀속 종합소득세 수정신고서상 필요경비 108,611,070원에 대한 관련증빙을 제출하여 줄 것을 요구하였으나 원고는 이를 제출하지 않았다.

마. 피고는 2018. 7. 2.원고에게 종합소득금액을 112,050,000원으로 하여 2016년 귀속 종합소득세 23,301,850원을 경정, 고지하였다(이하 '이 사건 처분'이라 한다).

[인정근거] 다툼 없는 사실, 갑 1호증, 을1내지 4호증의 기재, 변론 전체의 취지

2. 관계 법령 : 국세기본법 제56조(다른 법률과의 관계)
② 제55조에 규정된 위법한 처분에 대한 행정소송은 「행정소송법」 제18조 제1항 본문, 제2항 및 제3항에도 불구하고 이 법에 따른 심사청구 또는 심판청구와 그에 대한 결정을 거치지 아니하면 제기할 수 없다. 다만, 심사청구 또는 심판청구에 대한 제65조 제1항 제3호 단서(제81조에서 준용하는 경우를 포함한다)의 재조사 결정에 따른 처분청의 처분에 대한 행정소송은 그러하지 아니하다.

3. 이 사건 소의 적법 여부
국세에 관한 행정소송은 국세청장에 심사청구, 조세심판원에 심판청구와 그에 대한 결정을 거치지 아니하면 제기할 수 없다(국세기본법 제56조 제2항).

그런데 원고가 이 사건 처분에 불복하여 국세기본법에 의한 심사청구 또는 심판청구절차를 거쳤음을 인정할 증거가 없다. 따라서 이 사건 소는 부적법하고, 이를 지적하는 피고의 본안 전 항변은 이유 있다.

4. 결론

이 사건 소는 부적법하므로 각하하기로 하여 주문과 같이 판결한다.

PART 20

NPL세금 부과처분에 대한 대법원 판례를 공부해 보자!

01 NPL 채권자가 경락 취득한 부동산의 이득은 이자소득으로 과세할 수 없다

(대법원 1991. 11. 26. 선고 91누3420호, 종합소득세 등 부과처분 취소)

【판시사항】

가. 채권의 원금에 미달하는 일부가 회수되었으나 회수 당시를 기준으로 나머지 채권의 회수가 불가능함이 객관적으로 명백하게 된 경우, 이자소득 발생의 근거로서 민법 제479조 제1항의 변제충당에 관한 규정을 적용할 수 있는지 여부(소극)

나. 채권자가 경매절차에서 경락취득한 담보부동산의 시가가 원리금을 초과한다고 하여 이를 이자소득으로 과세할 수 있는지 여부(소극)

【판결요지】

가. 소득세법상 이자소득의 발생 여부는 그 소득 발생의 원천인 원금채권의 회수가능성 여부를 떠나서 논할 수 없으므로, 채권의 일부회수가 있는 경우 그 회수 당시를 기준으로 나머지 채권의 회수가 불가능함이 객관적으로 명백하게 된 경우에는 그 회수금원이 원금에 미달하는 한 당해 과세년도에 있어서 과세요건을 충족시키는 이자소득 자체의 실현은 없었다고 볼 수밖에 없어 민법 제479조 제1항의 변제충당에 관한 규정은 그 적용의 여지가 없다.

나. 채권자가 경매절차에서 담보부동산을 경락취득한 경우에 그 경락취득으로 인한 이득은 이를 채무변제로 받은 급부라고 할 수 없으므로 설사 그 취득한 부동산의 시가가 원리금을 초과한다고 하여도 이를 이자소득으로 과세할 수 없다.

【참조조문】
가.나. 소득세법 제17조 제1항, 제28조 가. 민법 제479조 제1항

【참조판례】
가. 대법원 1988.9.20. 선고 86누118 판결(공1988,1340)

【전 문】
【원고, 피상고인】 원고 소송대리인 변호사 전상석
【피고, 상고인】 동대전세무서장
【원심판결】 서울고등법원 1991.3.27. 선고 90구14920 판결

【주 문】
상고를 기각한다.
상고비용은 피고의 부담으로 한다.

【이 유】
상고이유를 본다.

소득세법상 이자소득의 발생 여부는 그 소득발생의 원천인 원금채권의 회수가능성 여부를 떠나서 논할 수 없다고 할 것이므로, 채권의 일부 회수가 있는 경우 그 회수 당시를 기준으로 나머지 채권의 회수가 불가능함이 객관적으로 명백하게 된 경우에는 그 회수금원이 원금에 미달하는 한 당해 과세년도에 있어서 과세요건을 충족시키는 이자소득 자체의 실현은 없었다고 볼 수밖에 없고, 위와 같이 이자소득 자체의 실현이 없는 경우에는 민법 제479조 제1항의 변제충당에 관한 규정은 그 적용의 여지가 없다 할 것이다 (당원 1988.9.20. 선고 86누118 판결 참조).
그리고 채권자가 경매절차에서 담보부동산을 경락 취득한 경우에 그 경락 취득으로 인한 이득은 이를 채무변제로 받은 급부라고 할 수 없으므로 설사 그 취득한 부동산의 시가가 원리금을 초과한다고 하여도 이를 이자소득으로 과세할 수 없음

은 당연한 이치이다.

기록을 살펴보면, 원심은 증거에 의하여 원고가 소외인에게 판시와 같이 금 360,000,000원을 대여하고 그 담보부동산에 대한 경매절차에서 원고는 그 원금에도 못 미치는 금 351,478,200원만 배당받았을 뿐 나머지 채권에 대하여는 채무자인 위 소외인이 사업실패로 유일한 재산이었던 위 부동산이 경매당하고 무자력 상태이며 별다른 수입도 없어 이를 회수할 가능성이 거의 없는 사실을 인정하고 나서 위와 같은 경우에는 이자소득이 실현되었다고 볼 수 없다고 판단하고, 또한 부동산의 경락취득으로 인하여 얻게 되는 이득은 채무변제조로 받은 급부라고 볼 수 없다는 이유로 이에 관한 피고의 주장을 배척한 후 이 사건 부과처분을 위법하다고 판시하였는바, 원심의 위와 같은 사실인정과 판단은 모두 정당한 것으로 수긍이 가고 여기에 논지가 주장하는 바와 같은 채증법칙위배나 심리미진 또는 법리오해 등의 위법이 없다.

이에 상고를 기각하고 상고비용은 패소자의 부담으로 하여 관여 법관의 일치된 의견으로 주문과 같이 판결한다.

대법관 김주한(재판장) 최재호 윤관 김용준

 **퇴직금 지급채무의 이행지체로 인한 지연손해금도 기타소득이다**

(대법원 2006. 1. 12. 선고 2004두3984 판결, 환급거부처분 취소)

【판시사항】
퇴직금지급채무의 이행지체로 인한 지연손해금이 소득세법 제21조 제1항 제10호의 '기타소득'에 해당하는지 여부(적극)

【판결요지】
근로계약은 근로자가 사용자에게 근로를 제공할 것을 약정하고 사용자는 이에 대하여 임금을 지급할 것을 약정하는 쌍무계약으로서, 근로와 임금이 서로 대가적인 관계를 갖고 교환되는 것이고, 근로계약의 효과로 지급되는 퇴직금은 그 자체가 퇴직소득으로서 소득세의 과세대상이 되는 것이며, 한편 금전채무의 이행지체로 인한 지연손해금을 본래의 계약의 내용이 되는 지급자체에 대한 손해라고 할 수는 없는 것이므로, 퇴직금지급채무의 이행지체로 인한 지연손해금은 소득세법 제21조 제1항 제10호 및 구 소득세법 시행령(2000. 12. 29. 대통령령 제17032호로 개정되기 전의 것) 제41조 제3항 소정의 '재산권에 관한 계약의 위약 또는 해약으로 인하여 받는 손해배상'으로서 기타소득에 해당한다.

【참조조문】
소득세법 제21조 제1항 제10호, 구 소득세법 시행령(2000. 12. 29. 대통령령 제17032호로 개정되기 전의 것) 제41조 제3항

【참조판례】
대법원 1994. 5. 24. 선고 94다3070 판결(공1994하, 1810)
대법원 1997. 3. 28. 선고 95누7406 판결(공1997상, 1272)
대법원 1997. 9. 5. 선고 96누16315 판결(공1997하, 3161)

대법원 2002. 8. 23. 선고 2000다60890, 60906 판결(공2002하, 2177)

【전 문】
【원고, 피상고인】 원고(소송대리인 법무법인 바른법률 담당변호사 정인진외 2인)
【피고, 상고인】 마산세무서장(소송대리인 법무법인 세종 담당변호사 황상현외 2인)
【원심판결】 부산고법 2004. 3. 19. 선고 2003누3734 판결

【주 문】
원심판결을 파기하고, 사건을 부산고등법원에 환송한다.

【이 유】
상고이유를 판단한다.

1. 관련 법령

소득세법 제21조 제1항 제10호는 기타소득의 하나로서 '계약의 위약 또는 해약으로 인하여 받는 위약금과 배상금'을 규정하고 있고, 구 소득세법 시행령(2000. 12. 29. 대통령령 제17032호로 개정되기 전의 것, 이하 '시행령'이라 한다) 제41조 제3항은, 법 제21조 제1항 제10호에서 '위약금 또는 배상금'이라 함은 재산권에 관한 계약의 위약 또는 해약으로 인하여 받는 손해배상으로서 그 명목 여하에 불구하고 본래의 계약의 내용이 되는 지급자체에 대한 손해를 넘는 손해에 대하여 배상하는 금전 또는 기타 물품의 가액을 말한다고 규정하고 있다.

2. 원심의 판단

원심은 그 채택 증거에 의하여, 원고는 ○○○○○을 상대로 제기한 퇴직금청구소송에서, ○○○○○은 원고에게 퇴직원금 및 이에 대하여 소장부본 송달 다음날부터 다 갚는 날까지 구 소송촉진 등에 관한 특례법(2003. 5. 10. 법률

제6868호로 개정되기 전의 것)이 정한 연 25%의 비율에 의한 지연손해금을 지급하라는 판결을 받은 사실, ○○○○은 위 판결에 따라 원고에게 퇴직원금과 함께 지연손해금 10,036,478원(이하 '이 사건 지연손해금'이라 한다)을 지급한 사실을 인정한 다음, 이 사건 지연손해금은 퇴직금지급채무의 불이행으로 인한 손해배상이기는 하나 퇴직금지급채무 자체가 위 법조 소정의 '재산권에 관한 계약'에 포함되지 아니하는 근로계약의 효과로 발생하는 채무인 이상 이 사건 지연손해금은 위 법령에서 말하는 '재산권에 관한 계약의 위약으로 인한 손해배상'으로 볼 수 없고, 따라서 기타소득에 해당하지 아니한다고 판단하였다.

3. 대법원의 판단

그러나 원심의 위와 같은 판단은 다음과 같은 이유로 수긍하기 어렵다. 시행령 제41조 제3항이 법 제21조 제1항 제10호 소정의 '위약금 또는 배상금'을 '재산권에 관한 계약의 위약 또는 해약으로 인하여 받는 손해배상'으로 제한하고 있는 취지는, 생명·신체 등의 인격적 이익이나 가족권 등 비재산적 이익의 침해로 인한 손해배상 또는 위자료 등과 같이 금전채권 자체가 소득세의 과세대상이 되지 않는 경우에는 이에 대한 지연손해금도 과세대상으로 삼지 아니하려는 데 있다고 봄이 상당하다.

그런데 근로계약은 근로자가 사용자에게 근로를 제공할 것을 약정하고 사용자는 이에 대하여 임금을 지급할 것을 약정하는 쌍무계약으로서(근로기준법 제17조), 근로와 임금이 서로 대가적인 관계를 갖고 교환되는 것이고(대법원 2002. 8. 23. 선고 2000다60890, 60906 판결 참조), 근로계약의 효과로 지급되는 퇴직금은 그 자체가 퇴직소득으로서 소득세의 과세대상이 되는 것이며, 한편 금전채무의 이행지체로 인한 지연손해금을 본래의 계약의 내용이 되는 지급자체에 대한 손해라고 할 수는 없는 것이므로(대법원 1994. 5. 24. 선고 94다3070 판결, 1997. 3. 28. 선고 95누7406 판결, 1997. 9. 5. 선고 96누16315 판결 등 참조), 퇴직금지급채무의 이행지체로 인한 지연손해금은 위

법조 소정의 '재산권에 관한 계약의 위약 또는 해약으로 인하여 받는 손해배상'으로서 기타소득에 해당한다고 할 것이다.

원심판결이 들고 있는 대법원판결은 사안 및 쟁점을 달리하는 것이어서 이 사건에서 원용하기에 적절한 것이 아니다.

그럼에도 불구하고, 원심은 퇴직금지급채무의 이행지체로 인한 지연손해금이 위 법조 소정의 '재산권에 관한 계약의 위약 또는 해약으로 인하여 받는 손해배상'에 해당하지 아니한다는 전제 하에 이 사건 지연손해금을 기타소득으로 볼 수 없다고 판단하고 말았으니 이러한 원심판결에는 기타소득에 관한 법리를 오해한 위법이 있다고 하지 않을 수 없다. 따라서 이 점을 지적하는 상고이유의 주장은 정당하다.

4. 결 론

그러므로 원심판결을 파기하고, 사건을 다시 심리·판단하게 하기 위하여 원심법원에 환송하기로 관여 대법관의 의견이 일치되어 주문과 같이 판결한다.

대법관 양승태(재판장) 강신욱(주심) 고현철 김지형

03 준소비대차 계약의 변제기 경과 후의 약정 지연 손해금은 기타소득이다

(대법원 1997. 3. 28. 선고 95누7406 판결, 종합소득세 부과처분 취소)

【판시사항】

[1] 미지급 매매대금에 관하여 준소비대차계약이 체결된 경우, 그 변제기 경과 후의 약정지연손해금이 소득세법상의 기타소득에 해당하는지 여부(적극)

[2] 추심가능한 이자나 지연손해금의 방치 또는 면제가 소득세법상의 부당행위계산에 해당하는지 여부(적극)

【판결요지】

[1] 채무의 이행지체로 인한 지연배상금은 본래의 계약의 내용이 되는 지급 자체에 대한 손해가 아니고, 또 그 채무가 금전채무라고 하여 달리 볼 것도 아니므로 금전채무의 이행지체로 인한 약정지연손해금은 구 소득세법(1994. 12. 22. 법률 제4803호로 전문 개정되기 전의 것) 제25조 제1항 제9호에서 말하는 "계약의 위약 또는 해약으로 인하여 받는 위약금과 배상금"으로서 기타소득에 해당하고, 따라서 부동산 매매계약의 당사자가 이행이 지체된 중도금 및 잔금을 이자부 소비대차의 목적으로 할 것을 약정하여 소비대차의 효력이 생긴 경우에도 그 소비대차의 변제기가 지난 다음에는 묵시적으로라도 변제기를 연장하였다는 등의 특별한 사정이 인정되지 않는 한, 그 이후 지급받는 약정이율에 의한 돈은 이자가 아니라 지연손해금이므로 이는 기타소득에 해당한다.

[2] 이자나 지연손해금의 추심이 가능한데도 무상대여와 같은 상태로 방치하거나 이를 면제하는 것은 사회통념이나 관습에 비추어 볼 때 합리적인 경제인이 취할 정상적인 거래로 볼 수 없어 조세의 부담을 부당하게 감소시킨 경우에 해당한다.

【참조조문】

[1] 구 소득세법(1994. 12. 22. 법률 제4803호로 전문 개정되기 전의 것) 제25조 제1항 제9호(현행 제21조 제1항 제10호 참조)[2] 구 소득세법(1994. 12. 22. 법률 제4803호로 전문 개정되기 전의 것) 제55조 제1항(현행 제41조 제1항 참조)

【참조판례】

[1][2] 대법원 1997. 3. 28. 선고 95누7413 판결(같은 취지)

[1] 대법원 1993. 4. 27. 선고 92누9357 판결(공1993하, 1608)
대법원 1994. 5. 24. 선고 94다3070 판결(공1994상, 1810)

[2] 대법원 1989. 1. 17. 선고 87누901 판결(공1989, 307)
대법원 1990. 11. 27. 선고 90다카10862 판결(공1991, 207)
대법원 1993. 2. 9. 선고 92누10869 판결(공1993상, 1008)

【전 문】

【원고,상고인】 박명길 (소송대리인 변호사 윤영철)
【피고,피상고인】 개포세무서장
【원심판결】 서울고법 1995. 4. 27. 선고 94구18562 판결

【주문】

상고를 기각한다. 상고비용은 원고의 부담으로 한다.

【이유】

상고이유를 본다.

1. 제1점에 대하여

채무의 이행지체로 인한 지연배상금은 본래의 계약의 내용이 되는 지급 자체

에 대한 손해가 아니고, 또 그 채무가 금전채무라고 하여 달리 볼 것도 아니므로 금전채무의 이행지체로 인한 약정지연손해금은 소득세법 제25조 제1항 제9호에서 말하는 "계약의 위약 또는 해약으로 인하여 받는 위약금과 배상금"으로서 기타소득에 해당한다 (당원 1994. 5. 24. 선고 94다3070 판결 참조) 할 것이고, 따라서 부동산 매매계약의 당사자가 이행이 지체된 중도금 및 잔금을 이자부 소비대차의 목적으로 할 것을 약정하여 소비대차의 효력이 생긴 경우에도 그 소비대차의 변제기가 지난 다음에는 묵시적으로라도 변제기를 연장하였다는 등의 특별한 사정이 인정되지 않는 한, 그 이후 지급받는 약정이율에 의한 돈은 이자가 아니라 지연손해금이므로 이는 기타소득에 해당한다 할 것이다.

원심이 적법하게 인정한 사실에 의하면, 원고는 1991. 3. 30. 자신과 그 가족이 모든 주식을 소유하고 있는 소외 회사에게 자신의 소유 부동산을 대금 1,500,000,000원에 매도하면서 중도금 및 잔금의 지급을 지연할 때에는 연 15%의 비율에 의한 지연손해금을 지급받기로 하였는데, 잔금지급 약정일 이후인 1992. 1. 31. 미지급 중도금 및 잔금 1,400,000,000원을 이율은 연 15%, 변제기는 같은 해 6. 30.로 하는 소비대차의 목적으로 하기로 약정하였다가 그 변제기에 이르러 변제기 후의 이자를 받지 않기로 다시 약정하였다는 것인바, 사실관계가 이러하다면 원고가 면제한 것은 이자가 아니라 지연손해금 채무라 할 것이므로 원고는 기타소득에 대한 조세의 부담을 감소시킨 것이라 할 것이다.

원심의 설시에 적절하지 않은 점은 있으나 원고가 면제한 것은 기타소득에 해당하는 지연손해금 채무라고 본 결론은 옳고, 거기에 이자소득과 기타소득에 대한 법리오해의 위법이 있다고 할 수 없다. 논지는 이유가 없다.

2. 제2점에 대하여

원고가 위 지연손해금 채무를 면제한 행위는 기타소득에 대한 조세의 부담을 부당하게 감소시킨 것에 해당한다고 한 원심의 판단에는 위 지연손해금 채무를 면제한 데에는 정당한 이유가 있다는 원고의 주장을 배척한 취지로 못 볼 바도 아니고, 설사 그에 대한 판단을 유탈하였다고 하더라도 이자나 지연손해금의 추심이 가능한데도 무상대여와 같은 상태로 방치하거나 이를 면제하는 것은 사회통념이나 관습에 비추어 볼 때 합리적인 경제인이 취할 정상적인 거래로 볼 수 없어 조세의 부담을 부당하게 감소시킨 것이라 할 것(당원 1990. 11. 27. 선고 90다카10862 판결, 1993. 2. 9. 선고 92누10869 판결 등 참조) 이어서, 원고의 위 주장은 결국 배척될 것이 분명하므로 원심의 위와 같은 잘못은 판결 결과에 영향이 없다. 논지도 이유가 없다.

3. 그러므로 상고를 기각하고 상고비용은 패소한 원고의 부담으로 하기로 관여 법관의 의견이 일치되어 주문과 같이 판결한다.

대법관 김형선(재판장) 박만호(주심) 박준서 이용훈

04 금전채무의 이행지체로 인한 약정 지연손해금도 기타소득인 위약금 또는 배상금에 해당된다

(대법원 1994. 5. 24. 선고 94다3070 판결, 청구이의)

【판시사항】
금전채무의 이행지체로 인한 약정지연손해금이 소득세법상의 원천징수대상인 기타소득금액에 해당되는지 여부

【판결요지】
소득세법 제25조 제1항 제9호와 같은법시행령 제49조 제3항에 비추어, 채무의 이행지체로 인한 지연배상금이 본래의 계약의 내용이 되는 지급자체에 대한 손해라고 할 수는 없는 것이고, 나아가 그 채무가 금전채무라고 하여 달리 해석할 것은 아니므로, 금전채무의 이행지체로 인한 약정지연손해금의 경우도 위 법령에 의한 기타소득이 되는 위약금 또는 배상금에 포함되는 것이다.

【참조조문】
소득세법 제25조 제1항 제9호, 소득세법시행령 제49조 제3항

【참조판례】
대법원 1993.4.27. 선고 92누9357 판결(공1993하, 1608)
1993.7.27. 선고 92누19613 판결(공1993하, 2453)

【전 문】
【원고, 상고인】 원고 소송대리인 변호사 유근완
【피고, 피상고인】 피고 소송대리인 변호사 김경철
【원심판결】 서울고등법원 1993.12.7. 선고 93나28807 판결

【주 문】
원심판결을 파기하고 이 사건을 서울고등법원에 환송한다.

【이 유】
상고이유를 본다.

소득세법 제25조 제1항 제9호에 의하면 계약의 위약 또는 해약으로 인하여 받는 위약금과 배상금을 기타소득의 하나로 들고 있고, 소득세법시행령 제49조 제3항은 법 제25조 제1항 제9호에 규정하는 위약 또는 해약으로 인하여 받은 위약금 또는 배상금은 재산권에 관한 계약의 위약 또는 해약으로 인하여 받는 손해배상으로서 그 명목 여하에 불구하고 본래의 계약의 내용이 되는 지급자체에 대한 손해를 넘는 손해에 대하여 배상하는 금전 또는 기타의 물품의 가액으로 한다고 규정하고 있는바, 채무의 이행지체로 인한 지연배상금이 본래의 계약의 내용이 되는 지급자체에 대한 손해라고 할 수는 없는 것이고, 나아가 그 채무가 금전채무라고 하여 달리 해석할 것은 아니므로, 금전채무의 이행지체로 인한 약정지연손해금의 경우도 위 법령에 의한 기타소득이 되는 위약금 또는 배상금에 포함되는 것이라고 할 것이다(당원 1993. 7. 27. 선고 92누19613 판결 참조).

그러나 원심은 이와 다른 견해를 취하여 금전채무의 이행지체로 인한 약정지연손해금이 소득세법상의 원천징수대상인 기타소득금액에 해당되지 아니한다고 해석하여, 원고가 이 사건 약정지연손해금에 대한 기타소득세와 주민세를 원천징수하여 이를 관할세무서 및 구청에 납부한 후 채무명의인 확정판결상의 지급금원 중 원천징수세액을 공제한 나머지 금원에 경매신청비용을 더한 금액만을 변제공탁한 것은 채무의 일부를 변제공탁한 것에 불과하다고 판단하였는바, 이는 소득세법상의 기타소득 및 원천징수의무에 관한 법리를 오해하여 판결에 영향을 미친 위법을 범한 것이라고 할 것이다. 이 점을 지적하는 상고논지는 이유 있다.

그러므로 원심판결을 파기하고 이 사건을 원심법원에 환송하기로 하여 관여 법관의 일치된 의견으로 주문과 같이 판결한다.

대법관 배만운(재판장) 김주한 김석수(주심) 정귀호

05 부동산 매매대금의 약정 지연손해금도 기타소득이다

(대법원 1993. 7. 27. 선고 92누19613 판결, 양도소득세 부과처분 취소)

【판시사항】

가. 국세청기준시가액표 시행세칙 중 "양도하는 분"의 의미

나. 위 "가"항 시행세칙상 특정지역 적용배율의 소급입법 해당 여부

다. 기준시가에 의하여 산출한 양도차익이 실지양도가액을 초과하는 경우의 양도차익

라. 위 "다"항의 실지양도가액의 의미

마. 중도금 등의 지급 지연에 대한 지연손해금이 실지양도가액에 포함되는지 여부

바. 구 소득세법시행령(1990.12.31. 대통령령 제13194호로 개정되기 전의 것) 제46조의3 소정의 "건축물이 없는 토지"의 의미

【판결요지】

가. 소득세법 제27조, 같은법시행령 제53조 소정의 취득시기 및 양도시기에 관한 규정이 자산의 양도차익의 계산을 위한 기준시기가 됨은 물론 과세요건 내지 면세요건에 해당하는지 여부를 가리는 데 기준시기도 되고 나아가 법령적용의 기준시기도 됨에 비추어 볼 때, 국세청기준시가액표 시행세칙상의 "양도하는 분"의 의미도 그 원인행위인 매매계약의 체결 등을 가리키는 것이 아니라 소득세법 제27조, 같은법시행령 제53조에 따라 그 양도시기가 도래하여 양도소득의 과세요건이 완성된 것을 가리킨다.

나. 위 국세청기준시가액표상의 특정지역 적용배율이 그 시행일 이후에 양도시기가 도래하여 과세요건이 완성된 것에만 적용되는 것인 이상 이를 조세법률주의에 위반되는 소급입법이라 할 수 없다.

다. 기준시가에 의하여 양도차익을 결정함에 있어서 양도가액에서 취득가액 등 필요경비를 공제하여 산정한 양도차익이 실지양도가액을 초과하는 경우 그 양도차익은 실질과세의 원칙상 실지양도가액을 한도로 한다.

라. 기준시가에 의한 양도차익의 한계를 긋는 기준치인 실지양도가액이라 함은 양도자산의 객관적인 가액이 아니라 구체적인 경우에 있어 자산의 대가로서 수수되는 매매대금 등 현실의 수입금액을 뜻한다 할 것이고, 그 대가에 해당하는지 여부는 그 명목 여하에 관계없이 경제적 실질이 당해 자산의 양도와 대가관계에 있는지 여부에 의하여 가려져야 한다.

마. 부동산 등 자산의 매도인이 매매계약의 이행단계에서 중도금, 잔금 등의 지급기일을 어긴 매수인에게 대금지급기일을 연장함과 동시에 이에 대한 지연손해금을 지급받기로 약정하고 그 약정에 따라 추가로 지연손해금액을 지급받았다면 이러한 지연손해금은 자산의 양도와 관련하여 발생하는 소득이기는 하지만 양도대금 그 자체이거나 자산의 양도와 대가관계에 있다고 보기도 어렵고 더욱이 소득세법 제25조 제1항 제9호가 "계약의 위약 또는 해약으로 인하여 지급받는 위약금과 배상금"을 기타소득으로 분류하고 있으므로 특별한 사정이 없는 한 여기서 말하는 실지양도가액에 포함될 수 없다고 풀이함이 상당하다.

바. 같은 법 제23조 제2항 제2호, 구 소득세법시행령(1990.12.31. 대통령령 제13194호로 개정되기 전의 것) 제46조의3에 의하면 지목이 대지로서 건축물이 없는 토지는 장기보유특별공제를 하지 아니한다는 취지로 규정되어 있는데, 여기서 건축물이 없는 토지인지 여부는 소득세법시행령 제53조에 의한 양도시기인 대금청산일을 기준으로 그 당시의 필지 단위별로 판단하여야 할 것이고, 또 건축물이 없는 대지를 장기보유특별공제 대상에서 제외하는 이유가 장기보유특별공제는 토지의 장기보유를 유도하기 위한 것인데 대지를 건축물이 없는 상태로 장기간 보유토록 하는 것은 국토의 효율적 이용을 저해하게 되어 이와 같은 경우에는 장기보유특별공제를 허용하지 아니하는 데에 있다 할 것이므로 그 지상에 건축물이 있다면 그 소유자를 불문하고 나대지로 볼 수는 없다.

【참조조문】

가.나. 소득세법 제60조, 구 소득세법시행령(1990.5.1. 대통령령 제12994호로 개정되기 전의 것) 제115조 가.바. 소득세법시행령 제53조 제1항 가. 소득세법 제27조 다. 소득세법 제7조 제2항, 국세기본법 제14조 제2항 라.마. 소득세법 제23조 제2항 마. 같은법 제25조 제1항 제9호 바. 같은법 제23조 제2항 제2호, 구 소득세법시행령(1990.12.31. 대통령령 제13194호로 개정되기 전의 것) 제46조의3

【참조판례】

가. 바. 대법원 1992.6.26. 선고 92누4291 판결(공1992,2313)

가. 대법원 1990.10.16. 선고 90누2406 판결(공1990,2326)
1991.5.28. 선고 90누1854 판결(공1991,1801)

다. 대법원 1992.10.9. 선고 92누11886 판결(공1992,3165)
1993.3.26. 선고 92누15352 판결(공1993,1326)

라. 대법원 1982.7.27. 선고 81누415 판결(공1982,832)
1986.1.21. 선고 85누146 판결(공1986,385)
1992.7.14. 선고 92누2967 판결(공1992,2453)

마. 대법원 1992.6.23. 선고 92누1292 판결
1993.4.27. 선고 92누9357 판결(공1993,1608)

【전 문】

【원고, 상고인】 원고 소송대리인 변호사 김백영
【피고, 피상고인】 서부산세무서장
【원심판결】 부산고등법원 1992.11.18. 선고 91구2045 판결

【주 문】
원심판결을 파기하고 사건을 부산고등법원에 환송한다.

【이 유】
상고이유를 본다.

1. 제1점에 관하여

소득세법 제60조, 같은법시행령(1990.5.1. 대통령령 제12994호로 개정되기 전의 것) 제115조에 의하여 위임을 받은 국세청장이 1988.9.21. 고시한 국세청기준시가액표상의 시행세칙에 의하면 "본 특정지역 적용배율은 1988.9.21. 이후 최초로 양도, 상속, 증여하는 분부터 적용한다"라고 되어 있는 바, 소득세법 제27조, 같은법시행령 제53조 소정의 취득시기 및 양도시기에 관한 규정이 자산의 양도차익의 계산을 위한 기준시기가 됨은 물론 과세요건 내지 면세요건에 해당하는지 여부를 가리는 데 기준시기도 되고 나아가 법령적용의 기준시기도 됨에 비추어 볼 때 (당원 1992.6.26. 선고 92누4291 판결; 1991.5.28. 선고 90누1854 판결; 1990.10.16. 선고 90누2406 판결 등 참조), 위 시행세칙상의 "양도하는 분"의 의미도 그 원인행위인 매매계약의 체결 등을 가리키는 것이 아니라 소득세법 제27조, 같은법시행령 제53조에 따라 그 양도시기가 도래하여 양도소득의 과세요건이 완성된 것을 가리킨다 할 것이다.

또 위 국세청기준시가액표상의 특정지역 적용배율이 그 시행일 이후에 양도시기가 도래하여 과세요건이 완성된 것에만 적용되는 것인 이상, 이를 조세법률주의에 위반되는 소급입법이라 할 수 없다 할 것이다.

따라서 원심이, 소득세법 제27조, 같은법시행령 제53조 제1항에 따라 양도시기를 소외인이 매매잔대금을 변제공탁한 1990.4.2.로 보고 그 전부터 시행되어 오던 국세청기준시가액표상의 특정지역 적용배율을 기초로 평가한 가액을 기준시가로 보아야 한다는 취지로 판단한 것은 기록에 비추어 정당하고 거기에 지적하는 바와 같은 법리오해 등의 위법이 없다. 내세우는 당원의 판례들은 이 사건과 사안을 달리하여 적절한 것이 아니다.

2. 제2점에 관하여

원심판결 이유에 의하면, 원심은 이 사건 과세대상토지에 적용된 특정지역 적용배율은 국세청 기준시가조사요령에 따라 그 소속 직원이 대표성이 있는 표준지 9개를 선정하고 조사기준일 현재 인근 부동산중개인의 호가 또는 매매실례가액을 기초로 하여 표준지의 위치, 형상, 이용상황 기타 가격형성에 영향을 미치는 요인을 종합적으로 고려하여 매매실례가액으로 평가한 다음 그 평가액의 산술평균액과 내무부 토지등급가액과의 비율에 따라 정하여졌다는 취지의 사실을 확정하고서, 이 사건에 적용된 위 특정지역 적용배율은 매매실례가액 등에다 가격형성에 영향을 미치는 요인을 종합적으로 고려하여 정하여진 것으로 보여져 이를 무효라고 볼 수 없다는 취지로 판단하였는 바, 기록에 비추어 원심의 판단은 수긍이 가고, 주장은 결국 이와 다른 견해에서 원심판결을 탓하는 것에 지나지 아니한다. 주장은 이유 없다.

3. 제3점에 관하여

기준시가에 의하여 양도차익을 결정함에 있어서 양도가액에서 취득가액 등 필요경비를 공제하여 산정한 양도차익이 실지양도가액을 초과하는 경우 그 양도차익은 실질과세의 원칙상 실지양도가액을 한도로 한다 할 것이고(당원 1992.10.9. 선고 92누11886 판결 참조), 여기서 기준시가에 의한 양도차익의 한계를 긋는 기준치인 실지양도가액이라 함은 양도자산의 객관적인 가액이 아니라 구체적인 경우에 있어 자산의 대가로서 수수되는 매매대금 등 현실의 수입금액을 뜻한다 할 것이고 그 대가에 해당하는지 여부는 그 명목여하에 관계없이 경제적 실질이 당해 자산의 양도와 대가관계에 있는지 여부에 의하여 가려져야 할 것이나(당원 1992.7.14. 선고 92누2967 판결 참조), 부동산등 자산의 매도인이 매매계약의 이행단계에서 중도금, 잔금 등의 지급기일을 어긴 매수인에게 대금지급기일을 연장함과 동시에 이에 대한 지연손해금을 지급받기로 약정하고 그 약정에 따라 추가로 지연손해금액을 지급받았다면 이러한 지연손해금은 자산의 양도와 관련하여 발생하는 소득이기는 하지만 양도대금 그 자체이거나 자산의 양도와 대가관계에 있다고 보기도 어렵고 더우기 소득세법 제25조 제1항 제9호가 "계약의 위약 또는 해약으로 인하여 지급받는 위약금과 배상금"을 기타소득으로 분류하고 있으므로 특별한 사정이 없는 한 여기서 말하는 실지양도가액에 포함될 수 없다고 풀이함이 상당하다 할 것이다 (당원 1992.6.23. 선고 92누1292 판결 참조).

원심판결은 그 이유에서 원고는 1984.2.14. 소외인과 사이에 부산서구 (주소 1 생략) 대 3,306평방미터, (주소 2 생략) 대 41평방미터 중 7평방미터, (주소 3 생략) 대 84평방미터 중 8평방미터 합계 3,321평방미터를 대금 285,000,000원에 매도하기로 하는 매매계약을 체결하면서 당일 계약금 명목으로 금 50,000,000원을 수령하고 중도금 95,000,000원은 같은해 5.25.에, 잔금 140,000,000원은 같은해 8.25.에 각 지급받기로 약정하였으나 소외인으로부터 이를 지급받지 못하자 같은해 11.5. 소외인과의 사이에서 중도금 및 잔금을 합한 금 235,000,000원 중 금 100,000,000원은 1985.1.31.까지, 나머지 금 135,000,000원은 같은해 3.31.까지 지급하기로 하되 위 금 100,000,000원에 대하여는 1984.5.25.부터, 나머지 금 135,000,000원에 대하여는 같은해 8. 25.부터 완제일까지 각 월 2푼의 비율에 의한 지연손해금을 지급하기로 약정하였고 이어 1985.5.13. 다시 위 중도금 및 잔금의 지급기일을 같은해 6.30.로 재연장 하면서 지연손해금은 위 약정대로 지급하기로 약정한 사실, 한편 1985.5.14. 위 매매목적물 중 (주소 1 생략) 대 3,306평방미터는 (주소 1 생략) 대 2,233평방미터 및 (주소 4 생략) 대 1,073평방미터로 각 분할됨과 동시에 같은 날짜에 소외인으로 하여금 미리 연립주택을 건축할 수 있도록 위 분할된 (주소 1 생략) 대 2,233평방미터 중 71748/223300 지분에 관하여 그 앞으로 지분소유권이전등기가 경료되고, 이어 같은해 9.11. 위 (주소 2 생략) 대 41평방미터 중 7평방미터, 위 (주소 3 생략) 대 84평방미터 중 8평방미터가 위 분할된 (주소 1 생략) 대지에 합병된 사실, 이후 소외인은 위 약정된 재연장 지급기일까지도 위 중도금 및 잔금을 지급하지 아니하던 중 1985.9.13. 위 지분소유권이전등기를 받은 대지 위에 연립주택을 건립한 다음 1986.3.8. 그 연립주택 중 10세대 및 이미 분양된 4세대의 분양잔대금채권 등 합계 금 164,995,000원 상당을 원고에게 위 매매잔대금 및 지연손해금의 대물변제로 이를 양도함으로써 위 매매잔대금 중 금 69,088,549원 및 1986.3.28.까지의 지연손해금 95,906,451원에 각 충당되었고, 이어 원고와 소외인과의 사이에 소송이 제기되어 1989.11.9. 부산고등법원으로부터 원고는 소외인으로부터 금 165,911,451원 및 이에 대한 1986.3.29.부터 완제일까지 연 2할 4푼의 비율에 의한 금원을 지급받음과 동시에 소외인에게 위 (주소 1 생략) 대 2358평방미터에 관한 153052/235800 공유지분 및 위 분할된 (주소 4 생략) 대 1073평방미터에 대한 소유권이전등기절차를 이행하라는 판결을 선고받고 그 판결은 그 시경 확정된 사실, 그리하여 소외인은 1990.4.2. 위 확정판결에 따라 매매잔대금 165,911,451원 및 이에 대한 1986.3.29.부터 1990.4.1.까지의 연 2할 4푼의 비율에 의한 지연손해금 159,820,455원을 부산지방법원에 변제공탁하고 위 부동산에 대하여 그 앞으로 소유권이전등기를 경료받은 사실을 각 확정하였는 바, 사실관계가 위와 같다면, 소외인이 1990.4.2. 변제공탁함으로써 원고가 수령한 것으로 된 위 지연손해금은 기준시가에 의한 양도차익의 한계를 긋는 기준치인 실지양도가액에는 포함된다고 할 수 없다 할 것이다.

그럼에도 원심이, 위 지연손해금이 실지양도가액에 포함됨을 전제로, 기준시가에 의한 양도차익이 실지양도가액을 초과하지 아니한다는 이유로 원고의 주장을 배척한 것은 양도차익의 계산에 관한 법리를 오해한 위법이 있다 할 것이다. 이점을 지적하는 주장은 이유 있다.

4. 제4점에 관하여

소득세법 제23조 제2항 제2호, 같은법 시행령(1990.12.31. 대통령령 제13194호로 개정되기 전의 것) 제46조의 3에 의하면 지목이 대지로서 건축물이 없는 토지는 장기보유특별공제를 하지 아니한다는 취지로 규정되어 있는데, 여기서 건축물이 없는 토지인지의 여부는 같은법시행령 제53조에 의한 양도시기인 대금청산일을 기준으로 그 당시의 필지단위별로 판단하여야 할 것이고, 또 건축물이 없는 대지를 장기보유특별공제 대상에서 제외하는 이유가 장기보유특별공제는 토지의 장기보유를 유도하기 위한 것인데 대지를 건축물이 없는 상태로 장기간 보유토록 하는 것은 국토의 효율적 이용을 저해하게 되어 이와 같은 경우에는 장기보유특별공제를 허용하지 아니하는 데에 있다 할 것이므로 그 지상에 건축물이 있다면 그 소유자를 불문하고 나대지로 볼 수는 없다 할 것이다 (당원 1992.6.26. 선고 92누4291 판결 참조).

원심이 확정한 이 사건 매매계약의 목적물등 계약의 내용 및 이행과정이 위 제3항에서 본 바와 같다면, 비록 그 이행과정에 있어 매매목적물 중 (주소 1 생략) 대 3,306평방미터가 (주소 1 생략) 대 2,233평방미터 및 (주소 4 생략) 대 1,073평방미터로 각 분할됨과 동시에 같은 날짜에 소외인으로 하여금 미리 연립주택을 건축할 수 있도록 위 분할된 (주소 1 생략) 대 2,233평방미터 중 71748/223300 지분에 관하여 소외인 앞으로 먼저 지분소유권이전등기가 경료되었다 하더라도, 이는 당초 매매계약의 변경이나 새로운 매매계약에 터 잡아 이루어진 것으로는 보여지지 아니하고 오히려 당초 매매계약의 일부이행에 불과하다 할 것이며, 따라서 위 분할된 (주소 1 생략) 대지에 대하여는 당초의 매매계약이 전체로서 완전히 청산되는 시점인 1990. 4. 2. 양도시기가 함께 도래하였다 할 것이어서 그 대금청산일 현재 위 지상에 소외인이 신축한 연립주택이 건립되어 있었던 이상 소득세법시행령 제46조의 3 소정의 건축물기준면적 초과 여부는 별론으로 하고 장기보유특별공제 대상에서 제외되는 건축물이 없는 토지로 볼 수는 없다 할 것이다.

한편 기록에 의하면 위 분할된 (주소 1 생략) 대지 중 먼저 지분소유권이전등기가 경료된 부분에 관하여는 과세관청이 과세대상으로 삼지 아니하였고 원심이 인정한 바와 같이 위 분할된 (주소 1 생략) 대지 중 먼저 지분소유권이전등기가 경료된 부분과 나머지 부분사이에 도시계획상 도로가 예정되어 있음이 명백하나 그렇다고 하여 위 결론을 달리 할 수 없다.

따라서 원심이 위 분할된 (주소 1 생략)이 전체로서 1필지의 대지임에도 그 중 먼저 지분소유권이전등기를 이행하여 그 지상에 연립주택을 건립한 부분과 나머지부분을 구분하여 그 나머지 부분의 지상에 건축물이 없다는 이유로 장기보유특별공제대상이 되지 아니한다고 판단한 것은 장기보유특별공제에 관한 법리를 오해한 위법이 있다 할 것이다. 이점을 지적하는 주장은 이유 있다.

그러므로 원심판결을 파기하여 사건을 원심법원에 환송하기로 관여 법관의 일치된 의견으로 주문과 같이 판결한다.

대법관 김용준(재판장) 윤관(주심) 김주한 천경송

변제기 이후의 지연이자는 금전채무의 이행을 지체함으로 인한 손해배상금이지 이자가 아니다

(대법원 1989. 2. 28. 선고 88다카214 판결, 가등기말소)

【판시사항】
지연이자의 법적 성질과 민법 제163조 제1호의 단기소멸시효의 적용여부 (소극)

【판결요지】
변제기 이후에 지급하는 지연이자는 금전채무의 이행을 지체함으로 인한 손해배상금이지 이자가 아니고 또 민법 제163조 제1호 소정의 1년 이내의 기간으로 정한 채권도 아니므로 단기소멸시효의 대상이 되는 것도 아니다.

【참조조문】
민법 제163조

【참조판례】
대법원 1987.10.28. 선고 87다카1409 판결

【전 문】
【원고, 상고인】 원고 소송대리인 변호사 이상범
【피고, 피상고인】 피고 1 외 1인 소송대리인 변호사 김태경 외 2인
【원심판결】 서울고등법원 1987.12.9. 선고 87나709 판결

【주 문】
상고를 기각한다.
상고비용은 원고의 부담으로 한다.

【이 유】
상고이유 제1, 2점을 함께 본다.

원심판결 이유에 의하면, 원심은 피고 1, 피고 2가 1981.3.16.에 각 금 20,000,000원(피고 1)과 금 2,000,000원(피고 2)씩 합계금 22,000,000원을 이자는 월 4푼 변제기는 1981.6.16.로 정하여 원고에게 대여한 사실을 확정하고 원고의 피고들에 대한 1986.10.31.까지의 이자가 지급되었다는 원고 주장에 대하여는 피고들이 원심판결의 별지 기재와 같은 돈을 이자로 변제받았음을 인정할 수 있을 뿐 그 범위를 넘어서 1986.10.31.까지의 이자 전부를 변제하였음을 인정할 증거는 없다고 판단하였는바, 일건 기록에 비추어 보면 원심의 이와 같은 사실인정은 수긍이 되고 거기에 채증법칙을 어긴 위법이 있다고 할 수는 없다.

그리고 사실관계가 위와 같다면 원고는 위 변제기까지는 이자제한법의 제한범위 내의 약정이자를 지급하여야 하지만 위 변제기 이후에 지급하는 지연이자는 금전채무의 이행을 지체함으로 인한 손해배상금이지 이자가 아니고 또 민법 제163조 제1호가 정하는 1년 이내의 기간으로 정한 채권도 아니라고 할 것이므로 3년간 행사하지 아니한다고 하여 단기소멸시효가 완성되는 것이라고 할 수가 없다. (당원1987.10.28. 선고 87다카1409 판결 참조)

그리고 이 사건 소비대차계약이 성립한 1981.3.16.부터 1983.12.15.까지의 이자제한법 소정의 제한이자율은 연 4할이므로 원고가 피고 1에게 지급한 합계 금 10,550,000원은 이를 민법 제479조에 의하여 법정충당한다고 하여도 16개월분(1982.7.16.까지)의 이자(또는 지연손해금)에 해당한다는 원심의 판단은 정당하다고 할 것이다.

논지가 들고 있는 여러가지 주장들은 원심의 전권인 증거취사와 사실인정을 비난하는 것이거나 지연이자가 3년의 단기소멸시효에 해당하는 채권임을 전제로 하여서 하는 주장으로서 이유가 없다.

그러므로 상고를 기각하고, 상고비용은 패소자의 부담으로 하여 관여법관의 일치된 의견으로 주문과 같이 판결한다.

대법관 안우만(재판장) 김덕주 배만운

금전채무의 이행지체로 인한 지연손해금은 손해배상금이다

(대법원 1998. 11. 10. 선고 98다42141 판결, 구상금)

【판시사항】

[1] 회사정리계획에 의하여 정리채권의 내용이 변경된 경우, 보증인의 책임 범위에 영향을 미치는지 여부(소극)

[2] 채권자의 회사정리절차 참가로 인한 시효중단의 효력이 보증채무에도 미치는지 여부(적극) 및 그 시효중단의 기간

[3] 금전채무의 이행지체로 인한 지연손해금의 법적 성질(=손해배상금) 및 그 소멸시효기간

[4] 본안에 대한 상고가 이유 없는 때에도 소송비용의 재판에 대한 불복이 허용되는지 여부(소극)

[5] 가집행선고가 붙지 아니한 제1심판결에 대하여 피고만이 항소한 항소심에서 항소를 기각하면서 가집행선고를 붙인 경우, 불이익변경금지의 원칙에 위배되는지 여부(소극)

【판결요지】

[1] 회사정리법 제240조 제2항에 의하면 정리채권자는 정리계획과 관계없이 보증인에 대하여 언제든지 본래의 채권을 청구할 수 있고 정리계획에 의하여 정리채권의 수액이나 변제기가 변경되더라도 보증인의 책임 범위에는 아무런 영향이 없다.

[2] 시효중단의 보증인에 대한 효력을 규정한 민법 제440조는 보증채무의 부종성에서 비롯된 당연한 규정이 아니라 채권자의 보호를 위하여 보증채무만이 따로 시효소멸하는 결과를 방지하기 위한 정책적 규정이므로, 회사정리법 제240조 제2항이 회사정리계획의 효력 범위에 관하여 보증채무의 부종성을 배제하고 있다 하더라도 같은 법 제5조가 규정한 정리절차 참가로 인한 시효중단의 효력에 관하여 민법 제440조의 적용이 배제되지 아니하고, 따라서 정리절차 참가로 인한 시효중단의 효력은 정리회사의 채무를 주채무로 하는 보증채무에도 미치고 그 효력은 정리절차 참가라는 권리행사가 지속되는 한 그대로 유지된다.

[3] 금전채무의 이행지체로 인하여 발생하는 지연손해금은 그 성질이 손해배상금이지 이자가 아니며, 민법 제163조 제1호가 규정한 '1년 이내의 기간으로 정한 채권'도 아니므로 3년간의 단기소멸시효의 대상이 되지 아니한다.

[4] 소송비용의 재판에 대한 불복은 본안에 대한 상고의 전부 또는 일부가 이유 있는 경우에 한하여 허용되고, 본안에 대한 상고가 이유 없을 때에는 허용될 수 없다.

[5] 가집행선고는 당사자의 신청 유무에 관계없이 법원이 직권으로 판단할 사항으로 처분권주의를 근거로 하는 민사소송법 제385조의 적용을 받지 아니하므로, 가집행선고가 붙지 아니한 제1심판결에 대하여 피고만이 항소한 항소심에서 항소를 기각하면서 가집행선고를 붙였어도 불이익변경금지의 원칙에 위배되지 아니한다.

【참조조문】
[1] 회사정리법 제240조 제2항, 민법 제430조[2] 회사정리법 제5조, 제240조 제2항, 민법 제440조[3] 민법 제163조 제1호, 제390조, 제397조[4] 민사소송법 제361조, 제395조[5] 민사소송법 제199조, 제385조

【참조판례】
[1] 대법원 1990. 6. 26. 선고 88다카4499 판결(공1990, 1550)
대법원 1993. 8. 24. 선고 93다25363 판결(공1993하, 2612)
대법원 1997. 4. 8. 선고 96다6943 판결(공1997상, 1375)
대법원 1988. 2. 23. 선고 87다카2055 판결(공1988, 588)

[2] 대법원 1994. 1. 14. 선고 93다47431 판결(공1994상, 719)
대법원 1994. 3. 8. 선고 93다49567 판결(공1994상, 1166)

[3] 대법원 1991. 12. 10. 선고 91다17092 판결(공1992, 480)
대법원 1993. 9. 10. 선고 93다20139 판결(공1993하, 2733)
대법원 1995. 10. 13. 선고 94다57800 판결(공1995하, 3771)

[4] 대법원 1995. 3. 10. 선고 94후1091 판결(공1995상, 1615)
대법원 1996. 1. 23. 선고 95다38233 판결(공1996상, 663)
대법원 1998. 9. 8. 선고 98다22048 판결(공1998하, 2415)

[5] 대법원 1991. 11. 8. 선고 90다17804 판결(공1992, 71)

【전 문】

【원고,피상고인】 신용보증기금 (소송대리인 법무법인 부산종합법률사무소 담당변호사 허진호)

【피고,상고인】 피고 (소송대리인 변호사 하만영)

【원심판결】 부산지법 1998. 7. 10. 선고 97나12294 판결

【주문】

상고를 기각한다. 상고비용은 피고의 부담으로 한다.

【이유】

1. 회사정리법 제240조 제2항에 의하면 정리채권자는 정리계획과 관계없이 보증인에 대하여 언제든지 본래의 채권을 청구할 수 있고 정리계획에 의하여 정리채권의 수액이나 변제기가 변경되더라도 보증인의 책임 범위에는 아무런 영향이 없다(이 법원 1990. 6. 26. 선고 88다카4499 판결 참조).

   원심이 같은 취지에서 원고가 주채무자인 국제밸브 주식회사에 대한 정리절차에 참가하여 이 사건 구상채권을 변제받고 있으므로 연대보증인인 피고에 대하여는 이를 청구할 수 없고, 청구할 수 있다 하더라도 그 책임 범위는 정리계획으로 인가된 부분을 제외한 나머지 부분에 한정되어야 한다는 취지의 피고의 주장을 배척한 조치는 정당하고, 거기에 상고이유의 주장과 같은 법리오해 등의 위법이 없다. 따라서 이 점에 관한 상고이유는 받아들이지 아니한다.

2. 시효중단의 보증인에 대한 효력을 규정한 민법 제440조는 보증채무의 부종성에서 비롯된 당연한 규정이 아니라 채권자의 보호를 위하여 보증채무만이 따로 시효소멸하는 결과를 방지하기 위한 정책적 규정이므로, 회사정리법 제240조 제2항이 회사정리계획의 효력 범위에 관하여 보증채무의 부종성을 배제하고 있다 하더라도 같은 법 제5조가 규정한 정리절차 참가로 인한 시효중단의 효력에 관하여 민법 제440조의 적용이 배제되지 아니한다. 따라서 정리절차 참가로 인한 시효중단의 효력은 정리회사의 채무를 주채무로 하는 보증채무에

도 미치고 그 효력은 정리절차 참가라는 권리행사가 지속되는 한 그대로 유지 된다(이 법원 1994. 1. 14. 선고 93다47431 판결 참조).

원심이 같은 취지에서 원고의 피고에 대한 이 사건 보증채권의 소멸시효는 1984. 3.경 주채무자인 국제밸브 주식회사에 대한 정리절차 참가로 중단되고, 1990. 3. 10. 그 정리절차가 종결됨으로써 다시 진행되었다고 판단한 조치는 정당하고, 거기에 상고이유의 주장과 같은 법리오해, 이유모순 등의 위법이 없다. 따라서 이 점에 관한 상고이유도 받아들이지 아니한다.

3. 금전채무의 이행지체로 인하여 발생하는 지연손해금은 그 성질이 손해배상금이지 이자가 아니며, 민법 제163조 제1호가 규정한 '1년 이내의 기간으로 정한 채권'도 아니므로 3년간의 단기소멸시효의 대상이 되지 아니한다(이 법원 1995. 10. 13. 선고 94다57800 판결 참조).

원심이 같은 취지에서 이 사건 구상금채권의 이행지체로 인한 지연손해금에 대하여 3년간의 단기소멸시효의 대상이 된다는 피고의 주장을 배척한 조치는 정당하고, 거기에 상고이유의 주장과 같은 법리오해의 위법이 없다. 따라서 이 점에 관한 상고이유도 받아들이지 아니한다.

4. 원심이, 피고가 이 사건 보증계약을 체결한 것은 강박에 의한 의사표시에 해당하여 이를 취소하였다는 피고의 주장과 원고의 이 사건 청구는 권리남용에 해당한다는 피고의 주장 및 원고가 정리절차 종결 후인 1993. 9. 10. 국제밸브 주식회사와 사이에 이 사건 구상금채권을 변경하기로 합의하였다거나 피고의 보증채무를 면제하였다는 등의 피고의 주장을 그 판시와 같은 이유로 배척한 조치는 모두 정당하고, 거기에 상고이유의 주장과 같은 심리미진, 법리오해 등의 잘못이 없다. 따라서 이들 점에 관한 상고이유의 주장도 모두 받아들이지 아니한다.

5. 소송비용의 재판에 대한 불복은 본안에 대한 상고의 전부 또는 일부가 이유 있는 경우에 한하여 허용되고, 본안에 대한 상고가 이유 없을 때에는 허용될 수 없으므로(이 법원 1998. 9. 8. 선고 98다22048 판결 참조), 이 사건 본안에 대

한 상고가 이유 없는 이상 원심이 한 소송비용의 재판이 위법하다는 주장은 받아들일 수 없고, 가집행선고는 당사자의 신청 유무에 관계없이 법원이 직권으로 판단할 사항으로 처분권주의를 근거로 하는 민사소송법 제385조의 적용을 받지 아니하므로, 가집행선고가 붙지 아니한 제1심판결에 대하여 피고만이 항소한 항소심에서 항소를 기각하면서 가집행선고를 붙였어도 불이익변경금지의 원칙에 위배되지 아니한다(이 법원 1991. 11. 8. 선고 90다17804 판결 참조). 따라서 이 점에 관한 상고이유도 받아들이지 아니한다.

6. 그러므로 상고를 기각하고, 상고비용은 패소자의 부담으로 하여 주문과 같이 판결한다.

대법관 이돈희(재판장) 박준서 이임수 서성(주심)

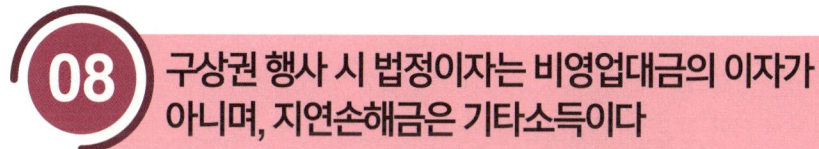

08 구상권 행사 시 법정이자는 비영업대금의 이자가 아니며, 지연손해금은 기타소득이다

(대법원 1997. 9. 5. 선고 96누16315 판결, 종합소득세등 부과처분 취소)

【판시사항】

[1] 수탁보증인이 보증채무를 이행한 다음 주채무자에 대한 구상권 행사로서 수령한 법정이자 및 지연손해금이 기타소득의 일종인 손해배상금에 해당하는지 여부

[2] [1]항의 법정이자가 이자소득의 일종인 '비영업대금의 이익'에 해당하는지 여부(소극)

【판결요지】

[1] 수탁보증인이 그 출재로 주채무를 소멸하게 한 다음, 주채무자를 상대로 제기한 구상금 청구소송에서 그 출재액과 이에 대한 면책일 이후 소장송달일까지의 연 5푼의 민사법정이율에 의한 법정이자와 그 다음날부터 완제일까지의 소송촉진등에관한특례법 소정의 연 2할 5푼의 비율에 의한 지연손해금에 관한 승소판결을 받고 그 확정판결에 기하여 법정이자와 지연손해금을 수령한 경우, 그 지연손해금은 구 소득세법(1994. 12. 22. 법률 제4803호로 개정되기 전의 것) 제25조 제1항 제9호, 같은법시행령(1994. 12. 31. 대통령령 제14467호로 개정되기 전의 것) 제49조 제3항에서 기타소득의 하나로 정하고 있는 "계약의 위약 또는 해약으로 인하여 받는 위약금과 배상금"에 해당하나, 법정이자는 이자의 일종으로서 채무불이행으로 인하여 발생하는 손해배상과는 그 성격을 달리하는 것이므로, "계약의 위약 또는 해약으로 인하여 받는 위약금과 배상금"에 해당하지 아니한다.

[2] 이자소득의 일종인 '비영업대금의 이익'이란, 금전의 대여를 영업으로 하지 아니하는 자가 일시적·우발적으로 금전을 대여함에 따라 지급받는 이자 또는 수수료 등을 말하는 것이고, 위 [1]항의 법정이자는 대여금으로 인한 것이 아니어서 위와 같은 '비영업대금의 이익'에 해당하지 아니한다.

【참조조문】

[1] 민법 제441조, 제425조 제2항, 구 소득세법(1994. 12. 22. 법률 제4803호로 전문 개정되기 전의 것) 제25조 제1항 제9호(현행 제21조 제1항 제10호 참조), 구 소득세법시행령(1994. 12. 31. 대통령령 제14467호로 전문 개정되기 전의 것) 제49조 제3항(현행 제41조 제3항 참조)[2] 민법 제441조, 제425조 제2항, 구 소득세법(1990. 12. 31. 법률 제4281호로 개정되기 전의 것) 제17조 제1항 제9호(현행 제16조 제1항 제12호 참조)

【참조판례】

[1] 대법원 1989. 9. 29. 선고 88다카10524 판결(공1989상, 1572)

[2] 대법원 1991. 3. 27. 선고 90누9230 판결(공1991, 1306)
대법원 1991. 7. 26. 선고 91누117 판결(공1991, 2270)
대법원 1991. 10. 8. 선고 91누3475 판결(공1991, 2748)
대법원 1992. 12. 8. 선고 92누1346 판결(공1993상, 484)

【전 문】
【원고,피상고인겸상고인】 원고 (소송대리인 변호사 장수길 외 1인)
【피고,상고인겸피상고인】 성북 세무서장
【원심판결】 서울고법 1996. 10. 10. 선고 96구11152 판결

【주문】
상고를 모두 기각한다. 상고비용은 상고인 각자의 부담으로 한다.

【이유】
1. 원고의 상고이유를 본다.

수탁보증인의 주채무자에 대한 구상권은 원칙적으로 그들 내부의 위임에 근거한 계약상의 권리이고, 그 구상권에 관한 민법 제441조, 제425조 제2항의 각 규정은 그들 사이에 달리 정함이 없는 경우에 보충적으로 적용되는 임의규정이라 할 것이다(대법원 1989. 9. 29. 선고 88다카10524 판결 참조). 수탁보증인이 그 출재로 주채무를 소멸하게 한 다음, 주채무자를 상대로 제기한 구상금 청구소송에서 그 출재액과 이에 대한 면책일 이후 소장송달일까지의 연 5푼의 민사법정이율에 의한 법정이자와 그 다음날부터 완제일까지의 소송촉진등에관한특례법 소정의 연 2할 5푼의 비율에 의한 지연손해금에 관한 승소판결을 받고 그 확정판결에 기하여 법정이자와 지연손해금을 수령한 경우, 그 지연손해금은 구 소득세법(1994. 12. 22. 법률 제4803호로 개정되기 전의

것) 제25조 제1항 제9호, 같은법시행령(1994. 12. 31. 대통령령 제14467호로 개정되기 전의 것) 제49조 제3항에서 기타소득의 하나로 정하고 있는 "계약의 위약 또는 해약으로 인하여 받는 위약금과 배상금"에 해당한다 고 할 것이다.

같은 취지의 원심판단은 정당하고, 거기에 상고이유에서 지적하는 바와 같은 구상권의 내용과 범위, 기타소득의 범위 등에 관한 법리를 오해하였거나 조세법률주의상의 엄격해석의 원칙을 위배한 잘못이 있다고 할 수 없고, 상고이유에서 들고 있는 대법원 판례는 이 사건과 사안을 달리하는 것으로서 원용하기에 적절한 선례가 될 수 없다. 상고이유는 모두 받아들일 수 없다.

2. 피고의 상고이유를 본다.

가. 제1점에 대하여

수탁보증인의 구상권에 속하는 법정이자는 이자의 일종으로서 채무불이행으로 인하여 발생하는 손해배상과는 그 성격을 달리하는 것이므로, 소득세법령에서 기타소득의 하나로 정하고 있는 "계약의 위약 또는 해약으로 인하여 받는 위약금과 배상금"에 해당하지 아니한다.

같은 취지의 원심판단은 정당하고, 거기에 상고이유에서 지적하는 바와 같은 기타소득의 범위에 관한 법리오해나 심리미진의 위법이 있다고 할 수 없다.

나. 제2점에 대하여

피고는 상고심에 이르러, 수탁보증인의 구상권에 속하는 법정이자가 이자소득의 일종인 '비영업대금의 이익'에 해당한다는 법률상의 주장을 새로이 내세우고 있으나, 이러한 법률상의 사항은 당사자가 주장하여야 할 일반적인 공격방어방법 중의 하나에 불과할 뿐 공익에 관련된 직권조사사항이라고는 볼 수 없고, 또한 여기서 말하는 '비영업대금의 이익'이란, 금전의 대여를 영업으로 하지 아니하는 자가 일시적·우발적으로 금전을 대여함에 따라 지급받는 이자 또는 수수료 등을 말하는 것이고(대법원 1991. 3. 27. 선고 90누9230 판결, 1991. 10. 8. 선고 91누3475 판결 등 참조), 여기서 말하는 법정이자는 대여금으로 인한 것이 아니어서 위와 같은 '비영업대금의 이익'에 해당하지 아니한다고 할 것이다.

따라서 원심이 법정이자가 '비영업대금의 이익'에 해당하는지의 여부에 대하여 심리·판단하지 아니하였다고 하여 과세대상 소득에 대한 법리오해나 심리미진의 위법이 있다고 할 수 없다.

3. 그러므로 원고와 피고의 상고를 모두 기각하고, 상고비용은 패소자 각자의 부담으로 하기로 하여 관여 법관의 일치된 의견으로 주문과 같이 판결한다.

대법관 지창권(재판장) 천경송 신성택 송진훈(주심)

09 승소판결에 따라 수령한 법정 지연손해금(소송촉진 등에 관한 특례법)도 기타소득이다

(대법원 2019. 5. 16. 선고 2015다35270 판결, 하자보수 보증금등)

【판시사항】

[1] 소득세법이 채택하고 있는 권리확정주의에서 말하는 '확정'의 개념이 소득의 귀속시기에 관한 예외 없는 일반원칙인지 여부(소극) 및 구체적인 사안에서 소득의 귀속시기를 판단하는 기준 / 원천징수하는 소득세에 대한 징수의무자의 납부의무 성립과 그 세액의 확정 및 이에 대응하는 수급자의 수인의무가 성립하는 시기(=원칙적으로 소득금액을 지급하는 때)

[2] 가집행선고부 승소판결에 따른 지연손해금의 현실적인 지급이 원천징수의무가 발생하는 소득금액의 지급에 해당하는지 여부(적극) 및 이때 공제한 원천징수세액이 가지급물에 포함되는지 여부(적극)

【판결요지】

[1] 소득세법은 현실적으로 소득이 없더라도 그 원인이 되는 권리가 확정적으로 발생한 때에는 소득의 실현이 있는 것으로 보고 과세소득을 계산하는 권리확정주의를 채택하고 있는데, 그와 같은 권리확정주의에서 말하는 '확정'의 개념을 소득의 귀속시기에 관한 예외 없는 일반원칙으로 단정하여서는 아니 되고, 구체적인 사안에 관하여 소득에 대한 관리·지배와 발생소득의 객관화 정도, 납세자금의 확보시기 등까지도 함께 고려하여 소득의 실현가능성이 상당히 높은 정도로 성숙·확정되었는지 여부를 기준으로 귀속시기를 판단하여야 한다. 나아가 구 국세기본법(2018. 12. 31. 법률 제16097호로 개정되기 전의 것) 제21조 제2항 제1호에 의하여 원천징수하는 소득세에 대한 징수의무자의 납부의무는 원칙적으로 소득금액을 지급하는 때에 성립하면서 그 세액이 확

정되고, 이에 대응하는 수급자의 수인의무의 성립시기도 이와 같다.

[2] 수급자가 가집행선고부 승소판결에 의하여 지급자로부터 실제로 지연손해금에 상당하는 금전을 수령하였다면, 비록 아직 본안판결이 확정되지 않았더라도 특별한 사정이 없는 한 소득세법상 기타소득의 실현가능성은 상당히 높은 정도로 성숙·확정된다고 할 것이다. 따라서 가집행선고부 승소판결에 따른 지연손해금의 현실적인 지급은 원천징수의무가 발생하는 소득금액의 지급에 해당하고, 지급자가 가집행선고부 승소판결에 따라 지연손해금을 실제로 지급하면서 공제한 원천징수세액도 가지급물에 포함된다고 보아야 한다.

【참조조문】

[1] 구 소득세법(2014. 12. 23. 법률 제12852호로 개정되기 전의 것) 제24조 제1항, 제39조 제1항, 구 국세기본법(2018. 12. 31. 법률 제16097호로 개정되기 전의 것) 제21조 제2항 제1호, 제22조 제2항 제3호 [2] 구 소득세법(2014. 12. 23. 법률 제12852호로 개정되기 전의 것) 제21조 제1항 제10호, 제24조 제1항, 제39조 제1항, 제127조 제1항 제6호, 제145조 제1항, 구 국세기본법(2018. 12. 31. 법률 제16097호로 개정되기 전의 것) 제21조 제2항 제1호, 제22조 제2항 제3호

【참조판례】

[1] 대법원 1997. 6. 13. 선고 96누19154 판결(공1997하, 2077)
대법원 2014. 10. 27. 선고 2013다36347 판결(공2014하, 2243)
대법원 2015. 9. 10. 선고 2010두1385 판결(공2015하, 1531)

【전 문】

【원고, 피상고인】 기산베스트빌 입주자대표회의 (소송대리인 법무법인 인터로 담당변호사 양려원 외 2인)

【피고, 상고인】 주택도시보증공사(변경 전: 대한주택보증 주식회사) (소송대리인 법무법인(유한) 에이펙스 담당변호사 박기웅 외 1인)
【환송판결】 대법원 2014. 11. 13. 선고 2013다15531 판결
【원심판결】 서울고법 2015. 5. 1. 선고 2014나55927 판결

【주 문】

1. 환송 후 원심판결 중 가지급물반환 부분을 일부 파기하고, 환송 후 원심판결의 주문 제3항을 다음과 같이 변경한다. 원고는 피고에게 가지급물의 반환으로 49,985,477원 및 이에 대하여 2014. 12. 22.부터 2015. 5. 1.까지는 연 5%, 그 다음 날부터 다 갚는 날까지는 연 20%의 각 비율로 계산한 돈을 지급하라.

2. 소송총비용(가지급물반환신청 비용 포함) 중 1/10은 원고가, 나머지는 피고가 각 부담한다.

【이 유】

상고이유를 판단한다.

1. 사건의 경위

가. 원고는 피고에 대하여 의정부지방법원 2011가합1078호로 이 사건 아파트에 관하여 체결된 이 사건 보증계약에 기하여 하자보수보증금 등을 구하는 이 사건 소를 제기하였다. 의정부지방법원은 2012. 5. 17. 원고의 피고에 대한 청구를 전부 인용하여 '피고는 원고에게 183,600,000원 및 그 중 101,000,000원에 대하여는 2011. 2. 16.부터, 82,600,000원에 대하여는 2012. 3. 22.부터 각 2012. 5. 17.까지는 연 6%의, 그 다음 날부터 다 갚는 날까지는 연 20%의 각 비율에 의한 돈을 지급하라.'는 가집행선고부 판결을 선고하였다(이하 '이 사건 가집행선고부 승소판결'이라고 한다).

나. 제1심판결에 대하여 피고가 서울고등법원 2012나45421호로 항소하였고, 서울고등법원은 2013. 1. 24. 피고의 항소를 받아들여 '제1심판결을 취소한다. 원고의 청구를 기각한다.'는 판결을 선고하였다.

다. 환송 전 원심판결에 대하여 원고가 대법원 2013다15531호로 상고하였다. 대법원은 2014. 11. 13. 원고의 상고를 받아들여 '원심판결을 파기하고, 사건을 서울고등법원에 환송한다.'는 판결을 선고하였다.

라. 피고는 2014. 12. 22. 이 사건 가집행선고부 승소판결에 따라 원금 183,600,000원 및 2014. 12. 22.까지의 지연손해금 103,833,403원(이하 '이 사건 지연손해금'이라고 한다) 등 합계 287,433,403원을 원고에게 지급하면서, 이 사건 지연손해금에 대한 소득세 22,843,349원(이하 '이 사건 원천징수세액'이라고 한다)을 원천징수한 다음 나머지 금액 264,590,054 원만을 원고에게 지급하였다.

마. 피고는 환송 후 원심인 서울고등법원(2014나55927호 사건)에서 이 사건 원천징수세액이 가지급물에 포함됨을 전제로, '원고는 피고에게 49,985,477원 및 이에 대하여 2014. 12. 22.부터 이 사건 판결선고일까지는 연 5%의, 그 다음 날부터 다 갚는 날까지는 연 20%의 각 비율로 계산한 금원을 지급하라.'는 가지급물반환신청을 하였는데, 피고가 구하는 위 49,985,477원은 이 사건 지연손해금 103,833,403원에서 39,749,458원(대법원판결 선고일인 2014. 11. 13.까지는 연 6%의, 그 다음 날부터 2014. 12. 22.까지는 연 20%의 각 비율에 의한 지연손해금)과 14,098,468원(이 사건 원천징수세액에서 위 39,749,458원에 대한 원천징수세액 8,774,881원을 공제한 금액)을 각 공제한 것이다.

바. 환송 후 원심은 2015. 5. 1. '피고는 원고에게 183,600,000원 및 그중 101,000,000원에 대하여는 2011. 2. 16.부터, 82,600,000원에 대하여는 2012. 3. 22.부터 각 2014. 11. 13.까지는 연 6%의, 그 다음 날부터 다 갚는 날까지는 연 20%의 각 비율에 의한 금원을 지급하라.'는 판결을 선고하였다.

사. 또한 환송 후 원심은 피고의 가지급물반환신청에 대하여 아래와 같은 이유로, '원고는 피고에게 41,240,598원 및 이에 대하여 2014. 12. 22.부터

2015. 5. 1.까지는 연 5%의, 그 다음 날부터 다 갚는 날까지는 연 20%의 각 비율에 의한 금원을 지급하라.'고 판결하였다.

(1) 피고의 위 가지급물 지급은 확정적인 것이 아니며 잠정적인 것에 지나지 아니하므로 이를 원천징수의무가 발생하는 소득금액의 지급이라 할 수 없다.

(2) 피고의 위 가지급물 지급 시에 원고의 원천납세의무가 성립하거나 피고의 원천징수의무가 발생하였다고 볼 수도 없으므로, 이 사건 원천징수세액은 피고가 원고에게 지급한 가지급물에 포함된다고 할 수 없다.

(3) 따라서 원고가 피고에게 반환하여야 할 가지급물은 원고가 피고로부터 실제로 지급받은 264,590,054원에서 원금 183,600,000원과 이에 대한 위 지급일인 2014. 12. 22.까지의 지연손해금 39,749,456원을 각 공제한 41,240,598원 및 이에 대한 지연손해금이다.

2. 상고이유 제1점에 대한 판단

가. 구 소득세법(2014. 12. 23. 법률 제12852호로 개정되기 전의 것, 이하 같다) 제21조 제1항은 제10호에서 '계약의 위약 또는 해약으로 인하여 받는 위약금과 배상금'을 기타소득으로 열거하고 있고, 제24조 제1항은 '거주자의 각 소득에 대한 총수입금액은 해당 과세기간에 수입하였거나 수입할 금액의 합계액으로 한다'고 정하고 있으며, 제39조 제1항은 "거주자의 각 과세기간 총수입금액 및 필요경비의 귀속연도는 총수입금액과 필요경비가 확정된 날이 속하는 과세기간으로 한다."라고 정하고 있다.

또한 구 소득세법 제127조 제1항은 제6호에서 '국내에서 거주자에게 기타소득을 지급하는 자는 소득세법에 따라 그 거주자에 대한 소득세를 원천징수한다.'고 정하고 있고, 제145조 제1항은 '원천징수의무자가 기타소득을 지급할 때에는 그 기타소득금액에 대한 소득세를 원천징수한다.'고 정하고 있다. 한편 구 국세기본법(2018. 12. 31. 법률 제16097호로 개정되기 전의 것, 이하 같다) 제21조 제2항은 제1호에서 '원천징수하는 소득세를 납부할 의무는 소득금액 또는 수입금액을 지급하는 때에 성립한다.'고 정하고 있고, 제22조 제2항은 제3호에서 '원천징수하는 소득세는 납세의무가 성립하는 때에 특별한 절차 없이 그 세액이 확정된다.'고 정하고 있다.

나. 이처럼 소득세법은 현실적으로 소득이 없더라도 그 원인이 되는 권리가 확정적으로 발생한 때에는 그 소득의 실현이 있는 것으로 보고 과세소득을 계산하는 권리확정주의를 채택하고 있는데, 그와 같은 권리확정주의에서 말하는 '확정'의 개념을 소득의 귀속시기에 관한 예외 없는 일반원칙으로 단정하여서는 아니 되고, 구체적인 사안에 관하여 소득에 대한 관리·지배와 발생소득의 객관화 정도, 납세자금의 확보시기 등까지도 함께 고려하여 그 소득의 실현가능성이 상당히 높은 정도로 성숙·확정되었는지 여부를 기준으로 귀속시기를 판단하여야 한다(대법원 2015. 9. 10. 선고 2010두1385 판결 등 참조). 나아가 구 국세기본법 제21조 제2항 제1호에 의하여 원천징수하는 소득세에 대한 징수의무자의 납부의무는 원칙적으로 소득금액을 지급하는 때에 성립하면서 그 세액이 확정되고, 이에 대응하는 수급자의 수인의무의 성립시기도 이와 같다(대법원 2014. 10. 27. 선고 2013다36347 판결 참조).

한편 수급자가 가집행선고부 승소판결에 의하여 지급자로부터 실제로 지연손해금에 상당하는 금전을 수령하였다면, 비록 아직 그 본안판결이 확정되지 않았더라도 특별한 사정이 없는 한 소득세법상 기타소득의 실현가능성은 상당히 높은 정도로 성숙·확정된다고 할 것이다. 따라서 가집행선고부 승소판결에 따른 지연손해금의 현실적인 지급은 원천징수의무가 발생하는 소득금액의 지급에 해당하고, 지급자가 그 가집행선고부 승소판결에 따라 지연손해금을 실제로 지급하면서 공제한 원천징수세액도 가지급물에 포함된다고 보아야 한다.

다. 앞서 본 이 사건 사실관계를 위와 같은 법리에 비추어 살펴보면, 가지급물의 반환범위는 피고가 이 사건 가집행선고부 승소판결에 따라 이 사건 지연손해금을 원고에게 지급하면서 공제한 이 사건 원천징수세액을 가지급물에 포함시켜 계산하여야 하고, 결국 원고가 가지급물로 피고에게 반환할 금전은 환송 후 원심이 인정한 41,240,598원이 아니라 피고가 구하는 49,985,477원과 이에 대한 지연손해금이 된다. 그리고 환송 후 원심이 들고 있는 대법원 1988. 9. 27. 선고 87누407 판결과 대법원 1992. 5. 26. 선고 91다38075 판결은 이 사건과는 사안을 달리하여 이 사건에 원용하기에 적절하지 아니하다.

그런데도 환송 후 원심은 이 사건 원천징수세액으로 공제되는 금액이 가지급물에서 제외된다고 판단하여 피고의 가지급물반환신청 중 일부를 배척하고 말았으니, 이러한 환송 후 원심의 판단에는 소득의 귀속시기와 권리확정주의 등에 관한 법리를 오해하여 판결에 영향을 미친 잘못이 있다. 이를 지적하는 피고의 상고이유 주장은 이유 있다.

3. 결론

그러므로 나머지 상고이유에 대하여 판단할 필요 없이, 환송 후 원심판결 중 가지급물반환 부분을 일부 파기하되, 이 부분은 이 법원이 직접 재판하기에 충분하므로 자판하기로 하여 다음과 같이 판결한다.

원고는 가지급물의 반환으로 피고에게 피고가 구하는 바에 따라 49,985,477원 및 이에 대하여 가지급물 수령일인 2014. 12. 22.부터 환송 후 원심판결 선고일인 2015. 5. 1.까지는 민법이 정한 연 5%의, 그 다음 날부터 다 갚는 날까지는 「소송촉진 등에 관한 특례법」이 정한 연 20%의 각 비율로 계산한 돈을 지급할 의무가 있으므로 원고에게 그 지급을 명하고, 가지급물반환신청 비용을 포함한 소송총비용 중 1/10은 원고가, 나머지는 피고가 각 부담하기로 하여, 관여 대법관의 일치된 의견으로 주문과 같이 판결한다.

대법관 김선수(재판장) 권순일 이기택(주심) 박정화

10. 기타소득인 변상금채무 지급 시 채무자는 기타소득세를 원천징수해야 한다

(대법원 1988. 10. 24. 선고 86다카2872 판결, 양수금)

【판시사항】
가. 소득세법상 기타 소득에 해당하는 변상금채권의 양도와 소득세 등의 원천징수
나. 지급자가 소득금액을 지급하기 전에 원천세액을 징수공제할 수 있는지 여부

【판결요지】
가. 채권양도는 채권을 그 동일성을 유지한 채로 이전하는 것이므로 소득세법상 기타소득에 해당하는 변상금채권이 양도된 뒤에도 변상금채권의 성질에는 변함이 없고 따라서 위 변상금의 지급자는 채권양수인에게 위 변상금을 지급할 때에 이로부터 소득세등 원천세액을 징수하여 국가에 납부할 의무가 있는 반면 수급자인 채권양수인은 그 원천징수를 수인할 의무가 있다.

나. 국세기본법 제21조 제2항 제1호의 규정에 비추어 보면 원천징수하는 소득세 등에 대한 징수의무자의 납부의무는 그 소득금액을 실제로 지급하는 때에 성립하는 것이고 이에 대응하는 수급자의 수인의무의 성립시기 또한 같다고 할 것이므로 지급자가 위 소득금액의 실제 지급시기전에 미리 원천세액을 징수공제할 수는 없다.

【참조조문】
국세기본법 제21조 제2항 제1호

【전 문】
【원고, 피상고인】 원고 1 소송대리인 변호사 오혁진
【원고, 보조참가인】 원고 2

【피고, 상고인】 피고 소송대리인 법무법인 대종종합법률사무소 담당변호사 임갑인
　【원심판결】 서울고등법원 1986.10.17. 선고 85나3178 판결

【주 문】
상고를 기각한다.
상고비용은 피고의 부담으로 한다.

【이 유】
1. 피고 소송대리인의 상고이유 제1점을 본다.
　(1) 원심판결 이유에 의하면, 원심은 소외 1이 1985.3.23. 피고에 대하여 가지고 있는 변상금 220,000,000원의 채권 중 95,000,000원의 채권을 원고에게 양도한 사실을 인정한 후, 피고는 위 채권양도전에 위 소외 1에게 위 변상금 중 80,000,000원을 변제하여 140,000,000원이 남았는데 위 변상금은 소득세법 제25조 제1항 제9호, 같은법시행령 제49조 제3항 소정의 기타 소득에 해당하기 때문에 이미 지급한 위 80,000,000원에 대한 소득세, 방위세 및 주민세로 도합 25,440,000원을 원천징수하여야 하고 또 이 세액을 공제한 114,560,000원에 대해서도 위 소득세 등 도합 36,516,750원을 원천징수해야 하므로 이를 공제하면 변상금은 78,043,250원 밖에 남지않았다는 피고주장에 대하여, 피고가 위 변상금 80,000,000원을 소외 1에게 지급할 때에 원천세를 징수하지 아니한 이상 피고는 위 수급자에 대하여 세액상당 금원의 구상금채권을 가지고 있음에 불과하고 원고가 이 사건 95,000,000원의 채권을 양수하기 이전에 피고가 위 소외 1에게 세액상당 금원의 구상금채권을 자동채권으로 하여 위 소외인의 이 사건 변상금채권과 대등액에서 상계하였다고 볼 수 없으므로 원고는 일단 95,000,000원의 채권을 전액 양수한 것이라고 판단하였다.

　(2) 소론 을 제2호증(통고서) 기재에 의하면, 피고는 1985.3.29. 소외 1에 대하여 변상금 220,000,000원 중 80,000,000원을 원천세징수를 함이 없이

지급하였지만 그 잔액으로부터 변상금액 전액의 원천세액을 공제하고 그 차액만을 채권양수인인 원고에게 지급하겠다는 취지로 통고한 사실이 인정되는 바, 이미 지급한 80,000,000원에 대한 원천세액에 대하여 피고는 위 소외 1에게 상환을 구할 권리가 있으므로 위와 같은 공제의 의사표시 중에는 위 구상권을 자동채권으로 한 상계의 의사표시가 포함되어 있다고 보지 못할 바 아니다. 그렇다면 위 변상금 중 이미 지급한 80,000,000원에 대한 원천세 상당액 만큼은 위 상계로 이미 소멸하였다고 볼 것임에도 불구하고 원심이 피고는 위 원천세액에 대한 구상권을 가지고 있을 뿐이라고 판시한 것은 잘못이라고 하지 않을 수 없다.

그러나 위 변상금 220,000,000원 중 위 소외 1에게 지급한 80,000,000원과 원고에게 양도한 95,000,000원을 공제하고도 45,000,000원의 채권이 위 소외 1에게 남아 있음이 피고주장 자체에 의하여 명백한 바, 피고의 위 80,000,000원에 대한 원천세액 25,440,000원의 구상권을 자동채권으로 한 상계는 위 소외 1의 피고에 대한 변상금채권을 수동채권으로 한 것으로서 위 45,000,000원 중 균등액이 그 대상이 되고 원고앞으로 양도된 채권에는 아무런 영향이 없으니 피고주장을 배척한 위 원심결론은 결국 정당하고 논지는 이유없다.

2. 같은 상고이유 제2점을 본다.

원심판결은 원고가 위에서 본 변상금 95,000,000원의 채권을 양수하였다고 한 후 채권양수인인 원고는 위 95,000,000원의 소득세 등 원천납세의무자가 아니므로 원고에 대하여 위 원천세 상당금원의 지급을 구할 수 없다고 판단하고 있다.

그러나 채권양도는 채권을 그 동일성을 유지한 채로 이전하는 것이므로 소득세법상 기타소득에 해당하는 이 사건 변상금채권은 원고에게 양도된 뒤에도 변상금채권의 성질에는 변함이 없고 따라서 위 변상금의 지급자인 피고는 채권양수인인 원고에게 위 변상금을 지급할 때에 이로부터 소득세 등 원천세액을 징수하여 국가에 납부할 의무가 있는 반면 수급자인 원고는 그 원천징수를 수인할 의무가 있다고 할 것이다.

위 원심판결이 채권양수인인 원고에게 원천징수의 수인의무가 없다고 판단하였음을 잘못이라고 하겠으나, 국세기본법 제21조 제2항 제1호의 규정에 비추어 보면 원천징수하는 소득세 등에 대한 징수의무자의 납부의무는 그 소득금액을 실제로 지급하는 때에 성립하는 것으로서 이에 대응하는 수급자의 수인의무의 성립시기 또한 같다고 할 것이므로, 지급자인 피고가 위 소득금액의 실제지급시기 전에 미리 원천세액을 징수공제할 수는 없는 것으로서 원천세액공제를 인정하지 아니한 원심결론은 결과적으로 정당하다 (기록에 의하면 1심판결의 가집행선고에 의하여 위 양수금 중 69,875,000원 및 그 지연손해금 등이 변제된 사실이 인정되나 이러한 가집행선고에 의한 변제는 확정적인 변제의 효력이 있는 금원지급이라고 볼 수 없는 것이다). 결국 이 점에 관한 논지도 이유없다.

3. **그러므로 상고를 기각하고, 상고비용은 패소자의 부담으로 하여 관여법관의 일치된 의견으로 주문과 같이 판결한다.**

대법관 이재성(재판장) 이회창 김주한

11 채무변제에 갈음한 양수채권으로 원래 채권의 원리금을 초과수령 시에 기타소득이 발생한다

(대법원 2016. 6. 23. 선고 2012두28339 판결, 종합소득세 부과처분 취소)

【판시사항】

채권자가 채무변제에 갈음한 채권양도로 원래 채권의 원리금을 넘는 새로운 채권을 양수함으로써 원래의 채권이 소멸한 경우, 구 소득세법 제21조 제1항 제10호에서 정한 기타소득이 발생하였다고 할 수 있는지 여부(원칙적 소극) 및 이때 기타소득의 발생시기(=양수한 채권에 기하여 채권자가 원래의 채권의 원리금을 초과하는 금액을 현실로 추심한 때)

【판결요지】

소득세는 사법상 성질이나 효력에 불구하고 일정한 경제적 이익을 지배·관리·향수하는 경우에 납세자금을 부담할 담세력이 있다고 보아 그에 대하여 부과하는 것이므로, 사법상 어떠한 소득이 생긴 것으로 보이더라도 그것이 계산상·명목상의 것에 불과할 뿐 실제로는 경제적 이익을 지배·관리·향수할 수 없고 담세력을 갖추었다고 볼 수 없다면, 소득세의 과세대상인 소득이 있다고 할 수 없다. 채무자가 양도하는 채권의 가액에서 원래 채권의 원리금을 넘는 금액을 채무불이행으로 인한 위약금 또는 배상금으로서 채권자에게 귀속시키려는 의사로 채무변제에 갈음한 채권양도를 한 경우, 채권자로서는 비록 채무자 및 채권 액면금액 등이 변경되기는 하지만 여전히 채권이라는 형태의 자산을 보유한 채 실질적·종국적인 만족을 얻지 못한 상태에 머물게 된다는 점에서 종전과 다름이 없다. 구 소득세법 시행령(2000. 12. 29. 대통령령 제17032호로 개정되기 전의 것) 제50조 제1항도 기타소득의 수입시기를 원칙적으로 '지급을 받은 날'로 규정하고 있다. 이러한 점들에 비추어 보면, 채권자가 채무변제에 갈음한 채권양도로 원래의 채권의 원리금을 넘는 새로운 채권을 양수함으로써 원래의 채권이 소멸한 것만으로는 특별한 사정이 없는 한 아직 원래의 채권에 대한 기타소득이 발생하였다고 할 수 없고, 양수한 채권에 기하여 채권자가 원래의 채권의 원리금을 초과하는 금액을 현실로 추심한 때에 비로소 원래의 채권에 대한 기타소득이 발생한다.

【참조조문】
구 소득세법(2000. 12. 29. 법률 제6292호로 개정되기 전의 것) 제21조 제1항 제10호, 구 소득세법 시행령(2000. 12. 29. 대통령령 제17032호로 개정되기 전의 것) 제41조 제3항(현행 제41조 제7항 참조), 제50조 제1항

【전 문】
【원고, 피상고인】 원고 (소송대리인 변호사 박승용 외 3인)
【피고, 상고인】 동안양세무서장
【원심판결】 서울고법 2012. 10. 26. 선고 2012누8030 판결

【주 문】
원심판결을 파기하고, 사건을 서울고등법원에 환송한다.

【이 유】
상고이유에 대하여 판단한다.

1. 채권 양도의 성격에 관한 상고이유에 대하여

가. 원심은 채택 증거를 종합하여, ① 주식회사 ○○쇼핑의 대표이사 소외 1이 1997. 6. 23. ○○쇼핑 소유권자 수습대책위원회(이하 '수습대책위원회'라 한다)에 위 회사의 주식과 운영권 등을 대금은 35억 원, 대금지급기일은 1997. 9. 23.로 하고, 지연손해금율은 연 36%로 정하여 양도한 사실(이하 소외 1의 수습대책위원회에 대한 위 주식 등 양도대금 채권을 '이 사건 쟁점채권'이라 한다), ② 소외 1은 위 회사의 운영과 관련하여 동업관계에 있던 원고에게 1997. 6. 23. 동업 정산의 명목으로 10억 원을 1997. 9. 23.까지 지급하기로 하고, 1997. 9. 12.에는 차용금 반환 등 명목으로 추

가로 7억 4,000만 원을 1997. 10. 30.까지 지급하되 위 지급기일을 넘길 때에는 연 21%의 지연손해금을 가산하여 지급하며, 1999. 9. 12.까지도 이를 변제하지 못할 경우 원고 및 또 다른 채권자인 소외 2에게 이 사건 쟁점채권을 양도하기로 약정한 사실(이하 원고 및 소외 2의 소외 1에 대한 위 채권을 합하여 '이 사건 원채권'이라 한다), ③ 소외 1은 1999. 9. 12.까지 자신의 채무를 변제하지 못하여 2000. 7. 24. 위 약정에 따라 원고 및 소외 2에게 이 사건 쟁점채권을 양도하고, 같은 날 수습대책위원회에 그에 관한 채권양도의 통지를 한 사실 등을 인정하였다.

원심은 이러한 사실관계를 토대로, 원고 및 소외 2가 이 사건 쟁점채권을 양도받아 이 사건 원채권의 변제에 갈음하였고 이 사건 원채권의 담보로 받은 주식회사 ○○쇼핑 발행의 약속어음을 위 회사에 반환하였다는 내용의 관련 민사판결이 확정된 점 등 그 판시와 같은 사정에 비추어, 원고 및 소외 2에 대한 이 사건 쟁점채권의 양도는 이 사건 원채권의 변제에 갈음하여 이루어진 것이라고 인정하였다.

나. 이 부분 상고이유의 주장은, 소외 1이 채무의 변제를 위한 담보로 또는 그 변제를 위하여 원고 및 소외 2에게 이 사건 쟁점채권을 양도하였음에도 이와 달리 본 원심의 사실인정과 판단이 위법하다는 것이나, 이는 결국 사실심인 원심의 전권사항에 속하는 증거의 취사선택이나 사실인정을 탓하는 것에 불과하여 적법한 상고이유가 될 수 없고, 나아가 원심의 사실인정을 기록에 비추어 살펴보더라도 거기에 논리와 경험의 법칙에 반하여 자유심증주의의 한계를 벗어난 위법이 없다.

2. 이 사건 쟁점채권의 추심금에 관한 상고이유에 대하여

가. 구 소득세법(2000. 12. 29. 법률 제6292호로 개정되기 전의 것) 제21조 제1항 제10호는 기타소득의 하나로서 '계약의 위약 또는 해약으로 인하여 받는 위약금과 배상금'을 규정하고 있는데, 구 소득세법 시행령(2000. 12. 29. 대통령령 제17032호로 개정되기 전의 것) 제41조 제3항은 "법 제21

조 제1항 제10호에서 위약금 또는 배상금이라 함은 재산권에 관한 계약의 위약 또는 해약으로 인하여 받는 손해배상으로서 그 명목 여하에 불구하고 본래의 계약의 내용이 되는 지급 자체에 대한 손해를 넘는 손해에 대하여 배상하는 금전 또는 기타 물품의 가액을 말한다."라고 규정하고 있다. 한편 구 소득세법 시행령 제50조 제1항 본문은 "기타소득에 대한 총수입금액의 수입할 시기는 그 지급을 받은 날로 한다."라고 규정하고 있다.

나. 원심은, ① 원고 및 소외 2가 2004. 3. 30. 이 사건 쟁점채권에 기하여 30억 원을 지급받았고, 2007. 6. 14. 이 사건 쟁점채권에 기한 강제경매절차에서 배당표가 확정되어 그 배당금 1,687,341,838원을 지급받은 사실, ② 피고는 2011. 3. 1. 원고 및 소외 2가 지급받은 위 금액에서 이 사건 원채권의 원금을 넘는 금액 중 원고의 지분에 상당한 금액을 이 사건 원채권에 대한 2004년 및 2007년 귀속 기타소득으로 보아 원고에 대하여 각 종합소득세를 부과하는 이 사건 처분을 한 사실 등을 인정한 다음, 이 사건 원채권이 변제에 갈음한 채권양도로 소멸하였고 원고 및 소외 2가 양수한 이 사건 쟁점채권의 가액 중 이 사건 원채권의 원금을 넘는 부분은 위약금 또는 배상금으로서 이 사건 원채권에 대한 기타소득이 될 수 있으나, 그 수입시기는 채권양도의 효력이 발생한 날인 2000. 7. 24.로 보아야 하고, 원고 및 소외 2가 이 사건 쟁점채권에 기하여 금전을 지급받거나 강제경매절차의 배당표 확정에 따라 그 배당금을 지급받을 수 있게 된 날인 2004. 3. 30. 및 2007. 6. 14.로 볼 것은 아니라는 이유로, 원고에게 2004년 및 2007년 귀속 기타소득으로 각 종합소득세를 부과한 이 사건 처분은 위법하다고 판단하였다.

다. 그러나 원심의 이러한 판단은 다음과 같은 이유에서 수긍할 수 없다.
소득세는 사법상 성질이나 효력에 불구하고 일정한 경제적 이익을 지배 · 관리 · 향수하는 경우에 납세자금을 부담할 담세력이 있다고 보아 그에 대하여 부과하는 것이므로, 사법상 어떠한 소득이 생긴 것으로 보이더라도 그것이 계산상 · 명목상의 것에 불과할 뿐 실제로는 경제적 이익을 지배 ·

관리·향수할 수 없고 담세력을 갖추었다고 볼 수 없다면, 소득세의 과세대상인 소득이 있다고 할 수 없다. 채무자가 양도하는 채권의 가액에서 원래 채권의 원리금을 넘는 금액을 채무불이행으로 인한 위약금 또는 배상금으로서 채권자에게 귀속시키려는 의사로 채무변제에 갈음한 채권양도를 한 경우, 채권자로서는 비록 채무자 및 채권 액면금액 등이 변경되기는 하지만 여전히 채권이라는 형태의 자산을 보유한 채 그 실질적·종국적인 만족을 얻지 못한 상태에 머물게 된다는 점에서 종전과 다름이 없다. 구 소득세법 시행령 제50조 제1항도 기타소득의 수입시기를 원칙적으로 '지급을 받은 날'로 규정하고 있다. 이러한 점들에 비추어 보면, 채권자가 채무변제에 갈음한 채권양도로 원래 채권의 원리금을 넘는 새로운 채권을 양수함으로써 원래의 채권이 소멸한 것만으로는 특별한 사정이 없는 한 아직 원래의 채권에 대한 기타소득이 발생하였다고 할 수 없고, 그 양수한 채권에 기하여 채권자가 원래의 채권의 원리금을 초과하는 금액을 현실로 추심한 때에 비로소 원래의 채권에 대한 기타소득이 발생한다고 보아야 할 것이다.

원심이 인정한 사실관계를 이러한 법리에 비추어 살펴보면, 소외 1은 이 사건 쟁점채권의 가액에서 이 사건 원채권의 원금을 넘는 금액을 채무불이행에 대한 위약금 또는 배상금으로서 원고 및 소외 2에게 귀속시키려는 의사로 채무변제에 갈음하여 이 사건 쟁점채권을 양도한 것이므로, 채무변제에 갈음한 채권양도의 효력이 발생한 날인 2000. 7. 24.에는 이 사건 원채권에 대한 기타소득이 발생하였다고 할 수 없고, 원고 및 소외 2가 현실로 추심한 이 사건 쟁점채권의 가액 중 이 사건 원채권의 원금을 넘는 금액이 이 사건 원채권에 대한 기타소득으로서 그 수입시기는 2004. 3. 20.과 2007. 6. 14.로 보아야 할 것이다.

그런데도 원심은 이와 달리 그 수입시기를 채권양도의 효력이 발생한 날인 2000. 7. 24.로 보아야 한다는 이유로 이 사건 처분이 위법하다고 판단하였으므로, 이러한 원심의 판단에는 채무변제에 갈음하여 채권양도가 이루어진 경우 기타소득의 수입시기에 관한 법리를 오해하여 판결에 영향을 미친 위법이 있다. 이 점을 지적하는 상고이유의 주장에는 정당한 이유가 있다.

3. 결론

그러므로 원심판결을 파기하고, 사건을 다시 심리·판단하도록 원심법원에 환송하기로 하여, 관여 대법관의 일치된 의견으로 주문과 같이 판결한다.

대법관 김소영(재판장) 이인복(주심) 김용덕 이기택

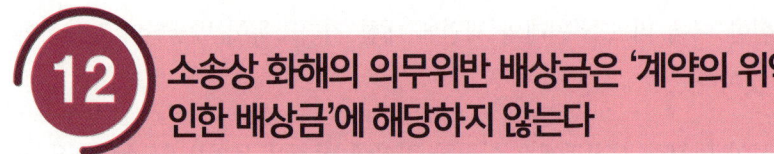

12 소송상 화해의 의무위반 배상금은 '계약의 위약으로 인한 배상금'에 해당하지 않는다

(대법원 2014. 1. 23. 선고 2012두3446 판결, 종합소득세 부과처분 취소)

【판시사항】

재산권에 관한 계약과 관계가 없던 것으로서 소송상 화해로 발생하는 의무 위반을 원인으로 한 배상금이 구 소득세법 제21조 제1항 제10호의 '계약의 위약 또는 해약으로 인하여 받는 위약금과 배상금'에 해당하는지 여부(원칙적 소극)

【판결요지】

구 소득세법(2009. 12. 31. 법률 제9897호로 개정되기 전의 것, 이하 같다) 제21조 제1항 제10호, 제3항, 구 소득세법 시행령(2010. 2. 18. 대통령령 제22034호로 개정되기 전의 것) 제41조 제7항 전문의 문언 내용과 취지 등에 비추어 보면, 이들 규정에서 말하는 위약 또는 해약의 대상이 되는 '계약' 내지 '재산권에 관한 계약'이란 엄격한 의미의 계약만을 가리킨다고 봄이 타당하므로, 소송상 화해는 재산권에 관한 계약을 원인으로 하여 성립되었다는 등의 특별한 사정이 없는 한 거기에 포함된다고 할 수 없다. 따라서 당초 재산권에 관한 계약과 관계가 없던 것으로서 소송상 화해로 비로소 발생하는 의무의 위반을 원인으로 한 배상금은 원칙적으로 구 소득세법 제21조 제1항 제10호에서 규정한 '계약의 위약 또는 해약으로 인하여 받는 위약금과 배상금'에 해당한다고 볼 수 없다.

13 금전대여로 인한 소득이 비영업대금의 이익인지 사업소득 인지의 판단기준

(대법원 1987. 12. 22. 선고 87누784 판결, 종합소득세등 부과처분 취소)

【판시사항】
금전대여로 인한 소득이 비영업대금의 이익인지 사업소득인지의 판단기준

【판결요지】
금전대여로 인한 소득이 소득세법 제17조 제1항 제10호에서 규정하는 비영업대금의 이익인가 같은 법 제20조 제1항 제8호에서 규정하는 사업소득인가의 여부는 금전대여행위가 같은 법상의 사업에 해당하는가 여부에 달려있고, 같은 법에서 말하는 사업에의 해당여부는 당해 금전거래행위의 영리성, 계속성, 반복성의 유무, 거래기간의 장단, 대여액과 이자액의 다과 등 제반사정을 고려하여 사회통념에 비추어 판단하여야 한다.

【참조조문】
소득세법 제17조 제1항 제10호, 제20조 제1항 제8호

【참조판례】
대법원 1984.9.11 선고 83누66 판결
1986.7.8 선고 85누745 판결
1987.5.26 선고 86누96 판결

【전 문】
【원고, 피상고인】 원고 소송대리인 변호사 김홍근
【피고, 상고인】 용산세무서장
【원심판결】 서울고등법원 1987.7.10 선고 86구1217 판결

【주 문】
상고를 기각한다.
상고비용은 피고의 부담으로 한다.

【이 유】
상고이유를 본다.

금전대여로 인한 소득이 소득세법 제17조 제1항 제10호에서 규정하는 비영업대금의 이익인가 같은법 제20조 제1항 제8호에서 규정하는 사업소득인가의 여부는 금전대여행위가 같은법상의 사업에 해당하는가 여부에 달려 있다 할 것이고, 같은법에서 말하는 사업에의 해당 여부는 단기금융업법에 의한재무부장관의 인가를 받거나 사업자등록을 마치는 등 대외적으로 대금업자임을 표방하였는지 여부에 의하여 전적으로 좌우되는 것이 아니라, 당해 금전거래행위의 영리성, 계속성, 반복성의 유무, 거래기간의 장단, 대여액과 이자액의 다과 등 제반사정을 고려하여 사회통념에 비추어 판단하여야 할 것이다 (대법원 1987.5.26 선고 86누96 판결 참조). 같은 견해에서 원심이 그 판시 원고의 이 사건 금전거래행위를 위 제반기준에 비추어 보면 비영업대금 이자소득이라고 보기보다는 오히려 이자수익의 취득을 목적으로 하는 대금업을 영위하여 얻은 사업소득으로 봄이 타당하다고 하고 그것이 비영업대금 이자소득에해당함을 전제로 한 피고의 이사건 처분은 위법

하다고 판단한 조처는 옳고 거기에 소론과 같은 법리오해나 심리미진의 위법사유가 있다고 할 수 없다. 논지는 독자적인 견해에서 원심판결을 탓하는 것이니 받아들일 수 없다.

이에 상고를 기각하고, 상고비용은 패소자의 부담으로 하여 관여법관의 일치된 의견으로 주문과 같이 판결한다.

대법관 최재호(재판장) 윤일영 배석

계약의 위약으로 인한 배상금이 현실 손해에 대한 전보범위 내인 경우 기타소득은 발생하지 않는다

(대법원 2019. 4. 23. 2017두48482, 법인세 원천징수 처분등 취소)

【판시사항】

[1] 구 법인세법 제93조 제11호 (나)목 또는 구 법인세법 제93조 제10호 (나)목 및 구 법인세법 시행령 제132조 제10항 규정의 취지 / 외국법인이 계약의 위약 또는 해약으로 인하여 국내에서 위약금 또는 배상금 명목으로 지급받은 돈이 계약과 관련하여 순자산의 감소를 일으키는 현실적인 손해에 대한 전보범위 내인 경우, 위 규정에서 말하는 '본래의 계약내용이 되는 지급 자체에 대한 손해를 넘어 배상받는 금전'에 해당하는지 여부(소극)

[2] 국내조선사인 갑 주식회사 등과 외국선주사인 을 외국법인 등이 선박건조계약을 체결하였고, 한국수출입은행이 선박건조계약에 따라 갑 회사 등이 을 법인 등으로부터 선수금으로 수령한 선박대금 등의 환급채무를 보증하는 계약을 체결하였는데, 그 후 선박건조계약이 해제됨에 따라 한국수출입은행이 을

법인 등에 선수금 및 그 이자를 지급하자, 과세관청이 선수금이자가 구 법인세법에 따른 기타소득으로서 외국법인의 국내원천소득에 해당하는데도 한국수출입은행이 이에 대한 원천징수를 하지 않았다는 이유로, 한국수출입은행에 해당 사업연도 원천징수 법인세 등을 징수·부과하는 처분을 한 사안에서, 제반 사정에 비추어 선수금이자는 을 법인 등이 실제로 입은 손해를 넘는 금액에 대한 손해배상금이 아니라 실제로 발생한 순자산 감소를 회복시키는 손해배상금이라고 한 사례

【판결요지】

[1] 구 법인세법(2010. 12. 30. 법률 제10423호로 개정되기 전의 것) 제93조 제11호 (나)목 또는 구 법인세법(2011. 12. 31. 법률 제11128호로 개정되기 전의 것) 제93조 제10호 (나)목은 '국내에서 지급하는 위약금 또는 배상금으로서 대통령령이 정하는 소득'을 외국법인의 국내원천소득 중 하나로 규정하고 있고, 그 위임에 따른 구 법인세법 시행령(2010. 12. 30. 대통령령 제22577호로 개정되기 전의 것 및 2010. 12. 30. 대통령령 제22577호로 개정된 것) 제132조 제10항(이하 '위 조항'이라 한다)은 위 각 법조항에서 말하는 '대통령령이 정하는 소득'이란 '재산권에 관한 계약의 위약 또는 해약으로 인하여 지급받는 손해배상으로서 그 명목 여하에 불구하고 본래의 계약내용이 되는 지급 자체에 대한 손해를 넘어 배상받는 금전 또는 기타 물품의 가액을 말한다'라고 규정하고 있다.

위 조항의 취지는, 재산권에 관한 계약의 위약 또는 해약으로 인하여 국내에서 지급받는 외국법인의 위약금과 배상금이 계약상대방의 채무불이행 등으로 인하여 발생한 재산의 실제 감소액에 대한 배상으로서 순자산의 증가가 없는 경우에는 '본래의 계약내용이 되는 지급 자체에 대한 손해'에 해당하여 이를 기타소득으로 볼 수 없지만, 이를 초과하여 위약금과 배상금을 지급받았다면 이는 손해의 전보를 넘어 새로운 수입이나 소득을 발생시키기 때문에 외국법인의 국내원천소득인 기타소득에 해당하므로 과세대상

이 된다는 것이다.

위와 같은 규정 내용 및 취지에 비추어 보면, 외국법인이 계약의 위약 또는 해약으로 인하여 국내에서 위약금 또는 배상금 명목의 돈을 지급받았다고 하더라도, 그것이 계약과 관련하여 순 자산의 감소를 일으키는 현실적인 손해에 대한 전보 범위 내라면 이는 위 조항에서 말하는 '본래의 계약내용이 되는 지급 자체에 대한 손해를 넘어 배상받는 금전'에 해당하지 않는다.

[2] 국내조선사인 갑 주식회사 등과 외국선주사인 을 외국법인 등이 선박건조계약을 체결하였고, 한국수출입은행이 선박건조계약에 따라 갑 회사 등이 을 법인 등으로부터 선수금으로 수령한 선박대금 등의 환급채무를 보증하는 계약을 체결하였는데, 그 후 선박건조계약이 해제됨에 따라 한국수출입은행이 을 법인 등에 선수금 및 그 이자를 지급하자, 과세관청이 선수금이자가 구 법인세법(2010. 12. 30. 법률 제10423호로 개정되기 전의 것 또는 2011. 12. 31. 법률 제11128호로 개정되기 전의 것)에 따른 기타소득으로서 외국법인의 국내원천소득에 해당하는데도 한국수출입은행이 이에 대한 원천징수를 하지 않았다는 이유로, 한국수출입은행에 해당 사업연도 원천징수 법인세 등을 징수·부과하는 처분을 한 사안에서, 제반 사정에 비추어 선수금이자는 을 법인 등이 갑 회사 등에 지급한 선수금을 조달하는 과정에서 통상 을 법인 등이 부담하게 되는 금융비용과 그 밖의 선박건조계약 체결 과정에서 지출하게 된 비용 등에 대한 전보로서 지급이 예정되어 있었던 것으로 볼 수 있고, 그 범위 역시 선박건조계약의 체결 및 해제 경위, 을 법인 등이 입을 수 있는 재산상의 손해 내역 등에 비추어 보면, 선박대금 선지급에 따라 현실적으로 발생한 손해의 합리적인 범위 내에 있으므로, 선수금이자는 을 법인 등이 실제로 입은 손해를 넘는 금액에 대한 손해배상금이 아니라 실제로 발생한 순 자산 감소를 회복시키는 손해배상금이라고 보아야 하는데도, 이와 달리 보아 위 처분이 적법하다고 본 원심판단에 법리오해 등의 잘못이 있다고 한 사례.

15 대여금 채권의 회수불능으로 회수금액이 원금에 미달 시 기 수령 이자는 과세대상이 아니다

(대법원 2013. 9. 13. 선고 2013두6718 판결, 종합소득세등부과처분 취소)

【판시사항】

비영업대금의 이자소득에 대한 과세표준 확정신고 또는 과세표준과 세액의 결정·경정 전에 대여원리금 채권의 회수불능사유가 발생하여 회수 금액이 원금에 미달하는 경우, 회수불능사유가 발생하기 전 과세연도에 회수한 이자소득이 이자소득세의 과세대상이 되는지 여부(소극) 및 대여원리금 채권을 회수할 수 없는 사유가 발생하였는지 판단하는 시점(=과세표준확정신고 또는 과세표준과 세액의 결정·경정이 있은 때)과 회수불능사유 발생 여부의 판단 기준

【판결요지】

비영업대금의 이자소득에 대한 과세표준 확정신고 또는 과세표준과 세액의 결정·경정 전에 대여원리금 채권을 회수할 수 없는 일정한 사유가 발생하여 그때까지 회수한 금액이 원금에 미달하는 때에는 그와 같은 회수불능사유가 발생하기 전의 과세연도에 실제로 회수한 이자소득이 있다고 하더라도 이는 이자소득세의 과세대상이 될 수 없고, 대여원리금 채권의 전부 또는 일부를 회수할 수 없는 사유가 발생하였는지는 이자를 수입한 때를 기준으로 판단할 것이 아니라 과세표준 확정신고 또는 과세표준과 세액의 결정·경정이 있은 때를 기준으로 판단하여야 하며, 그 회수불능사유의 발생 여부는 구체적인 거래내용, 그 후의 정황, 채무자의 자산상황, 지급능력 등을 종합적으로 고려하여 사회통념에 따라 객관적으로 판단하여야 한다.

【참조조문】

구 소득세법(2009. 12. 31. 법률 제9897호로 개정되기 전의 것) 제39조 제1항, 제4항(현행 제39조 제6항 참조), 구 소득세법 시행령(2010. 2. 18. 대통령령 제22034호로 개정되기 전의 것) 제45조 제9호의2, 제51조 제7항, 제55조 제2항 제1호, 제2호

【참조판례】
대법원 2012. 6. 28. 선고 2010두9433 판결

【전 문】
【원고, 상고인】 원고 (소송대리인 법무법인 대아 담당변호사 이경철)
【피고, 피상고인】 양천세무서장
【원심판결】 서울고법 2013. 2. 21. 선고 2012누19702 판결

【주 문】
원심판결을 파기하고, 사건을 서울고등법원에 환송한다.

【이 유】
상고이유를 판단한다.

1. 상고이유 제1점에 관하여

원심은 그 채택 증거를 종합하여, 원고가 2005. 9. 1. 영농조합법인 홍원인삼 제조창(이하 '홍원인삼'이라 한다)에 7억 원을 대여하면서 수수료 명목으로 17,500,000원을, 2005. 10. 4. 홍원인삼에 다시 5억 원을 대여하면서 수수료 명목으로 25,000,000원을 각 지급받은 사실을 인정한 다음, 원고가 홍원인삼으로부터 지급받은 위 수수료 합계 42,500,000원은 원고의 이자수입에 해당한다고 판단하였다.

원고의 상고이유 주장은, 원고를 홍원인삼에 소개한 사람들이 수수료를 받았을 뿐 원고가 수수료를 지급받은 사실이 없음에도 이와 달리 본 원심의 판단이 잘못이라는 것이나, 이는 결국 사실심인 원심의 전권사항에 속하는 증거의 취사선택이나 사실인정을 탓하는 것에 불과하여 적법한 상고이유가 될 수 없고, 나아가 원심의 판단을 기록에 비추어 살펴보더라도 거기에 논리와 경험의 법칙에 반하여 자유심증주의의 한계를 벗어난 잘못이 없다.

2. 상고이유 제2점에 관하여

가. 구 소득세법(2009. 12. 31. 법률 제9897호로 개정되기 전의 것, 이하 같다) 제39조 제1항은 "거주자의 각 연도의 총수입금액과 필요경비의 귀속연도는 총수입금액과 필요경비가 확정된 날이 속하는 연도로 한다."고 규정하고, 구 소득세법 제39조 제4항의 위임에 의한 구 소득세법 시행령(2010. 2. 18. 대통령령 제22034호로 개정되기 전의 것, 이하 같다) 제45조 제9호의2는 비영업대금의 이익의 경우 이자소득에 대한 총수입금액의 수입할 시기를 '약정에 의한 이자지급일'로 하되, '다만 이자지급일의 약정이 없거나 약정에 의한 이자지급일 전에 이자를 지급받는 경우 또는 제51조 제7항의 규정에 의하여 총수입금액 계산에서 제외하였던 이자를 지급받는 경우에는 그 이자지급일로 한다'고 규정하고 있다. 한편 구 소득세법 시행령 제51조 제7항은 '비영업대금의 이익의 총수입금액을 계산함에 있어서 법 제70조의 규정에 의한 과세표준 확정신고 또는 법 제80조의 규정에 의한 과세표준과 세액의 결정·경정 전에 당해 비영업대금이 제55조 제2항 제1호 또는 제2호의 규정에 의한 채권에 해당하여 채무자 또는 제3자로부터 원금 및 이자의 전부 또는 일부를 회수할 수 없는 경우에는 회수한 금액에서 원금을 먼저 차감하여 계산한다. 이 경우 회수한 금액이 원금에 미달하는 때에는 총수입금액은 이를 없는 것으로 한다'고 규정하고 있으며, 제55조 제2항 제1호는 '채무자의 파산·강제집행·형의 집행 또는 사업의 폐지로 인하여 회수할 수 없는 채권'을, 같은 항 제2호는 '채무자의 사망·실종·행방불명 등으로 인하여 회수할 수 없는 채권'을 들고 있다.

나. 원심은 그 채택 증거를 종합하여, ① 원고가 홍원인삼에 2005. 9. 1. 7억 원, 2005. 10. 4. 5억 원, 2006. 2. 10. 3억 원 합계 15억 원을 이자 월 3%로 정하여 대여한 다음, 홍원인삼으로부터 그 이자로 2005년 336,000,000원, 2006년 259,400,000원, 2007년 221,790,000원, 2008년 325,000,000원을 각 지급받았고, 2007. 4. 5. 홍원인삼과 위와 같이 지급받은 이자와는 별도로 그때까지 미지급된 이자 6억 원을 원금으로 전환하기로 합의한 사실, ② 원고는 대여원리금 채권을 담보하기 위하여 홍

원인삼 소유의 영주시 (주소 1 생략) 공장용지 14,995㎡ 등 11건의 부동산(이하 '이 사건 각 부동산'이라 한다)에 관하여 채무자를 홍원인삼 대표이사인 소외 1로 한 채권최고액 합계 30억 원의 각 근저당권설정등기를 경료받은 사실, ③ 한편 피고는 2009. 3. 19. 위 이자 합계 1,417,190,000원(= 336,000,000원 + 259,400,000원 + 221,790,000원 + 원금전환 약정한 6억 원) 등을 각각 원고의 대여원리금 채권에 관한 2005년, 2006년 및 2007년 이자소득의 총수입금액에 산입하여 원고에게 종합소득세를 부과하는 이 사건 각 처분을 한 사실 등을 인정하였다.

나아가 원심은, 이자채권의 회수불능 여부는 원칙적으로 소득세 과세요건의 성립 당시인 수입시기를 기준으로 판단하여야 한다고 전제한 다음, 홍원인삼이 2007. 4. 5. 당시 정상적으로 사업을 운영하고 있었고 그 이후에도 2008. 4. 11.까지 원고에게 약 527,000,000원 정도의 이자를 추가로 지급하였으며, 원고의 대여원리금 채권은 위 각 근저당권에 의하여 충분히 회수가 가능할 것으로 보이는 사정 등에 비추어 볼 때, 원금전환 약정이 있었던 2007. 4. 5. 무렵 원고의 대여원리금 채권이 회수불능으로 인하여 장래 그 실현가능성이 없게 되었음이 객관적으로 명백하다고 단정할 수 없고, 비록 2008. 5. 7.경 이 사건 각 부동산에 관한 임의경매절차가 개시되고 홍원인삼이 2009. 3. 30. 직권폐업 처리되었다고 하더라도 회수불능사유가 발생하기 이전에 이미 구체적으로 실현된 비영업대금의 이익으로 발생한 이자소득의 납세의무에는 아무런 영향을 미칠 수 없다는 이유로, 원금전환 약정한 6억 원 등을 원고의 대여원리금 채권에 관한 2005년, 2006년 및 2007년 이자소득의 총수입금액에 산입하여 한 이 사건 각 처분은 적법하다고 판단하였다.

다. 그러나 원심의 이러한 판단은 다음과 같은 이유에서 수긍할 수 없다.
　(1) 구 소득세법 시행령 제45조 제9호의2, 제51조 제7항의 입법 취지는, 비영업대금의 이자를 지급받으면 그 이자소득이 확정된 것으로 보아 이를 소득세의 과세대상으로 삼는 것이 원칙이지만, 이자를 지급받았

다 하더라도 대여원리금 채권이 채무자의 도산 등으로 회수불능이 되어 장래 그 이자소득이 실현될 가능성이 없게 된 것이 객관적으로 명백하다고 볼 특별한 사정이 있는 경우에는 예외적으로 이를 이자소득세의 과세대상으로 삼지 않겠다는 데 있다(대법원 2011. 9. 8. 선고 2009두13160 판결 등 참조). 이에 구 소득세법 시행령 제51조 제7항은 과세표준확정신고 또는 과세표준과 세액의 결정·경정 당시 대여원리금 채권이 제55조 제2항 제1호 또는 제2호의 규정에 의한 채권에 해당하여 대여원리금의 전부 또는 일부를 회수할 수 없는 경우에 이자소득의 총수입금액을 계산하는 방법을 따로 규정하고, 제45조 제9호의2 단서는 제51조 제7항의 규정에 의하여 총수입금액 계산에서 제외하였던 이자를 지급받는 경우 그 이자소득의 수입시기를 별도로 규정하고 있다. 따라서 비영업대금의 이자소득에 대한 과세표준확정신고 또는 과세표준과 세액의 결정·경정 전에 대여원리금 채권을 회수할 수 없는 일정한 사유가 발생하여 그때까지 회수한 금액이 원금에 미달하는 때에는 그와 같은 회수불능사유가 발생하기 전의 과세연도에 실제로 회수한 이자소득이 있다고 하더라도 이는 이자소득세의 과세대상이 될 수 없고(대법원 2012. 6. 28. 선고 2010두9433 판결 참조), 대여원리금 채권의 전부 또는 일부를 회수할 수 없는 사유가 발생하였는지는 이자를

(2) 원심이 인정한 사실관계와 원심이 적법하게 채택한 증거에 의하면, ① 홍원인삼은 2005. 12. 12. 당좌거래가 정지되었고, 2008. 4. 22. 그 보유자산에 대한 경매가 개시되었으며, 이 사건 각 처분 직후인 2009. 3. 30. 영주세무서장에 의하여 직권으로 폐업된 사실, ② 홍원인삼이나 소외 1은 법인운영자금 부족으로 인하여 원고 이외에도 2006. 12. 12. 채권자 소외 2(채권최고액 5억 원), 2007. 4. 2. 채권자 소외 3(채권최고액 6억 500만 원), 2007. 8. 2. 채권자 주식회사 전일상호저축은행(채권최고액 21억 원)으로부터 돈을 차용하였을 뿐만 아니라, 2008. 5.부터는 원고에게 전혀 원리금을 변제하지 못하였던 사실, ③ 이 사건

각 부동산 중 홍원인삼 소유의 영주시 (주소 1, 2 생략) 토지 및 그 지상 건물 등 8건의 부동산에 관하여는 원고가 최선순위 근저당권자이지만 대구지방법원 안동지원 2008타경2688, 6567 임의경매절차에서 매각된 대금은 합계 831,110,000원에 불과하고, 나머지 영주시 (주소 3, 4, 5 생략) 토지 등 3건의 부동산 매각대금은 합계 371,100,000원인데 원고의 근저당권보다 선순위의 권리자가 존재하였으며, 그 결과 원고는 2009. 11. 11. 전체 매각대금에서 9억여 원밖에 배당받지 못하였던 사실, ④ 소외 1은 2011. 10. 대구교도소에 수감되어 있다가 출소한 이후 그 소재가 분명하지 아니한 사실 등을 알 수 있다.

위와 같은 사실관계를 앞서 본 법리에 비추어 볼 때, 이 사건 각 처분 당시인 2009. 3. 19.을 기준으로 보더라도 홍원인삼이나 소외 1은 원고를 비롯한 채권자들에게 다액의 채무를 변제할 만한 뚜렷한 자력이 없었던 것으로 보이므로, 원고의 대여원리금 채권은 이 사건 각 처분 당시 이미 그 전부를 회수할 수 없음이 객관적으로 명백하게 되었다고 볼 여지가 많고, 이 경우 이 사건 각 처분 당시까지 원고가 회수한 이자 합계 1,142,190,000원(= 336,000,000원 + 259,400,000원 + 221,790,000원 + 325,000,000원)이 원금 15억 원에 미달하므로 원고의 대여원리금 채권에 관한 2005년, 2006년 및 2007년 이자소득의 총수입금액은 없는 것으로 보아야 한다(원금전환 약정한 6억 원을 원고가 이자로 받았다고 보더라도 그만큼 원금이 늘어나므로 같은 결론에 이른다).

(3) 그런데도 원심은 그 판시와 같은 이유만으로 원고의 대여원리금 채권이 회수불능으로 인하여 장래 그 실현가능성이 없게 되었음이 객관적으로 명백한 경우에 해당한다고 볼 수 없고, 회수불능사유가 발생한 것으로 보더라도 이자를 수입하였을 때를 기준으로 하면 그 사유가 발생하기 이전에 이미 구체적으로 실현된 비영업대금의 이익으로 발생한 이자소득의 납세의무에는 아무런 영향을 미칠 수 없다고 판단하였는바, 이는 구 소득세법 시행령 제45조 제9호의2, 제51조 제7항이 규정

하는 비영업대금의 이익과 총수입금액의 계산 등에 관한 법리를 오해하여 필요한 심리를 다하지 아니함으로써 판결에 영향을 미친 것이다. 이 점을 지적하는 원고의 주장은 이유 있다.

원심이 들고 있는 대법원 2003. 5. 27. 선고 2001두8490 판결 및 대법원 2005. 10. 28. 선고 2005두5437 판결은 구 소득세법 시행령 제51조 제7항이 제정·시행되기 전의 사안에 관한 것이어서 이 사건에 원용하기에 적절하지 않다.

3. 결론

그러므로 원심판결을 파기하고, 사건을 다시 심리·판단하게 하기 위하여 원심법원에 환송하기로 하여, 관여 대법관의 일치된 의견으로 주문과 같이 판결한다.

대법관 박보영(재판장) 민일영(주심) 이인복 김신

임의경매에 의한 부동산 소유권의 이전도 양도소득세 과세대상이다

(대법원 1987. 3. 24. 선고 86누711 판결, 양도소득세 부과처분 취소)

【판시사항】

가. 임의경매에 의한 부동산 소유권의 이전이 양도소득세 과세대상인 자산의 양도에 해당되는지 여부(적극)

나. 물상보증인 소유 부동산이 경매되고 주채무자에 대한 구상권 행사가 사실상 불가능한 경우, 양도소득의 성부

【판결요지】

가. 저당권실행을 위한 임의경매는 담보권의 내용을 실현하는 환가행위로서 경락인은 목적부동산의 소유권을 승계취득하는 것이므로 소득세법 제4조 제1항 제3호, 제3항의 양도소득세 과세대상인 자산의 양도에 해당된다.

나. 임의경매에 의하여 물상증인 소유 부동산의 소유권이 이전된 경우, 양도소득의 대상은 경락대금이고 이는 물건소유자에 귀속되는 것이므로 물상보증인이 국세기본법 제14조 제1항에서 말하는 거래귀속의 명의자에 불과하다고 할 수 없으며, 또한 물상보증인의 주채무자에 대한 대위변제에 의한 구상권은 대금 납부후 담보권자에게 대금교부가 되어짐으로써 그 대위 변제적 효과로서 발생하는 것이고 경매의 대가적 성질을 가지는 것이 아니기 때문에 구상권의 행사가 사실상 불능이라고 하더라도 그러한 사정은 양도소득의 성부에 아무 영향이 없다.

【참조조문】

가.나. 소득세법 제4조 제1항 제3호 , 제3항 나. 국세기본법 제14조 제1항

【참조판례】

가.나. 대법원 1986.3.25 선고 85누968 판결

【전 문】

【원고, 상 고 인】 원고
【피고, 피상고인】 동대구세무서장
【원심판결】 대구고등법원 1986.9.3 선고 85구306 판결

【주 문】

상고를 기각한다.
상고비용은 원고의 부담으로 한다.

【이 유】

상고이유를 판단한다.

저당권실행을 위한 임의경매는 담보권의 내용을 실현하는 환가행위로서 경락인은 목적부동산의 소유권을 승계취득하는 것이므로 소득세법 제4조 제1항 제3호, 제3항의 양도소득세 과세대상인 자산의 양도에 해당되는 것이며 양도소득의 대상은 경락대금이고 이는 물건소유자에게 귀속되는 것이므로 물상보증인이 국세기본법 제14조 제1항에서 말하는 거래귀속의 명의자에 불과하다고 할 수 없으며, 또한 물상보증인의 주채무자에 대한 대위변제에 의한 구상권은 대금납부후 담보권자에게 대금교부가 되어짐으로써 그 대위변제적 효과로서 발생하는 것이고 경매의 대가적 성질을 가지는 것이 아니기 때문에 구상권의 행사가 사실상 불능이라고 하더라도 그러한 사정은 양도소득의 성부에 아무 영향이 없는 것이다 (당원 1986.3.25 선고85누968 판결).

원심은 원고 소유의 판시 부동산은 소외 일신전기공업주식회사의 소외 주식회사 한국상업은행에 대한 채무를 담보하기 위하여 근저당권을 설정해 주었는데 위 채무자가 채무의 이행을 지체하자 위 채권자가 이 사건 부동산을 임의경매를 신청하고 소외 1, 소외 2 앞으로 대금 58,289,760원에 경락되고 그 대금이 납부되어 소외인들 명의로 소유권이전등기가 경료되었으므로 피고는 위 경락에 인한 소유권이전을 소득세법(1982.12.21 법률 제3576호로 개정되기 전의 것) 제4조 제1항 제3호, 제3항의 규정에 의한 자산의 양도로 보고 판시 세금을 부과고지한 사실은 적법하다고 단정하였는 바, 위와 같은 취지로 판단한 원심판결은 정당하고 여기에 국세기본법 제14조, 소득세법 제4조 제1항 제3호, 제7조의 법리를 오해한 위법이 없다. 논지는 이유 없다.

그러므로 상고를 기각하고, 상고비용은 패소자의 부담으로 하기로 관여법관의 의견이 일치되어 주문과 같이 판결한다.

대법관 황선당(재판장) 정기승 이병후

PART 21

과세처분에 대한 조세심판원의 행정심판 결정 사례를 살펴보자!

아래 조세심판원의 심판 결정을 다투어 대법원에서 달리 판시한 내용도 있으니 대법원 판례와 다른 심판결정 내용은 대법원 판결이 우선적으로 적용되니 참고하시기 바랍니다.

 배당금 중 변제기일까지의 약정이자는 이자소득으로, 그 이후 배당금은 지연손해금으로서 기타소득이다

(조심 2009부1208호)

- 조세심판관 합동회의로 이자소득과 지연손해금의 범위를 구분한 결정이다.

[결정요지]
금전채무변제 불이행에 따른 저당권의 실행으로 법원으로부터 받은 배당금 중 변제기일 까지의 약정이자 상당액은 이자소득으로, 그 이후 배당금은 지연손해금으로 보아 기타소득에 해당한다.

[주 문]
OOO세무서장이 2009.2.4. 청구인에게 한 2007년 귀속 종합소득세 14,083,930원의 부과처분은 45,097,530원을 기타소득으로 하여 그 과세표준 및 세액을 경정한다.

[이 유]
1. 처분개요

  가. 청구인은 1988.12.30. OOO에게 7백만원을 대여하고 1989.5.30.까지 매월 3%의 이자를, 1989.5.22. 3백만원을 추가로 대여하고

1989.8.22.까지 매월 4%의 이자를 지급받기로 하는 금전소비대차 계약을 각 체결한 후, 채무자 OOO가 소유하던 OOO 토지 5,954㎡ (이하 "담보부동산"이라 한다)에 대하여 채권최고액 14,750,000원의 근저당권을 설정하였다.

나. 청구인은 OOO가 금전소비대차계약에 따른 채무를 변제하지 못하자 법원의 판결을 받아 강제경매를 신청하여 2006.3.17. 담보부동산에 대한 강제경매 개시결정OOO이 되었고, 경락절차를 거쳐 2007.9.19. 배당금으로 56,507,530원(이하 "쟁점배당금"이라 한다)을 받았다.

다. 처분청은 쟁점배당금에서 원금 10,000,000원과 약정에 의한 이자 수입시기인 1989년도 발생이자분 1,410,000원(부과제척기간 만료)을 제외한 45,097,530원(이하 "쟁점금액"이라 한다)을 비영업대금이익인 이자소득으로 보아 2009.2.4. 2007년 귀속 종합소득세 14,083,930원을 경정·고지하였다.

라. 청구인은 이에 불복하여 2009.2.23. 심판청구를 제기하였다.

2. 청구인 주장 및 처분청 의견

가. 청구인 주장

「소득세법」 제21조 제1항 제10호에서 "계약의 위약 또는 해약으로 인하여 받는 위약금과 배상금"을 기타소득으로 규정하고 있으며, 기타소득으로 보는 '위약금 또는 배상금'이라 함은 재산권에 관한 계약의 위약 또는 해약으로 인하여 받는 손해배상으로서 그 명목 여하에 불구하고 본래의 계약의 내용이 되는 지급자체에 대한 손해를 넘는 손해에 대하여 배상하는 금전 또는 기타 물품의 가액이다.

청구인은 1998.9.30. 대여금액을 연 25%의 비율로 지급하라는 ○○○의 판결에 따라 쟁점배당금을 받았으며, 연 25%의 이율은 구「소송촉진 등에 관한 특례법」(1998.1.13. 법률 제5507호로 개정되기 전의 것, 이하 같다)의 규정에 의한 것으로서, 쟁점배당금 중 원금 10,000,000원 및 금전소비대차계약상 변제기일까지의 약정이자 등을 제외한 쟁점금액은 본래의 계약의 내용이 되는 지급자체에 대한 손해를 초과한 것으로서 「민법」상 지연손해배상금에 해당하는 것이므로 기타소득으로 보아야 하고,

「소득세법」상 이자소득의 일종인 '비영업대금의 이익'이란 금전의 대여를 영업으로 하지 않는 자가 일시적·우발적으로 금전을 대여함에 따라 지급받는 이자 또는 수수료 등을 말하는 것으로서, 구「소송촉진 등에 관한 특례법」에 따른 지연손해배상금(지연이자) 성격으로 변제기일 이후에 발생한 쟁점금액은 당초 금전대여의 약정에 의한 이자와 구분되므로 '비영업대금의 이익'에 해당하지 아니하며,

○○○ 판결(1998.11.10. ○○○) 등에서도 지연손해금(지연이자)을 재산권에 관한 계약의 위약 또는 해약으로 인하여 받는 손해배상으로서 기타소득에 해당한다고 보고 있으므로, 쟁점금액은 기타소득으로 하여 경정되어야 한다.

나. 처분청 의견

거주자가 금전채무의 불이행에 따른 저당권 실행으로 채무자가 제공한 담보물을 경매신청하고 법원으로부터 원본액을 초과하여 지급받은 배당금은 「소득세법」제16조 제1항 제12호에 규정된 비영업대금의 이익으로 보아야 하는 것인바, 청구인이 쟁점금액은 같은 법 제21조 제1항 제10호에 따른 기타소득의 하나로 규정하고 있는 "계약의 위약 또는 해약으로 인하여 받는 위약금과 배상금"에 해당하는 것이라고 하며 제

시한 OOO 판례는 수탁보증인의 구상권 행사, 부동산 매매대금 미지급에 관한 준소비대차, 구상권 채권 관련 등에 대한 것으로서 이 사건과는 경우가 다르며, 청구인이 제기한 소송은 손해배상소송이 아니라 대여금 소송이고, 청구인이 2007.8.29. OOO에 접수한 채권계산서의 내용을 보면, 청구인 스스로 원금과 원금에 대한 이자를 계산하여 청구하였음이 확인되며, 소득세법기본통칙 21-1 제4항에 계약의 위약 또는 해약으로 인하여 기타소득으로 보도록 한 내용에도 열거되어 있지 아니하므로, 쟁점금액을 이자소득으로 보아 과세한 처분은 정당하다.

3. 심리 및 판단

가. 쟁점

금전채무변제 불이행으로 강제경매에 따라 법원으로부터 받은 배당금 중 약정변제기일 이후 이자금액이 지연손해금으로 기타소득에 해당하는지 여부

나. 관련법령

(1) 소송촉진 등에 관한 특례법(1998.1.13. 법률 제5507호로 개정되기 전의 것)

제3조 (법정이율) ① 금전채무의 전부 또는 일부의 이행을 명하는 판결(심판을 포함한다. 이하 같다)을 선고할 경우에 금전채무불이행으로 인한 손해배상액 산정의 기준이 되는 법정이율은 그 금전채무의 이행을 구하는 소장 또는 이에 준하는 서면이 채무자에게 송달된 날의 다음날부터는 이자제한법의 범위안에서 대통령령으로 정하는 이율에 의한다. 다만,「민사소송법」제229조에 규정된 소에 해당하는 경우에는 그러하지 아니하다.

(2) 소송촉진 등에 관한 특례법 제3조 제1항의 법정이율에 관한 규정 (2003.5.29. 대통령령 제17981호로 개정되기 전의 것)

「소송촉진 등에 관한 특례법」 제3조 제1항의 규정에 의한 법정이율은 연 2할 5푼으로 한다.

(3) 이자제한법(1998.1.13. 법률 제5507호로 폐지되기 전의 것)

제1조 (이자의 최고한도) ① 금전대차에 관한 계약상의 최고이자율은 연 4할을 초과하지 아니하는 범위안에서 대통령령으로 정한다.

제2조 (초과부분의 무효) 계약상의 이자로서 전조에 정한 제한을 초과하는 부분은 무효로 한다.

(4) 이자제한법 제1조 제1항의 최고이자율에 관한 규정(1997.12.22. 대통령령 제15545호로 개정되기 전의 것)

이자제한법 제1조 제1항의 규정에 의한 금전대차에 관한 최고이자율은 연 2할 5푼으로 한다.

(5) 민법

제379조 (법정이율) 이자있는 채권의 이율은 다른 법률의 규정이나 당사자의 약정이 없으면 연 5푼으로 한다.

제387조 (이행기와 이행지체) ① 채무이행의 확정한 기한이 있는 경우에는 채무자는 기한이 도래한 때로부터 지체책임이 있다. 채무이행의 불확정한 기한이 있는 경우에는 채무자는 기한이 도래함을 안 때로부터 지체책임이 있다.

② 채무이행의 기한이 없는 경우에는 채무자는 이행청구를 받은 때로부터 지체책임이 있다.

제390조 (채무불이행과 손해배상) 채무자가 채무의 내용에 좇은 이행을 하지 아니한 때에는 채권자는 손해배상을 청구할 수 있다.

제397조 (금전채무불이행에 대한 특칙) ①금전채무불이행의 손해배상액은 법정이율에 의한다. 그러나 법령의 제한에 위반하지 아니한 약정이율이 있으면 그 이율에 의한다.

다. 사실관계 및 판단

(1) 청구인이 쟁점배당금의 이자 중 기타소득으로 보아야 한다고 주장하는 금액으로서 처분청이 이자소득으로 보아 과세한 쟁점금액의 산정내역은 다음 표와 같다.

(2) 청구인이 쟁점금액은 구「소송촉진 등에 관한 특례법」에 따라 금전소비대차계약의 변제기일 이후에 해당하는 지연손해금(지연이자)을 지급받은 것으로서 기타소득이라고 주장하며 제출한 차용금 증서와 법원 판결 등의 자료를 보면, 다음과 같이 되어 있다.

 (가) 차용금 증서(2매)에는 채무자가 OOO로 되어 있고, OOO의 인장이 각 날인되어 있으며, 주된 계약 내용은 다음 표와 같이 되어 있다.

 (나) 청구인은 OOO 소유의 담보부동산에 대하여 채권최고액 14,750,000원의 근저당권을 설정(1988.12.31. 9,950,000원, 1989.5.23. 4,800,000원)하였다.

 (다) 청구인은 OOO의 금전소비대차계약 채무불이행에 대하여 OOO에 대여금소송OOO을 제기하였으며, 1998.9.30. '피고는 원고에게 돈 10,000,000원과 그 중 돈 7,000,000원에 대하여는 1988.12.31.부터, 돈 3,000,000원에 대하여는 1989.5.23.부터 갚는 날까지 연 25%의 비율로 계산한 돈을 지급하라'라는 판결을 받았다.

 (라) 청구인은 2006.3.17. OOO으로부터 근저당이 설정된 담보부동산에 대하여 강제경매 개시 결정OOO을 받아 경매가 개시

되었으며, 2007.9.19. 경락절차가 종결되어 쟁점배당금 56,507,533원(원금 10,000,000원, 이자 46,507,533원)을 수령하였다.

(3) 처분청이 제출한 자료 중 청구인이 2007.8.29. OOO에 접수한 채권계산서 내용을 보면, 채권액(쟁점배당금) 56,507,533원의 내역으로 원금 10,000,000원, 이자 46,507,533원(① 32,760,958원 + ② 13,746,575원)으로 되어 있으며, 이자내역은 다음과 같이 되어 있다.

① 32,760,958원 = 원금 7,000,000원에 대하여 1988.12.31.부터 2007.9.19.까지 연 25%

② 13,746,575원 = 원금 3,000,000원에 대하여 1989.5.23.부터 2007.9.19.까지 연 25%

(4) 살피건대,「소득세법」제16조 제1항 제12호에서 비영업대금의 이익을 '이자소득'으로 규정하고 있고, 같은 법제21조 제1항 제10호 및 같은 법 시행령 제41조 제7항에서 재산권에 관한계약의 위약 또는 해약으로 인하여 받는 위약금과 배상금으로서 그 명목 여하에 불구하고 본래의 계약의 내용이 되는 지급자체에 대한 손해를 넘는 손해에 대하여 배상하는 금전 또는 기타 물품의 가액을 '기타소득'으로 규정하고 있으며,「민법」제387조와 제390조 및 제397조에 의하면 채무이행의 확정한 기한이 있으면 기한이 도래한 때부터 지체책임을 지게 되고, 채무자가 채무의 내용에 좇은 이행을 하지 아니한 때에는 채권자는 손해배상을 청구할 수 있으며, 금전채무불이행의 손해배상액은 법령의 제한에 위반하지 아니한 약정이율이 있으면 그 이율에 의하고, 없으면 법정이율에 의한다고 규정하고 있는바, 채무의 이행지체로 인한 지연배상금이 본래의 계약의 내

용이 되는 지급자체에 대한 손해라고 할 수 없는 것이고, 나아가 그 채무가 금전채무라고 하여 달리 해석할 것은 아니므로 금전채무의 **이행지체로 인하여 발생하는 지연손해금은 그 성질이 손해배상금이지 이자가 아니라고 할 것이다.**

쟁점금액은 금전소비대차 계약상의 금전채무 변제 불이행으로 인하여 법원을 통하여 약정변제기일(1989.5.30. 및 1989.8.22.) 이후부터 쟁점배당금의 수령일 까지에 해당하는 기간에 대하여 지급받은 금원으로서 그 성질이 이자가 아닌 지연손해금에 해당한다고 보아야 할 것이고, 지연손해금인 쟁점금액은 "계약의 위약 또는 해약으로 인하여 받는 위약금과 배상금"으로서「소득세법」상 기타소득에 해당한다고 하겠다.

(5) 따라서, 처분청이 쟁점금액을 "이자소득"으로 보아 종합소득세를 과세한 처분은 잘못이라고 하겠으므로 쟁점금액을 "기타소득"으로 하여 그 과세표준과 세액을 경정함이 타당하다고 판단된다.

4. 결 론

이건 심판청구는 **조세심판관 합동회의 심리결과 청구주장이 이유 있으므로**「국세기본법」제81조 및 제65조 제1항 제3호의 규정에 의하여 주문과 같이 결정한다.

02 의무불이행을 이유로 매월 수령하는 금전은 지연손해금으로서 기타소득에 해당한다

(조세심판원 심판청구 사건번호 2011서0866호)

[결정요지]

금전채무 이행지체로 인하여 발생하는 지연손해금은 계약의 위약으로 인하여 받는 위약금과 배상금으로서 소득세법상 기타소득에 해당하며, 그 귀속 시기는 실제로 지급받은 날이 된다.

[관련법령] 부가가치세법 제12조

[참조결정] 국심2004서1239 / 조심2009부1208

[주 문]

동작세무서장이 2010.10.8. 청구인에게 한 2006년~2009년 귀속 종합소득세 4건 합계 1,094,109,810원의 부과처분은 동일건설 주식회사로부터 실제 지급받은 2006년 4억원(이자소득 1억 5천만원, 기타소득 2억5천만원) 및 2008년 4억원(기타소득)을 해당연도의 과세대상 소득(〈표11〉 참조)으로하여 그 과세표준 및 세액을 경정하고, 나머지 청구는 기각한다.

[이 유]

1. 처분개요

가. 처분청은 청구인이 2005.11.8. 동일건설 주식회사(이하 "동일건설"이라 한다)에게 원금 4억원을 대부하고 2006.1.6.까지 원리금 합계액 5억 5천만원을 지급받기로 하면서 이를 지급받지 못하는 경우에는 이후 매월 1억원의 이익금을 지급받기로 한 사실을 조사하여

다음 〈표1〉과 같이 2006년부터 지급받기로 한 이자 21억 5천만원(청구인은 약정이자 1억 5천만원을 제외한 나머지를 지연손해금이라고 주장하고 있으며, 이하 "쟁점금액"이라 한다)을 비영업대금의 이익으로 보아 2010.10.8. 청구인에게 종합소득세 4건 합계 1,094,109,810원을 결정·고지하였다.

〈표1〉 쟁점금액 및 과세처분 내역   (단위 : 원)

연도	비영업대금 이익	고지세액	비고(기타소득 해당분)*
2006	1,250,000,000	652,372,390	
2007	660,000,000	353,247,420	540,000,000
2008	120,000,000	46,383,000	1,080,000,000
2009	120,000,000	43,107,000	1,080,000,000
합계	2,150,000,000	1,095,109,810	

* 「이자제한법」에 따라 2007.6.30. 이후 받기로 한 이자 중 최고이자율 초과분을 기타소득으로 보아 그 실현시점(실제 지급일)에 과세하기 위해 누적관리하도록 한 금액

나. 청구인은 이에 불복하여 2010.11.3. 심판청구를 제기하였다.

2. 청구인 주장 및 처분청 의견
가. 청구인 주장
(1) 청구인이 받기로 한 쟁점금액 중 이자약정액 1억 5천만원을 제외한 나머지 금액 20억원(약정위반시 매월 지급받기로 한 1억원)은 지급시기의 약정이 없는 비영업대금의 이익에 대한 지연손해금이고, 지연손해금은 실제로 지급받는 날이 수입시기가 되는바, 현재까지 쟁점금액(지연손해금)을 지급받지 못하였으므로 수입시기가 도래하지 아니한 쟁점금액 중 20억원에 대하여 종합소득세를 부

과한 처분은 부당하므로 취소되어야 한다(국심 2004서1239, 2005.12.1., 대법원 2008두6875, 2009.3.12.).

(2) 청구인으로부터 금전을 대부받은 동일건설은 강제집행을 당하고 있고, 체납상태에 있으며, 누적결손금이 96억원에 달하는 등 결손이 과다하고, 사업이 실질적으로 폐지된 상태에 있어 쟁점금액을 회수할 수 없는 상태임이 분명하므로 쟁점금액 전부를 총수입금액으로 보아 과세함은 부당하며, 청구인이 회수한 8억원 중 원금 4억원을 먼저 공제한 후 이자약정액 1억 5천만원은 이자소득으로, 나머지 지연손해금 2억 5천만원은 기타소득으로 과세하여야 한다.

나. 처분청 의견

(1) 청구인이 동일건설과 2005.11.8. 작성한 투자약정서를 보면 투자형식으로 자금을 대여한 것으로 되어 있지만, 투자금을 정산하여 이익금으로서 쟁점금액을 지급받기로 한 것이 아니라 기간 경과에 따라 이자를 지급받은 것이므로 그 실질은 비영업대금의 이익(대구지방법원 2010구합1073, 2010.11.17.)에 해당하고,

청구인은 "매월 1억원의 이익금을 지급하기로 한다"는 투자약정서 제3조를 들어 매월 1억원(지연손해금)의 지급시기가 정해져 있지 아니하다고 주장하나, 이미 투자약정서 제2조에서 2006.1.6.까지로 지급시기를 정한 바 있고, 「민법」제157조 및 제159조에 따라 기간을 일, 주, 월 또는 년으로 정한 때에는 기간말일의 종료로 기간이 만료되므로, 투자약정서 제3조에 따른 지급시기는 제2조에 따라 지급시기에서 기간(월)의 종료에 따라 지급시기가 도래하였다 할 것이며, 투자약정서 제1조에 따라 청구인에게 동일건설 소유의 서울특별시 동작구 대방동 11-37, 11-38, 15-25의 토지·건물이 2005.11.7. 8억원에 소유권이전청구가등기가 된 사실이 부동

산 등기부등본에 의해 확인되는바, 이와 같이 충분한 담보를 설정하고 금전을 대여한 경우 이자지급 약정일이 수입시기(서울행정법원 2008구합24378, 2008.10.5.)가 되는 점에 비추어 쟁점금액 중 지연손해금의 수입시기가 불명확하므로 이를 지급받는 시점에서 종합소득세를 과세하여야 한다는 청구주장은 이유없다.

한편, 청구인이 제시한 심판결정례(국심 2004서1239, 2005.12.1.)는 약정 해제 이후의 지연손해금에 관한 것이고, 대법원 판례(2008두6875, 2009.3.12.)는 부동산매매대금과 관련한 준소비대차계약에 관련된 것으로서 "구체적으로 어떠한 내용으로 약정되었는지에 대하여 별다른 명시적 언급이 없는 경우"이므로 이 사건과는 사실관계가 다르다.

(2) 청구인은 채무자인 동일건설이 무재산으로 인하여 실질적으로 이자를 회수할 수 없는 경우에 해당하고, 회수된 금액은 모두 원금을 회수한 것으로 보아야 한다고 주장하나, 다음과 같이 청구주장은 이유없다.

(가) 동일건설은 국세청 통합인증관리시스템에 의해 계속사업자로 확인되고, 다음 〈표2〉와 같은 부동산을 소유하고 있으므로 강제집행으로 인하여 약정이자를 회수할 수 없다는 청구인의 주장은 신뢰할 수 없다.

〈표2〉 동일건설 부동산 소유현황

순번	소재지	면적(㎡)	
		토지	건물
1	서울특별시 동작구 대방동 11-18	93	52
2	같은 곳 11-100	50	
3	같은 곳 15-21	149	100

4	같은 곳 14-31	93	113
5	같은 곳 14-27	136	134
6	같은 곳 68-101	37	
7	같은 곳 11-18	145	
8	같은 곳 11-11	46	39
9	같은 곳 11-34	102	80
10	같은 곳 11-49	116	74
11	같은 곳 11-77	149	71
12	같은 곳 11-87	93	54
13	같은 곳 68-91	18	
14	같은 곳 11-36	96	132
15	같은 곳11-40	99	136
	합계	1,422	985

(나) 청구인은 동일건설의 채무과다로 지급할 여력이 없다고도 주장하나, 청구인이 동일건설에 가압류조치를 하는 등 채권을 회수할 의지와 가능성이 있다고 보이므로 이러한 주장은 이유없다.

(다) 청구인은 다음 〈표3〉과 같이 동일건설로부터 회수한 금액이 240,333,000원에 불과하다고 주장하나, 청구인을 대리하여 친동생이자 대부업 종사자인 박성민이 동일건설에 2008.8.12. 보낸 "투자금 정산에 관하여"라는 제목의 내용증명 21번란에는 2008.8.12. 현재 정산금액과 미지급채권이 다음 〈표4〉와 같이 표시되어 있고, 이에 의하면청구인이 회수한 금액이 8억원이므로 청구인의 주장은 신빙성이 없다.

〈표3〉 청구인 주장 회수금액

○ 서울특별시 동작구 대방동 11-37 평가액 : 240,000,000원(단독 주택 공시가액)

○ 같은 곳 11-38 평가액 : 260,333,000원
○ 합계액 : 500,333,000원
○ 차감 : 선순위 채권액 △180,000,000원
    : 전세보증금 △80,000,000원
○ 채권회수액 : 240,333,000원

〈표4〉 투자금 정산서에 의한 회수금액

○ 2008.5.30.서울특별시 동작구 대방동 11-37 매각대금 : 400,000,000원(매매금액 580,000,000원 중 설정금 180,000,000원 공제)
○ 같은 곳 11-38 소유권이전 : 400,000,000원
○ 회수금액 합계액 : 800,000,000원
※ 미지급 채권 : 2,672,000,000원

(라) 또한, 채권자가 채무자의 부도로 인하여 대여금 채권을 회수할 수 없게 된 경우 그 회수불능사유가 발생하기 이전에 이미 수령한 이자소득은 비록 그 이후에 채권원리금 전부를 회수할 가능성이 없게 되었더라도 이자소득세의 과세대상이 되는 것이므로(대법원 2005두5437, 2005.10.28. 및 2001두1536, 2002.10.25.), 회수한 금액을 먼저 원금에서 차감하여야 한다는 청구주장은 이유없다.

3. 심리 및 판단
가. 쟁점

① 채무자로부터 약정기간 경과 후 의무불이행 등을 이유로 매월 지급받기로 한 OOO원은 지연손해금으로서 기타소득에 해당하므로 그 수입시기를 실제 수령일로 보아야 한다는 청구주장의 당부

② 채무자로부터 대여금의 원리금을 회수할 수 없는 상태이므로 회수

가 불가능한 금액을 이자소득 총수입금액에서 제외하여야 하고, 원금 ○○○원을 기회수한 금액에서 먼저 차감하여야 한다는 청구주장의 당부

나. 관련법령
(1) 소득세법
제16조【이자소득】
① 이자소득은 당해연도에 발생한 다음 각호의 소득으로 한다.
　12. 비영업대금의 이익
　13. 제1호 내지 제12호의 소득과 유사한 소득으로서 금전의 사용에 따른 대가의 성격이 있는 것
② 이자소득금액은 당해연도의 총수입금액으로 한다.
③ 제1항 각호의 규정에 의한 이자소득 및 제2항의 규정에 의한 이자소득금액의 범위에 관하여 필요한 사항은 대통령령으로 정한다.

제21조【총수입금액의 계산】
① 기타소득은 이자소득 · 배당소득 · 부동산임대소득 · 사업소득 · 근로소득 · 일시재산소득 · 연금소득 · 퇴직소득 · 양도소득 및 산림소득 외의 소득으로 다음 각호에 규정하는 것으로 한다.
　10. 계약의 위약 또는 해약으로 인하여 받는 위약금과 배상금

제24조【총수입금액의 계산】
① 거주자의 각 소득에 대한 총수입금액의 계산은 당해연도에 수입하였거나 수입할 금액의 합계액에 의한다.
② 제1항의 경우 금전 외의 것을 수입하는 때에는 그 수입금액을 그 거래당시의 가액에 의하여 계산한다.
③ 총수입금액의 계산에 있어서 수입하였거나 수입할 금액의 범위와 계산 또는 확정시기에 관하여 필요한 사항은 대통령령으로 정한다.

(2) 소득세법 시행령

제50조【기타소득 등의 수입시기】

① 기타소득의 수입시기는 다음 각 호에 따른 날로 한다.

3. 제1호 및 제2호 외의 기타소득

그 지급을 받은 날

제41조【저작권 사용료 등의 범위】

③ 법 제21조 제1항 제10호에서 "위약금 또는 배상금"이라 함은 재산권에 관한 계약의 위약 또는 해약으로 인하여 받는 손해배상으로서 그 명목 여하에 불구하고 본래의 계약의 내용이 되는 지급자체에 대한 손해를 넘는 손해에 대하여 배상하는 금전 또는 기타 물품의 가액을 말한다. 이 경우 계약의 위약 또는 해약으로 인하여 반환받은 금전 등의 가액이 계약에 의하여 당초 지급한 총금액을 넘지 아니하는 경우에는 지급자체에 대한 손해를 넘는 금전 등의 가액으로 보지 아니한다.

제45조【이자소득의 수입시기】

이자소득에 대한 총수입금액의 수입할 시기는 다음 각호에 규정하는 날로 한다.

9의2. 비영업대금의 이익

약정에 의한 이자지급일. 다만, 이자지급일의 약정이 없거나 약정에 의한 이자지급일전에 이자를 지급 받는 경우 또는 제51조 제7항의 규정에 의하여 총수입금액 계산에서 제외하였던 이자를 지급 받는 경우에는 그 이자지급일로 한다.

제51조【총수입금액의 계산】

⑦ 법 제16조 제1항 제12호의 규정에 의한 비영업대금의 이익의 총수입금액을 계산함에 있어서 법 제70조의 규정에 의한 과세표준확정

신고 또는 법 제80조의 규정에 의한 과세표준과 세액의 결정·경정 전에 당해 비영업대금이 제55조 제2항 제1호 또는 제2호의 규정에 의한 채권에 해당하여 채무자 또는 제3자로부터 원금 및 이자의 전부 또는 일부를 회수할 수 없는 경우에는 회수한 금액에서 원금을 먼저 차감하여 계산한다. 이 경우 회수한 금액이 원금에 미달하는 때에는 총수입금액은 이를 없는 것으로 한다.

제55조【부동산임대소득 등의 필요경비의 계산】
② 제1항 제16호의 규정에 의한 대손금은 다음 각호의 1에 해당하는 것으로 한다.
1. 채무자의 파산·강제집행·형의 집행 또는 사업의 폐지로 인하여 회수할 수 없는 채권
2. 채무자의 사망·실종·행방불명 등으로 인하여 회수할 수 없는 채권
3. 기타 재정경제부령이 정하는 바에 의하여 회수할 수 없다고 인정되는 채권

(3) 소득세법 시행규칙
제25조【회수불능채권의 범위】
① 영 제55조 제2항 제3호에서 "재정경제부령이 정하는 바에 의하여 회수할 수 없다고 인정되는 채권"이라 함은 다음 각호의 1에 해당하는 것으로 한다.
1. 외상매출금 및 미수금으로서 「상법」상의 소멸시효가 완성된 것
2. 외상매출금 또는 미수금과 관련하여 받은 「어음법」상의 소멸시효가 완성된 어음
3. 외상매출금 또는 미수금과 관련하여 받은 「수표법」상의 소멸시효가 완성된 수표
4. 대여금 및 선급금으로서 「민법」상의 소멸시효가 완성된 것

5. 부도발생일부터 6월 이상 경과한 수표 또는 어음상의 채권과 외상매출금(「조세특례제한법 시행령」제2조의 규정에 의한 중소기업의 외상매출금으로서 부도발생일 이전의 것에 한한다). 다만, 당해사업자가 채무자의 재산에 대하여 저당권을 설정하고 있는 것을 제외한다.

7. 「국세징수법」제86조 제1항 제1호 및 동법 시행령 제83조의 규정에 의하여 세무서장으로부터 국세결손처분을 받은 채무자에 대한 채권. 다만, 당해 사업자가 채무자의 재산에 대하여 저당권을 설정하고 있는 것을 제외한다.

8. 「민사집행법」제102조의 규정에 의하여 채무자의 재산에 대한 경매가 취소된 압류채권

9. 「회사정리법」에 의한 정리계획인가 또는 「화의법」에 의한 화의인가의 결정에 따라 회수불능으로 확정된 채권

10. 회수기일을 6월 이상 경과한 채권 중 회수비용이 당해 채권가액을 초과하여 회수의 실익이 없다고 인정되는 10만원 이하의 채권

(4) 민법

제157조【기간의 기산점】

기간을 일, 주, 월 또는 연으로 정한 때에는 기간의 초일은 산입하지 아니한다. 그러나 그 기간이 오전영시로부터 시작하는 때에는 그러하지 아니하다.

제159조【기간의 만료점】

기간을 일, 주, 월 또는 연으로 정한 때에는 기간말일의 종료로 기간이 만료한다.

제379조【법정이율】
이자있는 채권의 이율은 다른 법률의 규정이나 당사자의 약정이 없으면 연 5분으로 한다.

제387조【이행기와 이행지체】
① 채무이행의 확정한 기한이 있는 경우에는 채무자는 기한이 도래한 때로부터 지체책임이 있다. 채무이행의 불확정한 기한이 있는 경우에는 채무자는 기한이 도래함을 안 때로부터 지체책임이 있다.

② 채무이행의 기한이 없는 경우에는 채무자는 이행청구를 받은 때로부터 지체책임이 있다.

제397조【금전채무불이행에 대한 특칙】
① 금전채무불이행의 손해배상액은 법정이율에 의한다. 그러나 법령의 제한에 위반하지 아니한 약정이율이 있으면 그 이율에 의한다.

② 전항의 손해배상에 관하여는 채권자는 손해의 증명을 요하지 아니하고 채무자는 과실없음을 항변하지 못한다.

제479조【비용, 이자, 원본에 대한 변제충당의 순서】
① 채무자가 1개 또는 수개의 채무의 비용 및 이자를 지급할 경우에 변제자가 그 전부를 소멸하게 하지 못한 급여를 한 때에는 비용, 이자, 원본의 순서로 변제에 충당하여야 한다.

② 전항의 경우에 제477조의 규정을 준용한다.

(5) 이자제한법(2007.3.29. 법률 제8322호로 제정된 것)

제2조【이자의 최고한도】
① 금전대차에 관한 계약상의 최고이자율은 연 40퍼센트를 초과하지 아니하는 범위 안에서 대통령령으로 정한다.

② 제1항에 따른 최고이자율은 약정한 때의 이자율을 말한다.

③ 계약상의 이자로서 제1항에서 정한 최고이자율을 초과하는 부분은 무효로 한다.

④ 채무자가 최고이자율을 초과하는 이자를 임의로 지급한 경우에는 초과 지급된 이자 상당금액은 원본에 충당되고, 원본이 소멸한 때에는 그 반환을 청구할 수 있다.

제4조【간주이자】

예금(禮金), 할인금, 수수료, 공제금, 체당금(替當金), 그 밖의 명칭에도 불구하고 금전의 대차와 관련하여 채권자가 받은 것은 이를 이자로 본다.

(6) 이자제한법 제2조 제1항의 최고이자율에 관한 규정(2007.6.28. 대통령령 제20118호로 제정된 것)

「이자제한법」제2조 제1항에 따른 금전대차에 관한 계약상의 최고이자율은 연 30퍼센트로 한다.

부칙

이 영은 2007년 6월 30일부터 시행한다.

다. 사실관계 및 판단

(1) 처분청 조사공무원이 청구인에 대한 세무조사를 실시하고 작성한 보충조서의 주요내용은 다음과 같다.

 (가) 청구인은 미등록사업자이고, OOO에서 대부업을 영위하는 주식회사 OOO의 대표이사 정OOO의 배우자이다.

 (나) 주식회사 OOO의 2005~2008사업연도 법인세 부분조사 중 청구인의 비영업대금 이익(이자소득) 탈루 사실이 확인되어 종합소득세 통합조사 대상자로 선정하였다.

 (다) 청구인은 2005.11.7.경 OOO과 투자약정서를 작성하고 4억원을 대여한 후 OOO부동산의 소유권이전청구권을 가등기하였으며,

투자약정서에서 2006.1.6.까지 OOO원을 지급하되, 그렇지 못하면 매달 OOO원의 이익금(이자)을 지급하기로 약정하였는바, 투자형식으로 자금을 대여하였지만 투자금을 정산하여 이익금을 지급하는 것이 아니라, 기간경과에 따라 이자(이익금)를 받은 것이므로 실질은 비영업대금의 이익이다.

(2) 청구인과 OOO이 2005.11.8. 작성한 투자약정서의 내용은 다음 〈표5〉와 같다.

(3) 청구인이 OOO로부터 위 투자약정서와 관련하여 담보로 제공받은 부동산 3건의 관련 등기내역은 다음 〈표6〉과 같고, 이에 의하면 OOO 부동산은 2006.11.1. 청구인 명의로 소유권을 이전하였으며, OOO 부동산은 청구인의 어머니의 명의로 소유권이 이전되었다가 2008.5.30. OOO원에 매매되었고, OOO부동산은 청구인이 2005.11.8. 소유권이전청구권을 가등기하였으나 2006.10.25. 타인에게 매매된 사실이 나타난다.

(4) 청구인이 동생인 박OOO이 2008.8.12. 동일건설에게 보낸 내용증명우편의 주요내용은 다음 〈표7〉과 같고, 이에 의하면 청구인은 OOO로부터 담보로 제공받은 부동산을 통해 2006년 및 2008년에 각 OOO 합계 OOO을 회수한 사실을 인정하고 있음을 알 수 있다.

(5) 청구인은 2008.5.15. OOO지방법원의 결정(사건번호 OOO, 청구금액 OOO원)을 받아 다음 〈표8〉과 같이 동일건설 소유의 부동산 30건을 가압류하였다.

(6) 청구인은 OOO 소유의 부동산에 대해 가압류(최고액 OOO원)를 하였으나, 선순위 근저당권자가 있는 등으로 실제로 회수할 수 있는 금액은 없다고 주장하면서 다음 〈표9〉와 같은 선순위채권 내역 등을 제시하였다.

(7) 청구인이 제출한 OOO에 대한 외부감사보고서(OOO 작성)에는 OOO의 회계기록이 부실하기 때문에 회계감사기준에서 요구하는 감사절차를 취하지 못하여 의견을 표명하지 아니한다고 되어 있고(의견거절 보고서), 첨부된 재무재표에 나타나는 재무현황은 다음 〈표10〉과 같다.

(8) 쟁점①에 대하여 살펴보면, 「소득세법」제16조 제1항 제12호에서 비영업대금의 이익을 '이자소득'으로 규정하고 있고, 같은 법 제21조 제1항 제10호 및 같은 법 시행령 제41조 제7항에서 재산권에 관한 계약의 위약 또는 해약으로 인하여 받는 위약금과 배상금으로서 그 명목 여하에 불구하고 본래의 계약의 내용이 되는 지급자체에 대한 손해를 넘는 손해에 대하여 배상하는 금전 또는 기타 물품의 가액을 '기타소득'으로 규정하고 있으며, 「민법」제387조와 제390조 및 제397조에 의하면 채무이행의 확정한 기한이 있으면 기한이 도래한 때부터 지체책임을 지게 되고, 채무자가 채무의 내용에 좇은 이행을 하지 아니한 때에는 채권자는 손해배상을 청구할 수 있으며, 금전채무불이행의 손해배상액은 법령의 제한에 위반하지 아니한 약정이율이 있으면 그 이율에 의하고, 없으면 법정이율에 의한다고 규정하고 있는바,

채무의 이행지체로 인한 지연배상금이 본래의 계약의 내용이 되는 지급자체에 대한 손해라고 할 수 없는 것이고, 나아가 그 채무가 금전채무라고 하여 달리 해석할 것은 아니므로 금전채무의 이행지체로 인하여 발생하는 지연손해금은 그 성질이 손해배상금이지 이자가 아니라고 할 것(조심 2009부1208, 2010.6.30. 합동회의 참조)이며, 청구인이 OOO과 2005.11.8. 작성한 투자약정서 제2조에서 "청구인이 OOO에게 OOO원을 투자하고, 투자기간은 약정서 작성 후부터 2개월(2005.11.7.~2006.1.6.)로 하고 OOO은 청구인에게 2개월 후 투자이익금 OOO원과 원금을 포함하여 OOO원을 2006.1.6.까지 지급하기로 한다"라고 약정하는 한편, 제3조에서 "OOO이 제2조의 내용의 의무를

이행하지 않거나 약정 기일이 지나도 지급하지 않을 때에는 매월 OOO원의 이익금을 OOO이 청구인에게 지급하기로 한다"라고 되어 있으므로, 당해 처분문서에서 당사자가 서로 약정한 내용대로 **대여금 원리금의 변제기 이후에 매월 지급하기로 한 1억원은 금전소비대차 계약상의 금전채무 변제 불이행에 대하여 지급받기로 한 금원으로서 그 성질이 이자가 아닌 지연손해금에 해당한다고 보아야 할 것이고,** 이는 "계약의 위약 또는 해약으로 인하여 받는 위약금과 배상금"으로서「소득세법」상 **기타소득에 해당하며,** 그 귀속 시기는 실제로 지급받은 날이 된다.

따라서, 쟁점금액을 전부 비영업대금의 이익(이자소득)으로 보아 과세한 처분은 잘못이 있다고 판단되고, 위에서 살펴 본 바와 같이 청구인이 OOO로부터 2006년 및 2008년에 각OOO원을 지급받은 사실이 확인되므로 청구인에 대한 과세처분은 다음 〈표11〉과 같이 소득의 종류 및 소득귀속시기가 경정되어야 할 것이다.

(9) 다음으로 쟁점②에 대하여 살펴보면, 청구인이 제시한 증빙에 의해 OOO 소유 부동산에 대해 선순위 채권이 설정되어 있고, 동일건설의 사업 및 재무상태가 악화된 내용이 나타나기는 하나, 이러한 사정만으로 곧바로 회수가능성이 전혀 없다고 단정하기는 어려운 점, 청구인이 투자약정서에 의해 담보로 제공받은 부동산 3건 중 OOO 부동산이 남아 있으며, 청구인이 다수의 OOO 소유의 부동산에 대해 가압류하는 등 회수절차를 진행하고 있는 점 등을 종합하여 볼 때 청구주장을 받아들이기 어렵다고 판단된다.

4. 결론

이건 심판청구는 심리결과 청구주장이 일부 이유있으므로「국세기본법」제81조, 제65조 제1항 제2호 및 제3호에 의하여 주문과 같이 결정한다.

03 이자 지급기간 이후부터 받는 금액은 지연손해금으로 기타소득이다

(사건번호 조심2008중1140호)

[결정요지]
지연손해금 성격인 기타소득의 수입 시기는 소득세법 시행령 제50조에 의하여 그 지급을 받은 날인 이상 각 시기를 그 귀속시기로 하여 그 과세표준과 세액을 경정함이 타당함(조심2008서1940)

[관련법령] 소득세법 제16조【이자소득】/ 소득세법시행령 제41조【기타소득의 범위 등】

[주 문]
○○세무서장이 2007.4.26. 청구인에게 한 2000년 귀속 종합소득세 2,870,895,980원의 부과처분은 청구인이 당초 변제대상 원리금을 초과하여 수령한 금액을 기타소득으로, 그 수입시기를 지급을 받은 날이 속하는 2004년과 2007년으로 한 후 대응하는 필요경비 등을 재조사하여 그 과세표준과 세액을 경정한다.

[이 유]

1. 처분개요

가. 1997.9.12. 당시 주식회사 ○○○○(1981.2.27. 설립되어 2006.12.18.「상법」제520조의2 제1항에 의한 해산간주로 등기되었고, 국세통합전산망상 미등록사업자로서 이하 "○○쇼핑"이라 한다)의 대표이사인 ○○○○ ○○○○ ○○○○ 대한 대여금 등 채무 740,000,000원과 ○○○(○○○○ 배우자로 1996.9.6. 이혼하였다)에 대한 이혼위자료 등

의 채무 500,000,000원 합계 1,240,000,000원에 대하여 청구인과 ○○○○○ 1997.10.30.까지 이를 각각 상환하되, 1997.10.30. 이후부터는 지급일까지 연간 21%의 이자를 가산하고, 1999.9.12.까지도 이를 불이행할 경우 ○○쇼핑 소유권자 수습대책위원회(1980.10.3. 최초 설립된 비법인사단으로서 당초 명칭 ○○○쇼핑센타 분양인 사후 수습대책위원회'에서 1994.7.21. 현재 명칭으로 변경되었으며 이하 "수습위"라 한다)로부터 받을 채권(이하 "쟁점채권"이라 한다)을 청구인과 ○○○에게 양도하기로 각각 약정(이하 "이 사건 약정"이라 한다)하였다.

나. 이 사건 약정 전인 1997.6.23. ○○○○ 법인양수도계약을 체결하고 액면가액이 3,500,000,000원이고 지급기일이 1997.9.23.인 약속어음을 수취하였고, 이 사건 약정 이후인 2000.5.8. 수습위를 상대로 위 어음금지급명령을 구하는 소를 제기하여 2000.5.19. 원금 35억원과 어음지급기일 다음날인 1997.9.24.부터 완제시까지 연간 36%의 이자에 대한 지급명령을 받았다.

다. 청구인과 ○○○○ 이 사건 약정상의 채무를 ○○○○ 불이행하자 위 어음금지급명령이 확정된 후인 2000.7.24. 쟁점채권(당시 원금 3,500,000,000원 및 완제일까지의 연간 36%의 이자지급명령에 따라 양도일인 2000.7.24.까지의 이자 3,565,972,603원의 명목가액 합계인 7,065,972,603원)을 ○○○으로부터 양도받은 후, 2000.8.16. 수습위 소유의 ○○○○○ ○○○ ○○○ ○○○○○○○ 대지 4823.1㎡에 대한 강제경매를 신청하여 2002.9.5. 배당금 1,541,506,127원을 배당(동 금액은 다른 채권자가 제기한 배당이의소송에 따라 2007.6.14. 대법원 판결 이후 확정되었다)받았고, 2004.3.30. 위 토지상 상가건물에 설정한 근저당을 해제한 뒤 건물 양수자로부터 3,000,000,000원을 지급받았다.

라. 처분청은 청구인의 원금(740,000,000원)에 대하여 이 사건 약정 내용과 같이 1997.10.30.부터 1999.9.12.까지 연간 21%로 계산한 이자 289,938,082원을 지급기한인 1999년 귀속분 이자소득으로 한 후, 양도받은 채권의 명목가액 중 청구인 지분 상당액인 4,216,790,102원(전체 채권명목가액의 59.68%)에서 위 원리금의 평가액인 1,029,938,082원(원금 740,000,000원과 1999년 귀속분 이자 289,938,082원)을 차감한 3,186,852,019원을 쟁점채권 양수시점인 2000년 귀속분 이자소득으로 보아 2007.4.26. 청구인에게 종합소득세 1999년 귀속분 252,335,140원 및 2000년 귀속분 2,870,895,980원을 경정·고지하였다.

마. 청구인은 그 중 2000년 귀속 종합소득세 부과처분에 불복하여 2007.7.24. 이의신청을 거쳐 2008.3.26. 심판청구를 제기하였다.

[심사 및 판단]

「소득세법」제16조 제1항 제12호에서 비영업대금의 이익을 '이자소득'으로 규정하고 있고, 같은 법 제21조 제1항 제10호 및 같은 법 시행령 제41조 제7항에서 재산권에 관한 계약의 위약 또는 해약으로 인하여 받는 위약금과 배상금으로서 그 명목 여하에 불구하고 본래의 계약의 내용이 되는 지급자체에 대한 손해를 넘는 손해에 대하여 배상하는 금전 또는 기타 물품의 가액을 '기타소득'으로 규정하고 있으며,「민법」제387조와 제390조 및 제397조에 의하면 채무이행의 확정한 기한이 있으면 기한이 도래한 때부터 지체책임을 지게 되고, 채무자가 채무의 내용에 좇은 이행을 하지 아니한 때에는 채권자는 손해배상을 청구할 수 있으며, 이러한 **금전채무의 이행지체로 인하여 발생하는 지연손해금은 그 성질이 손해배상금이지 이자가 아니라 할 것이다**(대법원 1998.11.10. 선고 98다42141 판결 참조).

그러므로, 청구인이 당초 변제대상 원리금을 초과하여 수령한 금액은 이 사건 **약정상의 채무변제 불이행으로 인하여 당초 이자지급기간 (1997.10.30.~1999.9.12.) 이후부터 쟁점채권의 회수를 통하여 지급받은 금원으로 그 성질상 이자가 아닌 지연손해금으로 보아야 할 것이고, 지연손해금인 쟁점금액은 "계약의 위약 또는 해약으로 인하여 받는 위약금과 배상금"으로서「소득세법」상 기타소득에 해당한다**(대법원 1997.3.28. 선고 95누7406, 1994.5.24. 선고 94다3070, 1993.7.27. 선고 92누19613, 1989.2.28. 선고 88다카214 참조) 하겠다.

따라서, 청구인이 당초의 변제대상 원리금을 초과하여 수령한 금액은 처분청 의견과 같이 이자소득도 아니며, 청구인 주장과 같이 비과세 소득도 아니므로 이 건 2000년 귀속 종합소득세 과세처분은 위 금액을 기타소득으로 보고, 지연손해금 성격인 기타소득의 수입시기는「소득세법 시행령」제50조에 의하여 그 지급을 받은 날인 이상 각 2004년과 2007년을 그 귀속시기로 하여 그 과세표준과 세액을 경정함이 타당하다고 판단된다.

쟁점 ②-(1) 및 쟁점②-(1)에 대하여 본다.

(가) 위 (1)의 기초사실과 같이 청구인이 1997.6.23. ○○○으로부터 ○○쇼핑 공동사업 포기 내지 ○○쇼핑 사업에 대한 공로금 명목으로 액면금 10억원의 약속어음을 교부받은 사실, 동 채권이 존재한 사실은 이 사건 약정 및 ○○○○ 제기한 배당이의소송 판결문에도 나타나고, 아울러 청구인이 쟁점채권을 회수하는 과정에서 다수의 소송이 제기되어 비용이 발생하였을 것이며, 판결문에 집행문을 부여받고 **부동산 등을 가압류하는 과정에서 관련 제세공과금이 발생하였고 이는 기타소득의 필요경비로 차감하는 것이 타당하다고 판단된다.**

(나) 그러나, 현재 우리 원은 ① 다수의 소송 등 법적 분쟁이 제기되어 그 과정에서 발생한 비용의 규모 및 이건 기타소득과의 관련성을 모두 확

인할 수는 없으며, ② 청구인 등과 ○○○의 채권·채무 관계를 모두 알지 못하는 상황에서 추가 대여금 및 별도로 존재하였다는 10억원의 채권을 쟁점채권과 관련된 것이라고 단정할 수도 없으며, 처분청도 이건 처분시 이 사건 약정에 기하여 당초 원리금을 초과하는 금액을 비영업대금의 이익으로 보아 과세한 관계로 이 부분에 대하여는 충분하게 검토가 되지 아니한 것으로 보인다.

4. 결 론

이건 심판청구는 심리결과 청구주장이 일부 이유 있으므로 「국세기본법」 제81조, 제65조 제1항 제2호 및 제3호 결정한다.

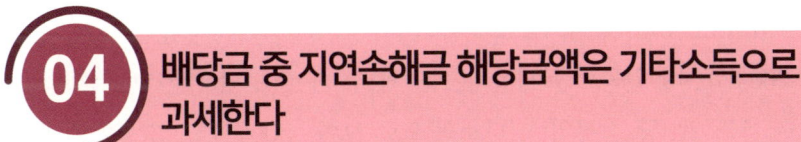

04 배당금 중 지연손해금 해당금액은 기타소득으로 과세한다

(조심2008중0201호)

[결정요지]

금전채무의 이행지체로 인한 지연손해금은 "계약의 위약 또는 해약으로 인하여 받는 위약금과 배상금"으로서 기타소득에 해당한다(참조 국심1996구1115).

[이 유]

1. 처분개요

가. 청구인은 1998.7.31. 모(母) 이OO의 상속세 921,625,440원을 대납하고, 2002.9.30. 이OO을 상대로 대납한 상속세에 준하는 대여금반환청구소송을 제기하여2002.11.29. 무변론 승소판결(주문 : 피고는 원고에게 금 921,625,440원 및 이에 대한 1998.7.31.부터 2002.10.7.까지는 연 5%, 그 다음날부터 완제일까지는 연 24%의 각 비율로 계산한 돈을 지급하라)을 받은 후, 이OO 소유의 부동산(OOOOO OOO OOO OOOOOOO 대지 및 그 지상 건물)에 채권최고액 1,400,000,000원의 근저당권을 설정한 후, 2003.10.28.이를 실행하여 2005.1.21. 1,389,806,947원을 배당받았으나, 이에 관한 종합소득세 신고는 하지 않았다.

나. 처분청은 청구인이 수령한 배당금 1,389,806,947원 중 원금조에 해당하는 상속세 대납액 921,625,440원, 이에 대한 1998.7.31.부터 위판결 소장부본송달일인 2002.10.7.까지의 연 5% 법정이자 193,036,348원 및 필요경비 14,266,660원을 차감한 나머지 260,878,499원을 소득세법제21조 제1항 제10호 및 같은 법 시행령 제41조 제3항 소정의 '기타소득'으로 보아, 2007.4.9. 청구인에게 2005년 귀속 종합소득세 112,243,000원을 경정·고지하였다.

다. 청구인이 이에 불복하여 2007.4.26. 이의신청을 제기하였고, 중부지방국세청장이 경매과정에서 기지급한 임차보증금 및 추가 법정이자분에 대하여 일부인용 결정을 하자, 처분청은 당초 소득금액 260,878,499원에서 청구인이 경매절차에서 지급한 임차보증금 120,000,000원 및 2002.10.8.부터 2005.1.21.까지 연 5%의 법정이자 105,418,800원을 추가로차감한 35,459,705원을 소득금액으로 보

아. 2007.10.23. 청구인에게 2005년 귀속 종합소득세 12,022,770 및 가산금 1,082,030원 합계 13,104,800원을 재경정·고지하였다.

라. 청구인은 이에 불복하여 2008.1.3. 심판청구를 제기하였다.

2. 청구인 주장 및 처분청 의견

가. 청구인 주장

(1) 청구인이 배당받은 금액은 모두 상속세 대납에 따른 출재채무의 구상금에 포함되므로 처분청이 법정이자 초과분에 대하여 과세함은 부당하고, 또한 위 배당금은 이〇〇이 약정서를 통하여 인정한 구상금(원금, 법정이자, 손해금) 14억원을 지급받은 것이므로 14억원 전부를 원금으로 보아야 하며, 배당할금액에 포함된 매각대금이자 3,307,014원은 이미 은행에서 이자소득으로 원천징수를 하였으므로 이 부분을 소득금액에 포함하는 것은 이중과세에 해당한다.

(2) 청구인은 전경매보증금이 부당이득에 해당하는 것으로 보아, 전경매절차의 최고가 매수인인 명〇〇에게 선의로 이를 반환하였으므로 위 금액은 당연히 수입금액에서 공제되거나 필요경비로 인정되어야 한다.

(3) 이 건 소득의 귀속시기는 약정서가 작성된 1998년 또는 법원 판결이 확정된 2002년이므로 이 건 과세처분은 부과제척기간이 경과한 것이어서 부당하고, 또한 청구인의 세금 납부가 지연된 것은 처분청의 잘못에 의한 것임에도 청구인에게 가산금을 부과한 것은 부당하다.

나. 처분청 의견

(1) 청구인은 채무자의 재산에 대하여 강제집행을 하여 상속세대납액

(원금분), 법정이자 및 지연손해금을 받은 것이므로 소송촉진에관한특례법상 이자 중 법정이자를 상회하는 부분은 지연손해금에 해당한다 할 것이어서 이를 기타소득으로 보아야 하고, 이 중 원금은 배당표 및 판결문에 따라 상속세 대납액 921,625,440원으로 보아야 한다.

(2) 청구인이 임의반환한 전경매보증금은 전경매절차에서 최고가매수인이 의무불이행을 함에 따라 배당에 흡수된 금액으로 민사집행법 제138조에 의하면 청구인에게 이를 반환할 의무가 없으므로, 이를 공제하여 달라는 주장은 받아들일 수 없다.

(3) 기타소득은 실제 지급받은 날이 수입금액의 귀속시기이고 이건 소득이 '기타소득'에 해당하므로, 실제배당금을 받은 날을 귀속시기로 보아 과세한 처분은 정당하다.

3. 심리 및 판단
가. 쟁점
① 청구인이 지급받은 배당금이 출재채무자의 구상금에 해당하여 과세대상이 아니라는 청구주장의 당부
② 배당금 중 공제되어야 할 원금은 14억원이라는 청구주장의 당부
③ 매각대금이자에 대한 과세가 이중과세라는 청구주장의 당부
④ 임의반환한 '전경매보증금'은 공제되어야 한다는 청구주장의 당부
⑤ 이 건 소득의 귀속시기 및 가산금 부과의 적정 여부

나. 관련법령
국세기본법 제79조【불고불리·불이익변경금지】② 조세심판관회의 또는 조세심판관합동회의는 제81조에서 준용하는 제65조의 규정에 의한 결정을 함에 있어서 심판청구를 한 처분보다 청구인에게 불이익이 되는 결정을 하지 못한다.

다. 사실관계 및 판단

(1) 부동산등기부등본, ㅇㅇ지방법원 ㅇㅇ지원 2002.12.2. 선고 ㅇㅇㅇㅇㅇㅇㅇㅇㅇㅇ 판결, 약정서 및 ㅇㅇ지방법원 ㅇㅇ지ㅇ ㅇㅇㅇㅇㅇㅇㅇㅇㅇㅇ 경매사건의 배당표 등에 의하면, 아래의 사실이 확인되고, 이에 대하여는 처분청도 다투지 아니한다.

(가) 청구인은 1995.1.29. 사망한 부(父) 김ㅇㅇ으로부터 ㅇㅇ특별시 ㅇㅇ구 성내동 38-22 대지 529㎡ 및 같은 동 38-23 대지 1,529㎡를 협의분할로 상속받고, 1996.6.20. 상속등기를 마쳤다.

(나) 청구인은 1996.6.21. 가족들의 상속세 연부 연납을 신청하면서 위 대지들을 납세담보로 제공하였고, 그에 따라 1996.7.25. 위 대지들에 근저당권자 국(ㅇㅇ세무서), 채권최고액 3,726,000,000원의 근저당권을 설정해 주었으며, 1997.3.7. 위 대지들을 매각한 대금으로 청구인과 가족들의 상속세를 대납하였고, 1997.7.31. 납세담보로 제공한 위 근저당권을 해지하였다.

(다) 청구인은 2002.9.30. ㅇㅇㅇㅇ지방법원에 모(母) 이ㅇㅇ을 상대로 위 상속세 대납금을 반환받기 위한 대여금 청구의 소를 제기하였고, 2002.12.2. 무변론 승소판결을 받았는 바, 동 판결의 주문은 "피고는 원고에게 금 921,625,440원 및 이에 대한 1998.7.31.부터 2002.10.7.까지는 연 5%, 그 다음날부터 완제일까지는 연 24%의 각 비율로 계산한돈을 지급하라"이고, 청구의 표시는 "원고가 피고의 상속세 921,625,440원을 대납하고 피고에 대하여 가지는 구상금 청구권"이다.

(라) 청구인은 2003.8.12. 약정서 및 판결문에 따라 모(母) 이ㅇㅇ이 상속받은 ㅇㅇㅇㅇㅇ ㅇㅇㅇ ㅇㅇㅇ ㅇㅇㅇㅇㅇㅇㅇ 대지 및 그 지상 건물에

근저당권자 청구인, 채무자 이○○, 채권최고액 14억원의 근저당권을 설정하였는데, 1997.9.24.이 작성된 위 약정서의 주요내용은 "1. 갑(이○○)은 을(청구인)이 대납한 갑이 납부할 상속세 지분 비율금 전액을 2000.12.31.까지 을에게 상환한다. 2. 갑은 을의 상속재산 상실로 인한 물리적 정신적 피해 손해금 위자료조로 위 대체금이 상환될 때까지 계속하여 1998.3.30.까지 금 30,000,000원, 1998.9.30.까지 금 30,000,000원 등 매년 3.30.과 9.30.에 2회에 걸쳐 매회 금 30,000,000원씩을 을에게 지급한다. 3. 갑은 대체금과 손해금 위자료 미지급액이 총 14억원에 도달할 시기에는 을에게 담보설정 및 대체물을 제공한다. 4. 을은 대체금과 손해금 위자료 금액이 총 14억원이 초과하는 부분에 대하여는 그 권리를 포기한다."로 되어 있다.

(마) 청구인은 2003.10.28 위 근저당권을 실행하고, 임의경매절차(○○지방법원 ○○지○ ○○○○○○○○○○○)를 통하여, 2005.1.21. 이 사건 배당금 1,389,806,947을 지급받았는 바, 자세한 내역은 아래 표와 같다.

(단위 : 원)

	배당할 금액		1,400,507,014
명세	매각대금		1,212,000,000
	전경매보증금		185,200,000
	매각대금이자		3,307,014
집행비용			10,700,067
실제 배당할 금액			1,389,806,947
채권자			김성철(청구인)
채권금액	원금		921,625,440
	이자		698,920,240
	계		1,620,545,680

배당순위	1
채권최고액	1,400,000,000
배당액	1,389,806,947
배당비율	99.27%

(2) 쟁점①에 대하여 본다.

(가) 청구인은 관련 판례 등을 유추하면, 민법 제425조에 의한 출재채무금의 구상금은 기타소득에 해당하지 않는데, 지연손해금 역시 출재채무금의 구상금에 포함되므로, 출재채무금의 구상금에 관한 지연손해금에 해당하는 이 건 법정이자 초과분에 대하여 과세함은 부당하다고 주장한다.

(나) 그러나, 수탁보증인이 그 출재로 주채무를 소멸하게 한 다음, 주채무자를 상대로 제기한 구상금 청구소송에서 그 출재액과 이에 대한 면책일 이후 소장 송달일까지의 연 5푼의 민사법정이율에 의한 법정이자와 그 다음날부터 완제일까지의 **소송촉진 등에 관한 특례법 소정의 연 2할 5푼의 비율에 의한 지연손해금에 관한 승소판결을 받고 그 확정판결에 기하여 법정이자와 지연손해금을 수령한 경우, 그 지연손해금은 소득세법에서 기타소득의 하나로 정하고 있는 "계약의 위약 또는 해약으로 인하여 받는 위약금과 배상금"에 해당한다** 할 것(대법원 1997.9.5. 선고 96누16315 판결)이므로, 처분청이 청구인이 소장 부본송달일 다음날부터의 인정된 24%의 이자를 지연손해금으로 보아 기타소득으로 과세한 처분에는 잘못이 없는 것으로 판단된다.

(다) 한편, 주채무자의 구상의무는 위임계약에서 그 변제기를 따로 정하지 아니한 이상, 변제기의 정함이 없는 채무라고 할 것이므로, 민법 제387조 제2항에 의하여 이행청구를 받은 때로부터 지체책임을 진다 할 것이어서, 따로 이행청구를 하였음을 인정할 수 있

는 증거가 없는 이상, 소송에서 소장부본이 송달된 다음날부터 지체에 빠진다 할 것(○○고등법원 1996.10.10. 선고 96구11152 판결 참조)이고, 채무의 이행지체로 인한 지연배상금은 본래의 계약의 내용이 되는 지급 자체에 대한 손해가 아니고, 또 그 채무가 금전채무라고 하여 달리 볼 것도 아니므로 **금전채무의 이행지체로 인한 지연손해금은 '계약의 위약 또는 해약으로 인하여 받는 위약금과 배상금'으로서 기타소득에 해당**하므로(대법원 1997.3.28. 선고 95누7406 판결 참조), 이 건의 경우 소장부본 송달일인 2002.10.7. 다음날부터 완제일까지 연 24%의 이자는 전부 지연손해금에 해당하여 이를 기타소득으로 보아야 함에도, 처분청이 청구인의 이의신청에 대한 결정에서 연 24%의 이자 중 5%의 이자 부분은 이를 법정이자로 보아 수입금액에서 제외시킨 잘못이 있으나, 국세기본법 제79조 제2항 소정의 불이익변경금지원칙에 따라 심판청구를 한 당초 처분보다 불이익한 결정은 하지 아니한다.

(3) 쟁점②에 대하여 살펴본다.

(가) 청구인은 이○○이 약정서를 통하여 원금, 법정이자 및 손해금을 모두 합한 14억원을 구상금으로 인정하였고, 이 건 배당금은 위 약정에 기한 근저당권의 실행에 따라 임의경매로 지급받은 것이므로, 배당금중 원금은 상속세 대납액 921,625,240원이 아니라 14억원 전체라고 주장한다.

(나) 그러나 이 건은 당사자간 약정, 소제기에 따른 판결, 근저당권 설정 및 실행이라는 일련의 형식을 취하고는 있지만, 청구인도 인정하는 바와 같이 그 실질은 상속세 대납액의 반환으로 봄이 타당한 바, 그렇다면 처분청이 실지 상속세 대납을 위하여 청구인이 출재한 금액 자체를 원금으로 보아 과세한 처분에는 잘못이 없는 것으로 판단된다.

(4) 쟁점③에 대하여 살펴본다.

(가) 청구인은 배당할 금액 중 매각대금 이자 3,307,014원은 이미 은행에서 원천징수하였으므로, 이를 포함한 금액을 다시 기타소득으로 과세하는 것은 이중과세로 부당하다고 주장한다.

(나) 그러나 청구인이 주장하는 이자소득의 원천징수와 이 건 기타소득에 대한 과세처분 사이에는 어떠한 특별한 연관성을 찾기 어려워 이를 이중과세로 보기 어렵다 할 것이고, 특히 매각대금이자가 전체 '배당할금액'에서 차지하는 비중이 매우 적고(이 건의 경우 0.23%), 배당된 매각대금이자가 집행비용, 배당금액 중 원금 또는 이자 중 어느 곳에 먼저 충당되는지 여부 또한 불분명한 점 등을 종합하면, 청구인의 위 주장은 받아들이기 어려운 것으로 판단된다.

(5) 쟁점④에 대하여 살펴본다.

(가) 청구인은 자신이 전 경매절차 최고가 매수인인 명○○에게 선의로 부당이득금인 '전경매 입찰보증금'을 반환하였으므로, 위 금액은 수입금액에서 공제되거나 필요경비로 인정되어야 한다고 주장하고 있는 바, 청구인이 제출한 영수증에는 "2005.1.21. 명○○이 2003타경14281 전 경매 입찰보증금 185,200,000원을 수령하였다."는 취지의 내용이 기재되어 있다.

(나) 그러나 청구인이 제출한 위 영수증은 사인이 임의로 작성한 것에 불과하여 다른 객관적인 금융증빙 등이 없는 한 이것만으로 청구인이 전 경매 보증금을 반환하였다는 주장을 받아들이기 어렵고, 특히 '전 경매 보증금'은 전 경매절차에서 최고가 매수인이 매각대금을 납부하지 않을 경우 그 보증금을 몰수하여 당연히 배당할 금액에 포함하여 배당하도록 되어 있는 것(민사집행법 제138조 제4항 참조)이어서 청구인에게는 이를 반환할 아무런 의무가 없는 이상, 청구인이 임의로 반환하였다 하여 이를 필요경비에 해당하는

것으로 볼 수는 없으므로, 결국 청구인의 위 주장 역시 받아들이기 어려운 것으로 판단된다.

(6) 쟁점⑤에 대하여 본다.

(가) 청구인은, 이건 소득의 귀속시기가 약정서가 작성된 1998년이므로 이미 5년의 부과제척기간이 지난 것으로 위법하고, 만약 법원판결이 확정된 2002년을 귀속시기로 볼 경우에도 그 소득은 3년간 안분하여 인적·물적 공제되어야 하며, 마지막으로 이 건 관련 종합소득세 납부가 지연된 것은 처분청 잘못에 의한 것이므로 청구인에게 가산금을 부과함은 부당하다고 주장한다.

(나) 그러나 앞서 살펴본 바와 같이 이 건 소득이 '기타소득'에 해당하는 이상, 소득세법 시행령 제50조 제1항에 따라 실제 배당금을 지급받은 2005.1.21.이 이 건 소득의 귀속시기로 해당한다 할 것이고, 가산금의 경우, 처분청이 2007.4.9. 청구인에게 4월 말을 납부기한으로 이 건 종합소득세를 결정·고지하였음에도 청구인이 위 기한까지 이를 납부하지 않은 이상, 처분청이 국세징수법 제21조에 따라 가산금을 부과한 처분에는 잘못이 없는 것으로 판단된다.

4. 결론

이건 심판청구는 심리결과 청구주장이 이유 없으므로 국세기본법 제81조와 제65조 제1항 제2호의 규정에 의하여 주문과 같이 결정한다.

2008년 9월 19일

주심 조세심판관 이 영 우

배석 조세심판관 이 광 호

05 채권원금 회수가 불가능한 경우 지연손해금은 기타소득으로 볼 수 없다

(국심 2003서1828호)

[결정요지]
채권의 회수가 불가능함이 객관적으로 명백하게 된 경우에는 당해 과세연도에 있어서 과세요건을 충족시키는 소득자체의 실현은 없으므로, 기타소득으로 볼 수 없다.

[관련법령]
소득세법 제21조【기타소득】/ 소득세법시행령 제41조【저작권사용료 등의 범위】

[이 유]

1. 처분개요

청구인은 청구 외 OO주택조합이 최OO 등 2인을 상대로 제기한 토지매매계약금 반환청구 소송(OO지방법원98가합92233)의 원고소송 승계참가인으로 참여하여, "최OO등 2인은 원고소송 승계인에게 금 OOO,OOO,OOO원을 지급하되, 1999.12.1부터 완제일까지 연 2할 5푼의 비율에 의한 금원을 가산지급한다"는 법원조정에 따라 2001.9.10 최OO등 2인의 재산경락대금(보관금)에서 OOO,OOO,OOO원을 배당받았다.

처분청은 청구인의 배당금액 중 OOO,OOO,OOO원은 계약금의 반환원금, 나머지 OOO,OOO,OOO원(이하 "쟁점금액"이라 한다)은 비영업대금의 이익인 이자소득으로 보아, 2002.9.1 청구인에게 2001년 귀속 종합소득세 OO,OOO,OOO원을 결정고지하였다가, 쟁점금액이 기타소득에 해당한다는 심판청구결과에 따라 당초 결정을 취소하여 2003.3.28 청구인에게 국세환급가산금을 가산한 OO,OOO,OOO원을 환급하고, 쟁점금액을 기타소득으로 하여 2001년 귀속 종합소득세 OO,OOO,OOO원을 다시 결정고지하였다. 청구인은 이에 불복하여 2003.6.26 이 건 심판청구를 제기하였다.

2. 청구인 주장 및 처분청 의견

가. 청구인 주장

청구인은 OO주택조합이 최OO 등 2인으로부터 1997.10.29 토지를 매입함에 있어서 계약금 OOO원을 대신 지급하였으나 토지거래허가의 불허로 인하여 이미 지급한 계약금반환을 구하는 소송에 원고소송승계인으로 참여하여 법원조정에 따라 당초 지급금액의 반인 OOO원과 그에 대해 1999.12.1부터 완제일까지 연 2할 5푼의 비율에 의한 금원을 가산하여 지급받기로 하여 OOO원을 배당받았는 바, 원금도 회수하지 못하였음에도 불구하고 쟁점금액을 기타소득으로 보아 과세한 처분은 부당하고, 또한 당초 고지세액 이외에 OOO원을 추가 고지하는 것은 불이익변경 금지원칙에 반한다.

나. 처분청 의견

청구인이 법원의 조정을 받아들인 것으로 보아 토지매매계약과 관련하여 최OO 등 2인에 대한 채권금액은 OOO원으로 봄이 타당하고, 소득세법시행령 제41조 제3항에서 "위약금 또는 배상금"이라 함은 재산권에 관한 계약의 위약 또는 해약으로 인하여 받는 손해배상으로서 그 명목여하를 불구하고 본래의 계약의 내용이 되는 지급자체에 대한 손해를 넘는 손해에 대하여 배상하는 금전 또는 기타의 물품의 가액을 말한다고 규정하고 있으므로, 쟁점금액을 채권원금의 지연회수와 관련된 지연손해금에 해당하는 것으로 보아 기타소득으로 과세한 처분은 잘못이 없다.

3. 심리 및 판단

가. 쟁점

쟁점금액을 이자소득으로 보아 과세하였다가 결정취소한 후, 채권원금의 지연회수와 관련된 지연손해금에 해당하는 기타소득으로 보아 다시 과세한 처분의 당부

나. 관련법령

소득세법 제21조【기타소득】 ① 기타소득은 이자소득·배당소득·부동산임대소득·사업소득·근로소득·일시재산소득·연금소득·퇴직소득·양도소득 및 산림소득외의 소득으로 다음 각호에 규정하는 것으로 한다.

10. 계약의 위약 또는 해약으로 인하여 받는 위약금 또는 배상금

같은 법 시행령 제41조【저작권사용료 등의 범위】 ③ 법 제21조 제1항 제10호에서 "위약금 또는 배상금"이라 함은 재산권에 관한 계약의 위약 또는 해약으로 인하여 받는 손해배상으로서 그 명목여하에 불구하고 본래의 계약의 내용이 되는 지급자체에 대한 손해를 넘는 손해에 대하여 배상하는 금전 또는 기타 물품의 가액을 말한다. 이 경우 계약의 위약 또는 해약으로 인하여 반환받는 금액 등의 가액이 계약에 의하여 당초 지급한 총금액을 넘지 아니하는 경우에는 지급자체에 대한 손해를 넘는 금전 등의 가액으로 보지 아니한다.

다. 사실관계 및 판단

(1) 소송승계 참가신청서에 의하면, OO주택조합이 1997.10.29 최OO 등 2인과 토지매매 계약을 체결하고 OOO원의 계약금을 지급하였고, 청구인은 동 계약의 무효로 반환받게 될 채권을 유효하게 양도받은 것으로 확인되고, OO지방법원의 조정조서(2000머23811, 2000.5.15)에 의하면, "최OO 등 2인은 합동하여 청구인에게 금 OOO,OOO,OOO원을 지급하되, 1999.12.1 부터 완제일까지 연 2할 5푼의 비율에 의한 금원을 가산 지급하고, 나머지 청구를 포기한다"고 되어 있어 매매계약금 OOO원의 반액인 OOO원을 청구인이 반환받기로 하는 조정이 이루어졌음을 알 수 있다.

(2) OO지방법원의 배당표(2001타기7072, 2001.9.10)에 의하면, 채권금액은 원금 OOO원, 이자 OOO원 합계 OOO원으로 되어 있고, 청구인은 최OO 등 2인의 재산경락대금(보관금)에서 OOO원을 배당받은 것으로 확인되는 바, 그 중 OOO원은 토지매매 계약금의 반환원금이고, 나머지 OOO원(쟁점금액)에 대하여는 채권원금의 지연회수와 관련된 지연손해금에 해당하는 것으로 이건 선결정(OOO, 2003.3.15)에서 인정한 바 있다(청구주장의 심리와 관계없이 직권으로 취소결정).

(3) 결정 결의서에 의하면, 처분청은 위 심판결정결과에 따라 당초 쟁점금액을 이자소득으로 하여 결정 고지한 세액 OOO원을 취소하고 국세환급 가산금을 가산한 OOO원을 환급 결의하는 동시에, 쟁점금액을 기타소득금액으로 하여 가산세를 가산한 이건 세액 OOO원을 새로 결정 고지하였음이 확인된다.

(4) 살피건대, 소득세법시행령 제41조 제3항에 의하면, 법 제21조 제1항 제10호에서 "위약금 또는 배상금"이라 함은 재산권에 관한 계약

의 위약 또는 해약으로 인하여 받는 손해배상으로서 그 명목여하에 불구하고 본래의 계약의 내용이 되는 지급자체에 대한 손해를 넘는 손해에 대하여 배상하는 금전 또는 기타 물품의 가액을 말한다.

이 경우 계약의 위약 또는 해약으로 인하여 반환받는 금액 등의 가액이 계약에 의하여 당초 지급한 총금액을 넘지 아니하는 경우에는 지급자체에 대한 손해를 넘는 금전 등의 가액으로 보지 아니하는 것으로 규정하고 있고,

이 건과 같이 원금과 이자(지연손해금)를 구분하여 배당받는 경우라 하더라도 소득세법상 소득의 발생여부는 그 소득발생원천인 원금채권의 회수가능성 여부를 떠나서는 논할 수 없으므로 채권의 일부 회수가 있는 경우 그 회수당시를 기준으로 나머지 채권의 회수가 불가능함이 객관적으로 명백하게 된 경우에는 그 회수금원이 원금에 미달하는 한 당해 과세연도에 있어서 과세요건을 충족시키는 소득 자체의 실현은 없었다고 할 것인바(대법원91누3420, 1991.11.26 같은 뜻), 청구인은 계약금(OOO원)의 반액에 해당한 금액(OOO원)에 그 지연손해금(쟁점금액)을 더한 OOO원만을 회수하였을 뿐 나머지의 회수가 불가능하고 당초 지급한 매매계약금을 넘지 아니하므로, 청구인이 반환(배당)받은 금액은 과세요건이 충족된 소득의 실현으로는 인정되지 아니한다.

따라서 처분청에서 쟁점금액을 채권원금의 지연회수와 관련된 지연손해금에 해당하는 기타소득으로 보아 종합소득세를 과세한 이 건 처분 부당한 것으로 판단된다.

4. 결 론

이건 심판청구는 심리결과 청구주장이 이유 있으므로 국세기본법 제81조 및 제65조 제1항 제3호의 규정에 의하여 주문과 같이 결정한다.

06 손해배상금에 대한 판결상 법정 지연손해금은 기타소득이다

(국심 2007서3386호)

[결정요지]

손해배상금의 지급지연에 따라 법원의 판결에 의하여 지급받는 지연손해금(법정이율)은 소득세법상 기타소득에 해당하므로 종합소득세 과세대상이다.

[이 유]

1. 처분개요

가. 처분청은 청구인이 2005. 4. 12. ○○○○지방법원에서 부동산강제경매와 관련하여 원금 144,922,785원, 지연손해금 196,212,364원(이하 "쟁점금액"이라 한다), 합계 341,135,149원을 수령하였으나, 2005년 귀속 종합소득세 확정신고시 쟁점금액을 합산하여 신고하지 아니하였다는 서초세무서장의 과세자료를 통보받아 쟁점금액을 기타소득으로 보아 2007. 6. 1. 청구인에게 2005년 귀속 종합소득세 87,516,670원을 결정고지하였다.

나. 청구인은 이에 불복하여 2007. 8. 22. 이 건 심판청구를 제기하였다.

2. 청구인 주장 및 처분청 의견

가. 청구인 주장

소득세법 제21조제1항제10호의 문리해석 혹은 국어적 해석으로는 이 건은 해당사항이 없으므로 과세 취소함이 타당하다.

나. 처분청 의견

청구인이 부동산을 임대한 후 임차인인 청구외 김OO이 임대차계약을 이행하지 않아 부동산 강제경매를 통하여 청구인의 손해를 보전한 것으로 청구인이 배당받은 원금은 손해배상금에 해당하고, 이에 따라 지급받은 손해배상금에 대한 법정이자는 소득세법 제21조제1항제10호의 규정에 의한 기타소득에 해당하므로 청구인에게 종합소득세 87,516,670원을 과세한 처분은 정당하다.

3. 심리 및 판단
가. 쟁 점

부동산강제경매와 관련하여 수령한 지연손해금의 소득세법상 기타소득 해당여부

나. 사실관계 및 판단

(1) 이 건 과세경위를 살펴보면, 처분청은 청구인이 2005.4.12. OOOO지방법원에서 부동산강제경매와 관련하여 원금 144,922,785원, 지연손해금 196,212,364원, 합계 341,135,149원을 수령하였으나, 2005년 귀속 종합소득세 확정 신고시 위 지연손해금을 합산하여 신고하지 아니하였다는 서초세무서장의 과세자료를 통보받아 이를 기타소득으로 보아 이건 과세 처분한 사실이 처분청 심리자료 등에 나타난다.

(2) 청구인은 소득세법 제21조제1항제10호의 문리해석 혹은 국어적 해석으로는 쟁점금액은 기타소득에 해당되지 않음에도 처분청이 이 건 과세한 처분은 부당하다는 주장이므로 이에 대하여 살펴본다.

(가) 청구인은 1995.5.30. 청구외 김OO 외 1인에게 청구인 소유의 서울특별시 OO구 잠원동 18의 18 잠원빌딩 중 지하 1층 약 82평을

임대하였으나, 김OO 등이 임대료를 연체하자 김OO을 상대로 소송을 제기한 결과, 법원은 김OO이 청구인에게 입힌 재산적 손해에 대하여 원금 144,922,785원 및 이에 대한 지연손해금 208,256,100원을 청구인에게 지급하도록 결정하고, 청구인은 **원금 144,922,785원과 지연손해금 196,212,364원을 실제로 수령한 사실이 OOOO법원 판결(OOO), OOOO법원 판결(OOO), OOO지방법원 채권계산서(OOO)에 의하여 확인된다.**

(나) 법원의 지연손해금 계산근거(OOOO법원 99나30499, 2000.7.21. 및 채권계산서)에 의하면, "피고(김OO)는 금 5,427,813원 및 이에 대한 소장부본 송달익일임이 기록상 명백한 1998.3.17.부터 완제일까지『소송촉진등에관한특례법』소정의 연 25%의 비율에 의한 지연손해금을 지급하고, 피고는 손해금 139,494,972원 및 이에 대한 소장부본 송달익일인 1998.3.17.부터 피고가 이행의무의 존부 및 범위에 관하여 항쟁함이 상당하다고 인정되는 당심 판결선고일인 2000.7.21.까지는 민법 소정의 연 5%의, 그 다음날부터 완제일까지는『소송촉진등에관한특례법』소정의 연 25%의 각 비율에 의한 지연손해금을 지급할 의무가 있으므로 …"라고 판결한 사실이 나타난다.

(3) 종합 하건대, 청구인은 지급받은 쟁점금액이 소득세법의 문리해석상 기타소득에 해당하지 않는다는 주장이나, 소득세법 제21조제1항제10호 및 같은법시행령 제41조제3항에서 기타소득으로 과세되는 "위약금 또는 배상금"이라 함은 "재산권에 관한 계약의 위약 또는 해약으로 인하여 받는 손해배상으로서 그 명목여하에 불구하고 본래의 계약의 내용이 되는 지급자체에 대한 손해를 넘는 손해에 대하여 배상하는 금전 또는 기타 물품의 가액을 말하는 것"으로

규정하고 있고, ○○○법원의 판결내용에서도 원금 144,922,785원을 건물임대 등에 따른 손해배상금으로 판시하고 있는 바, **쟁점금액은 건물임대 등에 따른 손해배상금(원금 144,922,785원)의 지급지연에 따라 법원의 판결에 의하여 지급받는 지연손해금(법정이자)이므로 지급받는 날이 속하는 2005년을 귀속시기로 보아 기타소득으로 과세함이 타당하다고 판단된다.**

따라서, 처분청이 쟁점금액을 기타소득으로 보아청구인에게 이 건 종합소득세를 과세한 처분은 잘못이 없다고 판단된다.

4. 결론

이건 심판청구는 심리결과 청구주장이 이유없으므로 국세기본법 제81조 및 제65조제1항제2호의 규정에 의하여 주문과 같이 결정한다.

2007년 11월 13일

주심 국세심판관 박 동 식
배석 국세심판관 김 홍 기
허 병 우
장 인 태

법원판결에 따른 소송촉진 등에 관한 특례법상 지연손해금 20%는 기타소득이다

(조심 2008서3072호)

[결정요지]
부동산 매매계약 해제로 지연손해금에 관한 승소판결을 받고 그 확정판결에 기하여 법정이자와 지연손해금을 수령한 경우 기타소득에 해당됨

[이 유]

1. 처분개요

청구인은 1995.6.26 (사)OOO단체총연합회 소유의 OOO 대지 864.1㎡를 매매대금 8억원에 취득하는 계약을 체결하고 1997년까지 중도금 등 5억원을 지급하였으나 잔금 3억원을 미지급하여 2002년 11월경 계약이 해제되었고, 2005년에 (사)OOO단체총연합회를 상대로 매매대금 반환청구의 소OOO를 제기하여 승소판결을 받았으며, 2006.5.25. 위 부동산이 임의경매OOO되어 646,875,300원(원금 422,692,600원과 원금에 대하여 민법이 정한 이자 및 지연손해금 명목으로 받은 224,182,700원이 포함된 금액임)을 배당받았다.

처분청은 청구인이 배당받은 금액 중 민법이 정한 이자 및 지연손해금 명목으로 수령한 224,182,700원(이하 "쟁점금액"이라 한다)을 기타소득으로 보고 청구인의 위약으로 인하여 돌려받지 못한 계약금상당액 80,000,000원을 필요경비로 공제한 144,182,700원을 기타소득금액으로 하여 2008.6.16. 청구인에게 2006년 귀속 종합소득세 49,042,400원을 결정·고지하였다. 청구인은 이에 불복하여 2008.8.22. 심판청구를 제기하였다.

2. 청구인 주장 및 처분청 의견
가. 청구인 주장

소득세법상 본래 반환받아야 할 금액에 대한 법정이자를 위약금 또는 배상금으로 본다는 명문의 규정이 없는데도 처분청이 소득세법 제21조 제1항 제10호의 "위약금과 배상금"을 자의적, 행정편의적으로 해석하여 쟁점금액을 기타소득으로 보아 과세한 처분은 조세법률주의에 위배되는 것이고, 쟁점금액은 청구인이 (사)OOO단체총연합회로부터 반환받아야 할 매매대금에 대한 지연이자와 소송촉진 등에 관한 특례법에 규정된 법정이자에 해당될 뿐 계약의 해약으로 인한 본래 의미의 위약금과 배상금은 아니므로 쟁점금액을 기타소득으로 보아 과세한 처분은 부당하다.

나. 처분청 의견

청구인은 매매계약의 해제를 원인으로 제기한 소송에서 승소하여 청구인이 (사)OOO단체총연합회에 지급한 중도금 및 잔금 중 일부와 지연이자 지급액의 합계액 422,692,600원의 원상회복 판결에 따라 원상회복금액 422,692,600원과 민법이 정한 연 5%의 비율에 의한 이자와 소송촉진등에 관한 특례법이 정한 연 20%의 비율에 의한 지연손해금으로 쟁점금액을 수령하였는 바, 쟁점금액은 소득세법 제21조 제1항 제10조의 규정에 의한 기타소득에 해당되는 것이고, 소득세법시행령 제41조 제3항에 따라 청구인이 돌려받지 못한 계약금 80,000,000원을 지급자체에 대한 손해로 보아 쟁점금액에서 차감한 후 144,182,700원을 기타소득금액으로 보아 이 건 종합소득세를 과세한 처분은 정당하다.

3. 심리 및 판단
가. 쟁 점

부동산 매매계약의 해제와 관련된 법원의 판결에 따라 민법이 정한 이

자 및 지연손해금 명목으로 수령한 쟁점금액을 기타소득으로 본 처분의 당부

나. 관련법령

(1) 소득세법 기본통칙 21-1【기타소득의 범위】④ 법 제21조 제1항 제10호에 규정하는 계약의 위약 또는 해약으로 인하여 받는 위약금과 배상금에는 다른 소득에 속하지 아니하는 것으로서 다음 각호의 것을 포함한다.

3. 부동산매매계약 후 계약불이행으로 인하여 일방 당사자가 받은 위약금 또는 해약금

(2) 소득세법 기본통칙 16-2【**손해배상금에 대한 법정이자의 소득구분**】법원의 판결 및 화해에 의하여 지급받는 손해배상금에 대한 법정이자는 법 제16조에 규정하는 이자소득으로 보지 아니한다. 다만, 위약 또는 해약을 원인으로 법원의 판결에 의하여 지급받는 손해배상금에 대한 법정이자는 법 제21조 제1항 제10호에 규정하는 기타소득으로 본다.

다. 사실관계 및 판단

(1) 청구인이 (사)OOO단체총연합회 소유의 부동산을 매매대금 8억원에 취득하기로 하는 계약을 체결하고 422,692,600원을 지급하였으나 나머지 잔금을 지급하지 못하여 매매계약이 해제된 사실 및 청구인이 (사)OOO단체총연합회를 상대로 매매대금반환청구의 소를 제기하여 승소하였고, 동 부동산의 임의경매시 기 납부한 422,692,600원외에 **민법이 정한 연 5%의 비율에 의한 이자와 소송촉진 등에 관한 특례법이 정한 연 20%의 비율에 의한 지연손해금으로 쟁점금액 224,182,700원을 수령한 사실**에 대하여는 처분청과 청구인간에 다툼이 없다.

(2) 처분청은 쟁점금액 224,182,700원을 소득세법 제21조 제1항 제10호의 규정에 의한 "계약의 위약 또는 해약으로 인하여 받는 위약금과 배상금"으로서 기타소득으로 보아 쟁점금액에서 청구인이 돌려받지 못한 계약금 상당액 80,000,000원을 차감한 144,182,700원을 기타소득 금액으로 산정하여 이건 종합소득세를 과세한 사실이 결정 결의서에 의하여 확인된다.

(3) 청구인은 쟁점금액이 본래 반환받아야 할 금액에 대한 지연이자와 소송촉진 등에 관한 특례법에 의한 법정이자로서 본래 의미의 위약금과 배상금에 해당되지 아니할 뿐만 아니라 소득세법상 법정이자를 위약금 또는 배상금으로 본다는 명문의 규정이 없으므로 이건 처분이 부당하다고 주장하고 있다.

(4) 청구인이 (사)○○○단체총연합회를 피고로 하여 제기한매매대금반환청구 소송과 관련된 ○○○지방법원의 판결문○○○에 의하면, 피고는 원고인 청구인에게 매매대금 422,692,600원및 그 중 160,000,000원에 대하여는 1995.12.28부터, 70,000,000원에 대하여는1996.1.30.부터, 80,000,000원에 대하여는 1996.3.15부터, 50,000,000원에 대하여는 1996.5.23부터, 60,000,000원에 대하여는 1996.9.25부터, 2,692,600원에 대하여는 1997.2.17부터 각 2005.11.22까지는 연 5%의, 그 다음날부터 다 갚는 날까지는 연 20%의 각 비율에 의한 돈을 지급하라고 판결한 사실이 확인된다.

(5) 처분청이 과세근거자료로 제시하는 ○○○지방법원배당표 ○○○에 의하면, (사)○○○단체총연합회 소유의 ○○○ 토지가 4,778,996,500원에 임의 경매되어 청구인에게 원금 422,692,600원, 이자 224,182,700원, 합계 646,875,300원을 배당한 사실이 확인된다.

(6) 살피건대, 이 건과 같이 청구인이 쟁점토지를 취득하기 위하여 매도자인 (사)OOO단체총연합회에게 계약금 및 중도금을 납부하고 잔금 등을 납부하지 아니하여 계약이 해제되자 매도자를 상대로 한 **매매대금 반환청구소송에서 그 납부액과 이에 대한 납부일 이후 판결선고일(2005.11.22)까지의 "연 5%의 민사법정이율에 의한 법정이자(대법원 96누16315판결은 법정이자 5%는 이자라고 판단함)"와 그 다음날부터 완제일까지의 소송촉진 등에 관한 특례법 소정의 연 20%의 비율에 의한 지연손해금에 관한 승소판결을 받고 그 확정판결에 기하여 법정이자와 지연손해금을 수령한 경우, 그 법정이자 및 지연손해금은 재산권에 관한 계약의 위약 또는 해약으로 인하여 받는 손해배상으로서 소득세법 제21조 제1항 제10호에서 기타소득의 하나로 정하고 있는 "계약의 위약 또는 해약으로 인하여 받는 위약금과 배상금"에 해당된다고 보는 것이 타당하다고 판단된다.**

(7) 따라서, 처분청이 부동산 매매계약의 해약으로 인하여 매도자에게 기 납부하였던 원금을 반환받으면서 그 법정이자 및 지연손해금으로 받은 쟁점금액 224,182,790원 중 청구인이 실제 반환받지 못한 계약금 상당액 80,000,000원을 차감한 144,182,790원을 기타소득금액으로 산정하여 이 건 종합소득세를 과세한 처분은 잘못이 없다고 판단된다.

4. 결론

이건 심판청구는 심리결과 청구주장이 이유없다고 판단되므로 국세기본법 제81조 및 제65조 제1항 제2호의 규정에 의하여 주문과 같이 결정한다.

08 계약의 위약 또는 해약으로 인하여 받는 돈을 기타소득이 아닌 비영업대금 이자로 잘못 인정한 사례

(조심 2008서1940호)

[결정요지]

당초 변제대상 원리금을 초과하여 금원을 수령하였다 하더라도 그 성격이 재산권에 관한 계약의 위약 또는 해약으로 인하여 받는 위약금과 배상금에 해당하므로 이를 기타소득으로 보아 과세표준과 세액을 경정함이 타당하다.

[심사 및 판단]

1. 「소득세법」제16조 제1항 제12호에서 비영업대금의 이익을 '이자소득'으로 규정하고 있고, 같은 법 제21조 제1항 제10호 및 같은 법 시행령 제41조 제7항에서 재산권에 관한 계약의 위약 또는 해약으로 인하여 받는 위약금과 배상금으로서 그 명목 여하에 불구하고 본래의 계약의 내용이 되는 지급자체에 대한 손해를 넘는 손해에 대하여 배상하는 금전 또는 기타 물품의 가액을 '기타소득'으로 규정하고 있으며, 「민법」제387조와 제390조 및 제397조에 의하면 채무이행의 확정한 기한이 있으면 기한이 도래한 때부터 지체책임을 지게 되고, 채무자가 채무의 내용에 좇은 이행을 하지 아니한 때에는 채권자는 손해배상을 청구할 수 있으며, 이러한 금전채무의 이행지체로 인하여 발생하는 지연손해금은 그 성질이 손해배상금이지 이자가 아니라 할 것이다(대법원 1998.11.10. 선고 98다42141 판결 참조).

2. 청구인이 당초 변제대상 원리금을 초과하여 수령한 금액은 이 사건 약정상의 채무변제 불이행으로 인하여 당초 이자지급기간(1997.10.30.~1999.9.12.) 이후부터 쟁점채권의 회수를 통하여 지급받은 금원으로 그 성질상 이자

가 아닌 지연손해금으로 보아야 할 것이고, 지연손해금인 쟁점금액은 "계약의 위약 또는 해약으로 인하여 받는 위약금과 배상금"으로서「소득세법」상 기타소득에 해당한다(대법원 1997.3.28. 선고 95누7406, 1994.5.24. 선고 94다3070, 1993.7.27. 선고 92누19613, 1989.2.28. 선고 88다카214) 하겠다.

3. 따라서, 청구인이 당초의 변제대상 원리금을 초과하여 수령한 금액은 처분청 의견과 같이 이자소득도 아니며, 또한 청구인 주장과 같이 비과세소득도 아니므로 이 건 2000년 귀속 종합소득세 과세처분은 위 금액을 기타소득으로 보고, 지연손해금 성격인 기타소득의 수입시기는「소득세법 시행령」제50조에 의하여 그 지급을 받은 날인 이상, 각각 2004년과 2007년을 그 귀속시기로 하여 그 과세표준과 세액을 경정함이 타당하다고 판단된다.

4. 다만, 우리 원이 쟁점채권을 같이 양수한 OOO(조심 2008중1140호로 청구하였다)의 심판청구에 대하여 한 재조사결정에 따라 OO세무서장이 재조사하여 확정한 변제대상 원리금에 따라 기타소득의 과세표준과 세액을 경정하여야 할 것이다.

5. 결 론

이건 심판청구는 심리결과 청구주장이 일부 이유있으므로「국세기본법」제81조, 제65조 제1항 제2호 및 제3호의 규정에 의하여 주문과 같이 결정한다.

09 약정이자는 비영업대금 이자소득으로, 약정 지연손해금은 기타소득으로 과세해야 한다

(조심 2017중0152호, 2017. 3. 16)

이 건 대여금의 변제에 관여한 ＊＊＊ 등이 원금 전액을 변제하였고 확인하고 있는 점, 청구인이 담보를 위하여 채무자 소유의 부동산에 설정한 근저당권이 변제일과 같은 날 말소되었고, 채무자가 원금 변제와 관련하여 그 지급수단으로서 출금한 수표 2매를 제시하고 있는 점 등에 비추어 2013.5.10. 변제된 원금은 전액이었다고 봄이 타당하나, 청구인이 2014년 지급받은 ＊＊＊만원 중 ＊＊＊만원은 당초 약정이자를 지급받지 못하다가 수령한 것이므로 동 금액을 2012년 귀속 이자소득으로, 나머지는 청구인이 변제기일 이후에 채무자의 이행지체에 따라 지급받은 지연손해금에 해당하므로 2014년 귀속 기타소득으로 하여 그 과세표준 및 세액을 경정함이 타당함

[주 문]

○○○세무서장이 2016.7.1. 청구인에게 한 종합소득세 2012년 귀속분 ○○○원 및 2014년 귀속분 ○○○원의 각 부과처분은 청구인이 ○○○지방법원○○○지원의 조정결정○○○으로 2014년에 지급받은 ○○○원 중 ○○○원은 2012년 귀속 이자소득으로, 나머지 ○○○원은 기타소득으로 하여 그 과세표준 및 세액을 경정하고, 나머지 심판청구는 이를 기각한다.

[이 유]

1. 처분개요

가. 청구인은 2012.4.9. 신○○○(이하 "채무자"라 한다)에게 2012.6.8.을 변제기일로 하여 ○○○원을 대여하였으나, 변제기일이 경과한

2013.5.10. 일부를 변제받고 나머지 상환받지 못한 금액은 OOO지방법원 OOO지원에서 OOO원(이하 "쟁점금액"이라 한다)으로 조정결정되었으며, 쟁점금액과 관련한 종합소득세를 신고하지 아니하였다.

나. 처분청은 청구인이 채무자로부터 쟁점금액 중 상환받은 금액을 비영업대금의 이익으로 보아 2012년 귀속분 OOO원, 2014년 귀속분 OOO원을 각 해당 과세기간의 이자소득으로 하여, 2016.7.1. 청구인에게 종합소득세 2012년 귀속분 OOO원, 2014년 귀속분 OOO원 합계 OOO원을 각 결정·고지하였다.

다. 청구인은 이에 불복하여 2016.9.1. 이의신청을 거쳐 2016.12.15. 심판청구를 제기하였다.

2. 청구인 주장 및 처분청 의견
가. 청구인 주장

(1) 청구인은 2013.5.10. 채무자로부터 현금(일부 수표) OOO원을 상환받았으나, 나머지 차용금을 변제받지 못하여 채무자의 급여를 압류하자 채무자는 2013.9.30. 채권압류 및 추심명령(실질은 채무부존재, OOO지법 OOO) 소송을 제기하였으나 2014.4.22. 기각되었고, 다시 OOO지법 OOO지원에 청구인이 소송OOO을 제기하여 2014.7.31. 채무자가 청구인에게 격월로 OOO원씩 12회 변제하는 내용으로 확정되어 쟁점금액을 변제받게 되었는바, 처분청은 채무자나 그 배우자 최OOO 등의 진술과 판결문 등을 근거로 청구인이 이미 원금을 모두 상환받았고, 쟁점금액을 추가로 지급받은 것으로 보았으나, 청구인은 채무자로부터 현금 OOO원을 상환받고 추가로 쟁점금액을 수령한 것임에도 채무자가 건넸다는 수표 2매(액면 및 번호 미상)에 대한 출처나 번호 등 확인이 가능한 객관적인 증빙을 제시하지도 않은 채 청구인에게 비영업대금의 이자로

종합소득세를 과세한 처분은 부당한바, 채무자의 청구인에 대한 채권압류 및 추심명령 소송(실질은 채무부존재 OOO지법 OOO) 판결문을 보더라도 "변제 여부 등 실체에 관한 사유는 심리가 불가능하므로 청구이의 소로 다툴 수 있다"고 하였고, 재차 채무자가 제기한 OOO지법 OOO지원 청구이의 소송OOO에서 "4. 원고의 나머지 청구를 포기한다"라고 판결하였는바, 법원으로부터 배척당한 채무자의 진술서나 증거능력이 없는 그 배우자 등 진술서만을 가지고 처분청이 청구인에게 종합소득세를 부과한 것은 그 근거가 미흡하다.

(2) 처분청이 제출한 확인서들의 내용은 김OOO가 2013.5.10. OOO은행 OOO지점에서 출금한 수표 2매가 최OOO(채무자의 배우자)에게 전달되어 채무변제에 사용되었다는 것이나, 최OOO, 정OOO, 김OOO와 청구인은 일면식이 없고 그들 모두는 최OOO과 관련이 있는 자들이며 채무변제 자리에 입회하지 않았는바, 정OOO가 최OOO에게 건넸다는 수표가 왜 김OOO가 출금한 수표였는지, 출금한 금액도 OOO원이 아닌 OOO원인지, 청구인이 비공식으로 OOO은행에 확인한바 수표 제시자가 김OOO라는 점 등에서 이러한 의혹을 밝혀져야 할 것이다.

나. 처분청 의견

(1) 청구인과 채무자 사이에 2012.4.9. 체결된 금전소비대차계약 공정증서 내용에 의하면 "제3조(이자) 이자는 연 24%의 비율에 의한 금원을 원금과 함께 지급키로 한다", "제5조(지연손해금) 채무자가 원금 또는 이자의 변제를 지체한 때에는 지체된 원금 또는 이자에 대하여 연 30%의 비율에 의한 지연손해금을 지급한다"라고 명시되어 있으며, 청구인은 같은 날 채무자 소유의 부동산에 채권최고액 OOO원(채권액의 130%)의 근저당권을 설정하였다가

2013.5.10. 차입금을 상환 받음에 따라 담보부동산에 대한 임의경매신청을 취하하고, 설정된 근저당권이 2013.5.13. 말소되었음이 부동산 등기사항증명서에 의하여 확인되고, 또한, 채무자 소유의 OOO건물 매수자인 김OOO가 OOO은행 OOO지점계좌(564-00****-02-011)에서 금 OOO원을 인출한 기록과, 최OOO이 청구인에게 차입금액을 변제할 때 같은 장소에 있었던 최OOO, 정OOO, 김OOO, 김OOO가 최OOO이 청구인에게 OOO원을 변제하였다고 확인하고 있는바, 채무자가 청구인에게 OOO지법 OOO지원 판결OOO에 따라 2014.8.31.부터 2016.6.30.까지 격월로 OOO원씩 12회에 걸쳐 지급받은 금액은 금전소비대차계약 공정증서에 의한 이자로서 이를 청구인의 비영업대금이자로 보아 과세한 처분은 정당하다.

(2) 2013.8.28. 청구인이 채무자 신OOO, 제3채무자 학교법인 OOO학원을 상대로 제기한 채권압류 및 추심명령신청서 내용 중 "청구채권의 합계 금 OOO원, (내역) 청구금액 금 OOO원 (대여금 OOO원의 원리금 중 2013.5.10.에 일부 변제받고 나머지 잔여금임), 위 이자 금 OOO원…"라고 기재되어 있는바, 청구인의 청구이유에서 "2013.5.10.일자 금 OOO원을 현금(일부 수표)으로 차용금 일부를 변제받았다"는 청구인의 주장과 모순되고, 청구인은 2013.5.13. 담보부동산에 대한 근저당권 해지 및 임의 경매신청을 취하한바, 청구인은 2016.4.22. 종합소득세 과세자료 해명 경위서에 채무자 신분이 확실(교사)하여 해지하였다고 하였는데, 2013.5.10. 신OOO의 배우자 최OOO이 청구인에게 금 OOO원을 변제하였다는 것은 청구인으로부터 차입한 원금을 상환하였다는 의미이며, 차액 OOO원은 원금의 지연변제와 근저당권 말소, 임의경매 취소에 따른 이자와 비용을 지급한 것이며 청구인이 격월로 채무자로부터 지급받은 쟁점금액은 청구인의 이자소득이다.

3. 심리 및 판단
가. 쟁점
쟁점금액을 비영업대금의 이익인 이자소득으로 보아 종합소득세를 과세한 처분의 당부

나. 관련 법령
제50조【기타소득 등의 수입시기】① 기타소득의 수입시기는 다음 각 호에 따른 날로 한다.
 1의2. 법 제21조 제1항 제10호에 따른 소득 중 계약금이 위약금·배상금으로 대체되는 경우의 기타소득
계약의 위약 또는 해약이 확정된 날

4. 그 밖의 기타소득
그 지급을 받은 날

다. 사실관계 및 판단
(1) 청구인은 2012.4.9. 채무자와 2012.6.8.을 변제기일로 하여 OOO원을 대여하고, 변제기일이 경과한 2013.5.10. 일부를 변제받고 나머지 상환받지 못한 금액은 OOO지방법원 OOO지원의 조정결정에 따라 쟁점금액을 지급받고 있는바, 처분청이 제시한 심리자료의 주요내용은 다음과 같다.

(가) 채무자는 2012.3.5. 소유권보존으로 취득한 OOO건물에 2012.3.16. 설정된 1순위 근저당권자 원OOO에 대한 저당권 채무(채권최고액 OOO원)에 대하여 2012.4.9. 은행대출로 전환하는 과정에서 부족한 금전 OOO원을 청구인으로부터 차입하고, 같은 날 채권자를 청구인으로 하는 근저당권을 설정(채권최고액 OOO원, 채권액의 130%)하였으며, 청구인은 채무자에 대한 채권회수가 지체되자 2013.1.9. 위 담보물건에 대하여 임의경매OOO를 신청하였다.

(나) 채무자의 배우자인 최OOO은 2013.5.10. OOO 소재 건물 매수 예정자 김OOO 및 부동산중개인 정OOO로부터 자금을 조달하여 최OOO(최OOO의 형), 정OOO, 김OOO, 김OOO(건물매수인 김OOO의 아우)와 함께 OOO에서 청구인에게 OOO원을 변제(나머지 OOO원은 최OOO가 보증)하였고, 청구인은 2013.5.13. 근저당권 해지 및 부동산 임의경매신청을 취하하였다.

(다) 청구인은 이후 나머지 잔금 OOO원을 받고자 제3채무자(채무자가 근무하는 학교법인 OOO학원)을 상대로 채무자 급여를 압류(OOO지법 OOO지원 OOO)하였는바, 채무자는 '2013.5.10. OOO원을 변제하였고, 잔여금 OOO원은 청구인의 배우자 최OOO의 채무인바, 기 변제한 공정증서를 가지고 채권압류 및 추심결정은 부당하다'라는 취지의 항고(OOO지법 OOO)와 청구이의 소(OOO지법 OOO지원 OOO)를 제기하였으나, "청구인에게 2014.8.31.부터 2016.6.30.까지 격월로 매 OOO원씩 12회 지급하라"라는 결정을 받아 이를 이행하였다.

1) 청구인이 채무자에게 2012.4.9. OOO원을 연리 24%(지연이율 30%)로 대여한 후, 2012.5.8. OOO원을 지급받았고, OOO지법 OOO지원 판결(2014.7.30. 선고 OOO 청구이의 소)에 따라 OOO원을 아래 〈표1〉과 같이 지급받았다.

2) 처분청의 청구인에 대한 종합소득세 경정내역은 아래 〈표2〉와 같다.

(라) 청구인은 채무자 및 제3채무자(OOO고등학교)를 상대로 채권압류 및 추심을 청구하여 OOO지방법원 OOO지원OOO에서 2013.8.29. OOO원(원금 OOO원, 이자 OOO원, 집행비용 OOO원)의 채권압류 및 추심명령 결정을 받았다.

(마) 채무자 소유 담보부동산 등기사항전부증명서에 의하면, 청구인은 2012.4.9. 채권최고액 OOO원으로 설정계약을 한 후 2013.5.10.

설정계약을 해지한 것으로 나타난다.

(바) 수표가 출금되었다는 김OOO의 OOO은행 OOO지점 계좌(564-001289-02-***)에 의하면, OOO원이 2013.5.10. 대체된 것으로 나타난다.

(2) 청구인은 2012.4.9. 금전소비대차계약 공정증서OOO, OOO지방법원의 채권압류 및 추심명령 결정문OOO, OOO지방법원 OOO지원의 결정문OOO 등을 제시하였다.

(3) 이상의 사실관계 및 관련 법령 등을 종합하여 살피건대, 청구인은 2013.5.10. 채무자로부터 원금 OOO원이 아닌 OOO원만을 변제받았다는 취지로 주장하나, 당시 변제에 관여한 최OOO 등이 OOO원을 변제하였다고 확인서를 제출하고 있는 점, 청구인이 담보를 위하여 채무자 소유의 부동산에 채권최고액을 OOO원으로 하여 설정한 근저당권이 2013.5.13. 말소되었고 OOO원의 원금 변제와 관련하여 그 지급수단으로서 OOO은행 OOO지점에서 출금한 수표 2매를 제시하고 있는 점 등에 비추어 2013.5.10. 원금 OOO원이 변제된 것으로 보이므로 청구주장은 받아들이기 어려운 것으로 판단된다.

다만, 청구인이 2012.4.9. 월 OOO원의 약정이자(연 24%, 변제기일 이후의 지연손해금은 20%)를 받는 조건으로 2012.6.8.까지 2개월간 OOO원을 채무자에게 대여한 후, 2012.5.8. 채무자로부터 약정이자 OOO원을 변제받은 사실이 송금내역 등에 의하여 확인되는 점, 이후 청구인과의 소송과정에서 2014.7.30. OOO지방법원 OOO지원의 강제조정결정에 따라 2014년 8월부터 격월로 OOO원씩 합계 OOO원(쟁점금액)을 지급받기로 됨에 따라 2014년에 OOO원, 2015년에 OOO원, 2016년에 OOO원을 지급받은 점, 금전채무의 이행지체에 따라 변제기일 이후의 지연손해금은 그 성질상 이자가 아닌 기타소득인 점등에 비추어 청구인이 2014년에 지급받은 OOO원 중 OOO원은 당초 약정이자(2012.5.9.부터 약정변제기일인 2012.6.8.까지의 기간)를 지급받지 못하다가 이를 수령한 것이므로 동 금액을 약정이자로 보아 2012년 귀속 이자소득(약정이자의 수입시기는 지급약정일)으로 하여 과세함이 타당하고, 한편 나머지 OOO원은 청구인이 변제기일 이후에 채무자의 이행지체에 따라 지급받은 지연손해금으로 보이므로 동 금액은 2014년 귀속의 기타소득(지연손해금의 수입시기는 그 지급을 받은 날)으로 보아 과세처분을 경정함이 타당하다고 판단된다.

4. 결론

이 건 심판청구는 심리결과 청구주장이 일부 이유 있으므로 「국세기본법」 제81조 및 제65조 제1항 제2호 및 제3호에 의하여 주문과 같이 결정한다.

약정 변제기일 이후부터 배당금 수령일까지의 지연손해금은 기타소득이다

(조심 2010중1651호, 2010.12.14)

금전소비대차계약상의 금전채무변제 불이행으로 인하여 법원을 통하여 약정변제기일 이후부터 배당금의 수령일 까지에 해당하는 기간에 대하여 지급받은 금원은 이자가 아닌 지연손해금에 해당하므로, 기타소득으로 하여 그 과세표준 및 세액을 경정함이 타당함

[주 문]

OOO세무장이 2010.2.12. 청구인에게 한 2008년 귀속 종합소득세

19,412,190원의 부과처분은 63,206,330원을 기타소득으로 하여 그 과세표준 및 세액을 경정한다.

[이 유]
1. 처분개요
가. 청구인은 OOO에게 30,000,000원을 대여하였다가 동 금액을 반환받지 못하게 되자, OOO를 상대로 대여금 반환청구소송(수원지방법원 2007가단496145 대여금)을 제기하였다.

OOO지방법원은 2007.11.27. OOO는 30,000,000원과 이에 대하여 1999.1.1.부터 다 갚는 날까지 연 24%의 비율로 계산한 돈을 청구인에게 지급하라고 판결하였다.

그 후 청구인은 위 판결문을 근거로 부동산강제경매신청(서울중앙지방법원 OOO 부동산강제경매)을 하였고, 서울중앙지방법원은 2008.1.14. OOO 소유의 OOO에 대하여 경매절차를 개시하고 청구인을 위하여 이를 압류한다는 결정을 하였으며, 이에 따라 청구인은 2008.8.13. 경락대금 93,206,330원을 배당받았다.

나. 처분청은 청구인이 배당받은 경락대금 93,206,330원에서 대여금 30,000,000원(원금)을 초과하는 63,206,330원(이하 "쟁점금액"이라 한다)을 「소득세법」 제16조 제1항 제12호의 비영업대금의 이익으로 보고, 경락대금을 배당받은 날을 수입시기로 보아 2010. 2.12. 청구인에게 2008년 귀속 종합소득세 19,412,190원을 경정·고지하였다.

다. 청구인은 이에 불복하여 2010.5.6. 심판청구를 제기하였다.

2. 청구인 주장 및 처분청 의견
가. 청구인 주장
청구인은 OOO에게 원금 30,000,000원을 1998.12.30.까지 상환 받기로 하고 매월 2%의 이자를 지급받기로 하는 구두약정을 체결하고 금전을 대여한 후, 청구인의 예금계좌로 매월 200,000원씩의 이자를 지급받아 온 사실이 있음에도 처분청이 이자지급에 관한 약정이 없는 것으로 보아 청구인이 경락대금을 지급받은 날을 수입시기로 보아 과세한 것은 부당하므로 쟁점금액의 수입시기를 1996년부터 2008년까지 안분하여 과세표준과 세액을 경정하여야 한다.

나. 처분청 의견

청구인은 금전대여와 관련하여 이자지급에 관한 구체적인 약정내용을 알 수 있는 객관적인 증빙을 제시하지 못하고 있으며, 구두로 이자 지급에 관한 약정을 하였다고 주장하나, 예금계좌로 지급받은 이자는 그 날짜와 금액이 일정하지 아니하여 청구인의 주장을 받아들이기 어렵다.

3. 심리 및 판단

가. 쟁점

쟁점금액을 비영업대금의 이익으로 보고, 수입시기를 경락대금의 배당지급일로 보아 종합소득세를 과세한 처분의 당부

나. 관련법령

제50조【기타소득 등의 수입시기】① 기타소득에 대한 총수입금액의 수입할 시기는 다음 각 호의 날로 한다.

1. 법 제21조 제1항 제7호에 따른 기타소득(자산 또는 권리를 대여한 경우의 기타소득을 제외한다) : 그 대금을 청산한 날. 다만, 그 대금을 청산하기 전에 해당 자산을 인도하거나 사용·수익하는 경우에는 그 인도일 또는 사용·수익일로 한다.
2. 법 제21조 제1항 제20호에 따른 기타소득 : 그 법인의 해당 사업연도의 결산확정일
3. 제1호 및 제2호 외의 기타소득 : 그 지급을 받은 날

다. 사실관계 및 판단

(1) 청구인은 OOO를 상대로 대여금(3,000만원) 반환청구소송을 제기

하였고, ○○○지방법원은 2007.11.27. ○○○는 30,000,000원과 이에 대하여 1999.1.1.부터 다 갚는 날까지 연 24%의 비율로 계산한 돈을 청구인에게 지급하라고 판결하였으며, 그 후 청구인이 위 판결문을 근거로 부동산강제경매신청을 하였고, 서울중앙지방법원은 2008.1.14. ○○○ 소유의 ○○○에 대하여 경매절차를 개시하고 청구인을 위하여 이를 압류한다는 결정을 하였으며, 이에 따라 청구인은 2008.8.13. 경락대금 93,206,330원을 배당받은 사실이 법원판결문(○○○, 대여금), 경락대금배분표(○○○부동산강제경매, 2008.8.13. 지급) 등에 나타난다.

(2) 처분청은 청구인이 배당받은 경락대금 93,206,330원에서 대여금 30,000,000원(원금)을 초과하는 쟁점금액을 「소득세법」제16조 제1항 제12호의 비영업대금의 이익으로 보고, 경락대금을 배당받은 날을 수입시기로 보아 이 건 과세한 사실이 경정결의서에 나타난다.

(3) 청구인은 차용증이나 금전소비대차계약서를 문서로 작성하지는 아니하였지만 구두약정으로 매월 2%의 이자를 지급받기로 하였고, 실지로 매월 200,000원씩 예금계좌로 이자를 입금받아 온 사실이 있으므로 이자소득을 과세연도 별로 안분하여 재계산하여야 한다고 주장하면서 금융거래내역서 등의 증빙을 제시하였다.

(4) 법원판결문에는 다음과 같은 내용이 나타난다.

(가) 인정사실 : 청구인은 1996.12.30. ○○○에게 30,000,000원을, 변제기는 1998.12.30., 이자는 월 2%로 정하여 대여한 사실, 그런데 ○○○은 1998.12.30. 까지의 이자만 지급하였을 뿐, 원금은 물론 그 이후의 이자도 지급하지 아니하고 있는 사실을 인정할 수 있다.

(나) 판단 : 위 인정사실에 의하면, ○○○은 청구인에게 위 30,000,000

원과 이에 대하여 1998.12.31. 이후로서 청구인이 구하는 바에 따라 1999.1.1.부터 다 갚는 날까지 연 24%의 일정이율로 계산한 지연손해금을 지급할 의무가 있다.

(5) 직권으로 살피건대, 처분청은 쟁점금액을 비영업대금의 이익으로 보아 이 건 과세하였으나, 소득세법 제16조 제1항 제12호에서 비영업대금의 이익을 이자소득으로 규정하고 있고, 같은 법 제21조 제1항 제10호 및 같은법시행령 제41조 제7항에서는 재산권에 관한 계약의 위약 또는 해약으로 인하여 받는 위약금과 배상금으로서 그 명목 여하에 불구하고 본래의 계약의 내용이 되는 지급자체에 대한 손해를 넘는 손해에 대하여 배상하는 금전 또는 기타 물품의 가액을 기타소득으로 규정하고 있으며, 「민법」 제387조와 제390조 및 제397조에 의하면 채무이행의 확정한 기한이 있으면 기한이 도래한 때부터 지체책임을 지게 되고, 채무자가 채무의 내용에 좇은 이행을 하지 아니한 때에는 채권자는 손해배상을 청구할 수 있으며, 금전채무불이행의 손해배상액은 법령의 제한에 위반하지 아니한 약정이율이 있으면 그 이율에 의하고, 없으면 법정이율에 의한다고 규정하고 있는 바, 채무의 이행지체로 인한 지연배상금이 본래의 계약의 내용이 되는 지급자체에 대한 손해라고 할 수 없는 것이고, 나아가 그 채무가 금전채무라고 하여 달리 해석할 것은 아니므로 금전채무의 이행지체로 인하여 발생하는 지연손해금은 그 성질이 손해배상금이지 이자가 아니라고 할 것이다.

쟁점금액은 금전소비대차계약상의 금전채무변제 불이행으로 인하여 법원을 통하여 약정변제기일 이후부터 쟁점배당금의 수령일 까지에 해당하는 기간에 대하여 지급받은 금원으로서 그 성질이 이자가 아닌 지연손해금에 해당한다고 보아야 할 것이고, 지연손해금인 쟁점금액은 "계약의 위약 또는 해약으로 인하여 받는 위약금과 배상금"으로서「소득세법」상 기타소득에 해당한다 하겠다.

따라서, 처분청이 쟁점금액을 이자소득으로 보아 종합소득세를 과세한 처분은 잘못이 있으므로 쟁점금액을 기타소득으로 하여 그 과세표준 및 세액을 경정함이 타당하다고 판단된다.

4. 결 론
이 건 심판청구는 직권심리결과 처분청의 처분에 소득분류의 잘못이 있으므로 「국세기본법」 제81조 및 제65조 제1항 제3호의 규정에 의하여 주문과 같이 결정한다.

배당표상 채권원금을 초과하는 약정금의 이자 상당 배당액은 비영업대금 이자소득이다

(조심 2010부2802, 2010.10.21)

부동산 강제경매로 받은 배당금중 채권원금을 초과하는 약정상 이자배당액은 비영업대금이익인 이자소득으로서 과세 처분은 정당하다.

[주 문]
심판청구를 기각한다.

[이 유]
1. 처분개요
가. 청구인은 OOO(이하 "채무자들"이라 한다)의 공동 소유인 OOO소유인 OOO잡종지 175.94㎡(1,172㎡,지분 2,398분의 360) 합계 8,072.92㎡(이하 "쟁점부동산"이라 한다)를 강제경매로 인하여 OO지방법원 배당표(OOOOOOOOOO, 2008.3.12.)상 배당금 288,080,161원을 지급받고 종합소득세를 신고하지 아니하였다.

나. 처분청은 배당금 288,080,161원에서 채권원금 92,895,942원을 차감한 195,184,219(이하 "쟁점이자"라 한다)을 비영업대금의 이익으로서 이자소득으로 보아 2010.2.4. 청구인에게 2008년 귀속 종합소득세 55,672,050원을 경정·고지하였다.

다. 청구인은 이에 불복하여 2010.4.30. 이의신청을 거쳐 2010.8.20. 심판청구를 제기하였다.

2. 청구인 주장 및 처분청 의견

가. 청구인 주장

「소득세법」상 "비영업대금의 이익"이라 함은 금전의 대여를 영업으로 하지 아니하는 자가 일시적, 우발적으로 금전을 대여함에 따라 지급받은 이자 또는 수수료 등을 말하는 것인 바, 쟁점이자에 대한 금원의 원본은 해당 경매사건의 채무자들이 청구인이 수령하여야 할 토지보상금을 편취한 것으로서 소위 '금전의 대여를 목적으로 하는 대여금'이 아니므로 쟁점이자를 비영업대금의 이익으로서 이자소득으로 보아 과세한 처분은 부당한 것이다.

나. 처분청 의견

청구인은 OO지방법원(OOO약정금)의 판결에 의해 채무자들이 수령한 OOO공사의 보상금 중 일부에 대해 채권자로서의 지위를 득하였고, 원금 및 이자의 완제가 이루어지지 않아 채무자 소유 부동산의 강제경매 신청에 의해 배당받은 이자부분에 대한 과세처분으로, 쟁점이자는 당초 청구인이 수령하여야 할 토지보상금을 채무자들이 사용함에 따른 대가의 성격이 있으므로 「소득세법」 제16조 제1항에 의한 이자소득으로 보아 과세한 처분은 잘못이 없다.

3. 심리 및 판단

가. 쟁점

부동산 강제경매로 받은 배당금중 배당표상 채권원금을 초과하는 금

액을 비영업대금이익으로서 이자소득으로 보아 과세한 처분의 당부

나. 사실관계 및 판단

(1) 이 건 과세관련 자료에 의하면 아래의 사실이 나타난다.

(가) 처분청은 2008.3.12. OO지방법원의 OOO 부동산강제경매배당표를 근거로, 청구인이 배당받은 288,080,161원 중 원금 92,895,942원을 초과한 쟁점이자가 비영업대금이익에 대한 이자소득에 해당됨에도 종합소득세 신고 납부하지 않았다고 보아 이 건 종합소득세를 과세하였음이 처분청의 결정결의서 및 OO지방법원의 배당표 등에 의하여 확인된다.

(나) 쟁점부동산에 대한 강제경매의 발단인 1999.4.21. OO지방법원의 판결문(OOO 약정금)에 의하면, 청구인을 포함한 원고 OOO, OOO, OOO은 쟁점부동산에 대한 보상금 채권분배 의무의 발생으로 피고(OOO, OOO, OOO, OOO, OOO)들에 대하여 각 비율에 의한 대금청구권을 취득한 것으로 보아, 피고 OOO는 원고 OOO, OOO, OOO에게 각 금 7,315,952원, 원고 OOO에게 금 51,211,664원, 피고 OOO, OOO, OOO, OOO은 각 원고 OOO, OOO, OOO에게 각 금 4,877,301원씩, 각 원고 OOO에게 금 34,141,110원씩 및 위 각 금원에 대하여 1998.10.11.부터 완제일까지 연 2할5푼의 비율에 의한 금원을 지급하고, 또한 피고 OOO는 별지채권목록 1항 기재 채권 중 원고 OOO, OOO, OOO에게 각 금 816,842원씩, 원고 OOO에게 금 5,717,895원, 피고 OOO, OOO, OOO, OOO은 각 별지채권목록 2항 기재 채권 중 원고 OOO, OOO, OOO에게 각 금 544,561원, 원고 OOO에게 금 3,811,934원 부분에 관하여, 각 채권양도의 의사표시를 하고 OOOO공사에게 각 채권 양도의 통지를 하라는 판결내용이 확인된다.

(다) OO지방법원 경매절차 개시 결정(OOO 부동산강제경매) 내용을 보면, 채권자 OOO은 상기 OOO약정금 사건의 원고로서 1999.4.21. 자로 판결을 받았고, 이에 동 청구채권을 가지고 쟁

점부동산에 대한 부동산강제경매(청구금액 : 187,776,104원 및 이에 대한 지연손해금)를 신청하여 쟁점부동산에 대하여 강제경매절차를 개시한 사실이 확인된다.

(라) ○○지방법원 배당표(○○○ 부동산강제경매)에 의하면, 청구인은 이 건 채무자들 소유의 쟁점부동산 강제경매시 배당에 참가하여 2008.3.12. 배당금 288,080,161원(원금 92,895,942원, 이자 195,184,219원)을 지급받은 사실이 아래〈표〉와 같이 확인된다.

(2) 위 사실관계를 근거로 쟁점이자를 비영업대금의 이익에서 제외할 수 있는지 이에 대하여 본다.

(가) 청구인은 쟁점이자에 대한 금원의 원본은 해당 경매사건의 채무자들이 청구인이 수령하여야 할 토지보상금을 편취한 것으로서 금전의 대여를 목적으로 하는 대여금이 아니므로 쟁점이자를 비영업대금의 이익으로 보아 과세한 처분은 부당하다고 주장한다.

(나) 그러나, 청구인은 ○○지방법원 ○○○ 약정금 사건의 원고이고 1999.4.21. 판결에 의한 채권자로서의 청구채권을 가지고 쟁점부동산에 대한 부동산강제경매시 배당에 참가하여 쟁점이자를 수령한 점, 배당표상 채무자의 배당내역(원금)과 달리 청구인은 원금과 이자를 구분하여 배당받은 점 등에 비추어 볼 때 쟁점이자는 청구인의 채권에 기하여 발생한 이자소득에 해당한다 할 것이다.

따라서 처분청이 쟁점이자를 비영업대금의 이익으로서 이자소득으로 보아 종합소득세를 과세한 처분은 잘못이 없다고 판단된다.

4. 결 론

이 건 심판청구는 심리결과 청구주장이 이유 없으므로 「국세기본법」 제81조 및 제65조 제1항 제2호의 규정에 의하여 주문과 같이 결정한다.